MIT ARBEITSHILFEN ONLINE

Exklusiv für Buchkäufer!

Ihre Arbeitshilfen online:

Muster:

- Hausordnung
- Leistungskatalog Hausmeister

Verträge:

- Arbeitsvertrag Hausbesorgungskräfte
- Verwaltervertrag
- Hausmeisterdienstvertrag

Gesetze:

- Wohnungseigentumsgesetz
- Trinkwasserverordnung

Und so geht's:

- einfach unter www.haufe.de/arbeitshilfen den Buchcode eingeben
- Oder direkt über Ihr Smartphone bzw. Tablet auf die Website gehen

Buchcode: AD7-DCLL

www.haufe.de/arbeitshilfen

Das große Verwalterhandbuch

Das große Verwalterhandbuch

Wohneigentum sicher managen

Michael von Hauff,
Hanno Musielack

5. Auflage

Haufe Gruppe
Freiburg · München

Bibliographische Information der Deutschen Nationalbibliothek
Die Deutsche Nationalbibliothek verzeichnet diese Publikation in der Deutschen Nationalbibliographie; detaillierte bibliographische Daten sind im Internet über http://www.dnb.de abrufbar.

Print: ISBN: 978-3-648-01776-0 Bestell-Nr.: 06211-0005
EPUB: ISBN: 978-3-648-03824-6 Bestell-Nr.: 06211-0100
EPDF: ISBN: 978-3-648-03825-3 Bestell-Nr.: 06211-0150

Michael von Hauff/Hanno Musielack
Das große Verwalterhandbuch
5. Auflage 2013

Redaktionsanschrift: Fraunhoferstraße 5, 82152 Planegg/München
Telefon: (089) 895 170
Telefax: (089) 895 17290
www.haufe.de
online@haufe.de
Produktmanagement: Jasmin Jallad
Lektorat: Cornelia Rüping, 81245 München
Satz: Reemers Publishing Services GmbH, 47799 Krefeld
Umschlag: RED GmbH, 82152 Krailling

Inhaltsverzeichnis

	Vorwort	**15**
	Vorwort zur 5. Auflage	15
	Vorwort zur 4. Auflage	15
	Die Autoren	**17**
1	**Die WEG-Verwaltung in ihrer geschichtlichen Entwicklung**	**19**
1.1	Bauen, Wohnen und Eigentum in der Geschichte	19
1.2	Der deutsche Wohnungsmarkt	22
1.2.1	Bedarf aufgrund des sozialen und demografischen Wandels	22
1.2.2	Auswirkungen auf den Markt für Eigentumswohnungen	24
1.3	Stellung der WEG-Verwaltung in der heutigen Immobilienwirtschaft	25
1.3.1	Die wirtschaftliche Bedeutung der Immobilienverwaltung	26
1.3.2	Beschäftigung in der Immobilienverwaltung	27
1.3.3	Berufsausbildung und Leistungsstandards	28
1.4	Das Verbandswesen und seine Aufgaben	30
1.5	Internetverweise	33
2	**Einführung in die Verwaltungsgrundlagen**	**35**
2.1	Die Verwalterpyramide	35
2.2	Was bedeutet „Verwaltung von Wohnungseigentum“?	36
2.3	Aufgabenbereiche der WEG-Verwaltung	36
2.4	Gesetzliche und vertragliche Aufgaben	40
2.5	Kaufmännische Anforderungen	40
2.6	Umweltbewusstsein in der WEG-Verwaltung	42
2.7	Hilfe durch EDV	42
2.8	Strategie und Psychologie im Verwaltungsberuf	43
2.9	Bautechnik, Sanierung und Reparatur	43
2.10	Instandhaltung	44
2.11	Haftung und Versicherungen	44
2.12	Rundfunk-, Fernseh- und Multimediaversorgung von Wohnungen	45
3	**Die gesetzlichen Grundlagen des Wohnungseigentums**	**47**
3.1	Das Wohnungseigentumsgesetz als Grundlage des Eigentümer- und Verwalterhandelns	47
3.1.1	Der wesentliche rechtliche Unterschied zwischen BGB-Gemeinschaft und Wohnungseigentümergemeinschaft	48

3.1.2	Die WEG als teilrechtsfähiger Verband	49
3.2	Begriffsbestimmungen des Wohnungseigentumsgesetzes	51
3.3	Begründungsformen des Wohnungseigentums	52
3.3.1	Begründung durch Vertrag - Teilungsvereinbarung	53
3.3.2	Begründung durch Teilung - Teilungserklärung	53
3.3.3	Annex: die Abgeschlossenheitsbescheinigung	53
3.4	Erscheinungsform des Wohnungseigentums	54
3.4.1	Sondereigentum (Wohnungs- und Teileigentum)	55
3.4.2	Gemeinschaftseigentum	56
3.4.3	Sondernutzungsrechte - Wesen und praktische Relevanz	57
3.4.4	Abgrenzungsprobleme zwischen Sonder- und Gemeinschaftseigentum/ Sondernutzungsrechten	59
3.5	Beschränkungen bei der Veräußerung von Wohnungseigentum	61
3.5.1	Veräußerungsfälle des Wohnungseigentumsgesetzes	62
3.5.2	Das Zustimmungserfordernis - Verwalterzustimmung	62
3.6	Rechte und Pflichten der Wohnungseigentümer	63
3.6.1	Grundsätze	63
3.6.2	Recht zum Gebrauch des Sonder- und Gemeinschaftseigentums	64
3.6.3	Pflicht zur Einhaltung der gebotenen Schranken - Grenzen des Gebrauchs	64
3.6.4	Fallbeispiele	65
3.6.5	Ordnungsgemäßer Gebrauch und bauliche Veränderung	66
3.6.6	Modernisierungsmaßnahmen	69
3.6.7	Annex: der Verwalter als Wächter der Hausordnung	70
3.7	Lasten- und Kostentragungspflichten	72
3.7.1	Haus- oder Wohngeld	73
3.7.2	Verteilungsschlüssel	73
3.7.3	Fälligkeit des Wohngeldes/Wirtschaftsplan	75
3.7.4	Probleme bei unterjähriger Veräußerung und Jahresabrechnung	76
3.7.5	Bildung der Instandhaltungsrückstellung	80
3.7.6	Sonderumlage	81
3.8	Verwaltung des Eigentums	81
3.8.1	Verwaltung durch die Wohnungseigentümer selbst	81
3.8.2	Verwaltung durch den bestellten Verwalter	81
3.9	Eigentümerversammlung	84
3.9.1	Ordnungsgemäße Einberufung - Form, Inhalt und Fristen	85
3.9.2	Durchführung der Versammlung/Versammlungsleitung	86
3.9.3	Beschlussfassung und Beschlusszuständigkeit der Gemeinschaft	87
3.9.4	Ergebnis der Versammlung - Versammlungsprotokoll	89
3.10	Verwaltungsbeirat - Aufgaben und Befugnisse	91
3.11	Verfahrensfragen	92
3.11.1	Allgemeines	92

3.11.2 Die Verwalterstellung im gerichtlichen Verfahren 92
3.11.3 Beschlussanfechtung 93

4 Die WEG-Novelle und ihre Auswirkungen auf die Arbeit des Verwalters 95
4.1 Erweiterte Beschlusskompetenz der Wohnungseigentümergemeinschaft bei der laufenden Verwaltung 95
4.2 Verlängerung der Einladungsfrist 97
4.3 Beschluss-Sammlung 98
4.4 Unverzügliche Benachrichtigung der Wohnungseigentümer 103
4.5 Beschlussfassungen über bauliche Veränderungen 104
4.6 Änderung der gerichtlichen Verfahren und Zuständigkeit 105

5 Der WEG-Verwalter als Kaufmann 107
5.1 Betriebswirtschaftliche Grundlagen 107
5.1.1 Die Organisation des Verwaltungsbetriebs 107
5.1.2 Kalkulation des Verwaltungsbetriebs 109
5.1.3 Kalkulation der einzelnen WEG 113
5.1.4 Die Organisation der Ablage 121
5.2 Das Treuhandrechnungswesen des WEG-Verwalters 125
5.2.1 Die laufende Treuhandbuchhaltung 125
5.2.2 Trennung zwischen WEG- und Mietverwaltung 146
5.3 Die Jahresendabrechnung 148
5.3.1 Vorbereitung 149
5.3.2 Inhalt 154
5.3.3 Formvorschriften 154
5.3.4 Gliederung der Gesamtausgaben 155
5.3.5 Die einzelnen Positionen der Jahresabrechnung 156
5.3.6 Die Vermögensübersicht 157
5.3.7 Exkurs: Warum steht die Instandhaltungsrücklage auf der Seite der Verbindlichkeiten? 158
5.4 Prüfung der Jahresabrechnung durch den Verwaltungsbeirat 159
5.4.1 Prüfungsunterlagen für den Verwaltungsbeirat 160
5.4.2 Belegprüfung beim Verwalter 162
5.4.3 Prüfungsgespräch und Abschluss 163
5.4.4 Prüfungsbestätigung – Musterformular 164
5.5 Die Jahreseinzelabrechnung 165
5.5.1 Die Verteilung der Kosten in der Einzelabrechnung 165
5.5.2 Die Jahreseinzelabrechnung bei Eigentümerwechsel 167
5.6 Der Wirtschaftsplan 169
5.6.1 Verpflichtung zur Aufstellung eines Wirtschaftsplans 169
5.6.2 Inhalt des Wirtschaftsplans 169
5.6.3 Beschlussfassung, Rechtswirksamkeit und Zahlungspflicht 170

5.6.4 Zeitpunkt der Aufstellung 171
5.7 Die Personalbuchhaltung der WEG 172
5.8 Das Mahnwesen der WEG 173
5.8.1 Die Organisation des Mahnwesens 174
5.8.2 Beitreibung, Mahnverfahren und Zwangsvollstreckung in der Praxis 174
5.8.3 Entziehung 177

6 Die haushaltsnahen Dienstleistungen (§ 35a EStG) als Problemfeld 179

7 Der WEG-Verwalter als Energiemanager 197
7.1 Energieeinsparverordnung (EnEV) und Energieausweis 197
7.2 Welche Arten des Energieausweises gibt es? 198
7.3 Wo sind die Ausweise erhältlich? 201
7.4 Welche rechtlichen Auswirkungen hat der Energieausweis? 201
7.5 Welche Chancen ergeben sich für den Verwalter? 202

8 Welche Software eignet sich für die Hausverwaltung? 203
8.1 Grundsätzlicher Aufbau 203
8.2 Leistungsumfang im Einzelnen 206
8.2.1 WEG 206
8.2.2 Mietverwaltung 209
8.3 Internetverweise 210

9 Den gebündelten Willen der Eigentümergemeinschaften organisieren 213
9.1 Das WEG-Organigramm 213
9.2 Die Eigentümerversammlung 214
9.2.1 Vorbereitung einer Eigentümerversammlung 214
9.2.2 Durchführung der Eigentümerversammlung 221
9.2.3 Nachbereitung 244
9.3 Der Verwaltungsbeirat 245
9.4 Hausmeister und Reinigungskräfte 248
9.4.1 Suche von geeigneten Hausmeisterkräften 251
9.4.2 Vertrag mit Hausmeister und Reinigungspersonal 251
9.4.3 Fortbildung der Hausmeister 260
9.4.4 Das hausmeisterliche Umfeld/Hilfsmittel 260
9.4.5 Einweisung von Hausmeister und Reinigungskräften 261
9.4.6 Die Kündigung 261
9.5 Die Hausordnung 261
9.5.1 Muster: Hausordnung 262
9.6 Die Bedeutung des „VIP“ 263
9.7 Der soziale Rahmen 263

9.7.1 Sommerfest der Bewohnergemeinschaft 263
9.7.2 Soziale Fürsorge 264
9.8 Anhang: Organisations- und Formulierungshilfen 265

10 Das muss der Verwalter über Bautechnik wissen 269
10.1 Die technische Übernahme einer „neuen“ Gemeinschaft 269
10.1.1 Soll-Ist-Vergleich 269
10.1.2 Langfristige Planungsunterlagen 271
10.1.3 Exkurs: Der Unterschied zwischen Ausschreibung und Handwerkerangebot in technischer und rechtlicher Hinsicht 271
10.2 Basis und Grenzen der Verpflichtung des WEG-Verwalters in bautechnischer Hinsicht 273
10.2.1 Planung 274
10.2.2 Vorbereitung 276
10.2.3 Die zur Durchführung erforderlichen Beschlüsse 277
10.2.4 Ausführung 278
10.3 Die technischen Gewerke und was der Verwalter darüber wissen sollte 279
10.3.1 Dach 279
10.3.2 Fassade 282
10.3.3 Fenster 285
10.3.4 Heizung 288
10.3.5 Beton am Bau 290
10.3.6 Balkone, Terrassen, Loggien 292
10.3.7 Die Installation 297
10.3.8 Antennen und Kabel 298
10.3.9 Klingel- und Sprechanlagen 298
10.3.10 Tiefgarage 299
10.3.11 Aufzüge 300
10.3.12 Der Garten und die Außenanlagen 301
10.3.13 Besondere Gewerke 301
10.3.14 Bauphysik 302
10.3.15 Fassadenbegrünung 306
10.3.16 Zusammenfassung 307
10.4 Fachbegriffe der Bautechnik 308

11 Der WEG-Verwalter und die Instandhaltung des gemeinschaftlichen Eigentums 309
11.1 Einführung 309
11.2 Definitionen und Begriffe 309
11.2.1 Begriffe der Instandhaltung: Inspektion, Wartung und Instandsetzung 309
11.2.2 Rückstellung und Rücklage 312
11.3 Ziele und Aufgaben der Instandhaltung 312
11.4 Problemfelder der Gebäudeinstandhaltung 315

11.5 Rechtliche Rahmenbedingungen der Instandhaltung des gemeinschaftlichen Eigentums 316
11.6 Technische und ökonomische Rahmenbedingungen der Instandhaltung 318
11.6.1 Lebensdauer von Gebäudeelementen 318
11.6.2 Einflussfaktoren auf die Lebensdauer von Gebäudeelementen 319
11.6.3 Strategien der Gebäudeinstandhaltung 324
11.6.4 Planung der Gebäudeinstandhaltung 327
11.6.5 Die Bildung einer Rückstellung zur Finanzierung der Instandhaltung des gemeinschaftlichen Eigentums 341

12 Diese Versicherungen sollte der Verwalter kennen 353
12.1 Einleitung 353
12.2 Abschluss und Kündigung eines Versicherungsvertrags – Aufgaben des Verwalters 354
12.2.1 Abschluss von Versicherungsverträgen 355
12.2.2 Kündigung von Versicherungsverträgen 356
12.3 Der Versicherungsfall 360
12.3.1 Leistungspflicht des Versicherers und Pflichten des Versicherungsnehmers 360
12.3.2 Versicherungsleistungen 361
12.4 Sachversicherungen 363
12.4.1 Gebäudeversicherung 363
12.4.2 Versicherter Mietausfall 366
12.4.3 Glasversicherung 379
12.4.4 Technische Versicherung 379
12.5 Haftpflichtversicherungen 388
12.5.1 Rechtliche Grundlagen 388
12.5.2 Funktion der Haftpflichtversicherung 391
12.5.3 Versicherte Schäden 392
12.5.4 Haus- und Grundbesitzerhaftpflichtversicherung 393
12.5.5 Gewässerschadenhaftpflichtversicherung 395
12.5.6 Haftpflichtversicherungen für den WEG-Verwalter 399
12.5.7 Abwicklung des Versicherungsfalls in der Haftpflichtversicherung 402
12.6 Informationsquellen 404

13 Der Verwalter im Multimediazeitalter 405
13.1 Multimedia – eine Herausforderung für Eigentümer und Verwalter 405
13.2 Technische Voraussetzungen des Gemeinschaftsfernsehempfangs 406
13.2.1 Übliche Hausverteilnetze 407
13.2.2 Zukunftssicherheit: Abschirmung und technische Anforderungen an die Hausverteilnetze 409
13.3 Neue Chancen und Geschäftsfelder durch Deregulierung 414
13.3.1 Ausbau der Hauskabelanlage 414
13.3.2 Neue Geschäftsfelder für Eigentümer 415
13.3.3 Neue Geschäftsfelder für Verwalter 415

13.4 Rechtliche Aspekte der Medienversorgung von Wohnhäusern 416
13.4.1 Umlage der Modernisierungskosten 416
13.4.2 Umlage der Betriebskosten 416
13.4.3 Besonderheiten im WEG 416
13.4.4 Interessenkonflikte beim Satellitenindividualempfang 417
13.4.5 Problematik des Urheberrechts 421

Abkürzungsverzeichnis **423**

Stichwortverzeichnis **425**

Vorwort

Vorwort zur 5. Auflage

Sehr geehrte Leserinnen und Leser,

nachdem die 4. Auflage im Wesentlichen die Neuerungen der WEG-Novelle berücksichtigte, war es an der Zeit, neuerliche Ausrufezeichen des Bundesgerichtshofs zur Darstellung der Instandhaltungsrücklage (2009) und Heizkostenabrechnung (2012) in das System des WEG-Verwalterhandbuchs einzubinden. Am konservativen Aufbau einerseits und der Besinnung auf eine grundlagenbetonte Wissensvermittlung andererseits halten die Autoren bewusst und auf vielfachen Wunsch fest.

Michael von Hauff	Hanno Musielack

Im September 2013

Vorwort zur 4. Auflage

Sehr geehrte Leserinnen und Leser,

die 4. Auflage des Verwalterhandbuchs liegt Ihnen vor. Das zur 3. Auflage Gesagte ist aktueller denn je: Mit dem zweiten Paukenschlag zur Teilrechtsfähigkeit hat der BGH am 5.6.2005 ein weiteres Kapitel aufgeschlagen.

Die WEG-Novelle in der vom Bundestag am 14.12.2006 verabschiedeten und vom Bundesrat am 16.2.2007 genehmigten Fassung ist eingearbeitet. Gleichsam mit Redaktionsschluss wurde die Novelle am 30.3.2007 verkündet und tritt am 1.7.2007 in Kraft.

Michael von Hauff	Hanno Musielack

Im Juli 2007

Die Autoren

Klaus Giebels	(ab 5. Auflage) Diplom-Betriebswirt (BA)
Prof. Dr. Klaus Homann	Immobilienökonom (ebs), Studiengangsleiter Wirtschaftsingenieurwesen FM an der BA Stuttgart
Sibylle Heissler	Bachelor of Environmental Studies (BES), Umweltberaterin
Otto Mathar	Öffentlich bestellter und vereidigter Sachverständiger der IHK Wiesbaden für Oberflächenschäden an Bauwerken und Bauwerksabdichtungen
Martin von Hauff	(ab 3. Auflage) EDV-Spezialist, Geschäftsführer der Treubau Verwaltung GmbH
Michael von Hauff	FRICS, Geschäftsführer der Treubau Verwaltung GmbH
Ulrich Löhlein	Rechtsanwalt
Michael Luhmann	(ab 4. Auflage) Rechtsanwalt, Fachanwalt für Miet- und WEG-Recht, Referent in der Immobilienwirtschaft
Stefanie Mewes	(ab 3. Auflage) Diplom-Betriebswirtin (BA)
Hanno Musielack	Rechtsanwalt, Fachanwalt für Miet- und WEG-Recht, Lehrbeauftragter, Referent für Fachverlage, Fachbuchautor
Martin Vaas	Diplom-Physiker (Dipl.-Phys.)
Reiner Wittemann	Versicherungskaufmann

Wissenschaftliche Begleitung und Koordination des Gesamtwerks: Sibylle Heissler;

ab 3. Auflage Nicole Beißwenger-Jung, Diplom-Immobilienwirtin (DIA)

1 Die WEG-Verwaltung in ihrer geschichtlichen Entwicklung

von Michael von Hauff

1.1 Bauen, Wohnen und Eigentum in der Geschichte

Das Wohnen gehört wie Essen, Trinken und Schlafen zu den Grundbedürfnissen des Menschen. Essen, Trinken und Schlafen dienen jedoch der Befriedigung unmittelbarer körperlicher Bedürfnisse und sind damit von der Natur genau definiert; dies trifft für das Wohnen nicht zu.

Menschen wohnen in einer Wohnung. Häufig wird aber das Umfeld um die Wohnung eines Menschen, beispielsweise der Garten, der Park oder sogar der Wald, von ihm „mitbewohnt“. Dies zeigt erstens, dass der Begriff „Wohnen“ nicht eindeutig definiert ist, und zweitens, dass das Wohnen untrennbar mit dem **Eigentumsbegriff** verbunden ist.

Ohne auf den philosophischen Hintergrund des Eigentumsbegriffs und dessen eminente politische Brisanz einzugehen, seien hier einige Grundgedanken zu diesem Thema erläutert:

Laut Brockhaus[1] ist Eigentum die umfassende Besitz-, Verfügungs- und Nutzungsmacht über Gebäude, Grund und Boden (unbewegliche Sachen) und sonstige Habe (bewegliche Sachen, Rechte und anderes). Eigentum ist, was der Mensch (als Einzelner oder als Kollektiv) als das Seinige beansprucht, sodass darüber zunächst und in der Hauptsache nur er frei verfügen kann, wobei dieser Anspruch durch eine in der Mitwelt geltende Ordnung (Rechtsordnung) anerkannt ist.[2]

Damit bedeutet Eigentum in erster Linie Abgrenzung. Es bedeutet, dass jemand das von der Gesellschaft anerkannte Recht hat, einen anderen von der Einwirkung auf die Sache, die sein Eigentum darstellt, abzuhalten. Gehört mir ein Grundstück, so

1 Der große Brockhaus, Band 5, 17. Auflage, 1968, S. 288.

2 Im Unterschied dazu ist Besitz die allgemein anerkannte, tatsächliche Herrschaft einer Person über eine Sache (Der große Brockhaus, Band 2, 17. Auflage, 1967, S. 619).

kann ich jeden Unbefugten, sprich jeden, der nicht Eigentümer ist und den ich nicht auf diesem Grundstück dulden möchte, vom Betreten des Grundstücks abhalten.

Damit ist der Eigentumsbegriff auch untrennbar mit der Gemeinschaft verbunden. In einer Gesellschaftsordnung, in der es keine Nachbarn gibt oder in der Raum unbegrenzt verfügbar ist, verliert der Begriff des Grundeigentums seinen Sinn. Eigentum ist die unmittelbare, gesellschaftlich sanktionierte Abgrenzung einer Interessensphäre gegenüber den Interessen und Einwirkungen anderer.

Dies ist bei Gütern, bei denen unmittelbarer Verzehr, das heißt Verbrauch durch Gebrauch, möglich ist, sehr leicht und unmittelbar einsichtig; aber bei Gütern wie Immobilien, Gärten, Parkanlagen etc. gibt es unaufhörlich Definitionskonflikte. Dennoch hat sich im Abendland das Instrument des Eigentums an Grund und Boden und des Eigentums an Häusern weitgehend durchgesetzt. Nach unserer Werteordnung gilt Eigentum an Wohnraum, Grund und Boden als ein positiver Faktor zur Verwurzelung des Menschen. Es gibt ihm ein „Zuhause“ und in diesem Sinn ein Gefühl von Heimat und Sicherheit. Als Negativbegriffe haben sich „entwurzelt“, „unstet“, „rastlos“, „flüchtig“ etc. eingebürgert und es ist allgemein anerkannt, dass ein Mensch, der keine Behausung hat, als arm gilt.

Insoweit waren das Erwerben des eigenen Hauses und die Verteidigung des Besitzes an diesem Haus anerkannte Ziele, seitdem es menschliche Kultur gibt. Die Form dieser Behausung hat sich mit den kulturellen Veränderungen und den technologischen Fortschritten stark gewandelt.

Manche Sozial- und Wirtschaftspolitiker nehmen das Verhältnis von Eigentum an Wohnungen pro Kopf und Bevölkerung als einen Indikator für den Reichtum eines Volkes. Bei näherer Betrachtung stellt man fest, dass dies nicht sinnvoll ist, denn dann wären diejenigen Länder am reichsten, in denen der Eigenbesitz an Wohnraum am höchsten ist. Diese Länder sind in Europa bezeichnenderweise Portugal und Irland. Das ärmste Land wäre nach dieser Theorie die Schweiz, wo der Eigenbesitz an Immobilien am niedrigsten ist.

Neben der Tradition des eigenen Hauses gibt es gerade in Zentral- und Mitteleuropa eine relativ lange Tradition des angemieteten Wohnraums. In Deutschland gab es in dieser Tradition zwei Abschnitte: Vor 1850 waren Mieter häufig Stadtbewohner, möglicherweise Staatsbeamte oder Militärpersonen, die damit rechnen mussten, immer wieder versetzt zu werden. Zu diesem Zeitpunkt waren Mietwohnungen elegant, relativ teuer und nur wenig verbreitet. Wer kein Geld hatte, wohnte im eigenen Haus oder in der eigenen Hütte und in aller Regel nicht in der Stadt.

Mit Beginn der industriellen Revolution in Mitteleuropa tritt die Werkswohnung in den Vordergrund. Es werden nun Wohnungen für Massen von Arbeitern gebraucht und man kann geradezu von einer Massenhaltung von Arbeitern in den dritten und vierten Hinterhöfen sprechen. Damit kam die Mietwohnung natürlich in einen sozialen Verruf und die mit der Mietwohnung assoziierte öffentliche Meinung umfasste folgende Attribute: laut, eng, teuer, beobachtet, sich nicht ausleben können, dem Hausherrn gehorchen müssen, Einschränkungen hinnehmen müssen, in Mietzinsabhängigkeit sein etc. Dagegen wird mit dem eigenen Haus verbunden: Selbstständigkeit, Freiheit, Unabhängigkeit, soziale Sicherheit, Gestaltungsmöglichkeit, Entfaltungsmöglichkeit etc.

Obwohl sich heutzutage die Wohnverhältnisse in Miete oder Eigenheim ähneln und obige Attribute sich eigentlich überlebt haben müssten, sind sie nach wie vor präsent. Befragungen nach den individuellen Wunschvorstellungen zum Thema Wohnen haben immer wieder ergeben, dass die Bevölkerung „die **eigenen** vier Wände“ bevorzugt.[3]

Um in dieser politischen Landschaft den Sehnsüchten der Menschen gerecht zu werden, hat man nach 1950 das **Wohnungseigentumsgesetz** geschaffen. Man versuchte damit, möglichst vielen Menschen die Möglichkeit zu geben, in den „eigenen vier Wänden“ zu wohnen.

Die Eigentumswohnung war von Anfang an umstritten, war doch ihr Vorläufer, das sogenannte Stockwerkseigentum, in Südwestdeutschland als „Streithäusle“ verschrien. Es ist interessant, dass man in den Bundestagsdebatten von 1949/1950 schon genau die Argumente findet, die auch heute im Wohnungseigentumsrecht eine Rolle spielen.

Der ursprüngliche Gedanke der Eigentumswohnung war ein kleines Haus, in dem drei oder maximal fünf Familien in separaten Wohnungen zusammenleben. Die Verhältnisse lassen sich dabei zwischen den Parteien unkompliziert und vernünftig regeln. 1951 hat noch niemand an eine Wohnanlage wie „Damp 2000“ gedacht, in der über 2.000 Wohnungen in einer einzigen Eigentümergemeinschaft zusammengeschlossen sind. Auch konnte sich niemand vorstellen, dass man Hotels oder Feriendörfer in der Rechtsform des Wohnungseigentums bauen würde oder dass Eigentumswohnungen gar vermietet werden könnten. Angesichts der Wohnungsnot nach dem Zweiten Weltkrieg schien es undenkbar, dass jemand sich eine Wohnung kaufen und sie anschließend nicht selbst nutzen würde.

3 Vgl. DSL, Wohnungsmarkt, S. 55.

Heute gibt es Gemeinschaften, in denen nahezu alle Eigentümer in ihren Wohnungen wohnen, und andere, in denen kein Eigentümer selbst in der Wohnanlage wohnt. Es handelt sich dort um sogenannte **Kapitalanlegergemeinschaften**. In der Praxis sind das reine Mietshäuser mit der Besonderheit, dass jede Wohnung einem anderen Eigentümer gehört. Mietrechtliche Ansprüche der Mieter sind hier direkt an die einzelnen Eigentümer zu richten. Die Eigentümer wiederum sind an die Beschlüsse der Eigentümergemeinschaft gebunden und haben einen Erfüllungsanspruch aus Vertrag und aus Vereinbarung gegenüber der Gemeinschaft.

Damit zieht sich ein Spannungsbogen durch die Rechtsgeschichte der Bundesrepublik Deutschland: ein soziales Mietrecht einerseits und eine Art genossenschaftliches Recht, das Wohnungseigentumsgesetz, andererseits. Mietrecht ist Sozialrecht, welches gedanklich aus dem Arbeitsrecht entwickelt wurde. Hintergrund ist die Tatsache, dass Mietwohnungen zunächst hauptsächlich als Werkswohnungen gebaut und deshalb in das Arbeitsrecht der die Werkswohnung bauenden Firmen einbezogen wurden.

Als Schlagworte zum sozialen Charakter des **Mietrechts** sind zu nennen: eine Defacto-Unkündbarkeit von Mietern, die verfassungsrechtliche Gleichstellung von Mietern und Eigentümern an Wohnraum, die Einschränkung der Vertragsfreiheit zwischen Vermieter und Mieter, die Einschränkung der Überwälzbarkeit von zusätzlichen Kosten auf die Mieter, die Schwierigkeit der Anhebung von Mieten durch sogenannte Vergleichsmieten bzw. durch Mietgutachten etc. Trotz dieser Spannung ist der Trend zum Erwerb von Eigentumswohnungen zu Vermietungszwecken ungebrochen.

1.2 Der deutsche Wohnungsmarkt[4]

1.2.1 Bedarf aufgrund des sozialen und demografischen Wandels

Von allen Einflussfaktoren hat die Bevölkerungsentwicklung die stärkste Wirkung. Die Bevölkerung Deutschlands (Ost und West) ist seit 1950 um 14,5 Millionen auf

[4] Bei den in diesem Kapitel genannten Zahlen ist äußerste Vorsicht geboten. Sie können nur einen groben Anhaltspunkt geben, da weder die Statistiken auf der untersten Ebene noch die zusammengefassten Statistiken vertrauenswürdig erscheinen und sind.

83 Millionen Personen angestiegen. Für all diese Menschen musste Wohnraum geschaffen werden.

Gleichzeitig sinkt die durchschnittliche Haushaltsgröße (Personen pro Haushalt) seit 1960 kontinuierlich. Der Hauptgrund dafür ist in erster Linie die zurückgehende Kinderzahl. Geringere Kinderzahlen erhöhen rein statistisch die Wohnfläche pro Person, lösen jedoch keinen Impuls für eine zusätzliche Wohnungsnachfrage aus.

Seit den 1960er-Jahren hat sich auch die durchschnittliche Zahl an Erwachsenen pro Haushalt verringert. Ursachen hierfür sind das steigende Heiratsalter, die zunehmende Scheidungsrate, die wachsende Anzahl von Partnerschaften, in denen jeder die eigene Wohnung und damit einen eigenen Haushalt behält, und letztlich die höhere Lebenserwartung von Frauen, wodurch in den hohen Altersgruppen mehr Witwenhaushalte entstehen.[5] Mit sinkender Anzahl von Erwachsenen pro Haushalt steigt die Anzahl der benötigten Wohneinheiten. Schätzungsweise werden aus diesem Grund 100.000 bis 150.000 Einheiten pro Jahr zusätzlich gebaut.

Ein weiterer Trend ist die steigende durchschnittliche Wohnfläche pro Einwohner. Dieser Trend erklärt sich teilweise aus der oben erläuterten sinkenden Haushaltsgröße und teilweise aus dem steigenden Haushaltseinkommen und den damit verbundenen gestiegenen Lebensqualitätsansprüchen. So hat sich die durchschnittliche Quadratmeterzahl pro Kopf in der Bundesrepublik seit 1950 mehr als verdoppelt und liegt heute bei 37,9 Quadratmetern (m^2) pro Person. Wenn der Zuwachs von durchschnittlich nur 0,1 m^2 pro Jahr und Person anhält und in jeder Wohnung durchschnittlich 2,1 Menschen wohnen, dann müssen allein aus diesem Grund jährlich circa 100.000 bis 150.000 Wohnungen gebaut werden.

Wanderbewegungen der Bevölkerung unterliegen unsicheren politischen und ökonomischen Einflussfaktoren. Selbst wenn die in aller Regel ärmeren Zuzieher zunächst bestehenden Wohnraum übernehmen, so besteht doch ein Bedarf an neuen Wohnungen für die „verdrängten" Bewohner. Damit erfordern die Wanderbewegungen schätzungsweise 150.000 bis 200.000 neue Wohneinheiten pro Jahr.

Durch Abriss, Nutzungsänderung oder Zusammenlegung entsteht eine jährliche Abgangsquote von 0,2 % des Wohnungsbestands. Um diesen Verlust zu ersetzen, ist die Errichtung von 50.000 bis 100.000 Wohnungen pro Jahr erforderlich.

5 Vgl. DSL, Wohnungsmarkt, S. 10.

1.2.2 Auswirkungen auf den Markt für Eigentumswohnungen

Ein Blick auf die in den letzten Jahren erteilten Baugenehmigungen zeigt, dass weit über die Hälfte der neuen Wohnungen in Stadtvillen und anderen Mehrfamilienhäusern errichtet werden. Rund 60 % der Wohnungen in diesen Neubauten wurden als Eigentumswohnungen konzipiert. Das waren beispielsweise im ersten Halbjahr 1995 insgesamt rund ein Drittel aller Baugenehmigungen für Wohnungen in den neuen Bundesländern.[6]

Ein Grund für die Popularität von Eigentumswohnungen ist nicht nur die Kapitalanlage, sondern auch die Tatsache, dass die Eigentumswohnung eine besonders günstige Form des Erwerbs von Wohneigentum ist. Die Eigentumswohnung hat bei unterstelltem gleichem Nutzen im Vergleich zum Eigenheim den geringeren Flächenverbrauch und die niedrigeren Herstellungskosten.

Eigentumswohnungen lassen sich im Gegensatz zu Eigenheimen aber auch stärker nach unterschiedlichen Flächen und nach der Anzahl und Aufteilung der Räume differenzieren. Sie können für jeden Lebensabschnitt das angemessene Angebot sein und sind deshalb mehr als nur ein Ersatz für das Eigenheim.[7]

Mit dem zunehmenden Trend zur Eigentumswohnung kann man bei insgesamt 400.000 bis 600.000 neuen Wohneinheiten pro Jahr davon ausgehen, dass in Deutschland rund 200.000 Eigentumswohnungen im Jahr errichtet werden. Hinzu kommt eine nicht unbeträchtliche Zahl von Umwandlungen ehemaliger Werkswohnungen in Eigentumswohnungen. Durch das **Altschuldenhilfe-Gesetz** (AHG) von 1993 sollen die Wohnungsunternehmen sowie die Kommunen in den neuen Bundesländern zur angemessenen Bewirtschaftung des Wohnungsbestands Hilfen erhalten. Damit sollen insbesondere die Kredit- und Investitionsfähigkeit sowie die Privatisierungsmöglichkeiten und die Bildung von individuellem Wohneigentum verbessert werden.[8]

Damit kann man davon ausgehen, dass etwa 0,5 bis 1 % — also 190.000 bis 380.000 Wohnungen — zusätzlich in Eigentumswohnungen verwandelt werden. Dies bedeutet zwar noch keineswegs, dass die Verkäufe in dieser Größenordnung liegen. Doch wenn nur eine einzige Wohnung in einem 100-Parteien-Haus an einen fremden Dritten verkauft wurde, ist formal eine Eigentümergemeinschaft, das heißt

[6] Vgl. Aengenvelt-Research, Private Immobilien, S. 19 f.

[7] Vgl. GdW, Positionen, S. 19.

[8] http://www.wowi.de/info/gesetze/index.htm.

eine Wohnanlage mit Eigentumswohnungen, entstanden. So kann man davon ausgehen, dass innerhalb von zehn Jahren die Anzahl der Eigentumswohnungen von derzeit drei bis vier Millionen auf sechs bis acht Millionen ansteigen wird. Diese Schätzung wurde im Jahr 1995 abgegeben und kann trotz aller konjunktureller Höhen und Tiefen bis heute aufrechterhalten bleiben (13 % Anteil Eigentumswohnungen an allen Haushalten im Jahr 2008).[9]

Dies wird natürlich auch Auswirkungen auf den Berufsstand der Verwalter haben. Wenige Bereiche unserer Wirtschaft haben heute die Aussicht, sich innerhalb der nächsten zehn Jahre in ihrem Marktvolumen zu verdoppeln. In der Verwaltung von Wohnungseigentum ist dies der Fall. Die seit 2003 verstärkt auftretenden internationalen Investorengruppen haben einen ganz erheblichen Druck auf die Bildung neuer Eigentümergemeinschaften und die Schaffung neuer Eigentumswohnungen ausgelöst. Werden alle zur Umwandlung in Eigentumswohnungen bestimmten Gebäude tatsächlich aufgeteilt und „privatisiert“, so entstehen nach derzeitiger Übersicht und Schätzung mehr als 1,5 Millionen weitere Eigentumswohnungen. Die an sich notwendige Zahl bei Neuerrichtung oder Totalsanierung von circa 600.000 Wohneinheiten wurde in keinem Jahr seit 1995 mehr erreicht. Dies schafft tendenziell einen Nachfrageüberhang, der früher oder später doch wieder befriedigt werden muss.

1.3 Stellung der WEG-Verwaltung in der heutigen Immobilienwirtschaft

Immobilien können in **Wohnimmobilien, Gewerbeimmobilien** und **sonstige Immobilien** unterteilt werden. Laut Statistischem Bundesamt gab es in Deutschland 1997 rund 37,7 Millionen Wohnungen. Diese Zahl beinhaltet alle Wohneinheiten, angefangen beim luxuriösen Einfamilienhaus bis hin zum Einzimmerappartement im Studentenheim, und schließt auch alle Zweitwohnsitze mit ein.

Die Zahl der Gewerbeimmobilien ist unüberschaubar, da eine Gewerbeimmobilie sowohl ein Kiosk als auch eine Fabrikanlage sein kann. Statistische Erhebungen unterscheiden nicht zwischen Gebäudeteilen, sondern nach Eigentumsverhältnissen. Das heißt, es wird die Anzahl der Gewerbe festgestellt, wobei die Abgeschlossenheit einzelner Immobilienteile keine Rolle spielt.

9 Statistische Bundesamt 2012.

Sonstige Immobilien werden statistisch nicht erfasst. Unter „sonstige Immobilien" versteht man zum Beispiel Krankenhäuser, Kirchen, Schulen, Kasernen und anderes.

Um zu erfassen, wer sich alles mit Immobilien beschäftigt, folgt man am besten dem Lebenszyklus einer Immobilie. Die Gruppe der Immobilienfachleute beginnt mit dem **Immobilienmakler**, der für die Beschaffung leerer oder bebauter Grundstücke zuständig ist. **Immobilienhändler** kaufen Grundstücke auf eigene Rechnung, um sie anschließend wieder zu verkaufen. **Bauträger, Bauunternehmen, Generalübernehmer** und **Bauhandwerker** sind direkt am Bau beteiligt, während **Verwalter, Facility-Manager** und **technische Wartungsfirmen** gleich welcher Art die Immobilie verwalten. **Gutachter** und **technische Sonderfachleute** (in der Alltagssprache „**Sachverständige**" genannt) sind in jeder Phase des Lebenszyklus beteiligt. Die folgende Tabelle zeigt die Zuordnung verschiedener Tätigkeiten zu den verschiedenen Berufsgruppen.

Berufsgruppe	Tätigkeit	Zeitrahmen
Makler	Vermitteln von Grundstücken und grundstücksgleichen Rechten	Wochen, Monate
Bauträger, Generalunternehmer, Handwerker, Projektmanager	Entwickeln, Erbauen oder Sanieren von Gebäuden	Monate, Jahre
WEG-Verwalter, Mietverwalter, Sonderverwalter; Facility-Manager, Asset-Manager	Organisieren und Bündeln des Willens einer Eigentümergemeinschaft; Verwalten von immobilem Vermögen einzelner Eigentümer	Jahre, Jahrzehnte
Sachverständige	Beraten	Monate, Jahre, Jahrzehnte
Banken	Beraten und Finanzieren	Monate, Jahre, Jahrzehnte
Versicherungen	Absichern des Immobilienvermögens; Fürsorge in Werterhaltung	Jahre, Jahrzehnte

Tab. 1: Immobilienfachleute in Deutschland

1.3.1 Die wirtschaftliche Bedeutung der Immobilienverwaltung

Der Verwalter betreibt eine Dienstleistung, die mit der Produktion der Bauwerke nichts gemein hat. Das betriebswirtschaftliche Ergebnis der Verwalter wird an deren vertraglich vereinbarten Honoraren gemessen. Vergleicht man diese Honorare mit den Kosten für Bauleistungen, zeigt sich, dass sie nur einen verschwindenden Teil davon ausmachen. Selbst wenn man die gesamten Verwalterhonorare für alle Eigentumswohnungen in Deutschland (circa drei Millionen) mit einem Durchschnittssatz von 15 Euro multipliziert, erhält man eine Summe von unter einer halben Milliarde Euro. Das ist die unmittelbare volkswirtschaftliche Bedeutung der WEG-Verwaltung in Deutschland. Addiert man dazu die Honorare aller Mietverwalter in Deutschland (circa 2,25 Milliarden Euro), ergibt die Gesamtsumme noch nicht einmal den Umsatz einer einzigen großen Baugesellschaft.

Zieht man jedoch die treuhänderisch verwalteten Gebühren und Mieten und den damit erzeugten volkswirtschaftlichen Impuls mit in Betracht, so wächst die Bedeutung der verwaltenden Gesellschaften um das 20-Fache. Der Sektor Geldverwaltung von Wohnimmobilien hat damit eine Größenordnung von 50 bis 100 Milliarden Euro im Jahr.

Die tatsächliche volkswirtschaftliche Bedeutung der Verwaltung ist jedoch noch höher. In Deutschland werden circa 13 Millionen Wohnungen verwaltet, davon etwa vier Millionen Eigentums- und zehn Millionen Mietwohnungen. Rechnet man einen Durchschnittswert von 100.000 Euro pro verwaltete Wohnung, ergibt sich rein theoretisch ein verwaltetes Immobilienvermögen im Wohnbereich in Höhe von 1.400 Milliarden Euro.

1.3.2 Beschäftigung in der Immobilienverwaltung

1. **Die verwaltungseigenen Mitarbeiter:** Nach Erhebung des Bundesfachverbands Wohnungsverwalter e. V. ist im Bereich der Verwaltung grob mit einem Satz von 1 : 200 zu rechnen. Das heißt, pro 200 verwaltete Wohneinheiten ist ein verwaltungseigener Mitarbeiter vonnöten.[10] Rechnet man 14 Millionen Wohnungen, erhält man eine Gesamtzahl von 70.000 verwaltenden Mitarbeitern.[11]
2. **Die gewerblichen Mitarbeiter:** Diese Mitarbeiter sind technisches Fachpersonal wie Hausmeister und Reinigungskräfte. Eine hauptberufliche Kraft kann circa 120 Wohneinheiten betreuen. Geht man von 14 Millionen verwalteten Wohnungen aus, bedeutet dies, dass circa 120.000 technische Fachleute (überwiegend Hausmeister) in der Branche der Immobilienverwaltung beschäftigt sind. Da im Bereich der Reinigungskräfte überwiegend mit nebenberuflichen Kräften gearbeitet wird, können die Zahlen nicht wie die von Vollzeitkräften

10 Vgl. BFW, Marktstudie, S. 6 ff.

11 Zum Vergleich: Die BASF beschäftigt zurzeit (2012) innerhalb Deutschlands nach eigenen Angaben circa 40.500 Mitarbeiter.

gehandhabt werden. Schätzungsweise gibt es momentan circa 600.000 nebenberufliche Anstellungsverhältnisse für Reinigungskräfte.
Insgesamt sind also fast 800.000 Menschen mit der Dienstleistung der Verwaltung von Wohnimmobilien beschäftigt.

3. Ein deutlich höherer Satz ergibt sich, wenn man die Verwaltung gewerblicher Immobilien hinzuzählt. Bürohäuser und Fabrikanlagen sind heutzutage mit solch komplizierter Technik ausgestattet, dass **hoch qualifizierte und spezialisierte Fachleute** eingesetzt werden müssen. Da die Abgrenzung zwischen betriebseigenen Fachleuten, Hausmeistern, Handwerkern und Zulieferbetrieben aufgrund von Outsourcing in den letzten Jahren unübersichtlich geworden ist, ist eine Zählung nahezu unmöglich.
Insgesamt werden in Deutschland mit der Verwaltung von Immobilien im weitesten Sinn zwischen zwei und drei Millionen Menschen beschäftigt.

Die Verwaltung von Immobilien ist eine „alltägliche“ Sache und von ihrer Natur her nicht spektakulär genug, um im Konzert der Volkswirtschaft angemessenes Gehör zu erhalten. Dies erklärt, warum es zum Beispiel eine Hochschule für Brauwesen, aber keinen Lehrstuhl für die Verwaltung von Wohnungseigentum gibt.

Dennoch tragen Miet- und WEG-Verwalter in viel umfassenderer Weise zur Lebensqualität der Menschen bei als mancher Hersteller eines publikumswirksamen Produkts. Wohnen ist ein Lebensbedürfnis und alles, was die Wohnung betrifft, berührt die Menschen nicht nur objektiv, sondern auch emotional. Von diesem Gesichtspunkt aus gesehen geht der Verwalter mit einem der empfindlichsten Güter der gesamten Volkswirtschaft um. Es ist deshalb auch eine Aufgabe dieses Buchs, der Öffentlichkeit darzulegen, was sich hinter dem Wort „verwalten“ tatsächlich verbirgt.

1.3.3 Berufsausbildung und Leistungsstandards

Nicht zuletzt aufgrund mangelnder Präsenz, Wahrnehmung und Information der Verwalter in der Öffentlichkeit glauben viele Berufsanfänger, es mit einem Beruf zu tun zu haben, den man ohne fundierte Fachkenntnisse beginnen kann. Doch guter Wille und Gottvertrauen reichen nicht aus, um die Stellung auf dem Markt zu behaupten. In dieser Branche werden einerseits die Gebühren völlig frei vereinbart, andererseits lassen sich die Leistungen im Bewusstsein der Kunden nur schwer objektivieren. Daher erfolgt der Wettbewerb fast ausschließlich über den Preis. Dies bedeutet für den Verwalter einen sehr harten Konkurrenzkampf und für den Kunden die Gefahr mangelnder Kompetenzen, insbesondere bei niedrigen

Verwaltungsgebühren. Ein großes Risiko, treuhänderisches Vermögen rasch zu verlieren, besteht darin, dass unerfahrene Verwalter sehr niedrige Verwaltergebühren ansetzen und damit betriebswirtschaftlich falsch kalkulieren, nur um ein großes Objekt zu erhalten.

Aus diesem Grund haben sich qualifizierte Betriebe zu Verbänden zusammengeschlossen, die das Berufsbild transparenter gemacht und durch Aus- und Weiterbildung für eine deutliche Anhebung des Leistungsniveaus gesorgt haben. So haben GdW und RDM Hochschulen bzw. Akademien der beruflichen Fort- und Weiterbildung gegründet, der Bundesverband der Fachverwalter hat den Feuerwehrfonds zur Absicherung der treuhänderischen Gelder in Deutschland eingeführt.

Durch den von allen Verbänden gemeinsam geschaffenen Aufbaukurs „Fachkaufmann zur Verwaltung von Wohnungseigentum", der mit einer IHK-Prüfung abschließt, kann die Immobilienwirtschaft heute spezialisierte Fachleute ausbilden.

Die wissenschaftliche Bedeutung der Immobilienverwaltung war über Jahre hinweg gering. Zunächst haben sich Juristen (Justizrat Dr. jur. Johannes Bärmann, Dr. jur. Hermann Weitnauer, Dr. jur. Ludwig Röll, Dr. jur. Werner Merle, Dr. jur. Wolf-Dieter Deckert, Hans Anton Bader, Horst Müller, Rolf-Rüdiger Bub und andere) dankenswerterweise dieses Themas angenommen. Hierbei waren die **„Fischener Gespräche"**[12] — initiiert vom Evangelischen Siedlungswerk in Deutschland e. V. und seinem Spiritus Rector, Hanns Seuss — Wegbereiter und Katalysator.

Jedoch zeigte sich für die Verwalter, dass es mit der juristischen Aufarbeitung des Themas nicht getan war. Häufig wurde die Frage gestellt, wie nun die juristische Theorie vom Verwalter umgesetzt werden solle. Ferner decken die Juristen bei Weitem nicht alle Bereiche der vielschichtigen Immobilienverwaltung ab. Betriebswirtschaftliche Überlegungen zur Organisation, zum Marketing, zur Ausbildung, zu technisch-organisatorischen Abläufen und zur Psychologie spielen sich außerhalb des juristischen Bereichs ab. Daher konnten und mussten die Immobilienverwalter neue und eigene Wege gehen. Auch hier haben die Verbände Erhebliches geleistet.

[12] Partner im Gespräch, Schriftenreihe des Evangelischen Siedlungswerkes in Deutschland e. V., Hammonia-Verlag GmbH, Hamburg 1976.

1.4 Das Verbandswesen und seine Aufgaben

Berufsständische Vereinigungen haben, unabhängig von ihrer fachlichen Ausrichtung, oft sehr ähnliche Zwecke. Verbände werden von der Überzeugung getragen, dass das wirtschaftliche Überleben mittel- und langfristig durch gemeinsames Handeln mit beruflich Gleichorientierten erleichtert wird. Deshalb kann man folgende ganz allgemeine Ziele formulieren:

- Förderung der wirtschaftlichen Wohlfahrt der Mitglieder
- Politische und gesellschaftspolitische Vertretung der Verbandsmitglieder
- Setzen von berufsständischen Standards und Überwachung ihrer Einhaltung
- Entwicklung von Ausbildungsgängen zum Erlernen des jeweiligen Berufs
- Betreiben oder Förderung von Ausbildungseinrichtungen
- Hegen und Pflegen des gesellschaftlichen Ansehens der Berufsgruppe
- Förderung des Kontakts der Verbandsmitglieder untereinander
- Förderung des internationalen Austauschs zwischen Verbänden und einzelnen Mitgliedern der gleichen Berufsgruppe

All diese Ziele verfolgen die Immobilienverbände natürlich auch. Sie unterscheiden sich untereinander jedoch durch ihre Ausrichtung auf verschiedene Sparten der Immobilienwirtschaft und damit auch teilweise durch ihre gesellschaftspolitische Ausrichtung.

Verband	**Bundesfachverband der Immobilienverwalter e. V. (BVI)**
Anschrift	Schiffbauerdamm 8 10117 Berlin Tel.: 030 308729-17 Fax: 030 308729-19 www.bvi-verwalter.de
Grundsätzliche Ausrichtung	Immobilienverwalter
Mitglieder	Circa 400
Untergliederungen	Neun regionale Teilverbände
Verband	**Bundesverband Freier Immobilien- und Wohnungsunternehmen e. V. (BFW)**
Anschrift	Kurfürstendamm 57 10707 Berlin Tel.: 030 32781-0 Fax: 030 32781-229 www.bfw-bund.de
Grundsätzliche Ausrichtung	Überwiegend mittelständische Mitgliedsunternehmen

Mitglieder	Circa 1.600 Mitgliedsunternehmen
Untergliederungen	Landesverbände
Verband	**Dachverband Deutscher Immobilienverwalter e. V. (DDIV)**
Anschrift	Dorotheenstraße 35 10117 Berlin Tel.: 030 3009679-0 Fax: 030 3009679-21 www.ddiv.de
Grundsätzliche Ausrichtung	Hauptberuflich tätige Immobilienverwalter bzw. Immobilienverwaltungsunternehmen
Mitglieder	Circa 1.400
Untergliederungen	Elf eigenständige, regional tätige Verwalterverbände in Deutschland
Verband	**GdW Bundesverband deutscher Wohnungs- und Immobilienunternehmen e. V.**
Anschrift	Mecklenburgische Straße 59 14197 Berlin Tel.: 030 820806-0 Fax: 030 820806-36 www.gdw.de
Grundsätzliche Ausrichtung	Repräsentiert die Vielfalt der unternehmerischen Wohnungswirtschaft
Mitglieder	Über 3.000
Untergliederungen	15 eigenständige Mitgliedsverbände
Verband	**IVD Immobilienverband Deutschland e. V.**
Anschrift	Littenstraße 10 10179 Berlin Tel.: 030 275726-0 Fax: 030 275726-49 www.ivd.net
Grundsätzliche Ausrichtung	Ist im Jahr 2004 als Zusammenschluss von RDM und VDM entstanden
Mitglieder	Über 6.000
Untergliederungen	Acht Regionalverbände
Verband	**Fédération Internationale des Administrateurs de Biens Conseils et Agents Immobiliers, Internationaler Verband der Immobilienberufe (FIABCI)**
Anschrift	17, Rue Dumont d'urville F-75116 Paris Tel.: 0033 1 7379853-0 Fax: 0033 1 737958-33 www.fiabci.org
Grundsätzliche Ausrichtung	Weltweites Netz mit Berufsangehörigen aus allen Immobiliensparten

Mitglieder	Circa 1.500.000 Mitglieder über angeschlossene Verbände
Untergliederungen	55 Landesdelegationen mit 117 nationalen Verbänden sowie 3.000 Einzelmitgliedern
Verband	**Royal Institution of Chartered Surveyors, Deutschland e. V. (RICS)**
Anschrift	Junghofstraße 26 60311 Frankfurt/Main Tel.: 069 6500750 Fax: 069 65007519 www.rics.org
Grundsätzliche Ausrichtung	Immobiliensachverständige
Mitglieder	Circa 1.100 in Deutschland, weltweit 120.000
Untergliederungen	Neun Regionalgruppen

Tab. 2: Verbände der Immobilienbranche[13]

Die Bundesvereinigung Spitzenverbände der Immobilienwirtschaft (BSI) vertritt als Zusammenschluss der wichtigsten Interessenverbände aus der Wohnungs- und Immobilienwirtschaft bundesweit und auf europäischer Ebene gemeinsame Positionen gegenüber Politik und Öffentlichkeit. Ziel ist es, die herausragende volkswirtschaftliche Bedeutung der Immobilienbranche in Deutschland im Bewusstsein von Politik und Öffentlichkeit zu verankern sowie die politischen, rechtlichen und steuerlichen Rahmenbedingungen zu verbessern.[14] Derzeit gehören der BSI folgende Verbände aus Tabelle 2 an: BVI, BFW, DDIV, GdW und IVD.

Natürlich gibt es in einem gewissen Umfang auch Konkurrenz zwischen den Verbänden. Je näher die Inhalte beieinanderliegen, desto größer ist das Bedürfnis, sich voneinander abzuheben.

Die Konkurrenz von Verbänden hat auch ihre positiven Seiten. Zwar werden oft ähnliche Entwicklungen zweimal „erfunden", wodurch sich Parallelentwicklungen und damit auch vermehrte Anstrengungen ergeben. Doch ist dies notwendig, damit sich die Verbandsarbeit nicht in nach innen gerichteten Schaukämpfen erschöpft. Die objektive Leistung nach außen setzt letztlich die Maßstäbe für den notwendigen Druck zu planvollem, organisiertem Handeln und vorzeigbaren Ergebnissen. Darüber hinaus ist der Antrieb, neue Mitglieder aufzunehmen, umso größer, je stärker die Konkurrenz empfunden wird. Damit führt die Vielzahl der Ver-

13 Stand 4/2012.

14 www.bsi-web.de.

bände nicht nur zu einer als unangenehm empfundenen Zersplitterung, sondern auch zu kreativem Handeln und hoher Produktqualität der Verbände.

Verbände sind die Kommunikatoren zwischen Politik, Gesellschaft und den Berufsmitgliedern. Während der Einzelne sich weder in Presse noch bei politischen Gremien Gehör verschaffen kann, ist dies einem agilen, lebendigen und selbstbewussten Verband sehr viel leichter möglich. In unserer modernen, urbanen, von Informations- und Diskussionsredundanz gekennzeichneten Welt können die einzelnen Spektren beruflicher Wirklichkeit nur noch auf diese Weise ausgetauscht werden. Kommunikativer Austausch ist in diesem von der Öffentlichkeit eher reserviert bis negativ angesehenen Berufsbereich äußerst wichtig. In nur wenigen Branchen halten sich die Vorurteile so hartnäckig wie in der Immobilienbranche. Wörter wie „Baulöwe", „Immobilienhai" und „Immobilienspekulant", gepaart mit völliger Unkenntnis des Tätigkeitsbereichs, bilden Hürden bei Verständnis und Akzeptanz und erschweren letztlich die Berufsausübung. Deshalb ist der Abbau von Vorurteilen sicherlich ein zentrales Anliegen aller Immobilienverbände.

Die Zukunft der Immobilienverbände wird bei aller Wahrung ihrer Selbstständigkeit auf gemeinsame Arbeit in Europa hinauslaufen. Geschlossen müssen sie sich dafür einsetzen, dass die hohen deutschen Standards guter Verwaltung erhalten und ausgebaut werden und nicht durch internationale bzw. europäische Gesetze und Verordnungen gefährdet oder sogar verhindert werden.

1.5 Internetverweise

Bundesverband deutscher Wohnungs- und Immobilienunternehmen e. V. —
www.gdw.de

Bundesverband Freier Immobilien- und Wohnungsunternehmen e. V. —
www.bfw-bund.de

Bundesfachverband der Immobilienverwalter e. V. —
www.bvi-verwalter.de

Dachverband Deutscher Immobilienverwalter e. V. —
www.ddiv.de

EBZ — Europäisches Bildungszentrum der Wohnungs- und Immobilienwirtschaft
www.e-b-z.de

FIABCI — Internationaler Verband der Immobilienberufe —
www.fiabci.com

IVD — Immobilienverband Deutschland IVD Bundesverband der Immobilienberater, Makler, Verwalter und Sachverständigen e. V. —
www.ivd.net

Statistisches Bundesamt Deutschland —
www.destatis.de

Verband der Immobilienverwalter Hessen e. V. —
www.hausverwalter.de

2 Einführung in die Verwaltungsgrundlagen

von Michael von Hauff

2.1 Die Verwalterpyramide[1]

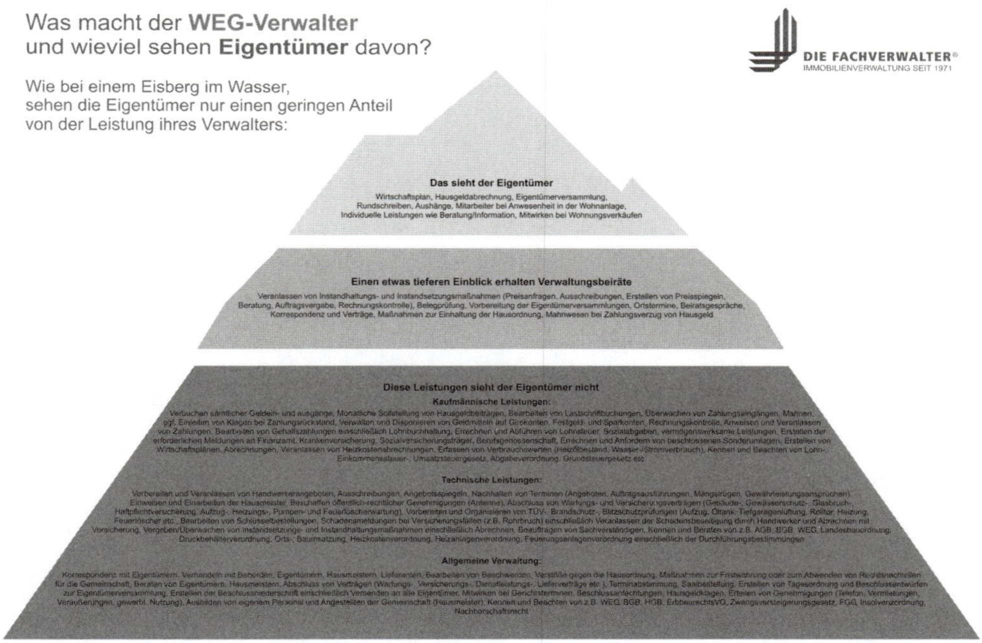

Abb. 1: Die Verwalterpyramide

[1] Erstellt von Stein und von Hauff.

2.2 Was bedeutet „Verwaltung von Wohnungseigentum“?

Verwaltung umfasst im weitesten Sinn das organisierte, geplante und nach bestimmten Regeln ablaufende Handeln, um unter Berücksichtigung ökonomischer Regeln die wichtigste Aufgabe des Verwaltens von Wohnungseigentum zu erreichen: die Organisation und die Umsetzung des gebündelten Willens der Wohnungseigentümer.

Damit wird deutlich, dass es sich bei der Verwaltung von Wohnungseigentum in erster Linie nicht um eine Hausverwaltung im klassischen Sinn handelt. Dies bedeutet, der Schwerpunkt des Interesses ist nicht die Immobilie als solche, sondern die Organisation und die auf Kommunikation beruhenden Entscheidungswege von Menschen. Damit werden bei der Durchführung dieser Aufgabe folgende Begriffe zu tragenden Elementen: „Kommunikation“, „Organisation“, „Bündelung“ und „Umsetzung“.

Ein Lehrbuch mit dem Ziel, bei der Ausbildung professioneller Verwalter mitzuhelfen, muss deshalb seinen Schwerpunkt auf diese Elemente legen. Die Teilaufgaben sind jedoch nicht ohne umfassende Kenntnisse einer Vielzahl von Gebieten zu bewältigen, seien sie rechtlicher, kaufmännischer oder technischer Natur. Vorangestellt sind zunächst die vom Gesetz bestimmten Aufgaben für den Verwalter.

2.3 Aufgabenbereiche der WEG-Verwaltung

1. Die „Berufe“ des WEG-Verwalters
2. Einflussfaktoren
3. Verflechtungen und Abhängigkeiten

1. Die „Berufe“ des WEG-Verwalters		
Buchhalter	**EDV-Spezialist**	**Bankkaufmann**
▪ Tätigkeit für die WEG ▪ Laufende BH ▪ Rechnungsbearbeitung ▪ Wirtschaftsplan ▪ Jahresabrechnung ▪ Mahnwesen	▪ Datenverarbeitung ▪ Geschützte Daten ▪ Datenbereitstellung ▪ Datenauswertung	▪ Geldanlage ▪ Zahlungsverkehr ▪ Liquiditätsbereitstellung
Rechtsanwalt	**Medienspezialist**	**Gärtner**
▪ WEG ▪ Rechtsprechung ▪ TE und GO ▪ BGB ▪ Mietrecht ▪ Gewährleistung ▪ Vertragsrecht	▪ Telefonkabel ▪ Breitband ▪ Internet ▪ Satellitenversorgung	▪ Beratung bei Pflanzung ▪ Beratung bei Schnitten ▪ Beratung bei Düngen und Wässern ▪ Gartenmaschinen
Hochbauingenieur	**Tiefbauingenieur**	**Heizungs-/Sanitäringenieur**
▪ Dach ▪ Fassade ▪ Statik ▪ Balkone ▪ Betonteile	▪ Tiefgarage ▪ Tiefkeller ▪ Garagenböden ▪ Parkplätze ▪ Versorgungsleitungen auf Grundstück	▪ Zentralheizung ▪ Rohrleitungssysteme ▪ Lüftungssysteme
Elektroingenieur	**Personalberater**	**Personalbuchhalter**
▪ Gemeinschaftliche E-Versorgung ▪ Untergruppen in der E-Versorgung	▪ HM ▪ Gärtner ▪ Reinigungskräfte ▪ Einstellen/Entlassen ▪ Vertragswesen	▪ Vollzeitmitarbeiter ▪ Halbtagsmitarbeiter ▪ Aushilfskräfte ▪ Geringfügig Beschäftigte ▪ Berufsgenossenschaft ▪ Pensionskassen ▪ Geldwerter Vorteil durch Hausmeisterwohnungen
Psychologe	**Organisator**	**Politiker**
▪ EV und BR-Sitzung ▪ Schwierige Eigentümer ▪ Betreuung des Personals ▪ Sündenbock	▪ EV ▪ Feste ▪ Sanierungen ▪ Überwachung HM-Arbeit	▪ Gemeinde ▪ Verbände ▪ Mediator zu anderen WEG

Tab. 3: Die „Berufe“ des WEG-Verwalters

2. Einflussfaktoren	
Recht	▪ BGB/Gemeinschaft ▪ WEG ▪ Rechtsprechung ▪ TE und GO ▪ Beschlüsse
Soziales Gefüge	▪ Selbstnutzer/Vermieter ▪ Einkommen ▪ Alter ▪ Familie/Kinder ▪ Kulturelle Herkunft
Entscheidungsfindungen	▪ Vereinbarungen ▪ Beschlüsse ▪ Meinungsbildung ▪ Informelle Beschlüsse
Technische Verwaltung und technische Unterhaltung	▪ Einhaus-/Mehrhausanlage ▪ Größe/Zahl des Wohnungseigentums, Höhe ▪ Garagen/TG ▪ Ausstattung: AZ, ZH, Dachform, Terrassen etc.
Organe der Verwaltung	▪ EV ▪ Verwalter ▪ Beirat und „VIP" ▪ Ausschüsse ▪ HM und sonstiges Personal
Der Verwalter	▪ Firma ▪ Einzelunternehmen/Einzelperson ▪ Erfahrung und Professionalität ▪ Kapital ▪ Filialen

Tab. 4: Einflussfaktoren

	Recht	Soziales Gefüge	Entscheidungsfindungen	Technische Verwaltung und Unterhaltung	Organe der Verwaltung	Der Verwalter
Recht		Druck gegen Erstarrung, MÜOV, Öffnungsklauseln	Wenzel-Entscheidung	Technischer Fortschritt versus Einschränkung durch § 22 WEG	Gestalten Beschlüsse innerhalb rechtlicher Normen	Wirkt über Verbände auf Rechtsentwicklung ein
Soziales Gefüge	WEG, TE, Beschlüsse		Hausordnung, einschränkende oder liberalisierende Beschlüsse wirken auf Zusammenleben und Bewohnerstruktur ein	Ein gepflegtes Haus führt zu besserem Publikum …	Einfluss auf Mieter- und Bewohnerstruktur	Zustimmung nach § 18 WEG, Verfolgung von HO-Verstößen, Unterstützung HM bei Durchführung der HO, zum Teil Auswahl der Mieter
Entscheidungsfindungen	Ablauf der EV, Rechtsprechung, frühere Beschlüsse	Interessenkonflikt Vermieter/Eigennutzer, Hausteile, Untergruppen, unterschiedliche Nutzungskonzepte		Technische Bedingungen, geänderte technische Normen, gesetzliche Auflagen hinsichtlich bedingter Beschlüsse und Maßnahmen	Erarbeiten mit Verwalter Tagesordnung der Versammlung, tragen Anträge vor, berichten über Prüfungen etc.	Bereitet Entscheidungsfindung vor, beeinflusst Entscheidungsfindung durch Beratung
Technische Verwaltung	Unterschied SE und GE, Genehmigung von Maßnahmen durch EV	Einkommen und Vermögenssituation des Einzelnen, Identifikation mit Wohnung und Umfeld	Reparieren oder Sanieren, Sanierungsbegleitung durch juristischen und technischen Fachmann oder Do-it-yourself-Verfahren? Langfristige Planung von Instandhaltungsmaßnahmen und deren Finanzierung		Überwachung der Betreuung, vorbereitende Informationen bei Sanierungen, Beratung von Einzelheiten beschlossener Maßnahmen	Führt Beschlüsse der EV durch, vergibt Aufträge in technischer Hinsicht, ist verantwortlicher Betreuer für HM und sonstiges Personal
Organe der Verwaltung	Rahmen für Tätigkeit von VBR und Verwalter	Bereitschaft und Fähigkeit, sich für Zwecke der WEG zur Verfügung zu stellen	Aufträge an Verwalter, Genehmigung der Budgets und Abrechnungen, Entlastungen, Wahl des VBR, Wahl von Ausschüssen	Zeiteinsatz, Anforderung an fachliche Kompetenz		Arbeitet mit VBR und EV zusammen, organisiert EV
Der Verwalter	Rechte und Pflichten des Verwalters	Auswahl des Verwalters, professionell, intellektuell, Hausmeistertyp etc.	Aufwand Verwalter bei Umsetzung der Beschlüsse, Menge an Arbeit, Arbeitsweise, Rahmen für Entscheidungsspielräume des Verwalters	Haftung für Sicherheit und gesetzlich einzuhaltende Normen	Sucht Verwalter aus, schließt Vertrag mit Verwalter, prüft Jahresabrechnung, unterstützt Verwalter	

Tab. 5: Verflechtungen und Abhängigkeiten

2.4 Gesetzliche und vertragliche Aufgaben

Die Handlungsgrundlage des WEG-Verwalters findet sich naturgemäß im Wohnungseigentumsgesetz, das in den §§ 27 und 28 die gesetzlichen Aufgaben exakt umreißt.

Neben dem Wohnungseigentumsgesetz hat der WEG-Verwalter eine Fülle weiterer Gesetze und Verordnungen zu beachten, die sich aus den jeweiligen Tätigkeitsfeldern innerhalb seiner Gesamtaufgaben ergeben. In formaler Hinsicht sind zum Beispiel Vorschriften der Zivilprozessordnung (ZPO), des Arbeitsrechts, des Landesbaurechts und des kommunalen Satzungsrechts von Bedeutung. In technischer Hinsicht spielen unter anderem Immissions- und Emissionsverordnungen, Vorschriften zum Umweltrecht, TÜV-Sicherheitsvorschriften, Vorschriften der Gewerbeordnung und feuertechnische Vorschriften eine Rolle. In kaufmännischer Hinsicht sind Buchführungsvorschriften in Anlehnung an die GBO, Aufbewahrungsvorschriften und weitere Vorschriften, die sich aus der Rechtsprechung der letzten 60 Jahre bezüglich des Wohnungseigentums entwickelt haben, zu beachten.

Neben diesen gesetzlichen und quasi-gesetzlichen Vorschriften, die der Verwalter zu beachten hat, hat er eine durch Vertrag geregelte Leistung zu erbringen. Diese findet üblicherweise im Verwaltervertrag ihren Niederschlag. Daneben kann es sein, dass durch Beschlüsse Aufgaben zwischen den Vertragspartnern verteilt und dem Verwalter dadurch weitreichende zusätzliche Aufgaben übertragen werden. Darüber hinaus kommt es vor, dass der Verwalter – durch Vertrag – ausdrücklich die Vereinbarungen der Wohnungseigentümer untereinander als für sich verpflichtend anerkennt, womit sich sein Vertragswerk um die in der Gemeinschaftsordnung der Eigentümergemeinschaft enthaltenen Vorschriften erweitert.

2.5 Kaufmännische Anforderungen

Grundsätzlich gibt es keinerlei inhaltliche Vorschriften, in welcher Weise ein Verwaltungsunternehmen kaufmännisch organisiert sein muss. Bestimmte Mindeststandards bezüglich der Buchhaltung und Buchführung ändern daran nichts. In der breiten Vielfalt, in der Betriebe die Verwaltung von Wohnungseigentum durchführen – vom nebenberuflichen Einmann- bis zum organisierten Managementbetrieb mit Hunderten von Mitarbeitern –, hat jeder Betrieb seine besondere Organisationsform gefunden. Unabhängig davon wird man jedoch die folgenden Anforderungen als Mindeststandard bezeichnen können:

1. Die Organisation muss es ermöglichen, Vorgänge, die von außen an den Verwaltungsbetrieb herangetragen werden, in angemessener Zeit zu bearbeiten.
2. Die Buchführung muss eine Darstellungsform haben, die es einem mit der Buchhaltung nicht vertrauten Wohnungseigentümer ermöglicht, sich über die Einnahmen bzw. Ausgaben und über das Geldvermögen seiner Gemeinschaft bzw. über seinen eigenen Anteil daran in überschaubarer Zeit zu informieren.
3. Der Verwaltungsbetrieb muss die nötigen kaufmännischen Leistungen erbringen, um die Grundaufgaben des Verwalters durchzuführen. Dazu gehören unter anderem Organisation und Durchführung von Eigentümerversammlungen, Beiratssitzungen, Organisation der notwendigen technischen Maßnahmen und Kommunikation mit den Eigentümern bzw. deren gewählten Vertretern.

Bedauerlicherweise gibt es in Deutschland bezüglich dieser Mindestanforderungen bislang keine gesetzlichen Regelungen. Es gibt sie weder über die Ausbildung zum WEG-Verwalter noch über die Durchführung seiner späteren Tätigkeit. Es ist Aufgabe der Verbände, solche Regelungen zu treffen. Sieht man also von den fehlenden gesetzlichen Mindestanforderungen ab und versucht darzustellen, was die Verbände heute als Mindestanforderungen verstehen, ergibt sich folgendes Bild:

1. Es wird ein eingerichteter Geschäftsbetrieb verlangt, das heißt ein Büro, das zu geschäftsüblichen Zeiten erreichbar ist.
2. Von den Hauptverantwortlichen des Betriebs wird erwartet, dass sie eine fachmännische Ausbildung zum WEG-Verwalter haben. Diese kann in jahrelanger Mitarbeit in einem qualifizierten Betrieb, in einer der vielfältigen angebotenen Spezialausbildungen oder in einer Kombination aus praktischer Tätigkeit und theoretischer Ausbildung bestehen. Großen Wert aber legen alle Verbände auf die Weiterbildung der WEG-Verwalter. Denn man hat in den letzten Jahren erkannt, dass das nötige Wissen auf dem Gebiet des Wohnungseigentumsgesetzes so rasch zunimmt, dass eine einmalige Ausbildung für die weitere Arbeit nicht ausreichen kann.
3. Ferner fordern die Verbände eine Buchhaltung, die über die Anforderungen der Rechtsprechung hinaus den Wohnungseigentümern nicht nur einen Überblick über die Einnahmen und Ausgaben eines jeden Jahres bietet, sondern auch Forderungen und Verbindlichkeiten der Wohnungseigentümer in geordneter Form darstellt. Dies ist nur in einer kaufmännischen doppelten Buchführung möglich.
4. Schließlich erwarten manche Verbände den Abschluss entsprechender berufsständischer Versicherungen, das heißt einer Vermögensschadenshaftpflichtversicherung, in Zukunft auch eine Vertrauensschadenversicherung und eventuell die Teilnahme am Feuerwehrfonds der Verwalter.

2.6 Umweltbewusstsein in der WEG-Verwaltung

Auf den ersten Blick könnte man meinen, dass WEG-Verwaltung und Umweltbewusstsein nicht viel miteinander zu tun haben. Überraschenderweise gibt es aber eine Vielzahl von Bereichen, in denen der Verwalter durch direktes Wirken oder durch Veranlassung anderer Personen einen positiven Einfluss auf die Umwelt nehmen kann. Als Beispiele seien hier die Verminderung des Restmüllaufkommens, die Einführung von Energie- und Wassersparmaßnahmen, die wassersparende und schadstoffarme Unterhaltung von Gartenflächen, die Anlage eines Gründaches, die Überwachung und Beachtung von Gewässerschutzvorschriften im Öltankbereich oder die Einweisung von Hausmeistern zu umweltbewusstem Handeln aufgeführt. Wenn man die Vielfalt der Möglichkeiten betrachtet, wird einem sehr rasch bewusst, dass der Verwalter auch hier eine sehr hohe Verantwortung trägt, der er zuallererst im Rahmen seines eigenen Betriebs nachkommen sollte. Anleitungen und Anregungen dazu werden im Kapitel „WEG-Verwaltung und Umweltschutz“ dargestellt.

2.7 Hilfe durch EDV

Der Siegeszug der elektronischen Datenverarbeitung hat selbstverständlich auch vor dem Verwaltungsbetrieb nicht haltgemacht. Zunächst wurden die Buchhaltungen auf EDV umgestellt, inzwischen verbreitet sich die EDV mehr und mehr als allgemeines Kommunikationsmittel. Sei es, dass sie die herkömmliche Schreibmaschine völlig verdrängt hat, sei es aber auch zum wesentlich vereinfachten Archivieren. In der letzten Zeit gewinnt die Kommunikation über das Internet zunehmend an Bedeutung, wobei E-Mail nicht nur die Möglichkeit schneller und unkomplizierter weltweiter Kommunikation bietet, sondern auch auf lange Sicht dem papierlosen Büro entgegenstrebt. Zudem bietet das Internet eine nahezu unerschöpfliche Informationsquelle, die auch vom Verwalter vielseitig genutzt werden kann.

Mindestkenntnisse auf dem Gebiet der EDV werden heute von jedem Beteiligten innerhalb eines Verwaltungsbetriebs vorausgesetzt. Deshalb ist das Kapitel „Welche Software eignet sich für die Hausverwaltung?“ der EDV im Verwaltungsbetrieb gewidmet.

2.8 Strategie und Psychologie im Verwaltungsberuf

In Eigentümergemeinschaften – insbesondere in größeren – kann es durch Missverständnisse oder gezielte Desinformation zu psychologischen Großwetterlagen kommen, die denen eines Sturms entsprechen. In einer solchen Situation kann man mit verwaltungstechnischen Mitteln kaum etwas aufhalten. Ein Verwalter, der glaubt, dass er mit der Beherrschung von Buchhaltung, Technik und Organisation ein guter Verwalter sei, wird sehr schnell merken, dass er das Element Psychologie unterschätzt hat.

Verliert ein Verwalter das Verwaltungsamt in einer Gemeinschaft, liegt das meist an der psychologischen Dynamik. Das Verwalteramt wird nicht dadurch beendet, dass zwei Partner sich nicht mehr vertragen oder ihren Vertrag gegenseitig kündigen, sondern dass sich einer der Partner – die Eigentümergemeinschaft – aus einer Vielzahl von Elementen und Meinungen zusammensetzt. Alle Aspekte der Gruppendynamik, der Gruppentheorie und der Gruppenpsychologie spielen hier eine Rolle und jeder Verwalter sollte sich die in dem Kapitel „Den gebündelten Willen der Eigentümergemeinschaften organisieren" erläuterten Grundbegriffe sehr sorgfältig ansehen und versuchen, hilfreiche Techniken zu erlernen.

Allerdings sei klargestellt, dass gute Psychologie fundiertes Fachwissen nicht ersetzen kann. Aber eine gute Verwaltung in kaufmännischer und technischer Hinsicht zusammen mit einem guten Verkauf dieser Leistung sichert dem Verwaltungsunternehmen seine Aufträge mit hoher Wahrscheinlichkeit.

2.9 Bautechnik, Sanierung und Reparatur

Zu Beginn der 1970er-Jahre lag der Schwerpunkt jeder Verwaltungstätigkeit auf dem kaufmännischen, sprich dem buchhalterischen Teil. Im Alterungsprozess der damals entstandenen Eigentümergemeinschaften und aufgrund von deren bautechnischen Komplexität wurden die Sanierungstechnik und -organisation immer wesentlicher. Heute kann ein Verwalter ohne Grundkenntnisse in Sanierungstechnologie nicht einmal mit den Fachleuten verhandeln. Denn schon die Auswahl des richtigen Fachmanns setzt gewisse Fachkenntnisse voraus. Beispielsweise muss der Verwalter mit den Gewerken eines Gebäudes vertraut sein. Außerdem muss er über deren Sanierungsmöglichkeiten und -wahrscheinlichkeiten, über die möglichen Kosten, über die üblichen Sanierungs- und Reparaturintervalle und über diejenigen Handwerker, Institutionen, Architekten, Hochbauingenieure, TÜV, DEKRA etc., die ihm bei der Durchführung der Instandhaltung und Instandsetzung des gemeinschaftlichen Eigentums helfen können, informiert sein. Der Verwalter kann sich nicht erst dann mit den bautechnischen Aspekten vertraut machen, wenn eine Sanierung unmittelbar bevorsteht. Es wird vom Verwalter erwartet, dass er allgemeine Kenntnisse bereits im Vorfeld erworben hat.

Im Kapitel „Das muss der Verwalter über Bautechnik wissen“ werden die technischen Gewerke von Gebäuden vorgestellt und einige Besonderheiten bei deren Instandhaltung bzw. Instandsetzung aufgezeigt.

2.10 Instandhaltung

Es gehört zu den gesetzlichen Aufgaben des Verwalters, die Instandhaltung bzw. Instandsetzung des gemeinschaftlichen Eigentums zu überwachen, den Eigentümern sinnvolle Vorschläge in der Eigentümerversammlung zu machen (oder sie machen zu lassen), Kostenschätzungen abzugeben und die entsprechenden finanziellen Mittel durch Beschlüsse und deren anschließende Umsetzung zu organisieren.

Bei dieser Maßnahme kann ihm das inzwischen entwickelte System der individuellen Instandsetzungsrückstellungsplanung (IIRP) behilflich sein. Allerdings kann auch dieses System nicht ohne erhebliche praktische Kenntnisse und logisches Mitdenken angewendet werden. Es ist keinesfalls ein Ersatz für nicht erledigte „Hausaufgaben“, sondern hilft dem kompetenten Verwalter, seine Aufgabe präziser und schneller zu erledigen.

Kapitel 11 beschreibt die Problematik der Instandhaltungsrückstellung und stellt das System der IIRP als individuelle und präzise Berechnungsmethode vor.

2.11 Haftung und Versicherungen

Der Verwalter haftet gegenüber den Wohnungseigentümern — seinen Kunden — drei Jahre. Schon aus dieser langen Haftungszeit ergibt sich für ihn ein erhebliches Risiko. Darüber hinaus ist das Amt des Verwalters so umfassend und die Normierung der an ihn gestellten Aufgaben so unpräzise, dass es einen breiten Freiraum für Haftungsansprüche an den Verwalter gibt. Unglücklicherweise ist der Verwalter oft die einzige Adresse, die den Eigentümern bleibt, wenn sie Ansprüche stellen wollen. In vielen Fällen sind Bauträger, Bauunternehmer, Architekten und alle am Bau Beteiligten längst wirtschaftlich tot oder die Ansprüche an sie sind verjährt, sodass bei Auftreten größerer Mängel – selbst wenn es sich um Baumängel handelt – der Verwalter oft als Anspruchsgegner übrig bleibt. Tauchen bei Sanierungen unerwartete Probleme auf, ist auch hier die Haftung des Verwalters sehr viel schneller gegeben, als der Laie es sich vorzustellen vermag.

Der Verwalter trägt ein weiteres Risiko, da er für erhebliche Mengen treuhänderischen Geldes und dessen Verwendung verantwortlich ist. Selbst bei größter Sorgfalt können aufgrund der Vielzahl kleiner Vorgänge Fehler passieren.

Doch er kann sich gegen die Folgen absichern. Dazu werden im Kapitel „Diese Versicherungen sollte der Verwalter kennen" Funktion und Inhalt von Sach-, Haftpflicht-, Vermögensschaden- und Vertrauensschadenversicherungen erläutert. Da Verträge und Prämien verschiedener Versicherungsgesellschaften oft unübersichtlich und nicht zu vergleichen sind, werden praktische Tipps zu Abschluss und Kündigung eines Versicherungsvertrags und zur „richtigen" Abwicklung eines Versicherungsfalls gegeben.

2.12 Rundfunk-, Fernseh- und Multimediaversorgung von Wohnungen

Die rasante Entwicklung der neuen Medien ist an der Schwelle zum 21. Jahrhundert in aller Munde. „Telefonie", „Internet", „digitales" oder „interaktives Fernsehen", „Multimedia" und „Informationsgesellschaft" sind die Schlagworte.

Neue Märkte und Bedürfnisse werden geschaffen. Visionen begeistern breite Bevölkerungsschichten. All dies hat unmittelbare Auswirkungen auf die Gesellschaft und damit auch auf den Lebensmittelpunkt der Menschen – die Wohnung. Ganz unvermittelt und ungewollt steht dadurch der Wohnungsverwalter im Interessenwiderstreit. Die Wohnungsnutzer erwarten von ihm auch in Fragen der „neuen Medien" kompetente Beratung und fachlich fundierte Entscheidungshilfen.

Für jeden, der in der Wohnungsverwaltung beschäftigt ist, stellt die Satellitenantenne ein Reizthema da. Weitere Neuerungen sind absehbar.

Kapitel 13 bietet eine Einführung in den Stand der Technik und in die Rechtsprechung der Wohnungsversorgung mit modernen Medien.

3 Die gesetzlichen Grundlagen des Wohnungseigentums

von Hanno Musielack

Nach den schlechten Erfahrungen mit dem vor Inkrafttreten des WEG gegebenen sogenannten Stockwerkseigentum und in der Absicht, für die Praxis eine besondere Form des Eigentums bezogen auf Wohnungen zu ermöglichen, schuf der Gesetzgeber im Jahr 1951 das **Wohnungseigentumsgesetz (WEG)**. Mit diesem Gesetz ermöglichte er, in Abweichung von der in den §§ 93, 94 BGB enthaltenen Regel, nach der Eigentum an Gebäudeteilen und Räumen allein nicht zulässig ist, die Bildung von Sondereigentum an bestimmten Räumen eines Gebäudes. Dieses Eigentum eigener Art gewann in der Praxis immer mehr an Bedeutung und ist aus dem heutigen Grundstücksverkehr nicht mehr wegzudenken. Zugleich ist dieses Eigentum jedoch gerade aufgrund seiner Besonderheit mit speziellen praktischen Problemen behaftet. Aus diesem Grund hat der Gesetzgeber den sogenannten **Wohnungseigentumsverwalter** im WEG vorgesehen.

3.1 Das Wohnungseigentumsgesetz als Grundlage des Eigentümer- und Verwalterhandelns

Neben kaufmännischem Wissen muss der Fachverwalter über solide Grundkenntnisse über Inhalt, Anwendung und Auslegung des Wohnungseigentumsgesetzes verfügen. Auch wenn für das Handeln des Verwalters zunächst einmal Teilungserklärung und Gemeinschaftsordnung sowie Vereinbarungen und Beschlüsse der Gemeinschaft bestimmend sind, ist die Kenntnis der Bestimmungen des Wohnungseigentumsgesetzes als Grundlage für ein sachgerechtes Verwalterhandeln unbedingt notwendig. Nur der sichere Umgang mit dem Wohnungseigentumsgesetz wird dem Auftreten des Verwalters in den Eigentümerversammlungen die nötige Souveränität und Autorität verleihen, um bei der Durchsetzung einer ordnungsgemäßen Verwaltung von Gemeinschaften, insbesondere Großgemeinschaften, erfolgreich bestehen zu können.

Demgemäß orientieren sich die folgenden Ausführungen im Wesentlichen am Aufbau des Wohnungseigentumsgesetzes (in der Fassung vom 26.3.2007, gültig ab 1.7.2007). Soweit für notwendig befunden, wird das „alte" Recht, das bis zum 30.6.2007 galt, dargestellt.

3.1.1 Der wesentliche rechtliche Unterschied zwischen BGB-Gemeinschaft und Wohnungseigentümergemeinschaft

Ein wesentlicher Unterschied zwischen einer BGB-Gemeinschaft und einer Wohnungseigentümergemeinschaft (WEG-Gemeinschaft) besteht in der dinglichen Zuordnung des Gemeinschaftsobjekts zu den Teilhabern der Gemeinschaft. Nehmen wir an, eine BGB-Gemeinschaft besitzt ein Haus. Das Haus gehört (gemeinschaftlich) fünf Eigentümern, aber keiner davon kann sagen, wem welche Wohnung im Haus gehört. Grund hierfür ist, dass gemeinschaftliches Eigentum Miteigentum nach Bruchteilen im Sinne der §§ 1008 ff. BGB ist, sodass keine reale Teilung der Sache (Sondereigentum) vorliegt, sondern eine ideelle Teilung des sich auf die ganze Sache beziehenden Eigentumsrechts. Der einzelne Teilhaber kann nach § 747 S. 1 BGB lediglich über seinen Anteil an der Gemeinschaft verfügen, über den gemeinschaftlichen Gegenstand können nach § 747 S. 2 BGB nur alle Teilhaber gemeinschaftlich verfügen.

Anders gestaltet sich die dingliche Zuordnung des Eigentums in einer WEG-Gemeinschaft: Ein Käufer erwirbt laut Teilungserklärung einen (ideellen) Miteigentumsanteil von xyz/1.000, verbunden mit dem (realen) Sondereigentum an der im Aufteilungsplan mit Nr. 1 bezeichneten 4-Zimmer-Wohnung im Erdgeschoss links und den dazugehörigen Keller Nr. 1.

Was hat nun dieser Käufer tatsächlich erworben? Er hat nicht etwa „eine Wohnung", sondern vielmehr einen Miteigentumsanteil gekauft. Sein Miteigentumsanteil von xyz/1.000 an dem gesamten Haus inklusive Grundstück stellt seine Eintrittskarte in den „Club" der Eigentümergemeinschaft im Sinne der WEG dar. Sein Miteigentumsanteil ist untrennbar verbunden mit einer bestimmten Wohnung — eine Wohnung, die im Sondereigentum nur desjenigen steht, der diesen Miteigentumsanteil hat. Den meisten Eigentümern ist dieser Sachverhalt nicht klar oder gar nicht erst bekannt. Die „eigene" Wohnung ist immer an einen Miteigentumsanteil gebunden. Die Verbindung des Miteigentumsanteils mit einem Sondereigentum ist weder austauschbar noch veränderbar. Um Änderungen zu bewirken, müssten alle Eigentümer zum Notar gehen und eine neue Teilungserklärung beurkunden. In der WEG-Gemeinschaft ist der Miteigentumsanteil mit dem Sondereigentum fest verbunden, während es in der BGB-Gemeinschaft zwar Miteigentumsanteile gibt, denen aber kein Sondereigentum zugeordnet ist.

3.1.2 Die WEG als teilrechtsfähiger Verband

Wie dargestellt, folgt die Wohnungseigentümergemeinschaft unter dem Blickwinkel ihrer sachenrechtlichen Einordnung der Konzeption der Bruchteilsgemeinschaft nach BGB. Unbestritten enthält das Recht der Wohnungseigentümergemeinschaft in der gesetzlichen Ausbildung auch Entlehnungen aus dem Vereinsrecht und dem Gesellschaftsrecht, wie dies insbesondere den Regelungen der Eigentümerversammlung und der Stimmrechte zu entnehmen ist. Vor diesem Hintergrund herrschte die Auffassung im Selbstverständnis der Eigentümergemeinschaft vor, dass diese selbst nicht rechtsfähig sei. Rechtsfähigkeit bedeutet die Eigenschaft, im eigenen Namen selbst im Rechtsverkehr aufzutreten und damit Rechte und Pflichten zu begründen. Trotz der Parallelen zum Gesellschaftsrecht wie zum Vereinsrecht sei die Eigentümergemeinschaft eben in der Grundstruktur ein Zusammenschluss einzelner Eigentümer, die insoweit auch nach außen aufträten. Dies hatte Folgen in der Praxis: In gerichtlichen Verfahren mussten die einzelnen Eigentümer übermittelt werden und Verträgen mit Handwerkern hätte beispielsweise eine Eigentümerliste beigefügt werden müssen. Zudem hatte dies die Folge, dass Banken bei Einrichtung von Gemeinschaftskonten im Rahmen der Kontoneröffnung ebenfalls eine Eigentümerliste oder einen Grundbuchauszug verlangten, aus dem die einzelnen Mitglieder der Gemeinschaft namentlich hervorgingen. Diese Umständlichkeiten der Rechtskonstruktion der nicht teilrechtsfähigen Gemeinschaft wurden schon immer kritisch gesehen, selbst die Gründungsväter des WEG waren sich in dieser Frage nicht immer einig.

Der Diskussion ein Ende setzte der Bundesgerichtshof (BGH) in seiner grundlegenden Entscheidung vom 2.6.2005 (BGH, V ZB 32/05 in NZM 2005, 543). Er postulierte den Grundsatz, dass die Gemeinschaft der Wohnungseigentümer rechtsfähig sei, soweit sie bei der Verwaltung des gemeinschaftlichen Eigentums am Rechtsverkehr teilnehme. Im Gegensatz zur bisherigen Auffassung, laut der die einzelnen Miteigentümer als Mitglieder der Gemeinschaft im Vordergrund standen und auch gesamtschuldnerisch nach außen (und somit auch jeweils einzeln!) für die Verbindlichkeiten hafteten, sollte nunmehr nur noch der teilrechtsfähige Verband mit seinem Verbandsvermögen zur Haftung zur Verfügung stehen.

Weil das Gesetz eine Rechtsfähigkeit der WEG eben nicht ausschließe, sei ihr eine Teilrechtssubjektivität zuzusprechen. Dagegen spreche auch nicht die Kombination von Sondereigentum und Bruchteilseigentum. Denn der teilrechtsfähige Verband eigener Art, wie er nun vom BGH genannt wurde, trete hier als korporative Ausgestaltung der Gemeinschaft im Rechtsverkehr nach außen auf. Dies gelte insbesondere bei der Verwaltung des Gemeinschaftseigentums, respektive des gemeinschaftlichen Vermögens. Bei Letzterem handele es sich nämlich um ein Verbandsvermögen. Zu diesem Verbandsvermögen gehörten auch Forderungen der Gemeinschaft gegenüber Dritten sowie gegen ihre Mitglieder selbst, beispielsweise Beitragsforderungen auf Wohngeld gegen säumige Eigentümer.

Mit der Anerkennung der Teilrechtsfähigkeit in diesen Bereichen seien insbesondere Erleichterungen im Rechtsverkehr und in gerichtlichen Verfahren verknüpft. Damit käme es auch nicht mehr auf einen Wechsel des Mitgliederbestandes der Gemeinschaft an, was ebenso eine Vereinfachung auf beiden Seiten mit sich brächte. Selbstverständlich gab es auch eine Menge Kritik an dieser Entscheidung. So wurde unter anderem die Haftung des Verbandes als solcher beschränkt auf sein Verbandsvermögen. Dies erachteten die Gläubiger für unzureichend, denn ein Zugriff auf die einzelnen Miteigentümer, die den Verband ausmachten, sei nicht mehr möglich. Der BGH entgegnete darauf, dass die Rechtsfähigkeit der WEG nicht umfassend, sondern auf Teilbereiche des Rechtslebens beschränkt sei. Im Übrigen verblieben dem Gläubiger unter bestimmten Umständen Durchgriffsmöglichkeiten auf die einzelnen Mitglieder und Gläubiger könnten schließlich auch auf die Forderungen der Gemeinschaft Zugriff nehmen.

Soweit die Gemeinschaft im Innenverhältnis über ihre mitgliederschaftlichen Rechte und Pflichten streite, zum Beispiel im Rahmen von Willensbildungen auf Versammlungen, bliebe dies eine Angelegenheit der Eigentümer als Einzelpersonen. Diese Fragestellung wäre wie bisher zu beurteilen, die Rechtsfähigkeit sei hierauf nicht anzuwenden. Deshalb spreche man auch nur von einer Teilrechtsfähigkeit. Der Gesetzgeber hat die Entscheidung des BGH im Rahmen der Novellierung des WEG in letzter Minute berücksichtigt und den ursprünglichen Entwurf der Bundestagsdrucksache 16/887 vom 9.3.2006 durch eine Beschlussempfehlung des Rechtsausschusses in der Drucksache 16/3843 vom 13.12.2006 mit den entsprechenden Änderungsvorschlägen eingebracht. Das WEG wurde dann in der Fassung vom 14.12.2006 verabschiedet.

Dem Aspekt der Teilrechtsfähigkeit wurde insbesondere im § 10 WEG (neu) Rechnung getragen. Zunächst hat der Gesetzgeber es dabei belassen, dass grundsätzlich Inhaber der Rechte und Pflichten des Eigentums die jeweiligen Eigentümer selbst seien – so wie bisher. In den insbesondere neu formulierten und angefügten Absätzen 6, 7 und 8 hat der Gesetzgeber niedergelegt, dass die Gemeinschaft im Rahmen der gesamten Verwaltung des Gemeinschaftseigentums gegenüber Dritten und Eigentümern selbst Rechte erwerben und Pflichten eingehen könne, mithin rechtsfähig sei. Die Gemeinschaft übe die gemeinschaftsbezogenen Rechte der Eigentümer aus und nehme diese wahr. Für die Praxis hat der Gesetzgeber die Forderung aufgestellt, dass die Gemeinschaft eine entsprechende Bezeichnung führen müsse, beispielsweise „Wohnungseigentümergemeinschaft X-Straße 7 in Y-Stadt“. So könne sie dann vor Gericht selbst klagen und verklagt werden. Auch das Verwaltungsvermögen wurde in der gesetzlichen Neuregelung dahingehend berücksichtigt, dass es aus den im Rahmen der gesamten Verwaltung des Gemeinschaftseigentums gesetzlich begründeten und rechtsgeschäftlich erworbenen Sachen und Rechten sowie den entstandenen Verbindlichkeiten bestehe. Zum Verwaltungsvermögen gehörten insbesondere die Ansprüche und Befugnisse aus Rechtsverhältnissen mit Dritten und mit den Eigentümern selbst sowie das Geldvermögen der Gemeinschaft.

Vor diesem Hintergrund hat der BGH unter anderem entschieden, dass der öffentliche Wasserversorger aus seinen Gebührenbescheiden gegenüber dem Grundstückseigentümer nur gegen die Gemeinschaft als Verband, nicht aber gegen einzelne Miteigentümer vorgehen dürfe.[1]

In § 10 Abs. 8 hat der Gesetzgeber die Bedenken gegen die Teilrechtsfähigkeit mitgetragen und postuliert, jeder Eigentümer hafte einem Gläubiger im Außenverhältnis immerhin nach dem Verhältnis seines Miteigentumsanteils für Verbindlichkeiten der Gemeinschaft. Jedenfalls soweit sie während des Zeitraums seiner Zugehörigkeit zur WEG entstanden bzw. fällig geworden seien. Mit dieser Anteilshaftung nach außen sei nun der Schutz der Gläubiger ausreichend gewährleistet.

In dem Zusammenhang hat sich der Gesetzgeber im Rahmen der Novelle dafür entschieden, der Eigentümergemeinschaft als Verband die Insolvenzfähigkeit abzusprechen (§ 11 Abs. 3 [neu]). Gleichwohl sei der Verband der Eigentümer grundsätzlich berechtigt, Kredite aufzunehmen (BGH, NJW 2012, 3719).

3.2 Begriffsbestimmungen des Wohnungseigentumsgesetzes

Der Gesetzgeber hat in § 1 WEG die Begriffe des Sonder- und Gemeinschaftseigentums definiert. Hiernach gilt:

[1] BGH, NZM 2010, 284.

Räume zum Wohnen	An Wohnräumen kann **Wohnungseigentum** begründet werden (§ 1 Abs. 1 1. Alt.).
Sonstige Räume	An sonstigen Räumen kann **Teileigentum** begründet werden (§ 1 Abs. 1 2. Alt.).
Wohnungseigentum	Sondereigentum an Wohnung in Verbindung mit Anteil am Gemeinschaftseigentum (§ 1 Abs. 2).
Teileigentum	Sondereigentum an sonstigen Räumen in Verbindung mit dem Anteil am Gemeinschaftseigentum (§ 1 Abs. 3).
Gemeinschaftliches Eigentum	Das Grundstück sowie sonstige Baulichkeiten, die nicht dem Sondereigentum zuzurechnen sind (§ 1 Abs. 5), zum Beispiel alle „tragenden" Teile des Gebäudes sowie die gemeinschaftlichen Einrichtungen (§ 5 Abs. 2).

Wie die obigen Definitionen zeigen, kann der Überbegriff „Sondereigentum" allgemein und ohne inhaltliche Verfälschung in Abgrenzung zum Gemeinschaftseigentum verwendet werden. Je nachdem, ob das Gemeinschaftseigentum mit Sondereigentum an Räumen zum Wohnen oder mit Sondereigentum an sonstigen Räumen verbunden ist, spricht man entweder von Wohnungs- oder von Teileigentum.

Das Sondereigentum muss immer mit einem Miteigentumsanteil an dem bestimmten gemeinschaftlichen Eigentum verbunden sein, sodass es nicht möglich ist, das Sondereigentum mit dem Miteigentum an einem oder mehreren anderen Grundstücken zu verbinden (§ 1 Abs. 4).

Schließlich bestimmt der Gesetzgeber noch, dass die Vorschriften über das Wohnungseigentum auf das Teileigentum entsprechend anzuwenden sind (§ 1 Abs. 6).

3.3 Begründungsformen des Wohnungseigentums

Das Wohnungseigentumsgesetz sieht zwei Möglichkeiten der Begründung von Wohnungs- und Teileigentum vor: zum einen durch vertragliche Einräumung (§ 3), zum anderen durch einseitig erklärte Teilung (§ 8).

3.3.1 Begründung durch Vertrag – Teilungsvereinbarung

Sind mehrere Eigentümer Miteigentümer im Sinne des § 1008 BGB, so können sie durch Vertrag jedem Miteigentümer das Sonder- bzw. Teileigentum einräumen, wobei die Baulichkeiten noch nicht errichtet sein müssen. Die Teilungsvereinbarung bedarf der notariellen Beurkundung (vgl. §§ 3 Abs. 1, 4 und 7). In der Praxis jedoch wird man das Wort „Teilungsvereinbarung" nur selten hören. In der WEG-Branche, selbst bei Gericht und beim Notar wird oft nur von der „Teilungserklärung" gesprochen. Mit der Teilungsvereinbarung, aus der sich die eigentlichen Eigentumsverhältnisse im engeren Sinne ergeben — Zuordnung des Sonder- und Teileigentums, Miteigentumsanteile und Sondernutzungsrechte —, wird die Gemeinschaftsordnung in einem zweiten Teil dieser Urkunde verbunden. In der Gemeinschaftsordnung befinden sich regelmäßig Bestimmungen darüber, wie die Wohnungseigentümer ihr Verhältnis untereinander zu regeln gedenken (vgl. §§ 5 Abs. 4, 10 Abs. 2 und 15 Abs. 1).

▶ **BEISPIEL**

Bauherren teilen auf.

3.3.2 Begründung durch Teilung – Teilungserklärung

Die Teilungserklärung im eigentlichen Sinn liegt vor, wenn ein Alleineigentümer sein Grundstück durch einseitige Erklärung gegenüber dem Grundbuchamt (über den Notar) in Miteigentumsanteile aufteilt und zu jedem Anteil das Sonder- bzw. Teileigentum verbindet (§ 8).

▶ **BEISPIEL**

Bauträger-GmbH teilt auf.

3.3.3 Annex: die Abgeschlossenheitsbescheinigung

Das Sondereigentum an Wohn- oder sonstigen Räumen kann nur eingeräumt und ins Grundbuch eingetragen werden, wenn diese Räume in sich abgeschlossen sind (§ 3 Abs. 2). Diese Abgeschlossenheit muss nachgewiesen werden.

Dies geschieht durch die sogenannte Abgeschlossenheitsbescheinigung (§ 7 Abs. 4 Ziff. 2). Die Abgeschlossenheitsbescheinigung wird in der Regel durch die zuständige Baubehörde erteilt. (Seit der Novelle des WEG ist dies auch durch einen öffentlich bestellten und anerkannten Bausachverständigen möglich.) Die Baubehörde überprüft anhand des Aufteilungsplans (§ 7 Abs. 4 Ziff. 1) die Übereinstimmung der tatsächlich vorhandenen Räumlichkeiten mit der Plansituation oder – wenn noch gebaut werden muss – nur die Plansituation und beurteilt daraufhin die Abgeschlossenheit.

Wann nun Räume in sich abgeschlossen sind, ist im Gesetz nicht ausdrücklich geregelt. Es verweist auf die allgemeine Verwaltungsvorschrift für die Ausstellung von Abgeschlossenheitsbescheinigungen vom 19.3.1974[2]. Die Verwaltungsvorschrift lehnt sich dabei an die DIN-Norm Blatt 283 an. Danach sind abgeschlossene Wohnungen solche Wohnungen, die baulich von fremden Wohnungen und Räumen abgetrennt sind, zum Beispiel durch Wände und Decken, und die den Anforderungen der Bauaufsichtsbehörden an Trennwände und Trenndecken entsprechen und einen eigenen Zugang haben. Zum Wohnungsbegriff selbst zählt das Vorhandensein einer Wasserversorgung, eines Ausgusses und einer Toilette. Zur Führung eines selbstständigen Haushalts im Sinne des Wohneigentums müsse auch eine Kochgelegenheit vorhanden sein. Bei der Umwandlung von Altbauten in Eigentumswohnanlagen sind diese baupolizeilichen Anforderungen häufig nicht einzuhalten. Streitigkeiten darüber, ob dennoch Abgeschlossenheitsbescheinigungen erteilt werden können, führten dann zu einer Entscheidung des gemeinsamen Senats der obersten Gerichte des Bundes dahingehend, dass bei bestehendem Altbestand (gebaut vor dem 3.10.1990) baupolizeiliche Anforderungen nicht heranzuziehen seien (vgl. insoweit auch die Sondervorschrift des § 3 Abs. 3 WEG für Baubestand in den neuen Bundesländern, zum 30.6.2007 entfallen).

3.4 Erscheinungsform des Wohnungseigentums

Oben wurde bereits die Begrifflichkeit des Wohnungs- und Teileigentums dargestellt. Das vollständige Verständnis des Sonder- sowie des Gemeinschaftseigentumsbegriffs und die Anwendung derselben auf die tatsächlichen Gegebenheiten sind elementar. Die Zuordnung und Abgrenzung von Sonder- und Gemeinschaftseigentum bestimmt sowohl den Eigentümer- als auch den Verwalteralltag.

2 Veröffentlicht im Bundesanzeiger Nr. 58 vom 23.3.1974.

3.4.1 Sondereigentum (Wohnungs- und Teileigentum)

Sondereigentum ist Alleineigentum an Wohn- oder sonstigen Räumen (§ 1 Abs. 2 und 3, § 3 Abs. 1).

Gemäß § 5 ist Inhalt des Sondereigentums das Recht, die zu diesem Sondereigentum gehörenden Bestandteile des Gebäudes zu verändern, zu beseitigen oder einzufügen, ohne dadurch gemeinschaftliches Eigentum oder das Recht eines anderen Eigentümers über das nach § 14 zulässige Maß hinaus zu beeinträchtigen oder die äußere Gestaltung des Gebäudes zu verändern.

Die sich aus § 14 ergebenden Rechte, Pflichten und Schranken der Nutzung sind Gegenstand weiterer gesonderter Betrachtungen.[3]

▶ **BEISPIELE für Sondereigentum**

- Grundsätzlich ist nur ein umbauter, von Boden, Decken und Wänden umschlossener Raum sondereigentumsfähig , dazu gehört auch der Balkoninnenraum (OLG München, ZMR 2012, 118).
- Decken- und Wandverkleidungen, Innenputz, Innenanstrich, Tapeten, Fußbodenbeläge und Innentüren, die nicht tragenden Zwischenwände, eingebaute Wandschränke, Bad und Wascheinrichtungen.
- Heizkörper in den Räumen, Anschlussleitungen und Thermostatventile[4].
- Versorgungsleitungen und Installationen für Wasser, Gas, Strom etc. ab Eintritt in die Sondereigentumsräumlichkeiten, soweit sie nur für dieses Sondereigentum dienen. Hauptversorgungsleitungen sind nicht inbegriffen, selbst wenn sie das Sondereigentum durchqueren sollten.[5]
- Nach innen gerichtete Fensterbänke und Simse.
- Kfz-Stellplätze in der Sammelgarage, aber auch im Doppelparker, sind sondereigentumsfähig.
- In sogenannten Maisonettewohnungen befindliche Treppen in den Innenräumen sind jedenfalls dann Sondereigentum, wenn sie statisch keinen Einfluss auf den Bestand des Gebäudes haben, wovon regelmäßig auszugehen ist.

3 Vgl. Kapitel „Rechte und Pflichten der Wohnungseigentümer" sowie „Lasten- und Kostentragungspflichten".

4 BGH, NZM 2011, 750.

5 BayObLG, WE 89, 147.

- Unstreitig Sondereigentum sind Innenputz und Anstrich an Balkonen, Loggien und Dachterrassen, wohl auch noch der Balkonbelag, das heißt etwaige Fliesenbeläge.[6] Hierzu mehr im Rahmen der Erörterung zum Gemeinschaftseigentum und von Abgrenzungsproblemen zwischen Sonder- und Gemeinschaftseigentum.
- Eine Abgrenzungsproblematik besteht auch bei den Fenstern. Jedenfalls dürfte feststehen, dass nach jetziger Rechtsprechung und Literaturauffassung innen liegende, abtrennbare Teile des Fensters sondereigentumsfähig sind, beispielsweise Innenhebel oder Griffe und auch sonstige mechanische Teile, die von innen bedient und ausgetauscht werden können und nicht der Grundkonstruktion des Fensters dienen.

3.4.2 Gemeinschaftseigentum

Gemeinschaftseigentum sind alle Teile, die für Bestand und Sicherheit erforderlich sind (konstruktive Komponente) und dem gemeinschaftlichen Gebrauch der Eigentümer dienen (Zweckkomponente). Dies gilt auch dann, wenn sich Bauteile, Anlagen und Einrichtungen im räumlichen Bereich eines Sondereigentums befinden (§ 5 Abs. 2).

BEISPIELE für Gemeinschaftseigentum

- Fundamente, tragende Mauern sowie Balken und Trägerkonstruktionen
- Geschossdecken und Kamine
- Fassade bzw. Außenputz und Anstrich
- Dach[7] mit Schornsteinen
- Wärme-, Schall- und Feuchtigkeitsisolierung[8]
- Wohnungseingangstüren[9]
- Fenster[10]
- Treppenhaus, Treppen und Flure[11]
- Fahrstuhl[12]

6 BGH v. 15.1.2010, mit Hinweis auf den Luftraum als Sondereigentum (NZM 2010, 205).

7 BayObLG, ZMR 91, 148.

8 Beispielsweise AG Köln, für Isolierestrich, NZM 2001, 1044.

9 OLG Düsseldorf, NZM 2000, 193.

10 BayObLG, WM 95, 326 sowie NZM 2001, 1081 bezüglich Isolierverglasung.

11 BayObLG, WM 89, 214.

12 LG Mannheim, ZMR 76, 218.

- Hauptversorgungsleitungen für Wasser, Strom etc.[13]
- Heizungsanlage einschließlich des Heizungsraums für die Versorgung der betreffenden Wohnungseigentumsanlage[14]
- Verbrauchszähler[15]
- Gemeinschaftsantennen und Haussprechanlagen[16]
- Kabelanschlussübergabeinstallationen im Haus

3.4.3 Sondernutzungsrechte – Wesen und praktische Relevanz

Das Wesen des Sondernutzungsrechts besteht darin, einen Teil des gemeinschaftlichen Eigentums, sei es Fläche oder Raum, einem Eigentümer zur alleinigen Nutzung unter vollständigem Ausschluss aller anderen Eigentümer zu überlassen. Das Sondernutzungsrecht kann nur durch Vereinbarung, mithin regelmäßig mit Teilungserklärung bzw. Gemeinschaftsordnung, begründet werden. Ein Mehrheitsbeschluss zur Begründung oder Abänderung eines Sondernutzungsrechts reicht mangels Beschlusskompetenz nicht aus.[17]

Das Sondernutzungsrecht (aus einer schuldrechtlichen und einer dinglichen Komponente) ist im Gesetz nicht ausdrücklich geregelt. (Es wird aber in § 5 Abs. 4 [neu] unter anderem im Zusammenhang mit der Zustimmungsbedürftigkeit des Grundpfandgläubigers bei Begründung erwähnt. Eine Realgläubigerzustimmung sei nicht nötig bei einem Sondernutzungsrecht auf der Dachfläche für Photovoltaikanlagen.[18]) Die Vereinbarung selbst hat den schuldrechtlichen Inhalt einer besonderen Nutzungsregelung unter den Eigentümern. Die dingliche Komponente besteht darin, dass das Sondernutzungsrecht — obgleich kein formelles Recht im Sinne der sachenrechtlichen Einordnungen des Bürgerlichen Gesetzbuchs (BGB) — zusammen mit dem Sondereigentum, zu dem es gehört, in das Wohnungsgrundbuchblatt eingetragen wird. Es wirkt also auch gegen spätere Erwerber (§ 10 Abs. 3). Typische Anwendungsfälle der Verleihung eines Sondernutzungsrechts sind die Einräumung der Nutzung eines Stellplatzes auf einer Freifläche oder in einer Sammel- bzw. Tiefgarage. Sondernutzungsrechte werden für ebenerdige Gartenterrassenflächen sowie die zugehörigen Gartenflächen verliehen. Auch Speicher und

13 BayObLG, WE 89, 147.

14 BGH, WM 90, 42.

15 OLG Hamburg, ZMR 99, 502.

16 AG Böblingen, NJW-RR 96, 1297.

17 OLG Karlsruhe, ZMR 91, 33; BGH, NJW 2000, 3500 ff.

18 So OLG Saarbrücken, NZM 2011, 810.

Kellerräumlichkeiten können mit Sondernutzungsrechten begründet werden, wobei Teileigentum in Betracht käme, soweit die Räume in sich abgeschlossen sind. Die Sondernutzungsrechte können keinem Dritten zustehen, der nicht Miteigentümer der Gemeinschaft ist. Das Sondernutzungsrecht ist deshalb auch nicht gesondert veräußerbar und hängt immer mit dem Sondereigentum zusammen. Eine Ausnahme hat die Rechtsprechung für die Übereignung des Sondernutzungsrechts innerhalb der Gemeinschaft an einen anderen Eigentümer entwickelt.

In der Praxis machen Sondernutzungsrechte regelmäßig dann Probleme, wenn die Sondernutzung zu extensiv ausgeübt wird und mit den Nutzungsrechten anderer Eigentümer kollidiert, sei es räumlich, zeitlich oder in der Intensität.

BEISPIELE

Unzulässig ist der Ausbau eines sondergenutzten Dachbodenraums zu Wohnzwecken, wenn in der Gemeinschaftsordnung keine solche Ausbaubefugnis vorgesehen ist. Eine Errichtung eines größeren Gerätehäuschens im sondergenutzten Garten ist nicht zulässig; die Aufstellung eines Schaukelgerüsts mit zwei Metern Höhe wiederum ist als übliche Nutzung eines Gartens zu Kinderspielen erlaubt.[19] Nicht erlaubt sein soll wiederum die Einbringung einer kniehohen Beeteinfassungsmauer im sondergenutzten Garten.[20] Dagegen darf ein Geräteschuppen im Garten stehen bleiben, wenn die Auflagen eines unangefochtenen Genehmigungsbeschlusses eingehalten sind.[21]
Das Abstellen eines großen Wohnmobils auf einem Standard-Pkw-Stellplatz auf der gemeinschaftlichen Hoffläche mit einer Größe von 5,5 Meter mal 2,5 Meter ist dann unzulässig, wenn das Wohnmobil den ordnungsgemäßen Gebrauch anderer Eigentümer beim Parken behindert.[22] Der Überbau eines sondergenutzten Stellplatzes mit einem Carport mit Überhang ist auf jeden Fall unzulässig.[23] Die Vergrößerung einer Terrasse um 50 Zentimeter Breite ist zulässig.[24]
Die Grenzen der Sondernutzung werden genau nach denselben „goldenen Regeln“ des Miteinander beurteilt, wie dies grundsätzlich bei der Regelung von Rechten und Pflichten der Eigentümer hinsichtlich Sonder- und Gemeinschaftseigentum untereinander der Fall ist (§§ 13, 14 und 15).

19 OLG Düsseldorf, WE 90, 24.

20 KG, NJW-RR 94, 526.

21 OLG München, DWE 2006, 130.

22 BayObLG, WM 92, 204.

23 OLG Düsseldorf, WM 2003, 407.

24 LG Hamburg, NZM 2011, 590.

3.4.4 Abgrenzungsprobleme zwischen Sonder- und Gemeinschaftseigentum/Sondernutzungsrechten

Die Abgrenzung zwischen Sonder- und Gemeinschaftseigentum ist für viele bauliche Teile immer noch umstritten, teilweise ungeklärt und wird unterschiedlich beurteilt. Die Frage hat insbesondere Bedeutung für die Instandhaltungs- und Instandsetzungs- bzw. die Kostentragungspflichten. Kosten tragen jeweils entweder der betroffene Sondereigentümer oder die Gemeinschaft. Die Unterscheidung ist sehr praxisrelevant. Zur Vorabklärung solcher Fragen sollte der Verwalter getroffene Beschlüsse heranziehen[25] und sodann die Teilungserklärung mit Gemeinschaftsordnung und Aufteilungsplan. Gemeinschaftseigentum ist nämlich alles, was nicht Sondereigentum ist (§ 1 Abs. 5), weshalb in Zweifelsfällen die Zugehörigkeit zum Gemeinschaftseigentum vermutet wird.[26]

Die folgenden typischen Fallgestaltungen sind besonders praxisrelevant und stehen häufig zur Beurteilung an.

3.4.4.1 Kfz-Stellplätze

Kfz-Abstellplätze im Freien auf der gemeinschaftlichen Fläche sind zwingend Gemeinschaftseigentum, sie werden (nur) durch das jeweilige Sondernutzungsrecht den jeweiligen Eigentümern zugeordnet. Stellplätze in Tiefgaragen sind in ihrer Eigenschaft je nach Ausgestaltung entweder als Sonder- oder als Gemeinschaftseigentum in Verbindung mit Sondernutzungsrecht einzuordnen. In § 3 Abs. 2 WEG sind Garagenabstellplätze in Sammel- bzw. Tiefgaragen von dem Erfordernis der Abgeschlossenheit ausgenommen und können, soweit sie mit dauerhaften Markierungen und sonstigen Begrenzungseinrichtungen ausgestattet sind, sondereigentumsfähig sein. Dabei genügt ein einfacher, bloßer Farbanstrich nicht. Der Gesetzgeber dachte an eine dauerhafte, weiße Kunststoffmasse, wie sie auch im öffentlichen Straßenraum verwendet wird, oder auch an eingelassene Steine oder Metallzeichen, die Gewähr für dauerhafte Klarheit und Ersichtlichkeit der Eigentumsverhältnisse bieten. Zudem sei die Garage im Hinblick auf die Abgeschlossenheit mit einem Tor oder einer Schranke auszustatten, um die unbeschränkte Zufahrt zu den einzelnen Stellplätzen zu verhindern.[27] Häufiger ist deshalb auch bei Tiefgaragen von Gemeinschafts-

[25] Soweit die Beschlüsse nicht von vornherein mangels Beschlusskompetenz als nichtig zu erachten sind, BGH, NJW 2000, 3500 ff.

[26] So BayObLG, ZMR 92, 65.

[27] OLG Celle, NJW-RR 91, 1489.

eigentum auszugehen, das hinsichtlich der einzelnen Stellplätze mit entsprechend zugeordneten Sondernutzungsrechten belegt ist.

Stellplätze von Doppelstock- oder Duplexgaragen mit Hebebühnen sind nicht sondereigentumsfähig, weil der Raum unter und über der Hebebühne variabel und im Übrigen nicht abgrenzbar ist. Es besteht allerdings Sondereigentum an der Doppelstockgarage, die eingegrenzt ist.[28] Die Hebebühne selbst ist Gemeinschaftseigentum[29] mit Ausnahme derjenigen, die nur eine „Box" betreibt (BGH, NZM 2012,422).

3.4.4.2 Balkone, Loggien und Terrassen

Balkone, Loggien und Terrassen bieten immer wieder reichlich Anlass zu Abgrenzungsproblemen. Sämtliche tragenden konstruktiven Bestandteile von Balkon und Terrassenkonstruktionen sind zwingend Gemeinschaftseigentum. Dies sind die Bodenplatte, die Balkonbrüstung und Geländerkonstruktion sowie die Isolierschichten.[30] Sondereigentumsfähig sind darüber hinaus der Balkoninnenraum (Lufthoheit!), der Fliesenbelag selbst, Innenputz und Anstrich. Der Estrich bzw. das Mörtelbett der Fliesen sind Gemeinschaftseigentum (und damit fast immer), soweit ihnen schalldämmende und isolierende Eigenschaften zugeordnet werden können und sie nicht nur dazu dienen, die Fliesen zu halten.[31] Bei Terrassen gilt sinngemäß das Gleiche: Die oberste begehbare Schicht des Aufbaus einer Terrasse ist sondereigentumsfähig, die darunterliegenden Ebenen der Feuchtigkeits- und Wärmedämmung sind zwingend gemeinschaftliches Eigentum.[32] Eine ebenerdige Terrasse, die seitlich nicht begrenzt bzw. umschlossen ist, soll gänzlich Gemeinschaftseigentum sein.[33]

28 BayObLG, NJW-RR 95, 783.

29 OLG Düsseldorf, WM 99, 426.

30 BGH, NJW 91, 2480.

31 BayObLG, ZMR 94, 167.

32 BayObLG, WM 94, 152.

33 LG Landau/Pf., NZM 2011, 554.

3.4.4.3 Fenster

Die gesamte Fensterkonstruktion wird nach nunmehr herrschender Auffassung dem Gemeinschaftseigentum zugeordnet. Diese auf den ersten Blick nicht ganz eingängige Sichtweise (insbesondere aus dem Blickwinkel der einzelnen Eigentümer heraus, die immer von „ihren Fenstern" reden) entwickelte die Rechtsprechung in den 1980er-Jahren mit dem entscheidenden Argument, Fenster seien Bestandteil der Fassade des Gebäudes und damit auch optisch entscheidendes Element, zudem übernähmen sie auch Aufgaben einer gemauerten Fassade wie Isolierung und Dämmung. Zusätzlich lässt man sich von dem Gedanken leiten — wohl zu Recht —, dass moderne Verbundglasfensterkonstruktionen ohnehin nicht mehr in eine Innen- und Außenscheibe oder einen Innen- und Außenrahmen aufgeteilt werden können. In alten Teilungserklärungen und Gemeinschaftsordnungen finden sich immer noch Bestimmungen, die Fenster zu Sondereigentum erklären. Diese sind nach herrschender Auffassung wegen Verstoßes gegen § 5 Abs. 2 WEG nichtig. Hier behilft man sich mit einer Umdeutung in eine Kostenverteilungsregelung und hält es im Übrigen auch für möglich, ausdrücklich Vereinbarungen zur Kostenverteilung hinsichtlich der Fenster in Gemeinschaftsordnungen zu treffen, mithin einzelnen Eigentümern die Kosten der Instandhaltung und Instandsetzung der Fenster aufzuerlegen.[34] Man wird daher davon ausgehen können, dass der Verwalter im Rahmen seiner Instandhaltungs- und Überwachungspflichten regelmäßig die Sanierungsmaßnahmen als gemeinschaftliche durchführen lässt und entsprechende Aufträge auslöst.[35]

3.5 Beschränkungen bei der Veräußerung von Wohnungseigentum

Grundsätzlich kann das Sondereigentum ohne den Miteigentumsanteil, zu dem es gehört, nicht veräußert oder belastet werden (§ 6). Ansonsten gilt die freie Veräußerlichkeit des Wohnungseigentums.

[34] OLG Karlsruhe, NZM 2002, 220.

[35] Zur Gesamtproblematik: Deckert, WE 92, 90 ff.

3.5.1 Veräußerungsfälle des Wohnungseigentumsgesetzes

§ 12 sieht neben der rechtsgeschäftlichen Veräußerung auch die Weggabe im Wege der Zwangsvollstreckung oder durch den Konkursverwalter im Sinne einer Veräußerung vor (§ 12 Abs. 3).

3.5.2 Das Zustimmungserfordernis – Verwalterzustimmung

Die Eigentümer können vereinbaren, dass ein Wohnungseigentümer zur Veräußerung, wozu auch eine Schenkung gehöre (KG Berlin, NZM 2013, 239), seines Wohnungseigentums die Zustimmung anderer Eigentümer oder eines Dritten benötigt (§ 12 Abs. 1). Im Regelfall wird der Verwalter als sogenannter Dritter zustimmungsbefugt sein, was als Regelung in der Gemeinschaftsordnung zulässig und vorgesehen ist.[36] Ist ihm diese Zustimmungsverpflichtung übertragen, so übt er sie als uneigennütziger Treuhänder der Eigentümer in sogenannter verdeckter mittelbarer Stellvertretung aus. Die Gemeinschaft ist dennoch befugt, durch Beschluss die Erteilung der Zustimmung im Einzelfall an sich zu ziehen.[37] Der Verwalter ist grundsätzlich zur Erteilung der Zustimmung verpflichtet und hat gegenüber dem Erwerber binnen einer Frist von etwa ein bis zwei Wochen zuzustimmen. Für Kosten, die angefallen sind, weil der Verwalter seine Zustimmung zu Unrecht verspätet erteilt hat, kann der Veräußerer Schadensersatz verlangen. Nur bei Vorliegen eines wichtigen Grundes darf oder muss der Verwalter die Zustimmung gemäß § 12 Abs. 2 versagen.

Der Verwalter darf die Zustimmung nur verweigern, wenn der Kaufinteressent — und nur auf diesen kommt es an — Gemeinschaftsinteressen voraussichtlich verletzen bzw. gemeinschaftswidrige Gefahren herbeiführen würde.[38] Der Erwerber muss im Hinblick auf seine Persönlichkeit und wirtschaftliche Leistungsfähigkeit als unzumutbar erscheinen, wobei konkrete Anhaltspunkte vorliegen müssen. Solche sind Insolvenz, eine beabsichtigte unzulässige gewerbliche Nutzung etc. Befindet sich der Veräußerer mit Wohngeldern im Rückstand, so kann die Zustimmung zur Veräußerung diesem gegenüber (leider) nicht versagt werden; neuere Gemeinschaftsordnungen werden nunmehr jedoch häufig mit Regelungen ausgestattet, die eine solche Befugnis im Hinblick auf das Verhalten des Veräußerers erteilen. Dies ist aus Sicht der Praxis begrüßenswert, denn so kann Druck auf Wohngeldschuldner ausgeübt werden, die veräußern wollen.

36 BayObLG, NJW 73, 152.

37 BGH, NZM 2011, 719.

38 BayObLG, NJW 73, 152.

Durch die Neuregelung des § 12 Abs. 4 gewährt der Gesetzgeber der Eigentümergemeinschaft eine ausdrückliche Kompetenz, durch mehrheitliche Beschlussfassung die oben dargestellten Veräußerungsbeschränkungen aufzuheben. Für die Praxis bedeutet dies die Vorlage eines mit entsprechend beglaubigten Unterschriften versehenen Beschlussprotokolls beim Grundbuchamt zu Zwecken der Löschung des entsprechenden Eintrags.

3.6 Rechte und Pflichten der Wohnungseigentümer

Wie die Bezeichnung „Wohnungseigentümergemeinschaft" schon aussagt, geht es hier nicht nur um das Eigentum, sondern auch um die gemeinschaftliche Stellung des Eigentümers. Die Eigentümer haben Gebrauchs- und Nutzungsrechte sowohl an ihrem Sonder- als auch an ihrem Gemeinschaftseigentum. Das Recht zur Nutzung wird dort in die Schranken verwiesen, wo es den anderen in der Ausübung seiner Nutzungsrechte über das ordnungsgemäße Maß hinaus tangiert.

Das gesamte Bild der bestehenden Rechtsbeziehungen sowohl zwischen den Eigentümern untereinander als auch zwischen den Eigentümern und dem Verwalter darzustellen sprengt den hier vorgegebenen Rahmen. Daher sollen die Grundsätze dargelegt und anhand von abgegrenzten Rechten und Pflichten an Einzelbeispielen erläutert werden.

3.6.1 Grundsätze

In § 13 sind die Rechte des Wohnungseigentümers dahingehend definiert, die im Sondereigentum stehenden Gebäudeteile nach Belieben zu bewohnen, zu vermieten, zu verpachten oder in sonstiger Weise zu nutzen und andere hiervon auszuschließen. Zugleich ist jeder Eigentümer berechtigt, das gemeinschaftliche Eigentum mitzunutzen (§ 13 Abs. 2). Dem gegenüber steht die Verpflichtung des Wohnungseigentümers, das seiner Alleinnutzung zugewiesene Sondereigentum so instand zu halten und zu nutzen, dass dadurch keinem der anderen Wohnungseigentümer über das bei einem geordneten Zusammenleben unvermeidliche Maß hinaus ein Nachteil erwächst. Gleiches gilt für die Nutzung des gemeinschaftlichen Eigentums durch den Eigentümer. Hierfür hat er auch bei Nutzung durch Angehörige oder Besucher zu sorgen. Außerdem hat er die Pflicht, Einwirkungen auf sein Sondereigentum und seine Nutzungsmöglichkeiten zu dulden, soweit ein anderer zulässig von seinem Nutzungsrecht Gebrauch macht (vgl. § 14).

Hierin liegen die goldenen Regeln. Letztlich gilt aufgrund der Wechselbezüglichkeit der Pflichten und auch der Rechte ein allgemeines Rücksichtnahmegebot; die Nutzung muss ordnungsgemäß sein und darf die anderen nicht über das unvermeidliche Maß hinaus belästigen. Häufig wird dies in der Praxis von Einzelfall zu Einzelfall zu beurteilen sein. Allgemein gängige Abgrenzungen wird man schwerlich vornehmen können. Dies ist das Dilemma des Verwalters vor Ort, zugleich aber auch eine Profilierungschance.

3.6.2 Recht zum Gebrauch des Sonder- und Gemeinschaftseigentums

Das Recht zum Gebrauch des Sondereigentums bezieht sich beim Wohnungseigentum nach dessen Bestimmungszweck auf das Wohnen. Damit scheidet grundsätzlich eine Gewerbeausübung aus. Die Nutzung einer Wohnung zur Ausübung freier Berufe wie Arzt, Anwalt etc. ist jedoch zulässig, wenn sich hieraus keine Nachteile gegenüber der zugelassenen Nutzung ergeben. Bei der Vermietung ist darauf zu achten, dass Mietzweck und Bestimmungszweck nicht auseinanderfallen. Grundsätzlich ist zu prüfen, ob sich die betreffende Nutzung in den Charakter und die Zweckbestimmung einer Eigentumsanlage einfügt, unter Berücksichtigung örtlicher und baulicher Verhältnisse sowie der Art und des Umfangs der Nutzung.[39]

▶ **BEISPIEL**

Die Nutzung einer Eigentumswohnung zum Betrieb einer Arztpraxis ist jedenfalls dann zulässig, wenn der Besucherverkehr nicht über Gebühr stört. Gleiches soll gelten für den Betrieb einer Krankengymnastikpraxis. Anders die Nutzung als entgeltliche Kindertagesstätte für fünf Kinder (BGH, NZM 2012, 687).

3.6.3 Pflicht zur Einhaltung der gebotenen Schranken – Grenzen des Gebrauchs

Die Eigentümer geben sich regelmäßig im Rahmen der Teilungserklärung zusätzlich eine sogenannte Gemeinschaftsordnung. Sie machen damit von der Befugnis des § 15 Abs. 1 Gebrauch. Die Gemeinschaftsordnung ist zentraler Dreh- und Angelpunkt von Gebrauchsregelungen und ergänzt und konkretisiert die allgemeinen

[39] BayObLG, ZMR 80, 125.

Zweckbestimmungen der Teilungserklärung im engeren Sinne. Insbesondere im Aufteilungsplan befinden sich häufig Zweckbestimmungen als Inhalt des Eigentums durch die Bezeichnung der Räumlichkeiten. Klassiker wären hier der „Laden" oder der „Gewerberaum". Die Bezeichnungen einzelner Räume im Aufteilungsplan (zum Beispiel „Kinderzimmer") sind allerdings nicht bindend.[40] Im Zweifel sind Angaben des Architekten im Genehmigungsplan nachrangig.[41]

3.6.4 Fallbeispiele

BEISPIELE

Die Bezeichnung „Geschäfts- oder gewerbliche Räumlichkeiten" in Gemeinschaftsordnung oder Teilungserklärung schließt auch eine Nutzung als Gaststätte ein.
Demgegenüber lassen sich mit der engeren Zweckbestimmung als Ladengeschäft eine Gaststätte, ein Tanzcafé, eine chemische Reinigung, eine Eisdiele oder auch ein Sex-Shop nicht vereinbaren.[42]
Unter der Bezeichnung „Büro für Teileigentum" ist der Betrieb einer Arztpraxis nicht zulässig.[43]

Die Einzelbeispiele sind vielfältig und würden den hier vorgegebenen Rahmen sprengen.

Es wird dem Verwalter obliegen, im Einzelfall die Grenzen des Gebrauchs auszuloten und die Einhaltung einzufordern. Es gilt die Prüfungsreihenfolge: Beschluss, Hausordnung, Gemeinschaftsordnung, Teilungserklärung. Nicht zu vergessen ist die zeichnerische Darstellung im Aufteilungsplan nach § 7 WEG. Ergänzend werden die gesetzlichen Regelungen herangezogen, insbesondere die §§ 13 und 14. Die Schranken des Gebrauchs liegen dort, wo sie die Ausübung der Rechte der anderen Miteigentümer verletzen.

Findet der Verwalter keinerlei Gebrauchsregelungen in seinen Urkunden vor, so muss er denjenigen Gebrauch durchsetzen, der dem Interesse der Gesamtheit der Eigentümer entspricht (§ 15 Abs. 3). Gebrauchsregelungen durch Mehrheitsbeschluss nach

[40] OLG Hamm, DWE 2006, S. 128, für eine in das Kinderzimmer verlegte Küche.

[41] BGH, NZM 2010, 407, für zulässigen Gaststättenbetrieb in einem Teileigentum „Cafe".

[42] Erotikshop mit Videokabinen unzulässig: VerfGH Berlin, WM 2003, 39; Nutzung eines Ladens als Frauensportstudio unzulässig: OLG Schleswig, NZM 2003, 483.

[43] OLG Stuttgart, NJW 87, 385.

§ 15 Abs. 2, soweit sie nicht bereits bestehenden Regelungen in Teilungserklärung und Gemeinschaftsordnung widersprechen, können getroffen werden.

BEISPIELE

- Musizierverbot zu bestimmten Tages- und Nachtzeiten[44]
- Benutzungsordnungen für Aufzug, Schwimmbad, Sauna und Garage, zahlenmäßige Begrenzung der Haustierhaltung[45]
- Schließlich sind alle sonstigen typischen Regelungspunkte einer Hausordnung, wie Schließzeiten, Ruhezeitenregelungen, Gegenstand solcher Beschlüsse.[46]
- Tierhaltung kann nicht generell ausgeschlossen werden, auch nicht die Haltung eines Dobermanns.[47]
- Anders liegt der Fall bei giftigen Reptilien.[48]

3.6.5 Ordnungsgemäßer Gebrauch und bauliche Veränderung

Die Abgrenzung einer Regelung für ordnungsgemäßen Gebrauch, wie sie oben dargestellt worden ist, zu einer baulichen Veränderung ist deshalb entscheidend, weil eine Gebrauchsregelung einem einfachen Mehrheitsbeschluss zugeführt werden kann (§ 15 Abs. 2). Die bauliche Veränderung dagegen bedarf meistens der Zustimmung aller Eigentümer (§ 22 Abs. 1), da diese bauliche Veränderung über die ordnungsgemäße Instandhaltung und Instandsetzung des Gemeinschaftseigentums hinausgeht und Eigentümer durch die Veränderung über das in § 14 bestimmte Maß hinaus beeinträchtigt werden. Eine bauliche Veränderung liegt vor, wenn der Gebäudegegenstand umgestaltet, teilweise oder ganz beseitigt oder neu geschaffen wird.

BEISPIELE für bauliche Veränderungen

- Errichtung eines Kinderspielplatzes mit Geräten
- Reihengaragenerrichtung auf Kfz-Abstellplätzen
- Betonieren der Zufahrt für Garage
- Anlegen einer Terrasse auf bisher vorhandener Grünfläche
- Montieren von Schaukästen an der Außenwand des Hauses[49]

44 OLG Hamm, NJW 81, 465.

45 Auch beim Rudeltier Husky kann die Hundehaltung auf ein Tier beschränkt werden, OLG Celle, NZM 2003, 242.

46 KG, WE 92, 110.

47 OLG Saarbrücken, NZM 2007, 168.

48 OLG Karlsruhe, NZM 2004, 551 zu Pfeilgiftfröschen.

49 OLG Stuttgart, WE 80, 38.

- Bau einer Rampe für den barrierefreien Zugang zur Wohnanlage[50]
- Einbau eines Parkbügels auf Stellplatz (LG Düsseldorf, NZM 2013, 427)

Klassiker sind:
- Um- und Anbauten in Balkon- und Terrassenbereichen, insbesondere Verglasungen[51]
- Errichten eines Carports auf Stellplatzfläche[52]
- Aufbau eines Giebeldaches auf bisherigem Flachdach[53]

Auf eine Zustimmung aller Eigentümer (allstimmige Beschlussfassung) kommt es dann nicht an, wenn die der baulichen Veränderung entgegentretenden Eigentümer nicht nachteilig betroffen sind (§ 22 Abs. 1 S. 2).[54]

Des Weiteren ist anerkannt, dass selbst dann, wenn Allstimmigkeit wegen Betroffenheit verlangt werden muss, ein mehrheitlicher Beschluss nach Ablauf der Anfechtungsfrist von einem Monat seit Beschlussfassung Wirksamkeit erlangt und nicht etwa nichtig ist mit der Folge, dass er von Anfang an ungültig wäre. Das Instrument des sogenannten Zitterbeschlusses, das heißt das Abwarten der einmonatigen Anfechtungsfrist bis zur Heilung dieses Abstimmungsmangels, kann bei baulichen Veränderungen nach wie vor angewendet werden.[55]

Stimmt ein Eigentümer gegen eine bauliche Veränderung, hat er nach § 16 Abs. 6 keine Kosten zu tragen, es sei denn, der Beschluss enthält eine abschließende Kostenregelung und ist bestandskräftig geworden.[56]

3.6.5.1 Installation von Satellitenempfangsanlagen

Hinsichtlich der Installation von Satellitenempfangsanlagen („Sat-Schüsseln“) hat sich eine umfangreiche Rechtsprechung entwickelt, die den Grundsätzen nach sowohl in der Miete als auch im WEG vergleichbar ist.

50 Zur Anwendung des § 554a BGB im WEG AG München, NZM 2011, 206.

51 OLG Hamm, WM 95, 221.

52 BayObLG, ZWE 2003, 185.

53 OLG München, ZWE 2007, 109.

54 So zum Durchbruch einer tragenden Wand bei Vorliegen eines Unbedenklichkeitsnachweises, BayObLG, NZM 2002, 391.

55 BGH, NJW 2000, 3500 ff.

56 BGH v. 11.11.2011, V ZR 65/11.

! **WICHTIG**

Grundsätzlich gilt: Das Anbringen einer Sat-Empfangsanlage ist eine bauliche Veränderung. Das Gleiche gilt für den erstmaligen Anschluss der Wohnanlage an das Breitbandkabelnetz.[57]

Denn von den rein wohnungseigentumsrechtlichen Kriterien der baulichen Veränderung abgesehen, ergeben sich Sonderansprüche ausländischer Mitbürger, die die Eigentumswohnungen ihr Eigen nennen oder nutzen. Diese können ggf. einen Anspruch auf Installation einer Sat-Schüssel haben, um mehrere Programme in ihrer Heimatsprache empfangen zu können.[58]

! **WICHTIG**

Generell gilt: Lässt sich der Empfang der Heimatprogramme nicht terrestrisch oder durch Kabel herstellen, besteht grundsätzlich ein Anspruch auf Satellitenempfang.

Allerdings muss der Eigentümer es dulden, dass ihm ein zum Empfang geeigneter und im Übrigen am geringsten optisch und technisch störender Stellplatz für die Empfangsanlage zugewiesen wird, etwa vom Balkongeländer weg hinauf aufs Dach[59]. Etwaige Mehrkosten hat der Nutzer zu tragen. Darüber hinaus kann verlangt werden, dass die Antenne nachweislich durch einen Fachbetrieb installiert und versichert wird und dass eine Sicherheitsleistung in Geld für mögliche Demontagekosten hinterlegt wird.[60]

Die Errichtung einer Mobilfunksendeanlage auf dem Dach der Wohnungseigentumsanlage ist eine bauliche Veränderung.[61]

---

57 OLG Hamm, NJW 93, 1276; OLG Köln, WE 96, 39.

58 Recht auf informationelle Selbstbestimmung, grundlegend BVerfG, NJW 94, 1147 sowie am Beispiel einer Zulässigkeitsprüfung der Installation einer Sat-Schüssel durch einen italienischen Mitbürger als bauliche Veränderung unter Abwägung der Eigentümerinteressen OLG Schleswig, WM 2003, 404.

59 BGH, NZM 2010, 85.

60 Rechtsentscheid des OLG Frankfurt, NJW 92, 2490.

61 OLG Schleswig, NZM 2001, 1035.

3.6.6 Modernisierungsmaßnahmen

3.6.6.1 Modernisierende Instandsetzung

Weitere Abgrenzungsprobleme ergeben sich bei der bis zum 30.6.2007 im Gesetz bisher nicht erwähnten sogenannten modernisierenden Instandsetzung. Einerseits liegen nämlich Maßnahmen ordnungsgemäßer Instandhaltung (mithin die übliche Reparatur) im Rahmen ordnungsgemäßer Verwaltung vor und diese sind mit einfacher Mehrheit beschlussfähig (§ 21 Abs. 3 und 5).

Andererseits bedürfen bauliche Veränderungen und besondere Aufwendungen, die sich nicht mehr im Rahmen der üblichen Reparaturen bewegen, grundsätzlich der Zustimmung aller Eigentümer, wie oben dargestellt. Dies führte dazu, dass unaufschiebbare und praktisch dringend angezeigte Modernisierungsmaßnahmen häufig an den Neinstimmen weniger Eigentümer scheiterten. Denn erfahrungsgemäß gehen erhebliche Modernisierungsmaßnahmen mit einer baulichen Veränderung einher, typischerweise im Heizungs- oder Fassadenbereich. Die Rechtsprechung hat hier das Instrument der modernisierenden Instandsetzung entwickelt, wonach solche Maßnahmen, die sich zugleich wertverbessernd und modernisierend darstellen, mit Mehrheit beschlossen werden dürfen, obwohl sie zumindest auch bauliche Veränderungen darstellen. Denn es sei ordnungsgemäße Verwaltung, wenn anlässlich eines tatsächlich anliegenden Reparaturfalls die Eigentümer nicht nur notwendige werterhaltende Maßnahmen, sondern auch technisch wertverbessernde Maßnahmen durchführten, die ökologisch wünschenswert, ökonomisch sinnvoll und technisch angezeigt seien.[62] Klassiker auf diesem Gebiet ist die Umstellung einer alten Ölheizung auf eine moderne Gasheizung. Auch eine Vollwärmedämmung anstatt Reparatur und Teildämmung ist modernisierende Instandsetzung.[63]

! **ACHTUNG**

Nicht als modernisierende Instandsetzung wurde die Umstellung von elektrischen Nachtspeicheröfen auf eine Gasheizung angesehen.[64]

62 Grundlegend KG, ZMR 89, 229.

63 OLG Frankfurt Main, NZM 2011, 37.

64 OLG Düsseldorf, WM 2003, 41.

Zur Klarstellung hat der Gesetzgeber im Rahmen der Novellierung des WEG die oben dargestellten Grundsätze der Rechtsprechung in das Gesetz eingebunden und gemäß § 22 Abs. 3 ausdrücklich auf die Gültigkeit eines Mehrheitsbeschlusses verwiesen.

3.6.6.2 Modernisierungen

Reine Modernisierungsmaßnahmen hat der Gesetzgeber nunmehr ausdrücklich zur mehrheitlichen Beschlussfassung zugelassen, soweit sie der Formulierung des § 559 Abs. 1 BGB (Mietrecht) entsprechen oder der Anpassung des Gemeinschaftseigentums an den Stand der Technik dienen, die Eigenart der Wohnanlage nicht ändern und kein Eigentümer gegenüber anderen unbillig beeinträchtigen. Die Neuformulierung des § 22 Abs. 2 WEG setzt aber eine sogenannte doppelt qualifizierte Beschlussmehrheit voraus, nämlich eine Mehrheit von drei Vierteln aller stimmberechtigten Eigentümer und mehr als der Hälfte aller Miteigentumsanteile. Zu den Modernisierungen gemäß § 559 BGB gehören insbesondere Maßnahmen zur nachhaltigen Erhöhung des Gebrauchswertes[65], der dauerhaften Verbesserung der Wohnverhältnisse oder der Einsparung von Energie und Wasser. Im Übrigen sei mit dem Stand der Technik das Niveau einer anerkannten und in der Praxis bewährten, fortschrittlichen technischen Entwicklung gemeint, nicht aber besonders kostenintensive neueste Technik nach dem Stand der Wissenschaft.

Wird eine Wärmedämmung nachträglich aufgebracht und hätte sie schon zum Zeitpunkt der Errichtung des Gebäudes angebracht werden müssen, so ist das keine Modernisierung (LG Dessau, NZM 2013, 430, mit der Folge eines genügenden Mehrheitsbeschlusses).

3.6.7 Annex: der Verwalter als Wächter der Hausordnung

Regelmäßig wird die Gemeinschaftsordnung in einem weiteren Unterabschnitt die sogenannte Hausordnung enthalten. Sie ist weiteres Regulat für das Miteinander der Eigentümer. Ist sie nicht vorhanden, gehört es zum Pflichtenkreis des Verwalters, eine Hausordnung aufzustellen und für sie einen Mehrheitsbeschluss herbeizuführen. Das Aufstellen der Hausordnung gehört zur ordnungsgemäßen Verwaltung nach § 21 Abs. 5 Nr. 1. Besteht die Hausordnung, hat der Verwalter nach § 27

[65] Beispielsweise Wiederinbetriebnahme eines Kamins, „Wohlfühlentscheidung" des BGH, NZM 2011, 281.

Abs. 1 Nr. 1 für die Durchführung derselben zu sorgen. Bestehende Hausordnungen sind einer mehrheitlichen Abänderung zugänglich.[66]

Die Regelungsinhalte der Hausordnung sind vielfältig. Sie beinhalten regelmäßig Sorgfalts-, Sicherheits- und Gefahrenvorbeugungspflichten, Benutzungsregelungen hinsichtlich gemeinschaftlicher Flächen, Räume und Einrichtungsgegenstände (zum Beispiel Waschküche und Ähnliches), Reinigungspflichten und Ruhezeiten. Häufig finden sich Garagen-, Liftbenutzungs- und Kinderspielplatzordnungen in ihr. Es folgen einige typische Einzelfälle.

BEISPIELE

Das Grillen auf Balkonen darf weder vollständig verboten, noch im Beschlusswege ganz allgemein gestattet werden. Zulässig sind aber in Hausordnungen Begrenzungen nach Höchstzahl und Zeitspannen (fünfmal pro Sommer).[67]
Das Kammergericht Berlin äußert sich salomonisch im Hinblick auf die Nutzung der Grünfläche als Kinderspielwiese: Ein Ausgleich zwischen den Interessen alter Menschen nach Ruhe und junger Menschen nach Bewegung sei zu suchen![68]
Zulässiger Gegenstand von Hausordnungen sind auch Regelungen über Besucherstellplätze, Reinigungs- und Wartungsarbeiten, gilt nicht für Räum- und Streupflichten der einzelnen Eigentümer (BGH, NZM 2012, 421), das Abstellen von Sportgeräten wie Mountainbikes etc. Die Musikausübung selbstverständlich auch.[69]
Hinsichtlich der Tierhaltung wäre es zulässig, mehrheitliche Beschlüsse für die zahlenmäßige Eindämmung von Hunden und Katzen einzuführen.[70] Zulässig ist ebenso ein Verbotsbeschluss zur Kampfhundhaltung.[71]

Der Verwalter ist Wächter der Hausordnung. Es zählt zu seinen originären Pflichten, für die Einhaltung der Hausordnung zu sorgen (§ 27 Abs. 1 Ziff. 1, 2. Halbsatz). Der Verwalter selbst hat de praxi nur eingeschränkte Möglichkeiten, wirksam auf die Einhaltung der Hausordnung hinzuwirken. Zunächst muss sie natürlich ordnungsgemäß beschlossen, sodann bekannt gemacht und am besten noch ausgehängt werden. Dringend zu empfehlen ist jedenfalls im Rahmen der Mietverwaltung, auch den Mietern und sonstigen Nutzern die Hausordnung zum Bestandteil

66 BayObLG, ZMR 76, 310.
67 BayObLG, NZM 99, 575.
68 KG, ZMR 92, 68.
69 Grundsätzlich zu Ruhezeiten: BGH, ZMR 99, 41.
70 Nicht mehr als ein Hund und drei Katzen je Wohnung, KG, WM 98, 616.
71 KG, WM 2003, 583.

ihrer Vertragsverhältnisse zu machen. Der Verwalter hat stichprobenartige Überprüfungen vorzunehmen, indem er die Anlagen persönlich besucht. Ratsam ist die Einschaltung des Beirats. Auffälligkeiten ist nachzugehen und zwischen Streitparteien ist zunächst zu vermitteln. Können Streitigkeiten nicht geregelt werden, muss der Verwalter für die notwendige Beschlussfassung im Rahmen der nächsten Eigentümerversammlung Sorge tragen.

! **ACHTUNG**

Droht Gefahr, ist der Verwalter nicht nur berechtigt, sondern auch verpflichtet, vorab einzugreifen; dies gilt insbesondere bei Gefahren für Leib, Leben, Gesundheit und Sachwert des Eigentums.

Diese Pflichten können nicht vollständig auf den Hausmeister abgewälzt werden. Selbstverständlich ist der Hausmeister Organ vor Ort. Die eigene Wahrnehmung des Verwalters kann hierdurch aber nicht ersetzt werden.

Der Einsatz einer Videokamera zur Vermeidung/Aufklärung von Vandalismusschäden/Straftaten ist auf der Basis mehrheitlicher Beschlussfassung zulässig, wenn die Anforderungen des Bundesdatenschutzgesetzes beachtet werden (BGH, Urteil v. 24.5.2013, VZR 220/12).

3.7 Lasten- und Kostentragungspflichten

§ 16 Abs. 2 verpflichtet die Eigentümer untereinander, die Lasten des gemeinschaftlichen Eigentums sowie die Kosten der Instandhaltung, Instandsetzung, sonstigen Verwaltungen und des gemeinschaftlichen Gebrauchs nach dem Verhältnis ihrer Anteile zu tragen. Der Anteil bestimmt sich nach den im Grundbuch eingetragenen Miteigentumsanteilen. Grundsätzlich hat der Miteigentümer den Kostenanteil auch dann zu tragen, wenn er die jeweilige Einrichtung des Gemeinschaftseigentums nicht nutzt oder sie für ihn keine Bedeutung hat. In ganz besonderen Ausnahmefällen, insbesondere dann, wenn keinerlei technische Möglichkeit einer Nutzung besteht (zum Beispiel für den Sondereigentümer nicht zugänglicher Aufzug), kann der betroffene Eigentümer gemäß § 10 Abs. 2 S. 3 (neu) eine Ausnahme, Befreiung oder Abänderung der anteilsmäßigen Mithaftung für sich beanspruchen.[72]

[72] Abänderungsanspruch Kostenverteilungsschlüssel, OLG Hamm, WE 2003, 198.

Das mangelnde Nutzungsinteresse eines Einzelnen („benutze aus Fitnessgründen nur die Treppe“) ist unbeachtlich.[73]

3.7.1 Haus- oder Wohngeld

Der Gesetzgeber hat die einzelnen Kostenpositionen nicht abschließend aufgezählt. Regelmäßig gehören zu Lasten und Kosten:[74]

- Kosten für Instandhaltung und Instandsetzung einschließlich Instandhaltungsrücklage
- Versicherungsbeiträge
- Kosten einer Gemeinschaftsantennenanlage, ggf. Kabelgebühren
- Kosten für Wasserver- und -entsorgung[75]
- Heizung und Warmwasser
- Kosten der Müllabfuhr
- Kosten der Hausreinigung
- Stromkosten für die Gemeinschaftsanlage
- Kosten für Schornsteinreinigung
- Pflegekosten der Außenanlage
- Kosten für Aufzugsanlage
- Kosten für Hausmeister und für sonstige Gemeinschaftseinrichtungen, soweit vorgesehen

3.7.2 Verteilungsschlüssel

Nach § 16 Abs. 2 bestimmt sich der Verteilungsschlüssel nach den Miteigentumsanteilen. In Teilungserklärungen mit Gemeinschaftsordnungen kann der Verteilungsschlüssel abweichend vom Gesetz geregelt werden, zum Beispiel nach Fläche entsprechend den Regelungen der Zweiten Berechnungsverordnung (II. BV), oder nach Hausgruppen oder nach anderen geeigneten konkreten Verteilern. Eine nachträgliche Änderung des in der Gemeinschaftsordnung festgelegten Kostenverteilungsschlüssels konnte bislang allstimmig, das heißt mit Zustimmung aller im Grundbuch eingetragenen Eigentümer, beschlossen werden. Ein nur mehrheitlicher Beschluss war von vornherein nichtig, da die Eigentümer durch Mehr-

73 OLG Celle, ZWE 2007, 108.

74 Auf die vollständige Aufstellung bei Deckert, ETW, Gruppe V, Abschnitt 4.2, erschienen im Haufe-Verlag, wird verwiesen.

75 Nicht des SE, wenn Kaltwasserzähler in der Einheit vorhanden sind, BGH, WM 2003, 712 f.

heitsbeschluss nicht in eine Vereinbarung der Gemeinschaft eingreifen und diese abändern durften.[76] Um die damit einhergehende Blockade eines einmal festgelegten Kostenverteilungsschlüssels, der sich als unpraktikabel erwiesen hatte, zu vermeiden, war bisweilen in der Teilungserklärung mit Gemeinschaftsordnung eine sogenannte Öffnungsklausel enthalten, die es den Gemeinschaften ermöglichte, auch mehrheitlich, insbesondere mit einer bestimmten qualifizierten Mehrheit, Beschlüsse diesbezüglich zu fassen, wenn für die Abweichung oder Abänderung ein sachlicher Grund bestand.[77]

3.7.2.1 Änderungen bezüglich der Betriebskosten

Nach den Neuregelungen des § 16 Abs. 3 ff. ergibt sich nun eine einfachere Möglichkeit, durch einfache Stimmenmehrheit zu beschließen, die Betriebskosten des Gemeinschaftseigentums oder des Sondereigentums im Sinne des § 556 BGB und die Kosten der Verwaltung nach Verbrauch oder Verursachung zu erfassen, diese entsprechend oder nach einem anderen Maßstab zu verteilen, soweit dies ordnungsgemäßer Verwaltung entspricht. Die Einbeziehung einer mietrechtlichen Bestimmung wiederum sollte nach dem Willen des Gesetzgebers der Rechtsvereinheitlichung und Vereinfachung dienen. Auch wenn es nicht ausdrücklich im Gesetz steht: Nach dem Willen des Gesetzgebers sollte für Beschlüsse zur Abänderung oder Einführung anderer Verteilungsschlüssel ein sachlicher Grund gegeben sein. Kein sachlicher Grund ist es, wenn bei sonst unveränderten Umständen lediglich vom MEAT auf die Fläche umgestellt werden soll.[78] Dagegen soll kein besonderer Grund erforderlich sein, wenn der Verteilerschlüssel den Interessen der Wohnungseigentümergemeinschaft und der einzelnen Eigentümer angemessen ist und einzelne nicht ungerechtfertigt benachteiligt (BGH, NZM 2012, 28). Soweit die gesetzliche Neuregelung eine Erleichterung gegenüber bestehenden Teilungserklärungen und Gemeinschaftsordnungen bedingt, überspielt sie die bereits bestehende Gemeinschaftsordnung. Sollte die Gemeinschaftsordnung, die der Verwalter vorfindet, bereits eine mit geringeren Anforderungen ausgestattete Regelung enthalten, so gilt diese zugunsten der Gemeinschaft (Folge aus § 16 Abs. 5 [neu]). Rückwirkende Änderungen des Verteilerschlüssels sind unzulässig.[79]

76 Grundlegend BGH, NJW 2000, 3500 ff.

77 Vgl. BayObLG, ZWE 2000, 175.

78 AG Dortmund, NZM 2011, 127.

79 BGH, NZM 2010, 622.

3.7.2.2 Änderungen bezüglich der Instandsetzungskosten

In § 16 Abs. 4 (neu) hat sich der Gesetzgeber dann zum zweiten Mal für eine sogenannte doppelt qualifizierte Mehrheitsbeschlussfassung entschieden, nämlich in den Fällen, in denen bei Instandhaltung oder Instandsetzung bzw. bei baulichen Veränderungen die Kostenverteilung im Einzelfall[80] durch Beschluss abweichend geregelt werden soll, wenn dies den Besonderheiten des Einzelfalls sinnvollerweise Rechnung trägt.

3.7.2.3 Änderungen im Einzelfall

Wenn schwerwiegende Gründe vorliegen, die dafür sprechen, dass das Festhalten am Verteilerschlüssel für einen einzelnen Eigentümer nicht mehr zumutbar ist, besteht ein Abänderungsanspruch nach § 10 Abs. 2. Der Schwellenwert bzw. die Zumutbarkeitsgrenze soll bei einer Kostenmehrbelastung von 25 % liegen.[81]

3.7.2.4 Sonderfall Heizkosten

Eine Mehrheitsentscheidung über die Abänderung der Heizkostenverteilung ist wegen § 16 Abs. 3 in Verbindung mit §§ 3 und 10 der HeizkostenVO zulässig. § 7 HeizkostenVO gibt den Maßstab vor.

3.7.3 Fälligkeit des Wohngeldes/Wirtschaftsplan

Das Gesetz enthält keine Regelung zur Fälligkeit der Wohngeldzahlung, sondern nur zur Anforderung des Wohngeldes durch den Verwalter (§ 28 Abs. 2). Deshalb ist jeweils der gültig beschlossene Wirtschaftsplan mit den dort festgelegten monatlichen Vorauszahlungsbeträgen Grundlage der Hausgeldvorauszahlungen. Der Gesamtwirtschaftsplan soll die voraussichtlichen Einnahmen und Ausgaben des Gesamtobjekts für das vorgesehene Wirtschaftsjahr enthalten (§ 28 Abs. 1 S. 2). Die anteilsmäßige Kostentragungspflicht des einzelnen Wohnungseigentümers wird über den Verteilungsschlüssel im Einzelwirtschaftsplan ausgewiesen. Der

80 Kein Einzelfall, wenn eine beschlossene Änderung wegen zukünftiger Gleichbehandlung weitere Änderungen bedingt, BGH, NZM 2010, 584.

81 BGH, NZM 2010, 624.

Wirtschaftsplan wird mehrheitlich beschlossen, der Beschlusswortlaut sollte sich auf den Gesamt- und den Einzelwirtschaftsplan beziehen. Eine großzügige Aufrundung im Bereich der Ausgabenseite und eine Kalkulation mit ausreichender Sicherheit entsprechen ordnungsgemäßer Verwaltung.[82] Auszuweisen ist ebenso die Beitragsleistung zur Instandhaltungsrückstellung.[83] Ein Beschluss, dass Hausgeldbeiträge erst auf die Instandhaltungsrückstellung und dann auf die laufenden Bewirtschaftungskosten verrechnet werden soll, ist fehlerhaft (LG Köln, ZMR 2012, 622). Auch wenn ein Eigentümer glaubt, am Ende des Wirtschaftsjahres ein Guthaben erwarten zu können, ist er nicht berechtigt, Wohngeldabschlagszahlungen zurückzubehalten. Soll der Wirtschaftsplan über das Wirtschaftsjahr hinaus fortgelten, muss dies ausdrücklich mitbeschlossen werden, was für die Praxis dringend zu empfehlen ist.[84]

Der Gesetzgeber hat das Bedürfnis der Gemeinschaften nach einer einfachen Regelungsbefugnis zur Fragestellung der Fälligkeit, aber auch der damit zusammenhängenden Fragestellungen zu Verzugsfolgen wie etwa Zinsen und sonstigen Nebenleistungen erkannt und über die Neuregelung des § 21 Abs. 7 den Eigentümern die mehrheitliche Beschlussfassung zugebilligt. Angesprochen sind dabei insbesondere Verzugszinsregelungen, Fälligkeitsregelungen, pauschalierte Vertragsstrafen oder auch beispielsweise eine Umzugskostenpauschale; auch die immer wieder umstrittene Pauschale für die Nichtteilnahme am Lastschriftverkehr als besonderer Verwaltungsaufwand wurde hiermit gesetzlich geregelt.

3.7.4 Probleme bei unterjähriger Veräußerung und Jahresabrechnung

3.7.4.1 Abrechnung

Das endgültige Hausgeld wird mit dem genehmigenden Beschluss über die Jahresabrechnung festgesetzt (§ 28 Abs. 3 und Abs. 5). Der Beschluss sollte auf die Jahresgesamt- und Jahreseinzelabrechnung lauten.[85] Die in Abrechnungsprogrammen häufig zu findende Formulierung, wonach die Jahresabrechnung als anerkannt

[82] AG Waiblingen, WM 96, 115.

[83] BayObLG, WE 91, 166.

[84] KG, NZM 2002, 294.

[85] BayObLG, WE 90, 182.

gelte, wenn nicht innerhalb von vier Wochen nach Absendung widersprochen werde, löst keine Wirksamkeit im Sinne einer Bindung aus. Nur der genehmigende Beschluss in der Versammlung, der unangefochten bleibt, ist letztlich Zahlungsgrundlage.

Probleme treten vor allem hinsichtlich der Wohngeldvorschüsse nach Wirtschaftsplan einerseits und der Geltendmachung des Nachzahlungsbetrags aus der Jahresabrechnung andererseits bei sogenannter unterjähriger Veräußerung auf. Darunter versteht man einen Eigentumswechsel während des Wirtschaftsjahres bzw. vor oder nach dem Tag des jeweils genehmigenden Beschlusses auf der jeweiligen Eigentümerversammlung. Grundsätzlich gilt: Die Lasten und Kosten sowie Beiträge zur Gemeinschaft hat derjenige Eigentümer zu tragen, der zum Zeitpunkt des Beschlusses und der Fälligstellung im Grundbuch eingetragen ist. Dies ergibt sich schon aus dem Wortlaut des Gesetzes (§ 16 Abs. 2, § 28). Auf die Nutzen-Lasten-Regelung bzw. den Tag des Übergangs gemäß notariellem Kaufvertrag zwischen Erwerber und Veräußerer kommt es im Verhältnis gegenüber der Gemeinschaft nicht an.[86] Dieser Umstand wird vielfach nicht nur von den Eigentümern, sondern zum Teil auch von Verwaltern verkannt. Daran ändert auch die Absicherung des Erwerbers durch Auflassungsvormerkung, die im Grundbuch eingetragen ist, und die tatsächliche Übergabe des Sondereigentums nichts.[87] Eine Ausnahme bildet die sogenannte faktische Eigentümergemeinschaft (Voraussetzung: Besitznahme und Ingebrauchnahme des SE und GE/Eintragung der Auflassungsvormerkung zugunsten des Erwerbers), mithin werdender Eigentümer, bei Ersterwerb, beispielsweise vom Bauträger einer neu gebauten Anlage.[88]

Mit der ersten Grundbucheintragung eines Erwerbers neben dem Bauträger entsteht dann die Vollrechtsgemeinschaft (BGH, NJW 2008, 2639 sowie näher dazu BGH, NZM 2012, 643).

3.7.4.2 Inhalt der Abrechnung

Die Jahresabrechnung bildet das tatsächliche Spiegelbild der Kalkulation des Wirtschaftsplans. Sie soll eine geordnete Aufstellung der tatsächlichen Einnahmen und Ausgaben nach dem Zu- und Abflussprinzip enthalten. Diesem Modell der sogenann-

86 BGH, NJW 83, 1615.

87 BGH, NJW 89, 2697.

88 OLG Frankfurt, ZMR 97, 609.

ten einfachen Einnahmen-Ausgaben-Rechnung wird von der herrschenden Auffassung der Vorzug gegenüber handelsrechtlichen/bilanziell aufgestellten Jahresabrechnungen gegeben, denn Letztere seien für den Durchschnittseigentümer ohne besondere kaufmännische Kenntnisse nicht lesbar. Rechnungsabgrenzungen oder periodengerechte Abgrenzungen, wie sie die Abrechnung des Mietrechts kennt, sind nicht vorzunehmen[89], außer bei den Heizkosten: In der Einzelabrechnung sind die Heizkosten verbrauchsabhängig umzulegen, in der Gesamtabrechnung gilt wieder das Ausgabenprinzip; die Differenz sei zu erläutern (BGH, NZM 2012, 344). Forderungen und Verbindlichkeiten sind nach herrschender Auffassung nicht zu berücksichtigen. Soweit eine sogenannte erweiterte Abrechnung oder modifizierte Abrechnung mit der Einstellung von Forderungen und Verbindlichkeiten erstellt wird, ist dies nicht von vornherein unzulässig, jedoch dürfen diese Positionen nicht Gegenstand der Beschlussfassung über diese Jahresabrechnung sein.[90]

Die Einstellung unberechtigter Ausgaben berührt deshalb die rechnerische Richtigkeit der Abrechnung nicht.[91]

3.7.4.3 Veräußerung bzw. Eigentümerwechsel

Ausgehend vom herrschenden Abrechnungsmodell ergeben sich damit in Veräußerungsfällen bzw. beim Wechsel des Eigentümers folgende Grundsätze:

- Grundsätzlich haftet derjenige für die Nachzahlung aus der Abrechnung, der zum Zeitpunkt des Beschlusses der Gemeinschaft im Grundbuch als Erwerber und damit als Eigentümer eingetragen ist. Diese Haftung besteht auch für Nachforderungen aus zurückliegenden Jahresabrechnungen, über die erst später Beschluss gefasst wurde. Dabei wird vorausgesetzt, dass in den Nachzahlungsbeträgen keine noch offenen Wohngeldzahlungen stecken.[92] Für den Fall, dass Erwerber und Veräußerer im Innenverhältnis des notariellen Kaufvertrags Nutzen-Lasten-Regelungen und Übergangsregelungen getroffen haben, müssen sie sich im Innenverhältnis wechselseitig schadlos halten. Für eine Aufsplittung dieser (echten) Abrechnungsspitze, nämlich der Differenz aus den tatsächlichen Ausgaben gemäß Darstellung der Jahresabrechnung und den Soll-Vorauszahlungen des Wohngeldes gemäß Wirtschaftsplan, besteht kein Raum und auch keine Notwendigkeit für den Verwalter.

89 BayObLG, ZWE 2000, 136; OLG Zweibrücken, NZM 1999, 276.

90 Anderer Ansicht nur KG, WE 94, 271.

91 BGH, NZM 2011, 366.

92 Grundlegend BGH, NJW 88, 1910 ff.

- Der Erwerber haftet nur für diese (echte) Abrechnungsspitze sowie für diejenigen Nachzahlungsbeträge, die sich aus nicht bezahlten Wohngeldvorschüssen ergeben, die in seine Eigentümerzeit fallen.[93]
- Der Erwerber haftet nicht für diejenigen Wohngeldvorauszahlungsschulden, die sich aus Nichtbezahlung gemäß alten bzw. fortgeltenden Wirtschaftsplänen ergeben.[94] Hier bleibt der frühere Eigentümer in der Schuld.
- Ein etwaiges Guthaben aus einer Abrechnung steht demjenigen Eigentümer zu, der zum Zeitpunkt der Beschlussfassung als Erwerber im Grundbuch eingetragen ist.[95]
- Zur Verdeutlichung soll das im Folgenden dargestellte **Abrechnungskegelmodell** (nach Musielack) dienen. Denn: In den gängigen Abrechnungsprogrammen wird der gesamte Guthaben- bzw. Nachzahlungsbetrag ausgewiesen, ohne Aufsplittung in Vor- und Nacheigentümerschulden; sogenannte wohnungsbezogene Abrechnung.

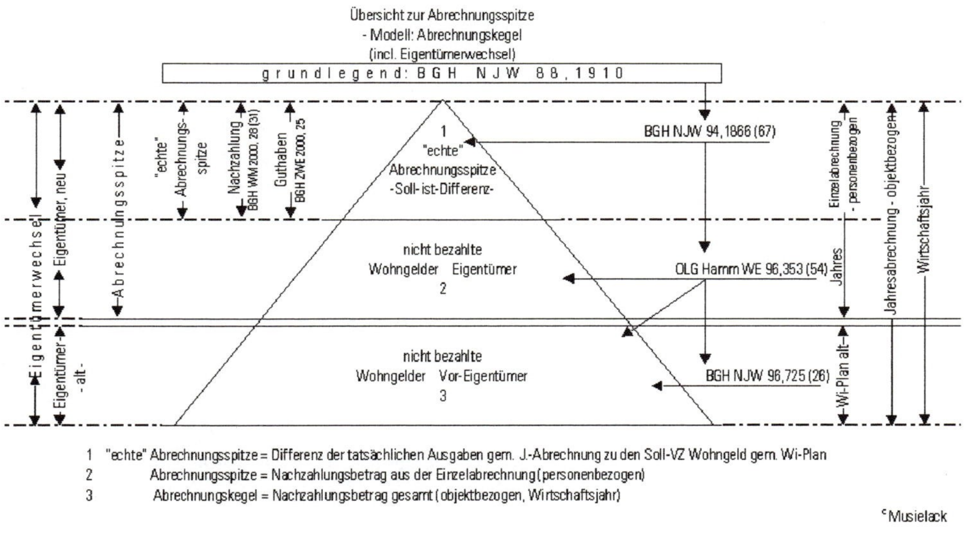

Abb. 2: Abrechnungskegelmodell nach Musielack

[93] BGH, NJW 94, 1867; OLG Hamm, WE 96, 353 ff.

[94] BGH, NJW 96, 725.

[95] BGH, ZWE 2000, 29.

3.7.5 Bildung der Instandhaltungsrückstellung

ARBEITSHILFE ONLINE

Die Instandhaltungsrückstellung (meist als Instandhaltungsrücklage bezeichnet) dient der Gemeinschaft zur vorsorgenden Finanzierung in Zukunft liegender Instandhaltungs- und Instandsetzungsmaßnahmen. Eine Rückstellung muss so lange nicht gebildet werden, wie kein Eigentümer sie fordert, muss jedoch dann eingerichtet werden, wenn nur ein Eigentümer im Rahmen ordnungsgemäßer Verwaltung eine solche fordert. Sie unterliegt dann dem Grunde und der Höhe nach mehrheitlicher Beschlussfassung (§ 21 Abs. 5 Nr. 4).

Die Rücklage bzw. Rückstellung ist zweckgebunden und darf nicht für allgemeine Ausgaben und Kosten der Gemeinschaft verwendet werden. Ein Rückgriff zur Überbrückung von Liquiditätsengpässen ist nur ausnahmsweise und nur dann zulässig, wenn eine ordnungsgemäße Grund- und Reservevorhaltung an Rückstellungsbeträgen verbleiben kann.[96]

Wie hoch die Rücklage angesammelt werden soll, ist im Gesetz nicht bestimmt. Jedenfalls soll sie angemessen sein. Hierzu werden vielfältige Formeln angeboten, zum Beispiel die Peters'sche Formel, wonach Herstellungskosten je Quadratmeter mit dem Faktor 1,5 multipliziert werden und durch 80 Jahre Gebäudelaufzeit zu teilen sind. 25 bis 30 Euro je Quadratmeter pro Jahr (m^2/a) seien in etwa zu bilden. Nach anderer Auffassung ist die Bestimmung aus dem sozialen Wohnungsbau, § 28 Abs. 2 und 3 II. BV heranzuziehen, wonach 7 bis 11 Euro je m^2/a je nach Baualter heranzuziehen und je Garagenstellplatz 68 Euro jährlich zu bilden sind. Im Streitfall entscheiden die Gerichte individuell nach technischem Zustand des Gebäudes, dessen Alter und Ausstattung und mittelfristigem Instandsetzungsbedarf.[97] Die Zuführungen zur Instandhaltungsrückstellung sind Bestandteil der monatlichen Wohngeldvorauszahlungen. Als solche sind sowohl die tatsächlichen als auch die geschuldeten Zahlungen auf die Rückstellung in der Jahresabrechnung auszuweisen. Erstere als Einnahmen, letztere als (gesonderte) Angabe.[98] Einen etwaigen Einzahlungsanteil aus der Rückstellung kann ein ausscheidender Eigentümer nicht verlangen.[99]

96 LG Saarbrücken, NZM 99, 870.

97 Vgl. IIRP, Facility-Management-Bereich im Kapitel „Der WEG-Verwalter und die Instandhaltung des gemeinschaftlichen Eigentums".

98 Grundlegend neu: BGH v. 4.12.2009, V ZR 44/09.

99 KG, ZMR 88, 272.

Übrigens: Für einen gewerblichen Eigentümer sind die eingezahlten Rückstellungsbeiträge erst mit Verbrauch der Rücklage als Betriebsausgaben im steuerlichen Sinne zu qualifizieren.[100]

3.7.6 Sonderumlage

Die Sonderumlage ist eine einmalige Beitragsleistung, gleichsam eines ergänzenden Wirtschaftsplans, die die Eigentümer durch Mehrheitsbeschluss treffen. Sonderumlagen werden regelmäßig für nicht vorhersehbare plötzliche Ausgaben, insbesondere im Instandhaltungsbereich, erhoben, sind aber auch bei Liquiditätsschwierigkeiten zulässig und gefordert. Der Verteilungsschlüssel sollte sich am Miteigentumsanteil orientieren, wenn nicht sachliche Gründe ein Abweichen hiervon gebieten.[101] Fällig wird die Sonderumlage spätestens mit Anforderung durch den Verwalter.

3.8 Verwaltung des Eigentums

Die Eigentümer verwalten ihr gemeinschaftliches Eigentum selbst. Dies ist der Grundsatz. Den Umfang der ordnungsgemäßen Verwaltung legt das Gesetz in den §§ 21 bis 25, Stellung und Aufgabenbereich des Verwalters in den §§ 26 bis 28 fest.

3.8.1 Verwaltung durch die Wohnungseigentümer selbst

Die Wohnungseigentümer haben die Beschlusskompetenz für die Durchführung der ordnungsgemäßen Verwaltung. Sie bestimmen ihre Gemeinschaft.

3.8.2 Verwaltung durch den bestellten Verwalter

Die Bestellung eines Verwalters kann nicht in der Gemeinschaftsordnung abbedungen werden, § 20 Abs. 2 bestimmt dies ausdrücklich. Damit muss es einen Verwalter geben, den die Eigentümer aus ihren eigenen Reihen oder als professionellen Fremden bzw. Drittverwalter bestimmen. Der Verwalter ist uneigennütziger

[100] Bundesfinanzhof, Beschluss v. 5.10.2011, NZM 2012, 125.

[101] OLG Düsseldorf, ZWE 2002, 90.

Treuhänder der Eigentümer und deren Stellvertreter. Ihm wird eine organschaftliche Stellung zugemessen.[102]

Bestellung des Verwalters und Abschluss des Verwaltervertrags

Nach der herrschenden sogenannten Trennungstheorie[103] ist zu unterscheiden zwischen dem Abschluss des Verwaltervertrags als Eingehung eines schuldrechtlichen Vertragsverhältnisses zwischen allen Eigentümern und dem Verwalter einerseits und der Wahl und Bestellung des Verwalters in sein organschaftliches Amt (Mehrheitsbeschluss gemäß § 26 Abs. 1) andererseits.

Verwalter wird mithin nicht der, der einen Verwaltervertrag vorzeigen kann, sondern der, der ordnungsgemäß bestellt und gewählt ist. Dies wird vielfach verkannt. Die Bestellungsdauer ist auf fünf Jahre[104] begrenzt. Dann muss sich der Verwalter neu bzw. wiederwählen lassen; eine stillschweigende Verlängerung der Amtsstellung gibt es nicht.

Mit der Bestellung des Verwalters wird zugleich und in der Regel die Abgabe eines Angebots auf Abschluss eines Verwaltervertrags und die Annahme desselben verbunden sein. Der Verwaltervertrag ist eine entgeltliche Geschäftsbesorgung (§ 675 BGB). Mangels Formvorschriften kann der Verwaltervertrag mündlich geschlossen werden, ein schriftlicher Abschluss wird aber ausdrücklich empfohlen. Soweit Verwaltervertragsformulare verwendet werden, stellt eine formularmäßig festgelegte Laufzeit von fünf Jahren (entsprechend der Bestellungsdauer nach dem Gesetz) keinen Verstoß gegen Vorschriften über die allgemeinen Geschäftsbedingungen dar.[105] Die Fachverbände und Fachverlage halten vernünftige Formulare vorrätig. Wichtigste Vertragsinhalte sind aber auf jeden Fall Beginn und Ende der Verwaltungstätigkeit, Kündigungsregelungen, Regelungen über ergänzende Pflichten und Rechte des Verwalters, soweit sie die gesetzlichen Rechte und Pflichten übersteigen, sowie naturgemäß die Verwaltervergütung. Sonstige Regelungen, beispielsweise für die Beitreibung rückständiger Wohngelder, zur Instandhaltungsrückstellung, zur Ermächtigung zum Abschluss und zur Kündigung vielfältiger Verträge, für die Zusammenarbeit mit dem Beirat sowie zur Durchführung der Eigentümerversammlungen, seien sämtlich angeraten.

102 BGH, NZM 2005, 543; im Rahmen der Teilrechtsfähigkeitsentscheidung hervorgehoben.

103 BGH, NJW 97, 2107.

104 Im Fall der Erstbestellung durch die aufteilenden Eigentümer drei Jahre, § 26 Abs. 1 S. 2 (neu).

105 Vgl. § 309 Nr. 9 BGB; dennoch zulässig BGH-Beschluss v. 20.6.2002, V ZB 39/01.

Aufgaben und Befugnisse des Verwalters nach dem Gesetz

In den §§ 27 und 28 findet der Verwalter im Wesentlichen seinen gesetzlichen Aufgabenbereich. Dieser Kernbereich kann nicht weiter eingeschränkt werden. Auf den dortigen Inhaltskatalog wird hier verwiesen. Nach Anerkennung der Teilrechtsfähigkeit der Eigentümergemeinschaft tritt der Verwalter sowohl als Vertreter der Wohnungseigentümer in deren Eigenschaft als Mitberechtigte am gemeinschaftlichen Grundstück auf wie auch als Vertreter der teilrechtsfähigen Gemeinschaft gleich einem organschaftlichem Vertreter, ähnlich dem Geschäftsführer einer Handelsgesellschaft. Dies macht es erforderlich, die Aufgaben und Befugnisse des Verwalters und seine Vertretungsmacht insgesamt neu zu formulieren. Die Struktur der Vorschrift des § 27 (neu) wurde vor diesem Hintergrund, allerdings ohne wesentliche inhaltliche Änderungen, neu durchformuliert.

Kernpunkt der Verwaltertätigkeit ist auch nach dem Gesetz die Durchführung der Instandhaltung und Instandsetzung (§ 27 Abs. 1 Ziff. 2 bis 6). Hier muss der Verwalter darauf achten, regelmäßige Begehungen am Objekt hinsichtlich des technischen Zustands durchzuführen und — soweit notwendig — Instandhaltungsmaßnahmen auszulösen. Bei größeren Maßnahmen geht man davon aus, dass mehrere Kostenvoranschläge einzuholen sind. Gegebenenfalls ist ein Sanierungsplan zu erstellen (BGH, NJW 2012, 1724).

Hinsichtlich der Geldverwaltung sei ausdrücklich auf § 27 Abs. 1 Ziff. 4 in Verbindung mit Abs. 3 Nr. 5 und Abs. 5 verwiesen, wonach die Befugnis der gemeinschaftlichen Geldverwaltung mit der Auflage verbunden ist, Gelder vom Vermögen des Verwalters gesondert zu halten. Das Gemeinschaftskonto sollte als solches bezeichnet sein, der Verwalter ist Stellvertreter mit Vollmacht. Auf Immobilienkunden ausgerichtete Banken verstehen den Sinn eines Wohnungseigentümergemeinschaftskontos und halten entsprechende Formulare bereit, ohne dass jeder einzelne Eigentümer zeichnen müsste. Ein weiterer Kernbereich der Verwaltung ist die Erstellung des Wirtschaftsplans und der Jahresabrechnung (§ 28 WEG).

Wer sich noch einmal eingehend mit der Fragestellung auseinandersetzen möchte, ob nun eine Bilanz, eine einfache kaufmännische Abrechnung oder eine bloße Einnahmen-Ausgaben-Rechnung zu erstellen sei, kann sich in die unten angeführten Entscheidungen vertiefen.[106]

[106] OLG Karlsruhe, NZM 98, 768 oder OLG Hamm, ZWE 2001, 447.

Abberufung des Verwalters und Kündigung des Verwaltervertrags

Wie die Bestellung, so kann auch die Abberufung mit Mehrheitsbeschluss getroffen werden. Eine frühzeitige mehrheitliche Abberufung wird regelmäßig auf das Vorliegen eines wichtigen Grundes beschränkt sein. Weitergehende Beschränkungen sind in Kombination nicht zulässig. Gleichsam und gleichzeitig muss dann auch der Verwaltervertrag aus wichtigem Grund nach § 626 BGB fristlos gekündigt werden. Der Verwalter hat dabei das Recht, sich gegen eine seiner Auffassung nach zu Unrecht ausgesprochene Kündigung bzw. Abwahl gerichtlich zur Wehr zu setzen und einen solchen Abwahlbeschluss anzufechten.[107] Der wichtige Grund für eine Abwahl ist im Gesetz nur in einem Fall[108] ausgeführt. Eine Einzelfallbetrachtung wird angezeigt sein. Generell gilt: Eine Schlechtausführung übertragener Verwalterpflichten in erheblichem Umfang führt zur Abwahl (LG Hamburg, ZMR 2012, 465, wegen „Vertrauensverlustes"), insbesondere nicht oder nicht pünktlich erfolgtes Aufstellen von Wirtschaftsplänen und Jahresabrechnungen, alle Unredlichkeiten im Rahmen einer Geldverwaltung, selbst die verspätete Aufstellung der Jahresabrechnung kann zur Abwahl führen.[109] Selbstverständlich zählt auch die Nichtdurchführung sonstiger Verwalterpflichten, insbesondere einer ordnungsgemäßen Instandhaltung und Instandsetzung, zu den wichtigen Gründen, vor allem wenn dies zu Schäden des Gemeinschaftsvermögens oder gar zu Schäden an Leib und Leben von Eigentümern führt.

3.9 Eigentümerversammlung

In den §§ 23, 24 und 25 finden sich zentrale Vorschriften zur Eigentümerversammlung. Die Eigentümerversammlung ist die Organisationsform zur Wahrnehmung der ordnungsgemäßen Verwaltung und Regelung der Angelegenheiten der Gemeinschaften (§ 23 Abs. 1). Information, Diskussion und Beschlussfassung bestimmen den Gang der Versammlung. Schriftliche Beschlussfassungen sind ungeachtet dessen möglich (§ 23 Abs. 3).

107 BGH-Beschluss v. 20.6.2002, V ZB 39/01.

108 Siehe § 26 Abs. 1 S. 4 (neu): bei nicht ordnungsgemäßer Führung der Beschluss-Sammlung.

109 OLG Düsseldorf, ZWE 2002, 478.

3.9.1 Ordnungsgemäße Einberufung – Form, Inhalt und Fristen

ARBEITSHILFE ONLINE

Der Verwalter hat die Versammlung einmal im Jahr einzuberufen (§ 24 Abs. 1). Die Einladung hat mindestens in Textform zu erfolgen (§ 24 Abs. 4 S. 1). Die Ladungsfrist soll mindestens zwei Wochen betragen (§ 24 Abs. 4 S. 2). Problematisch ist häufig der behauptete Nichtzugang der Ladung. Da Einschreiben mit Rückschein und andere Formen zumindest bei Großanlagen für den Verwalter nicht das geeignete Verfahren darstellen, empfiehlt sich — wenn nicht ohnehin schon vorhanden — das Einbringen einer Fiktionsklausel in die Gemeinschaftsordnung. Hiernach soll der Zugang dann vorliegen, wenn die Verwaltung die Ladung ordnungsgemäß mit richtiger letzter bekannter Anschrift zur Post gegeben hat (Nachweis über Postausgangsbuch). Diese Regelung ist nur durch allstimmigen Beschluss möglich.[110]

Inhaltlich sind im Einberufungsschreiben Versammlungszeit und -ort anzugeben. Die Tagesordnung muss vollständig enthalten sein.[111] Die Versammlung darf weder zur Unzeit noch in unzumutbarer Entfernung von der Wohnanlage stattfinden. Ein unzumutbarer Zeitpunkt wäre beispielsweise werktags vormittags oder sonntags früh um 8:00 Uhr. Bei Nichtbeschlussfähigkeit ist zur Wiederholungsversammlung zu laden.

Die sogenannte Eventualeinberufung, das heißt die Einberufung einer zweiten Versammlung nach Feststellung der Nichtbeschlussfähigkeit der ersten am selben Tag etwa eine halbe Stunde später und mit denselben Anwesenden, ist grundsätzlich nicht zulässig. Eine solche Versammlung ist beschlussunfähig.[112] Eine Eventualeinberufung kann in der Gemeinschaftsordnung jedoch als zulässig vereinbart werden.[113] Ein Mehrheitsbeschluss wäre hier **nicht** ausreichend.[114]

ARBEITSHILFE ONLINE

Der Verwalter bestimmt die Tagesordnung. Für Maßnahmen ordnungsgemäßer Verwaltung hat auch der einzelne Wohnungseigentümer Anspruch auf Aufnahme eines bestimmten Tagesordnungspunktes. Weigert sich der Verwalter, kann das sogenannte Quorum, das heißt ein Viertel der Wohnungseigentümer nach Köpfen, die Einberufung der Wohnungseigentümerversammlung mit bestimmter Tagesordnung verlangen (§ 24 Abs. 2).

[110] Merle, ZWE 2001, 196.

[111] BayObLG, WM 89, 658.

[112] Vgl. § 25 Abs. 4 sowie KG, ZMR 86, 189.

[113] BayObLG, WM 89, 459.

[114] LG Mönchengladbach, NZM 2003, 245.

Die Tagesordnungspunkte selbst müssen so formuliert sein, dass jeder Beteiligte eine Vorstellung davon hat, worum es geht. Eine schlagwortartige Bezeichnung der Themen genügt.[115]

3.9.2 Durchführung der Versammlung/Versammlungsleitung

Gemäß § 24 Abs. 5 führt der Verwalter den Vorsitz. Ein anderer Versammlungsleiter kann mehrheitlich gewählt werden. Üblicherweise wird der Versammlungsleiter bzw. Verwalter die Eigentümergemeinschaft begrüßen und die Eröffnung der Versammlung aussprechen. Sodann gilt:

- Zunächst ist die Beschlussfähigkeit festzustellen (§ 25 Abs. 3). Diese berechnet sich nach den Miteigentumsanteilen. Die Gemeinschaftsordnung kann abweichende Regelungen beinhalten, was vorab zu prüfen ist. Verlassen während der Versammlung einige Wohnungseigentümer den Raum, kann die Versammlung ihre Beschlussfähigkeit verlieren. Hierauf ist zu achten. Dennoch gefasste Beschlüsse unterliegen dann der Anfechtung.[116]
- Teilnahmeberechtigt ist jeder Wohnungseigentümer, dieses Recht kann keinem genommen werden. Die Zulassung fremder Personen in der Versammlung ist umstritten. Lässt sich ein Eigentümer aufgrund Verhinderung von einem Dritten dort ausdrücklich vertreten und bevollmächtigt diesen, ist dies zulässig. Dies gilt nur dann nicht, wenn in der Gemeinschaftsordnung ausdrücklich ein Kreis vertretungsberechtigter Personen benannt ist. Empfehlung: Besteht keine Regelung, sollte man sich die Teilnahme Dritter (Nichtbevollmächtigter!) durch Beschluss genehmigen lassen. Stets soll aber im Einzelfall ein berechtigtes Interesse an der Hinzuziehung eines Dritten insbesondere bei Beratern bestehen.[117]
- Die Durchführung und Abhandlung der Tagesordnung obliegt dann im Weiteren dem Versammlungsleiter. Dabei ist das ordnungsgemäße Ausüben der Stimmrechte einzuhalten, denn das Stimmrecht ist elementares Recht jedes Eigentümers. Bei der Auszählung der Stimmen gilt – sofern in der Gemeinschaftsordnung nichts anderes geregelt ist – das Kopfprinzip nach § 25 Abs. 2. Denkbar ist auch das Wertprinzip über die Auszählung der Miteigentumsanteile oder das Objektprinzip über die Zuordnung der Stimme je Sondereigentumseinheit (vereinbarungspflichtig).

[115] BGH, NZM 2012, 275.

[116] BayObLG, WE 89, 64.

[117] BayObLG, WE 97, 436, 437.

- Weiterhin hat der Versammlungsleiter darauf zu achten, dass nicht eine Eigentümerpartei über die Stimmenmehrheitsverhältnisse andere Miteigentümer in missbräuchlicher Art und Weise laufend überstimmt (unzulässige Majorisierung).[118]
- Ergibt sich eine Interessenkollision bei der Ausübung des Stimmrechts, beispielsweise bei der Abstimmung in eigener Sache eines Eigentümers, hat dessen Stimmrecht zu ruhen (§ 25 Abs. 5).

3.9.3 Beschlussfassung und Beschlusszuständigkeit der Gemeinschaft

Beschlüsse können einstimmig und allstimmig, mit einfacher oder qualifizierter Mehrheit gefasst werden. Die Begriffe „allstimmig" und „einstimmig" sind gesetzlich nicht definiert und werden häufig ungenau gebraucht. „Einstimmig" heißt nach hier vertretener Auffassung „mit den Stimmen aller in der Versammlung anwesenden Eigentümer". „Allstimmig" bedeutet dagegen „mit den Stimmen aller im Grundbuch eingetragenen Wohnungseigentümer". Sogenannte einfach mehrheitliche Beschlüsse liegen bei Zustimmung von mehr als der Hälfte der Eigentümer vor, qualifiziert mehrheitliche Beschlüsse müssen in den wenigen vom Gesetzgeber bestimmten Fällen erbracht werden (vgl. §§ 16, 18, 22 [neu]) oder dann, wenn in den Gemeinschaftsordnungen bestimmte Beschlussgegenstände ausdrücklich einer qualifizierten Mehrheit zugewiesen sind, regelmäßig Zweidrittel- oder Dreiviertelmehrheiten. Dies wird insbesondere dann der Fall sein, wenn Beschlussgegenstände anstehen, die an sich nur allstimmig hätten bestimmt werden dürfen, zum Beispiel bauliche Veränderungen im Sinne des § 22 WEG. Lässt die Gemeinschaftsordnung andere Mehrheitsverhältnisse für diese Beschlussgegenstände zu, so spricht man hier von „Öffnungsklauseln".[119]

Während früher — und somit noch in vielen Altprotokollen zu finden — Beschlussgegenstände, die an sich hätten allstimmig beschlossen oder gar vereinbart werden müssen, mit einfacher Mehrheit beschlossen wurden, ist dies (mit Ausnahme der durch die Novelle geregelten Fälle) heute nicht mehr möglich. In der grundlegenden Entscheidung des BGH vom 20.9.2000[120] wurde dem vermeintlichen Unwesen des sogenannten Zitterbeschlusses ein Ende gesetzt. Denn nach Ansicht

118 KG, WM 86, 155.

119 BayObLG, ZWE 2000, 175.

120 BGH, NJW 2000, 3500 ff.

des obersten Gerichts ist in der Verwalterpraxis häufig an Teilungserklärungen, Gemeinschaftsordnungen und dem Gesetz vorbei mit Mehrheit beschlossen worden, was hätte allstimmig beschlossen oder vereinbart werden müssen. Hierdurch habe sich über die Jahre eine große Rechtsunsicherheit, insbesondere für Erwerber, ergeben. Viele Gemeinschaften hätten sich nicht mehr nach den im Grundbuch niedergelegten Grundsätzen verwaltet, sondern auf der Basis unzähliger an sich fehlerhaft zustande gekommener Beschlüsse, die mangels Anfechtung wirksam geworden waren.

Zusammenfassend lässt sich in diesem Zusammenhang sagen, dass der Verwalter verpflichtet ist, auf die Unzulässigkeit von einfachen Mehrheitsentscheidungen hinzuweisen, wenn nach dem Beschlussgegenstand eindeutig Allstimmigkeit oder Vereinbarung notwendig ist. Dies zu bestimmen ist freilich eine Kunst. Aus der Masse der hier vertretenen Meinungen kann man wie folgt zusammenfassen:

- Wird im Einzelfall durch Beschluss gegen Regelungen der Teilungserklärung verstoßen (teilungserklärungswidriger Beschluss), so ist dieser Beschluss nicht von vornherein nichtig und der Beschlusskompetenz entzogen, sondern zunächst einmal nur anfechtbar. Wird er vor Gericht nicht zu Fall gebracht, wird er gültig.
- Möchte die Gemeinschaft mit einem Beschluss auf Dauer in Kernbereiche der Teilungserklärung bzw. Gemeinschaftsordnung eingreifen, zum Beispiel Sondernutzungsrechte begründen oder andere Verfahren entgegen dem Gesetz einführen, zum Beispiel die Eventualeinberufung, so ist dies auch mit einem nicht angefochtenen Mehrheitsbeschluss nicht möglich. Hier muss allstimmig beschlossen oder besser mit den Unterschriften aller Eigentümer eine notarielle Ergänzung der Gemeinschaftsordnung ins Grundbuch eingefügt werden (sogenannter teilungserklärungs- bzw. gesetzesändernder Beschluss). Werden mehrheitliche Beschlüsse zu Gegenständen gefasst, die bereits in der Teilungserklärung bzw. Gemeinschaftsordnung geregelt sind, und sollen diese auf Dauer mit zusätzlichen Punkten ergänzt werden, so liegen teilungserklärungs- bzw. gesetzesergänzende Beschlüsse vor, die ebenfalls der Allstimmigkeit bedürfen und deshalb von vornherein nichtig sind. Sie sind unzulässig.
- Alle sonstigen Beschlüsse des Verwalteralltags, insbesondere im Hinblick auf die ordnungsgemäße Verwaltung nach § 21 Abs. 5, § 28 sowie die goldenen Regeln nach den §§ 13, 14 und 15, unterliegen der Beschlusskompetenz der Gemeinschaft und sind mehrheitlich möglich. Dies ist der Regelfall.
- Nach wie vor möglich sind Zitterbeschlüsse im Bereich baulicher Veränderungen nach § 22. Wird eine bauliche Veränderung nur mehrheitlich beschlossen, der Beschluss aber nicht angefochten, ist er nicht nichtig, sondern wird nach Ab-

lauf der Anfechtungsfrist von einem Monat gültig.[121] Auch die Bestellung von mehr oder weniger als drei Beiräten ist unter dem Gesichtspunkt des Zitterbeschlusses noch möglich.[122] Greifen mehrheitliche Beschlüsse in den Kernbereich der Eigentumsrechte ein, sollen zum Beispiel Miteigentumsanteile verliehen oder entzogen werden, so ist die Eigentümerversammlung hierfür schlichtweg nicht zuständig, ihr fehlt die Beschlusskompetenz. Dies gilt beispielsweise auch für totale Vermietungs- oder Veräußerungsverbote, die deshalb nur allstimmig möglich sind.

- Das Bayerische Oberste Landesgericht vertrat vorübergehend die Auffassung, die Eigentümergemeinschaft könne einen Verwalter durch mehrheitlichen Beschluss nicht entlasten, da die Eigentümergemeinschaft dem einzelnen Eigentümer damit die Möglichkeit nähme, eventuelle Schadensersatzansprüche für die vergangene und betroffene Verwalterperiode geltend zu machen. Diese Auffassung wird heute nicht mehr vertreten.[123]

- Achtung: Der Verwalter hat das Beschlussergebnis zu verkünden (LG Hamburg, ZMR 2012, 572, auch zur „konkludenten" Verkündung).

3.9.4 Ergebnis der Versammlung – Versammlungsprotokoll

ARBEITSHILFE ONLINE

Nach dem Gesetz hat der Verwalter ein sogenanntes Ergebnisprotokoll zu fertigen (Niederschrift über die Ergebnisse der gefassten Beschlüsse nach § 24 Abs. 6). Die Erstellung eines sogenannten Ablaufprotokolls mit dem Inhalt des Diskussionsverlaufs etc. ist möglich, aber nicht erforderlich. In dem Zusammenhang kommt der Beschlussergebnisfeststellung, die protokolliert werden muss, erhebliche Bedeutung zu. Zunächst hat der Verwalter darauf zu achten, dass die Mehrheitsverhältnisse nur nach der Zahl der abgegebenen Ja- und Neinstimmen berechnet und Enthaltungen insofern nicht mitgezählt werden.[124] Bei Auszählung ist die „Subtraktionsmethode" — klare Stimmenverhältnisse vorausgesetzt — zulässig.[125] Des Weiteren hat der Verwalter in dem Zusammenhang die Stimmrechtsausschlüsse zu berücksichtigen und auch, welche Stimmen ordnungsgemäß vertreten sind. Schließlich aber muss er zu einem Auszählungsergebnis kommen, sei es fehlerhaft oder korrekt zustande gekommen. Die Fragestellung, ob der nach Auszählung ver-

[121] Wenzel, ZWE 2001, Heft 6.

[122] Wenzel, a. a. O.

[123] Vgl. BayObLG, Beschluss v. 19.12.2002, 2 Z BR 104/02 sowie BGH, Beschluss v. 17.7.2003, 5 Z B 11/03.

[124] BGH, NJW 89, 1090.

[125] BayObLG, NZM 2002, 876; bestätigt vom BGH, Beschluss v. 19.9.2002.

kündeten Ergebnisfeststellung durch den Verwalter nur deklaratorische Wirkung zukommt oder ob der Beschluss bestimmend, mithin konstitutiv ist, wurde zugunsten letzterer Außenwirkung entschieden.[126] Damit gilt naturgemäß, dass auch die Ablehnung eines Beschlusses als sogenannter Negativ-Beschluss vom Verwalter festzustellen und zu Protokoll zu nehmen ist. Da auch der ablehnende Beschluss Beschlussqualität hat, ist er binnen Monatsfrist anzufechten und kann dann mit einer Verpflichtung auf den begehrten Beschlussinhalt vom Eigentümer vor Gericht verbunden werden.[127]

Das Protokoll ist vom Verwalter, vom Beiratsvorsitzenden und von einem weiteren Eigentümer zu unterschreiben (§ 24 Abs. 6). Aus dem Gesetz ergibt sich zwar keine Versendungspflicht bezüglich des Protokolls, regelmäßig aber aus den üblicherweise verwendeten Verwalterverträgen. Es wird erwartet, dass ein Protokoll so rechtzeitig versandt wird, dass einem Eigentümer noch eine Woche bis zum Ablauf der einmonatigen Anfechtungsfrist zur Prüfung verbleibt.[128] Für den Fall der Einsichtnahme in das Protokoll oder sonstiger Verwaltungsunterlagen ist der Ort hierfür der Sitz der Verwaltung.[129]

Mit Inkrafttreten der WEG-Novelle hat der Verwalter gemäß § 24 Abs. 7 (neu) eine sogenannte Beschluss-Sammlung zu führen. Diese erschöpft sich gerade nicht in der Aneinanderreihung der Beschlussprotokolle. Sie soll den Wortlaut der in der Versammlung der Eigentümer verkündeten Beschlüsse mit Angabe von Ort und Datum der Versammlung enthalten. Soweit schriftlich beschlossen wurde, sind auch Ort und Datum der Verkündung anzugeben und ggf. die Urteilsformeln der gerichtlichen Entscheidung in einem Rechtsstreit mit Nennung von Datum, Gericht und Parteien. Dabei sind die Beschlüsse und gerichtlichen Entscheidungen fortlaufend nummeriert einzutragen. Des Weiteren soll die Beschlussfassung ermöglichen, angefochtene respektive aufgehobene oder abgeänderte Beschlüsse entsprechend zu vermerken und auch Eintragungen zu löschen. Entsprechende Vermerke, Eintragungen und Löschungen sind vom Verwalter unverzüglich zu erledigen (!) und mit Datum zu versehen.

Hintergrund dieser sehr ausführlichen Darstellung einer Beschluss-Sammlung waren die ursprünglichen Vorschläge, Beschlüsse im Grundbuch einzutragen. Dagegen haben sich die Grundbuchämter mit Erfolg gewehrt, unter anderem auch mit

126 BGH, Beschluss v. 23.8.2001, ZWE 2001, 530.

127 BGH, a. a. O. sowie BGH, Beschluss v. 19.9.2002, WM 2003, 47.

128 OLG Frankfurt/Main, WM 90, 462.

129 BGH, NZM 2011, 279.

Hinweis auf den außerordentlichen Führungsaufwand. Genau mit dem gegenteiligen Argument, nämlich dass die Beschluss-Sammlung dem Verwalter keine besondere Mühe bereite, wurde ihm nun diese Aufgabe übertragen. Der Beschluss-Sammlung wurde eine außerordentlich hohe Bedeutung zugemessen, wie sich aus der ausdrücklichen Qualifizierung der nicht ordnungsgemäßen Führung der Beschluss-Sammlung als wichtiger Grund für eine Abwahl des Verwalters ergibt.

Zweck soll die bessere Informationsmöglichkeit der Eigentümer, eines neuen Verwalters oder auch Dritter sein, die entsprechend ermächtigt sind (zum Beispiel Erwerber). Aus den amtlichen Begründungen (BT-Drucksache 16/887, S. 33 ff.) ist zu entnehmen, dass sich die Wortwahl nach wie vor deutlich an der Sprache des Grundbuchs orientiert. Denn Eintragungen, Vermerke und Löschungen werden auch dort durchgeführt und mit Datum und einem Handzeichen versehen. Besondere Bedeutung misst der Gesetzgeber auch der Aktualität der Beschluss-Sammlung bei, wie sich aus Abs. 7 Nr. 3 ergibt.

3.10 Verwaltungsbeirat – Aufgaben und Befugnisse

Die §§ 20 Abs. 1 und 29 Abs. 1 sehen die Bestellung eines Verwaltungsbeirats vor. Die Bestellung ist nicht zwingend. Die Bestellung eines regelmäßig dreiköpfigen Beirats unterliegt mehrheitlicher Beschlussfassung. Eine abweichende Besetzung ist nur zulässig, wenn dies in der Gemeinschaftsordnung vorgesehen ist. Eine Abänderung durch Mehrheitsbeschluss ist nicht möglich.[130] Mehrheitlich beschlossen werden können auch die Dauer der Bestellung und eine etwaige Auslagenersatzregelung (kein Honorar). Vorrangige Pflicht des Verwaltungsbeirats ist es, den Verwalter zu unterstützen. Neben der Protokollunterzeichnung und dem Sonderfall der Einberufung einer Eigentümerversammlung (§ 24 Abs. 3 Abs. 6) obliegt ihm allein die formelle Verpflichtung, Kostenvoranschläge und die Jahresabrechnung zu prüfen und mit einer Stellungnahme zu versehen, die mündlich oder schriftlich erfolgen kann. Weisungsrechte hat der Beirat gegenüber dem Verwalter nicht. Das verkennen viele Beiräte.

130 BGH, NZM 2010, 325.

3.11 Verfahrensfragen

Das Wohnungseigentumsgesetz regelt Verfahrensfragen im III. Teil ab § 43 ff.

3.11.1 Allgemeines

In Wohnungseigentumssachen galt bis zum 30.6.2007 das Verfahren der freiwilligen Gerichtsbarkeit (FGG). Wohnungseigentumssachen waren daher nicht der strengeren streitigen Gerichtsbarkeit, die der ZPO unterliegt, zugeordnet. Zuständig war das Amtsgericht, in dessen Bezirk das Grundstück der Eigentumswohnanlage lag (§ 43 Abs. 1). § 47 sah die Kostenentscheidung derartig vor, dass der Richter nach billigem Ermessen entschied. In der Praxis sah dies so aus, dass die jeweiligen Beteiligten ihre außergerichtlichen Kosten selbst trugen. Dies bedeutete auch bei Obsiegen regelmäßig die Kostentragungspflicht der Gebühren für den von der Gemeinschaft über den Verwalter beauftragten Anwalt. Nach der Neufassung des WEG gilt seit dem 1.7.2007 die Verfahrensordnung der ZPO mit der Folge, dass sich auch die Kosten nach den Regelungen des üblichen Zivilverfahrens verteilen (Wer verliert, zahlt alles!).

3.11.2 Die Verwalterstellung im gerichtlichen Verfahren

Besonders erwähnt wird der Verwalter in § 43 Nr. 3 und § 44 Abs. 1. Grundsätzlich ist er lediglich Vertreter der Wohnungseigentümer und nicht Partei. Laut § 45 (neu) ist er Zustellungsbevollmächtigter für die Eigentümer.[131] Es genügt also stets die Zustellung einer Ausfertigung einer Klageschrift an den Verwalter. Der Verwalter hat sodann für die geeignete Bekanntmachung unverzüglich zu sorgen (Verteilung vgl. § 27, Abs. 1 Nr. 7; es besteht keine unverzügliche Unterrichtungspflicht bei Wohngeldverfahren[132]).

[131] Vgl. BayObLG, ZMR 88, 148.

[132] LG München, NZM 2010, 447.

3.11.3 Beschlussanfechtung

Beschlüsse, soweit sie nicht von vornherein mangels Beschlusskompetenz der Gemeinschaft nichtig sind,[133] sind zunächst auch als fehlerhaft zustande gekommene Beschlüsse gültig. Sie sind deshalb zu beachten und durchzuführen. Sie werden erst dann ungültig, wenn ein Eigentümer oder der Verwalter einen solchen Beschluss binnen einem Monats (§ 46 [neu]) nach Beschlussfassung durch Antrag beim zuständigen Gericht anficht, die Ungültigerklärung begehrt und das Gericht eine solche Ungültigerklärung in seiner Beschlussentscheidung ausspricht (§ 23 Abs. 4 in Verbindung mit § 43).

Bisher galt: In Wohnungseigentumsangelegenheiten traf das regelmäßig zuständige Amtsgericht eine Entscheidung, den „Beschluss“. Gegen diesen Beschluss war binnen zwei Wochen die Anrufung der Instanz beim Landgericht zulässig. Diese zweite Instanz wird als „Beschwerdeverfahren“ bezeichnet. Auch hier erging wieder Beschluss. Gegen diese Entscheidung war dann die dritte Instanz, die „sofortige weitere Beschwerde“, gegeben, die zum Oberlandesgericht führt.

Mit Inkrafttreten der WEG-Novelle gilt: Urteil des Amtsgerichts in erster Instanz, Berufung beim Landgericht in zweiter Instanz, Berufungsfrist: ein Monat. Revision ist nur noch nach den einschlägigen Vorschriften der §§ 543 ff. ZPO möglich.

Beschlussanfechtungen können dann erfolgreich sein, wenn bei der Beschlussfassung formelle Fehler begangen wurden, insbesondere aber inhaltliche Fehler, weil die Beschlüsse ordnungsgemäßer Verwaltung widersprechen.

Nichtige Beschlüsse müssen nicht angefochten werden. Sie sind von Anfang an ungültig. Im Streitfall kann die Feststellung der Nichtigkeit bei Gericht begehrt werden.

Einer Anfechtung steht auch nicht entgegen, dass ein Eigentümer in der Versammlung zunächst seine Zustimmung gibt, es sich dann aber anders überlegt.[134]

Die Kosten eines gerichtlichen Verfahrens richten sich nicht mehr nach der Kostenordnung (KostenO), sondern nach dem Gerichtskostengesetz (GKG), was mit einer Kostenerhöhung für alle Beteiligten verbunden ist (politisch gewollt, vgl. amtliche

133 BGH, NJW 2000, 3500 f.

134 OLG Karlsruhe, ZMR 2003, 290.

Begründung, BT-Drucksache 16/887 v. 9.3.2006, Einleitung Ziff. D: „… entstehen der Justiz, … nicht unerhebliche Mehreinnahmen“).

Folge: Nach § 91 ZPO hat die unterlegene Partei nicht nur die Gerichtskosten, sondern auch die außergerichtlichen Kosten der Gegenpartei zu tragen (bisher: Jede Partei hat stets ihre eigenen Kosten zu tragen, § 47 WEG [alt]).

!

ACHTUNG

Auch den Verwalter kann es treffen, wenn er den Rechtsstreit aufgrund groben Verschuldens veranlasst hat (§ 49 II [neu]).

Hinweis: Paragrafen ohne Gesetzesbezeichnung sind solche des WEG.

4 Die WEG-Novelle und ihre Auswirkungen auf die Arbeit des Verwalters

von Michael von Hauff

Die Änderungen durch die Novellierung des WEG zum 1.7.2007 haben insgesamt circa 50 Neuerungen mit sich gebracht. Teils wurden Paragrafen außer Kraft gesetzt, teils wurden neue Texte eingefügt. Vielfach handelte es sich um geringfügige Änderungen. Tatsächlich wirken sich nur einige wenige geänderte bzw. neue Bestimmungen gravierend auf die Alltagsarbeit des Verwalters aus. Für den juristisch interessierten Verwalter und/oder Rechtsanwalt mit Arbeitsschwerpunkt WEG sei auf die umfassende, didaktisch gut lesbare Arbeit von Alexander C. Blankenstein[1] verwiesen. Wir wollen uns im Weiteren lediglich mit den Teilen der WEG-Reform beschäftigen, die für den Verwalter bei seiner täglichen Arbeit von besonderer Relevanz sind. Es sollen uns auch nicht so sehr die juristischen Veränderungen beschäftigen als vielmehr die Auswirkungen, die sich organisatorisch und betriebswirtschaftlich für den Verwaltungsbetrieb ergeben.

4.1 Erweiterte Beschlusskompetenz der Wohnungseigentümergemeinschaft bei der laufenden Verwaltung

§ 21 Abs. 7 bestimmt, dass die Eigentümer „die Regelung der Art und Weise von Zahlungen, der Fälligkeit und der Folgen des Verzugs sowie der Kosten für eine besondere Nutzung des gemeinschaftlichen Eigentums oder für einen besonderen Verwaltungsaufwand mit Stimmenmehrheit beschließen" können.

[1] Alexander C. Blankenstein, WEG-Reform 2007, WRS-Verlag, Freiburg 2007.

▶ **BEISPIEL**

Umzugskostenpauschale, ausdrücklich vermerkt in der amtlichen Begründung zur Änderung des Wohnungseigentumsgesetzes.[2]

Dies bedeutet für die Verwaltung, dass die Teilnahme am Einzugsverfahren und der Mehraufwand für die Verwaltung bei Nichtteilnahme einzelner Eigentümer wirksam mit einfacher Mehrheit beschlossen werden können. In gleicher Weise können andere Zusatzgebühren für den Verwalter mit einfacher Mehrheit auch mit Wirkung gegen einzelne Eigentümer beschlossen werden. Dass dabei die Verhältnismäßigkeit gewahrt bleiben muss, ist selbstverständlich. Übertriebene Sondergebühren können unter Umständen gegen die guten Sitten verstoßen und widersprechen dann ordnungsgemäßer Verwaltung.

Sondergebühren sind unter anderem für folgende Zusatzleistungen des Verwalters denkbar:

- Abhalten von außerordentlichen Eigentümerversammlungen
- Abmahnung einzelner Eigentümer wegen Hausordnungsverstößen
- Abwicklung von Brandschäden
- Anfertigung von Fotokopien für einzelne Wohnungseigentümer auf deren Wunsch
- Aufstellen der Unterlagen für haushaltsnahe Dienstleistungen gemäß § 35a Einkommensteuergesetz (EStG)
- Bearbeitung der Bauabschlagsteuerbescheinigungen
- Bearbeitung der Lohnkonten von Dienstpersonal der WEG
- Beratung der Gemeinschaft bei Sanierungen
- Druck- und Versandkosten von Rundschreiben
- Erheben von Sonderumlagen
- Erstellen von Bescheinigungen bezüglich der Zinsabschlagsteuer
- Führen der Beschluss-Sammlung
- Gebühr bei Wohnungswechsel, insbesondere bei notariellen Zustimmungen gemäß § 12 WEG
- Mahn- und Beitreibungsgebühren
- Teilnahme an Gerichtsverfahren
- Verbuchen von Eigentümern, die am Lastschriftverfahren nicht teilnehmen
- Verfolgung von Baumängeln
- Versenden von Protokollabschriften

2 BT-DS 16/887, S. 27.

Die Wohnungseigentümer können in diesem Zusammenhang beschließen, dass einzelne Eigentümer, die erkennbar einen erheblichen Zusatzaufwand für die Gemeinschaft verursachen, mit den Mehrkosten belastet werden. Umgekehrt ist auch denkbar, dass die Eigentümergemeinschaft einzelne Eigentümer von den Kosten für bestimmte Leistungen freistellt, wenn dies aus objektiven Gründen geboten ist.

§ 16 Abs. 3 WEG bestimmt, dass Wohnungseigentümer bezüglich der Umlegung von Kosten der laufenden Verwaltung erweiterte Beschlusskompetenz haben, wo immer dies gerechtfertigt ist.[3]

BEISPIELE

- **Eigentümer E hat nur eine Garage. Nach bisheriger Rechtslage musste er sich an allen Kosten der WEG mit Ausnahme der Heizkosten beteiligen, unter anderem auch an den Fahrstuhlkosten, obwohl er den Aufzug objektiv nicht nutzen kann.**
- **Eigentümer Z betreibt im Haus eine Zahnarztpraxis mit erheblichem Kundenverkehr. Es erscheint sachgerecht, ihm einen zusätzlichen Teil der anfallenden Reinigungs- und Aufzugskosten aufzuerlegen.**

War in Teilungserklärungen und Gemeinschaftsordnungen hierzu nichts ausgeführt, galt streng § 16 Abs. 2 WEG und der Verwalter musste unter Hinweis auf die Gesetzeslage die unbefriedigende und als ungerecht empfundene Situation bestehen lassen. Nunmehr ist, im Interesse von Fairness und Gerechtigkeit innerhalb der WEG, einer lebhaften Diskussion in diesen Bereichen Tür und Tor geöffnet.

4.2 Verlängerung der Einladungsfrist

Künftig beträgt die Frist zur Einberufung von Eigentümerversammlungen zwei Wochen. Für die meisten Verwaltungen dürfte dies keine Änderung ihrer Praxis bedeuten, da in der Branche ohnehin eine Einladungsfrist von drei bis vier Wochen üblich ist. Die Neuregelung hat für den Verwalter eher eine Schutzwirkung, weil damit Einzelanträge „im letzten Moment" nicht mehr berücksichtigt werden müssen.

3 Siehe § 16 III WEG (neu): Betriebskosten im Sinne des § 556 I BGB = Katalog des § 2 Betriebskostenverordnung.

4.3 Beschluss-Sammlung

Seit 1.7.2007 ist gemäß § 24 Abs. 7 und 8 WEG (neu) für jede Gemeinschaft eine Beschluss-Sammlung zu führen. Dieser Beschluss-Sammlung gibt der Gesetzgeber ein besonderes Gewicht, indem er ausdrücklich bestimmt, dass die nicht ordnungsgemäße Führung der Beschluss-Sammlung für sich allein ein Grund zur fristlosen Abwahl der Verwaltung darstellt (§ 26 Abs. 1 S. 4 WEG).

Die Beschluss-Sammlung unterscheidet sich prinzipiell von einer Sammlung von Protokollen. Sie ist zunächst, wie der Name sagt, eine komplette Sammlung aller Beschlüsse der Wohnungseigentümergemeinschaft. Beschluss für Beschluss muss fortlaufend nummeriert im Wortlaut eingetragen werden. Hinzugefügt werden müssen die Art des Beschlusses (Versammlungs- oder Umlaufbeschluss), Ort und Datum der Versammlung, die Annahme oder Ablehnung des Beschlussantrags, der Name des Verwalters oder Versammlungsleiters, der die Eintragung in die Beschluss-Sammlung vorgenommen hat, und das Datum der Eintragung. Es sind ausdrücklich auch solche Anträge aufzunehmen, die abgelehnt wurden. Gegebenenfalls ist auch eine Anfechtung oder Aufhebung des Beschlusses zu vermerken.

Darüber hinaus sind sämtliche Urteilsformen von gerichtlichen Entscheidungen in einem Rechtsstreit gemäß § 43 WEG mit Angabe des jeweiligen Datums, des Gerichts und der Parteien einzutragen und in die Nummerierung fortlaufend einzufügen.[4] In § 43 WEG sind ausdrücklich folgende Streitgegenstände genannt:

1. Streitigkeiten von Wohnungseigentümern untereinander aus der Verwaltung des gemeinschaftlichen Eigentums
2. Streitigkeiten über Rechte und Pflichten zwischen der Gemeinschaft der Wohnungseigentümer und Wohnungseigentümern
3. Streitigkeiten über Rechte und Pflichten des Verwalters bei der Verwaltung des gemeinschaftlichen Eigentums
4. Streitigkeiten über die Gültigkeit von Beschlüssen der Wohnungseigentümer
5. Klagen Dritter gegen die Gemeinschaft, die sich auf die Verwaltung des gemeinschaftlichen Eigentums oder auf das Sondereigentum beziehen
6. Mahnverfahren, wenn die Gemeinschaft der Wohnungseigentümer Antragsteller ist

Dies hat zur Folge, dass der Verwalter alle Urteile der Gerichte zu allen Verfahren, die oben genannt sind, in die Beschluss-Sammlung aufnehmen muss. In nicht we-

4 § 24 VII Nr. 3 WEG (neu).

nigen Fällen führt dies dazu, dass die Beschluss-Sammlung eine Urteilssammlung mit angehängten Beschlüssen der Eigentümer ist, insbesondere dort, wo die soziale Zusammensetzung der Gemeinschaft – und dies ist in Großgemeinschaften häufiger der Fall – zu einer Vielzahl von Beitreibungsverfahren führt. Die Umsetzung der Formalien der Beschluss-Sammlung ist dem Verwalter überlassen. Einzige Bedingung ist, dass die im Gesetz vorgesehenen Angaben vollständig enthalten sind. Der Gesetzgeber sieht ausdrücklich vor, dass unter bestimmten Umständen Eintragungen gelöscht werden können. Der Verfasser rät dringend davon ab, dies auch nur in Erwägung zu ziehen, da aufgrund von notwendigen Querverweisen die Fehlermöglichkeiten hierbei erheblich sind. Ein Muster für die Anlage einer Beschluss-Sammlung ist hier beigefügt.

Muster: Beschluss-Sammlung

Lfd. Nr.	Versammlung (Art/Datum/Ort)	TOP	Vermerke (angenommen/abgelehnt)	Datum
1	ordentliche EV v. 12.2.2007, Leimen	2.1	angenommen angefochten mit Klage vom 19.3.2007 vor dem AG Heidelberg	15.2.07

Beschlusswortlaut
„Die Wohnungseigentümer genehmigen hiermit ausdrücklich die von der Verwaltung erstellte und vom Verwaltungsbeirat/Rechnungsprüfer geprüfte Jahresabrechnung für den Abrechnungszeitraum 1.1.2006 bis 31.12.2006 einschließlich der verwendeten Verteilungsschlüssel, einschließlich der gemäß den verwendeten Verteilungsschlüsseln erfolgten Einzelabrechnungen. Sie genehmigen ausdrücklich die erstellte Vermögensübersicht in allen Teilen. Die Wohnungseigentümer stellen hiermit die Abrechnung fällig und zahlbar."

Lfd. Nr.	Versammlung (Art/Datum/Ort)	TOP	Vermerke (angenommen/abgelehnt)	Datum
2	ordentliche EV v. 12.2.2007, Leimen	2.2	angenommen	15.2.07

Beschlusswortlaut
„Die Wohnungseigentümer beschließen, dem Verwaltungsbeirat Entlastung zu erteilen."

Lfd. Nr.	Versammlung (Art/Datum/Ort)	TOP	Vermerke (angenommen/abgelehnt)	Datum
3	ordentliche EV v. 12.2.2007, Leimen	2.3	angenommen	15.2.07

Beschlusswortlaut
„Die Wohnungseigentümer beschließen, der Verwaltung Entlastung zu erteilen."

Lfd. Nr.	Versammlung (Art/Datum/Ort)	TOP	Vermerke (angenommen/abgelehnt)	Datum
4	ordentliche EV v. 12.2.2007, Leimen	3	angenommen	15.2.07

Beschlusswortlaut
„Die Wohnungseigentümer beschließen den von der Verwaltung vorgelegten und vom Verwaltungsbeirat geprüften Wirtschaftsplan für den Abrechnungszeitraum 1.1. bis 31.12.2008 in der vorgelegten Fassung vom 24.1.2007 mit einem Volumen von 134.750 Euro einschließlich der ausgewiesenen Wohngelder/
Hausgelder. Die einzelnen Positionen des Wirtschaftsplans sind wechselseitig deckungsfähig. Dieser Wirtschaftsplan und die beschlossenen Wohngelder gelten auch für das Folgejahr, bis sie durch einen neuen beschlossenen Wirtschaftsplan ersetzt werden."

Lfd. Nr.	Versammlung (Art/Datum/Ort)	TOP	Vermerke (angenommen/abgelehnt)	Datum
5	ordentliche EV v. 12.2.2007, Leimen	4	angenommen	15.2.07

Beschlusswortlaut
„Die Wohnungseigentümergemeinschaft beschließt, den Verwaltungsbeirat in seinem Amt zu bestätigen."

Lfd. Nr.	Versammlung (Art/Datum/Ort)	TOP	Vermerke (angenommen/abgelehnt)	Datum
6	ordentliche EV v. 12.2.2007, Leimen	5	angenommen	15.2.07

Beschlusswortlaut
„Die Wohnungseigentümer bestellen die Verwaltung xy mit Sitz in Mannheim ab 1.1.2008 erneut zum Verwalter nach WEG. Die Bestellung erfolgt gemäß WEG für die Dauer von fünf Jahren."

Lfd. Nr.	Versammlung (Art/Datum/Ort)	TOP	Vermerke (angenommen/abgelehnt)	Datum
7	ordentliche EV v. 12.2.2007, Leimen	6	angenommen	15.2.07

Beschlusswortlaut
„Die Wohnungseigentümer beschließen die Montage eines Vordaches in der Größe 4.000 mm lang und 2.700 mm breit mit Wasserablauf. Der Verwalter wird beauftragt und bevollmächtigt, die Maßnahme in Auftrag zu geben. Die Finanzierung erfolgt aus der Instandhaltungsrücklage."

Lfd. Nr.	Versammlung (Art/Datum/Ort)	TOP	Vermerke (bestandskräftig, aufgehoben, gelöscht, bedeutungslos, rechtskräftig)	Datum
8	AG Heidelberg, Urteil vom 19.3.2007, Az. 235 C 345/07 in Sachen W ./. WEG „…", zugestellt am 22.3.2007		rechtskräftig vgl. Beschluss Nr. 1	19.3.07

Tenor Urteil
I. Der Beschluss der Eigentümerversammlung vom 12.2.2007 zu TOP 1 wird für ungültig erklärt.
II. Die Kosten des Verfahrens werden den Beklagten auferlegt.

Immer noch werden Vorschläge zur Beschluss-Sammlung gemacht. Sie sehen entweder eine formularmäßige Aufbereitung vor, bei der die Informationen nur mit Hand eingefügt werden können, oder sie sind in Spaltenform geführt und erinnern an amerikanische Journale alter Art. Wir bevorzugen ein normales Schriftbild. Die Beschluss-Sammlung wird elektronisch geführt und kann so sinnvoll nachgehalten werden. Dabei sind die wesentlichen Angaben, soweit sie nicht Beschluss- oder Urteilstexte darstellen, in einer Kopfzeile vermerkt. Der eigentliche Text hat dann die volle DIN-A4-Breite und kann normal gelesen werden. Unter Umständen wird die Beschluss-Sammlung noch durch ein weiteres, nicht vorgeschriebenes Feld ergänzt, in dem eine Art Klassifizierung der Beschlüsse und Urteile vorgenommen werden kann.

Durch die Aufnahme aller Urteile in den jeweiligen Instanzen wird die Beschluss-Sammlung zwar unnötig aufgebläht und ist aufwendig zu führen, dies stellt aber zunächst nur insoweit ein Problem dar, als es die Arbeitsleistung des Verwalters erhöht. Die Rechtsliteratur ist allenthalben der Ansicht, dass das Führen dieser aufwendigen Beschluss-Sammlung den Verwalter dazu berechtigt, hierfür ein zusätzliches Honorar mit den Wohnungseigentümern zu vereinbaren.

Ein viel größeres Problem besteht in der gesetzlichen Forderung nach „unverzüglicher“ Eintragung. Dies bedeutet, dass die Eintragung unmittelbar nach der Versammlung, spätestens aber am nächsten Arbeitstag zu erfolgen hat. Das heißt wiederum, dass die Beschlüsse endgültig formuliert vorliegen müssen. Daraus folgt, dass das Protokoll der Eigentümerversammlung (EV), welches die Grundlage zur Beschluss-Sammlung darstellt, während der EV endgültig fertiggestellt werden muss. Verabschieden wir uns deshalb von der Protokollierung ins Diktiergerät und von den kreativen Notizen des Versammlungsleiters während der EV, die dann Tage später in ein ordentliches Protokoll verwandelt, dem Beirat „zur Prüfung und Stellungnahme“ zugesendet werden und nach wenigen Wochen mit roter oder grüner Tinte verbessert an den Verwalter zurückgelangen, um von diesem erneut bearbeitet und irgendwann in fertiger Fassung den Eigentümern zugeleitet zu werden.

Vielmehr empfiehlt es sich, die am Abend während der EV protokollierten Beschlüsse am Ende der Versammlung allen Eigentümern vorzulesen, von ihnen in einem Geschäftsordnungsbeschluss die richtige Wiedergabe des Protokolls bestätigen zu lassen und anschließend den Versammlungsleiter, den Beiratsvorsitzenden und einen weiteren Eigentümer unmittelbar dieses fertige Protokoll unterschreiben zu lassen. Damit ist gewährleistet, dass am nächsten Werktag die richtigen Beschlüsse unmittelbar in die Beschluss-Sammlung aufgenommen werden können.

Der vollständigen, sprachlich klaren, nicht redundanten, logischen Formulierung von Beschlüssen kommt eine erhöhte Bedeutung zu. Hier wird sich einmal mehr bei Verwaltern die „Spreu vom Weizen“ trennen. Damit kommt der Vorbereitung der EV eine erhöhte Bedeutung zu. Viele Beschlüsse können schon vor der Versammlung vom Verwalter in Beschlussvorschlägen vorbereitet werden. Dies schmälert die Autonomie der Versammlung nicht. Der gut vorbereitete Verwalter hat für die in der Tagesordnung vorgesehenen Punkte unter Umständen mehrere Beschlussvarianten mit dem Verwaltungsbeirat vorbereitet. Geringfügige spontane Änderungen in der Versammlung sollten dann kein Problem darstellen.

Zunehmend setzen sich bei professionellen Verwaltern sogenannte elektronische Eigentümerportale durch. Das hat zur Folge, dass der Eigentümer sich bereits am Tag nach der EV über die niedergeschriebenen Beschlüsse informieren kann. Er kann auch feststellen, dass sein Verwalter der gesetzlichen Pflicht eines zeitnahen Führens der Beschluss-Sammlung nachkommt.

Abschließend sei auf den Unterschied zwischen Protokoll und Beschluss-Sammlung verwiesen.

Inhalte des Protokolls

- Abstimmungsergebnisse in numerischer Auswertung
- Hinweise zum Hintergrund von Beschlüssen
- Beginn und Ende der EV
- Genaue Bezeichnung des Versammlungsortes
- Unter Umständen auch Geschäftsordnungsbeschlüsse
- Informationen zum Punkt Diverses oder Verschiedenes ohne Beschluss

Inhalte der Beschluss-Sammlung

- Fortlaufende Nummern bei jeder Eintragung
- Nur der einfache Beschlusstext
- Das verkündete Ergebnis der Abstimmung
- Alle Gerichtsurteile im Tenor, die Parteien und die Kostenfolgen
- Anfechtungsvermerke beim Beschluss
- Gegebenenfalls Aufhebungsvermerke
- Tag der Eintragung in die Beschluss-Sammlung

4.4 Unverzügliche Benachrichtigung der Wohnungseigentümer

Ein Problem für Verwaltung und Wohnungseigentümer, das die Kommentatoren bisher nicht ausreichend beschreiben, steckt in § 27 Abs. 1 Nr. 7: Der Verwalter muss die Wohnungseigentümer unverzüglich darüber unterrichten, wenn ein Rechtsstreit gemäß § 43 WEG anhängig ist. Das mag für Beschlussanfechtungen noch sinnvoll und richtig sein.[5] Da aber § 43 auch alle Wohngeldverfahren umfasst,[6] bedeutet dies, dass der Verwalter bei jeder Wohngeldklage, die er im Namen der WEG anhängig macht, unverzüglich alle Wohnungseigentümer unterrichten muss.

5 Nach der amtlichen Begründung so gewollt (Eigentümer auf der Passivseite), BT DS 16/887 S. 35 und 50 mit Hinweis auf § 45 I (neu).

6 Wortlautauslegung.

Das mag in einer seriösen Kleinwohnanlage, in der Hausgeldklagen die absolute Ausnahme darstellen, noch angehen. In einer problematischen Großwohnanlage von über tausend Wohnungseigentümern, bei der eine Zahl von 100 bis 200 Klageverfahren pro Jahr durchaus zum Alltag gehört, muss der Verwalter im Jahr circa 150-mal alle Eigentümer unverzüglich (!) anschreiben, um sie jeweils über ein neues gerichtsanhängiges Mahnverfahren zu unterrichten. Unterstellt man Kosten von 2 Euro pro einzelner Benachrichtigung, sind dies Kosten von 150 × 1.000 × 2 Euro, also 300.000 Euro pro Jahr. Vorbei ist die Zeit, in der dieser Verwalter im Rahmen der EV summarisch über die Mahnverfahren unterrichtete. Alle drei bis vier Tage geht in dieser Gemeinschaft jedem Eigentümer ein Schreiben zu, in dem der Verwalter den neuesten Mahnbescheid gegen Eigentümer X oder Y bekannt gibt. Selbst bei nicht ganz so großen und sozial besser gestellten Wohnanlagen kommen hier Benachrichtigungskosten in erheblicher Höhe zusammen. Dass alle aus den Mahnbescheiden erfolgenden Urteile auch in die Beschluss-Sammlung aufzunehmen sind, wohlgemerkt unverzüglich[7], wurde bereits erwähnt.

4.5 Beschlussfassungen über bauliche Veränderungen

Wie oft hat der Verwalter in der Vergangenheit sinnvolle und zukunftsweisende Instandhaltungs- und Modernisierungsmaßnahmen nicht durchführen können, weil die Wohnungseigentümergemeinschaft in ihrer Entscheidung durch einen einzigen uneinsichtigen Eigentümer blockiert wurde. Der Verfasser war Zeuge eines Verfahrens, in dem der zuständige Amtsrichter dem Blockierenden voll Recht gab mit der Bemerkung: „Wer sich Wohnungseigentum einbrockt, muss es auch auslöffeln." Dass der Blockierende mit gerichtlicher Unterstützung ein ganzes Einkaufszentrum, das in der Rechtsform einer Teileigentümergemeinschaft errichtet worden war, in die Nähe des Konkurses trieb, weil er mit seinem Einspruch dringend notwendige Modernisierungsmaßnahmen verhinderte und keine Entwicklung möglich war, beeindruckte das Gericht nicht. Das ist vorbei.

Der Verwalter muss bei der Beschlussfassung über bauliche Veränderungen zwei Fälle unterscheiden:

[7] Etwa innerhalb einer Woche (LG Berlin, ZWE 2010,224).

1. Einzelne Eigentümer wollen eine bauliche Maßnahme durchführen. Sie können das künftig auf eigene Kosten tun, wenn die Rechte anderer Wohnungseigentümer dadurch nicht beeinträchtigt werden. Dies war bis zum 1.7.2007 schon so, wurde jedoch im Allgemeinen sehr restriktiv ausgelegt.
2. Maßnahmen, die dem technischen Fortschritt dienen, können beschlossen werden, wenn eine zweifache Mehrheit vorliegt: drei Viertel aller Stimmen und („nach Köpfen") gleichzeitig eine Mehrheit nach Miteigentumsanteilen (MEA). Dies bedeutet, dass die „doppelte" Zustimmung auch im Protokoll festzuhalten ist.

4.6 Änderung der gerichtlichen Verfahren und Zuständigkeit

WEG-Verfahren werden seit dem 1.7.2007 dem Verfahren der ZPO zugeordnet. Dies enthebt den Verwalter einer bisher erlebten peinlichen Situation: Der in der WEG bekannte Querulant, der regelmäßig die anderen Eigentümer und den Verwalter mit Anfechtungen der Beschlüsse überzog, üblicherweise auch beim Gericht ablehnende Beschlüsse kassierte, hatte dennoch kaum Kosten, weil er sich selbst vertretend keine Anwaltskosten hatte und das Gericht ihm lediglich die Gerichtskosten aufbürdete. Die Erstattung sogenannter außergerichtlicher Kosten wurde in aller Regel nicht beschlossen. Dies hatte zur Folge, dass Q außer Gerichtskosten keine weiteren Kosten zu zahlen hatte, während die restlichen Wohnungseigentümer mit den Kosten des Rechtsanwalts, den der Verwalter beauftragt hatte, belastet waren. Nicht selten wurde dann dem Verwalter trotz Obsiegens der Vorwurf gemacht, an der Entstehung der Rechtskosten schuld zu sein. Es zahlt der, der unterliegt. Die Verfahren sind auch formaler. Das bei Gerichten oft ungeliebte WEG-Verfahren reiht sich in die „normale" Prozesslandschaft ein.

Wer die hier beschriebenen Änderungen in seinem Verwaltungsbetrieb sinnvoll umsetzt, ist für die Anwendung des novellierten WEG gut gerüstet.

5 Der WEG-Verwalter als Kaufmann

von Michael von Hauff

5.1 Betriebswirtschaftliche Grundlagen

5.1.1 Die Organisation des Verwaltungsbetriebs

Jeder, der versucht, einen Verwaltungsbetrieb zu kalkulieren, wird schnell feststellen, dass die Verdienstspannen im günstigsten Fall um die 10 % des Umsatzes liegen. In den meisten Verwaltungsbetrieben, die in früheren Jahren schon vom Bundesfachverband Wohnungsverwalter e. V. untersucht worden sind, lag die Nettorendite erheblich darunter. Üblich sind Umsatzrenditen von um die 3 bis 5 %. Nicht selten konnte der Betrieb nur deshalb „schwarze Zahlen schreiben", weil der Geschäftsführer/Unternehmer (der Verwalter) sich selbst ein weit unter dem Vergleich angesetztes Gehalt entnahm. Die oft geäußerte Behauptung, die schlechte Ertragslage sei durch die niedrigen Verwalterhonorare verursacht, ist nur die Hälfte der Wahrheit. Schaut man sich nämlich die Betriebe an, bei denen die Umsatzrendite die 10-%-Marge erreicht, so wird man feststellen, dass diese Betriebe oft eine nahezu **optimale Innenorganisation** haben. Für alle Betriebe, aber ganz besonders für Verwaltungsbetriebe gilt: Die Innenorganisation stellt einen der maßgeblichen Faktoren für das Überleben des Betriebs dar. Bevor man daher bei einem neuen Betrieb eine Betriebsorganisation plant oder bei einem gegebenen Betrieb die schon vorhandene Betriebsorganisation zu verbessern sucht, sollte der Betrieb als Ganzes untersucht werden. Damit sind wir schon bei einer organisatorischen Grundüberlegung des Verwalterbetriebs. Die Aufgaben des Verwalters sind bekanntlich:

- Technische Verwaltung
- Kaufmännische Verwaltung
- Organisation
- Bündelung des Willens der Wohnungseigentümer

Es lassen sich selbstverständlich eine ganze Reihe von Unteraufgaben finden, die den jeweiligen Hauptaufgaben zuzuordnen sind. Für unsere Grundüberlegung sei dies aber zunächst ausreichend bestimmt.

Kein Mensch kann alles. So trivial dies klingt, scheint das immer noch vielen Dienstleistern nicht ausreichend bewusst zu sein. Wie anders wäre es zu erklären, dass viele Verwalter stolz verkünden: „Meine Mitarbeiter machen alles, Abhalten von Eigentümerversammlungen, Buchhaltung, technische Begehungen, Hausmeisterbetreuung, Beiratssitzungen und nebenbei auch noch einen Stamm von Miet- oder Sonderverwaltung". Die „eierlegende Wollmilchsau" ist in vielen Verwaltungsbetrieben verbreitet. Wenn man sich einen solchen Betrieb genauer ansieht, verwundert es dann nicht, dass jeder dieser omnipotenten Verwalter sein eigenes Organisationsmodell, seine eigene Ablage, womöglich sogar sein eigenes Softwareprogramm verwendet.

Seriös trennt man den Verwalterbetrieb in die Abteilungen, die den Funktionen entsprechen. Dass dies zu Effizienzsteigerung, Leistungsverbesserung und Erfahrungsvertiefung führt, liegt auf der Hand. Ist der Betrieb so klein, dass nicht parallel mehrere Kräfte beschäftigt werden können, lohnt es sich, den Betreuungsteil (EV, Beiratssitzungen, technische Verwaltung etc.) durch Fremdvergabe vom kaufmännischen Teil zu trennen. Übersetzt in die Praxis heißt das: Unsere Organisation sollte so aufgebaut sein, dass jeder das macht, was er am besten kann und auch am liebsten tut. Auf keinen Fall sollte man einen Allround-Generalisten heranziehen.

Hinweise zur Personalorganisation

Ein Verwalterteam (Verwalter und Assistent) kann maximal 30 bis 60 Wohnungseigentumsgemeinschaften oder 1.500 bis 2.200 Einheiten bzw. eine Kombination daraus sinnvoll betreuen. Dass es selbstverständlich neben diesen beiden Faktoren auch ganz andere Parameter gibt, die den konkreten Bestand beeinflussen, versteht sich von selbst. Dazu zählen zum Beispiel die Erfahrung des Verwalters und des Assistenten, die Entfernung der Anlage vom Büro, die Qualität des Hausmeisters, Einstellung und Fähigkeit des Beirats, die soziale Zusammensetzung der WEG etc. Dennoch lassen sich mit den beiden Parametern „Zahl der Objekte" und „Zahl der Einheiten" gute erste Kalkulationsgrundlagen aufbauen.

Abbildung 3 zeigt ein **Organisationsbeispiel** für einen Verwaltungsbetrieb mittlerer Größe (bis etwa 2.000 Einheiten): Die Ebenen A, B, C und D drücken die jeweilige Qualifikation der Stelle aus, welche sich normalerweise auch im Gehalt widerspiegelt. In dieser Zusammenstellung wird unterstellt, dass sich die 2.000 Einheiten auf insgesamt 60 bis 90 Gemeinschaften verteilen. Diese werden etwa zur Hälfte von jeweils einem Verwalter und seinem Assistenten betreut.

Die Betreuung durch den Verwalter bedeutet, dass sämtliche Dienste im Team erledigt werden, das heißt, Eigentümerversammlungen halten, Hausbesuche machen, Beiratssitzungen durchführen, Protokolle bearbeiten etc. Jeder Abrechner betreut circa 30 bis 50 Objekte. Ist der Verwalterbetrieb groß genug, wird es innerhalb der kaufmännischen Verwaltung weitere sinnvolle Spezialisierungen geben, zum Beispiel Mahnwesen, Treuhandpersonalwesen, Rechnungskontrolle, Zahlungsverkehr und anderes. Die firmeneigene Finanzbuchhaltung ist bei der Größenordnung einer solchen Firma, die einen Gesamtumsatz von circa 400.000 Euro im Jahr hat, mit einer Halbtagskraft mit entsprechender Qualifikation (C) zu besetzen.

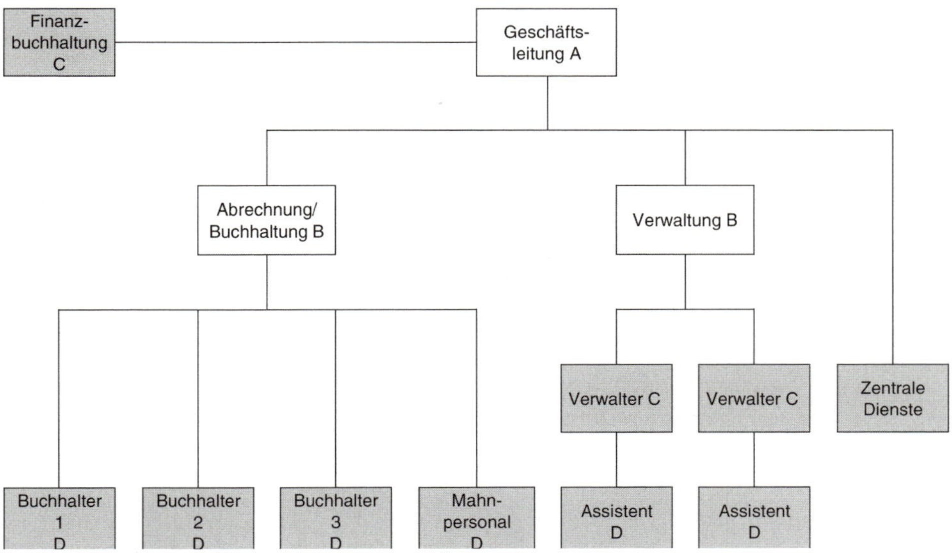

Abb. 3: Organisationsbeispiel eines Verwaltungsbetriebs mittlerer Größe

5.1.2 Kalkulation des Verwaltungsbetriebs

Ein Verwaltungsbetrieb ist — wie jedes andere Unternehmen — eine wirtschaftliche Organisation mit der Absicht, Gewinn zu erzielen. Um dies zu erreichen, bemüht sich jedes Unternehmen, seine jeweiligen Stärken und Schwächen herauszufinden.

Dazu wiederum sind betriebswirtschaftliche Kalkulationen notwendig. Zur Kalkulation werden rechnerische Informationen gesammelt, überprüft und analysiert. Das Ergebnis bietet eine Grundlage für betriebswirtschaftliche Entscheidungen.

Die Kalkulation für einen WEG-Verwaltungsbetrieb ohne Fremdumsätze (Makelei, Versicherung, Finanzdienstleistungen) ist verhältnismäßig einfach, da der Betriebsablauf nur ganz wenige Einnahmen- und Ausgabenarten mit sich bringt.

Auf der **Einnahmenseite** hat der Verwaltungsbetrieb **Verwaltungseinnahmen,** das heißt die mit der Gemeinschaft vertraglich vereinbarten Gebühren für die Verwaltung. Dabei ist lediglich zu beachten, dass Verwaltungsleistungen mit der gesetzlichen Mehrwertsteuer belastet sind. Zu diesen Regeleinnahmen, die normalerweise monatlich im Voraus erhoben werden (Achtung: vertraglich vereinbaren!), kommen sämtliche **Sondereinnahmen**. Dazu zählen:

- Einnahmen, die der Verwalter durch besondere Tätigkeiten für einzelne Wohnungseigentümer erzielt, zum Beispiel Mahngebühren, Zustimmungsgebühren beim Verkauf einer Wohnung, Fotokopierkosten, Sonderleistungen bei speziellen Abrechnungsfragen, Sondergebühren bei Hausordnungsverstößen etc.
- Einnahmen, die der Verwalter durch besondere Leistungen für die Eigentümergemeinschaft erzielt, zum Beispiel Sondergebühren für zusätzliche Eigentümerversammlungen, für Abwicklungen im Personalbereich, für die Organisation großer Instandhaltungs- und Instandsetzungsarbeiten, für die Durchführung von Sonderumlagen, für die Benutzung von Räumen und anderes.

! **ACHTUNG**

Bei all diesen Einnahmen war bisher die Problematik der vereinbarungswidrigen Beschlüsse zu beachten. Nach der Reform des WEG gibt es hier die Erleichterungen nach § 21 Abs. 7 WEG neu.

Ein großer Vorteil bei der Kalkulation des Verwaltungsbetriebs ist, dass die Einnahmen auf lange Zeit im Voraus berechenbar sind. Dies gilt selbst für die Sondereinnahmen, da es sich um normierte Leistungen handelt.

Die Höhe der Verwaltungsgebühren richtet sich unter anderem nach der Größe der Eigentümergemeinschaft. Bedauerlicherweise werden Verwaltungsgebühren nur selten sauber im Voraus kalkuliert und dementsprechend eingefordert. Nicht einmal Nachkalkulationen sind üblich, sodass die Einnahmen tatsächlich weniger von einer wirtschaftlichen Kalkulation bestimmt werden als von der Reaktion der Eigentümergemeinschaft auf das Angebot des Verwalters. Das heißt, dass Verwaltungsgebühren in aller Regel verkauft und nur selten kalkuliert werden. Dies ändert nichts an der Tatsache, dass sie über lange Zeit als Konstante in die Kalkulation des Verwaltungsbetriebs eingehen.

Auf der **Ausgabenseite** hat der Verwalter als typischer Dienstleister hauptsächlich **Personalkosten.** Die übrigen Ausgaben sind **Sachkosten** und beinhalten Folgendes:

- Unterhaltung des Büros (Miete und Nebenkosten)
- Bürobetrieb: Porto, Telefon, Internet, Fotokopien und Kosten für die EDV, Soft- und Hardware
- Unterhaltung von Kraftfahrzeugen, Kfz-Steuer, Kfz-Versicherungen, Reparaturen, Benzin, Leasingkosten bzw. kalkulatorische Anschaffungskosten
- Betriebseigene Versicherungen, Steuer- und Rechtsberatung, Zinsen und Ähnliches
- Steuern, insbesondere Gewerbesteuer
- Alle sonstigen Ausgaben (max. 2 bis 3 % des Umsatzes)
- Abschreibungen sowohl auf GWG als auch auf alle größeren Anschaffungen des Betriebs (zum Beispiel eigene Immobilien)

! **WICHTIG**

Alle Zahlen, die folgen, sind auf eigene Beobachtungen aufgebaut und geben praxiserprobte Erfahrungen wieder. Sie können im konkreten Einzelfall natürlich erheblich abweichen!

Wenn es um den **Sachaufwand** geht, kann man von folgenden Annahmen ausgehen.

- Platzbedarf Büro des Verwalters inklusive aller Nebenräume: pro Mitarbeiter 18 m^2
- Eigentümerwechsel: pro Jahr circa 15 %
- Korrespondenz pro Eigentümer: durch verstärkten Einsatz von E-Mail in starkem Wandel begriffen, aber immer noch pro Jahr und Eigentümer ein Schreiben kalkulieren
- Zahl der abzuhaltenden EV : pro Jahr und WEG 1,1
- Zahl der BR-Sitzungen: pro Jahr zwei (manche WEG haben monatliche BR-Sitzungen, andere gar keine!)
- Zahl der Besuche in der Wohnanlage: pro Jahr fünf (Achtung: nicht gleichbedeutend mit Begehungen!)
- Zahl der Rundschreiben: pro Wohnanlage und Jahr 1,5

- Zahl der ersten Mahnungen: 3 %
- Zahl der zweiten Mahnungen: 1,5 %
- Zahl der Beitreibungen: 0,3 %
- Zahl der Hausmeisterwechsel; 15—20 %

TIPP

Als Faustregel gilt: Die Personalkosten dürfen maximal 60 % des Umsatzes betragen, die Sachkosten 35 % und der ausgewiesene Gewinn sollte 5 % vor Steuern betragen.

Mit dieser Faustregel ist lediglich eine Grobkalkulation möglich; eine Einzelsteuerung des Betriebs lässt sich damit nicht durchführen. Eine **Grobkalkulation** beantwortet folgende Fragen:

- Macht der Betrieb insgesamt Gewinn?
- Welche Kostenpositionen dominieren das Gesamtergebnis?
- Welche Kostenpositionen sollte man verändern, um insgesamt zu einem besseren Ergebnis zu kommen?
- Welche Sachkosten sind mit welchen Personalkosten verbunden?

Solche Kalkulationen sind besonders sinnvoll, wenn sie in regelmäßigen Abständen (alle drei Monate) überprüft werden. Dies ermöglicht eine Reihung und damit auch, eine Veränderung der Kosten- und Einnahmenpositionen zu erkennen.

Aus dieser groben Kalkulation lassen sich nützliche Kennziffern ermitteln (zum Beispiel Personal/Umsatz, Kfz-Kosten/Umsatz, fixe Kosten/variable Kosten, sprungvariable Kosten/echt variable Kosten). Diese erlauben in ihrem zeitlichen Aspekt eine Analyse des Verhältnisses von variablen, fixen und sprungvariablen Kosten. Ihre zeitliche Reihung ergibt eine Grundlage für planerische Aussagen über künftige Zeitabläufe.

Eine solche Grobkalkulation reicht für einen Kleinbetrieb mit durchschnittlich drei bis vier Mitarbeitern völlig aus. Da Kalkulationen keinen Selbstzweck darstellen, sondern die Beantwortung präziser Fragen ermöglichen sollen, sind sie der Betriebsgröße anzupassen. Bei einem größeren Betrieb, das heißt, wenn die Mitarbeiterzahl 20 oder 25 übersteigt, kommt es zu einer Abteilungs- bzw. Gruppenbildung und die Kalkulation muss im Sinne einer **Kostenstellen-** und einer **Kostenträgerrechnung** verfeinert werden. Bei Kostenstellen- und Kostenträgerrechnungen ordnet man einzelnen Gruppen oder Abteilungen innerhalb eines Betriebs bestimmte Einnahmen und auch direkte Kosten zu. Möglicherweise bleibt auf der einen Seite ein Einnahmenbereich übrig, der nicht direkt zugeordnet werden kann. Auf der anderen Seite bleiben Ausgaben übrig (zum Beispiel Ausgaben der Geschäftsleitung oder fixe Kosten), die im allgemeinen Bereich liegen. Diese können mit bestimmten Schlüsseln den festgelegten Stellen zugeordnet werden. Dass in der Auswahl dieser Schlüssel selbstverständlich eine diskutierfähige und oft auch diskutierte Varianz steckt, sei hier nur vermerkt.

ERLÄUTERUNG

Variable Kosten sind all jene Kosten, die sich bei vermehrter Produktion, das heißt in diesem Fall bei Vergrößerung des Verwaltungsbestands, direkt ändern, zum Beispiel Porto- und Telefonkosten.
Unter fixen Kosten versteht man alle Kosten, die als unveränderlich angesehen werden müssen, unabhängig von der Größe des Verwaltungsbestands. Hierzu zählen Miete oder Kosten für eigene Immobilien.
Als sprungvariable Kosten bezeichnet man Kosten, die über einen gewissen Zeitraum als fest angesehen werden müssen (zum Beispiel Zahl der Mitarbeiter), die sich aber zum Beispiel bei Vergrößerung des Bestands zu irgendeinem Zeitpunkt sprunghaft vergrößern, um dann wieder für eine Weile konstant zu bleiben. Letztlich sind alle fixen Kosten sprungvariable Kosten. Jedoch sind die Sprünge so verschieden, dass man je nach deren Häufigkeit und Kurzatmigkeit von sprungvariablen bzw. von fixen Kosten spricht.

5.1.3 Kalkulation der einzelnen WEG

Die soeben beschriebene Kalkulation des Verwaltungsbetriebs gibt keinerlei Hinweise darauf, ob die Beschäftigung und der Vertrag mit einer einzelnen konkreten Gemeinschaft für den Verwaltungsbetrieb lohnend oder defizitär sind. Zu dieser Fragestellung sind einige Grundüberlegungen anzustellen:

Die **Kosten** einer WEG setzen sich aus folgenden Zeit- und Sachfaktoren zusammen: die Zeit, die ein Verwalter für diese WEG benötigt, zuzüglich der Zeit, die sich ein Buchhalter mit dieser WEG beschäftigen muss, sowie der Zeit, die der Firmenleiter zur Lösung von Problemfällen aufwenden muss. Das bedeutet, dass sich die Kosten aus der **Gesamtzeit** berechnen, die an Arbeitskraft für diese WEG zur Verfügung gestellt werden muss. Hinzu kommen die **Sachkosten,** zum Beispiel für Porto, Telefon, Kopierer, EDV etc., und schließlich die **technischen Kosten** (Anfahrtskosten zur WEG etc.). Auch **indirekte Kosten**, die — weil sie die Ausgaben nur indirekt erhöhen — oft übersehen werden, müssen berücksichtigt werden, zum Beispiel Erhöhung der betriebseigenen Versicherungsprämien, Erhöhung der

Beiträge zum Feuerwehrfonds, zusätzliche Ausbildung für Mitarbeiter, die unter Umständen aufgrund zusätzlicher Anforderungen genau dieser WEG notwendig wurden. Weitere indirekte Kosten sind die Erhöhung der Beratungshonorare für externe Berater, soweit diese an die Stückzahl der verwalteten Einheiten geknüpft sind, die Erhöhung der Mitgliedsbeiträge bei Verbänden und vieles andere.

Um also eine WEG kalkulieren zu können, müssen die Zeiten, in denen sich Mitarbeiter des Verwaltungsbetriebs direkt mit der WEG beschäftigen, erfasst werden. Dies erweist sich im Alltag als sehr schwierig. Während es noch einigermaßen möglich erscheint, die Zahl von Eigentümerversammlungen, Beiratssitzungen, Begebungen etc. — einschließlich der dafür aufgewendeten Fahrzeiten — zu registrieren, ist dies zum Beispiel bei einzelnen Telefongesprächen schon sehr viel komplexer. Bei Einzelgesprächen, bei persönlicher Sprechstunde, bei Beschäftigung innerhalb des Verwalterbetriebs mit dieser Gemeinschaft (zum Beispiel interne Mitarbeiterbesprechungen, die sich mit der Problematik einer Gemeinschaft befassen, bei Unterredungen zwischen Verwaltung und Buchhaltung etc.) ist die Erfassung der tatsächlichen Beschäftigungszeiten fast nicht mehr möglich. Dennoch lassen sich, abgesehen von diesen Unschärfen, gewisse Grundkalkulationsmodelle entwickeln.

Bei der Kalkulation einzelner WEGs gelten folgende grundsätzliche Annahmen über die Kosten eines Verwalters. **Mindestaufgaben** für jede Eigentümergemeinschaft — unabhängig von ihrer Größe — sind die folgenden:

- Durchführung einer jährlichen Eigentümerversammlung
- Bearbeitung der laufenden Buchungsunterlagen und Abrechnung mit Jahresergebnis
- Führen bestimmter Personalunterlagen
- Kommunikation mit einzelnen Eigentümern

Zu diesen Mindestaufgaben hinzu kommt eine Vielzahl **weiterer Aufgaben,** die den Arbeitsaufwand unbegrenzt erweitern können. Man kann eine Nachkalkulation für eine WEG dadurch ermöglichen, dass man folgende Dinge zahlenmäßig erfasst:

- Zahl der Besuche im Objekt
- Zahl der Eigentümerversammlungen im Jahr
- Zahl der abgeschlossenen Verwalterhandlungen (zum Beispiel Einstellung eines Hausmeisters, Sanieren eines Daches, Reparatur einer Heizung, Führen eines Rechtsstreits etc.)
- Zahl der für die Gemeinschaft verfassten Schreiben und Rundschreiben
- Sprechstunden vor Ort

Besonderer Aufwand im Zusammenhang mit der Buchhaltung:

- Komplizierte Abrechnungsschlüssel
- Mehrhausanlagen mit Einzelkostenzuweisung
- Verwendung von Personenschlüssel in der Abrechnung
- Aufwendige Rechnungsprüfung
- Zusätzliche unterjährige Rechnungsprüfungen
- Beschäftigung von mehreren Personen in der WEG teils als nebenberufliche Kräfte, teils voll sozialversichert
- Besondere Kassen, zum Beispiel Waschmaschinen-, Trockner-, Waschanlagenkassen

Dies sind nur einige der zusätzlichen kostentreibenden Faktoren.

All diese Verwalterhandlungen kann man bis zu einem gewissen Grad erfassen und in die Nachkalkulation einbringen. Auch die Kalkulation für eine Abrechnung und die Erstellung von Heizkosten- und Einzelabrechnungen sind kalkulierbar. Nimmt man diese Berechnungen zusammen und ergänzt sie durch in Stunden bewertete Verwalterleistungen für diese Gemeinschaft, so wird man, unter Berücksichtigung der dafür notwendigen Stundensätze und der damit verbundenen Kosten, zu einer ziemlich exakten Grundkalkulation für diese Eigentümergemeinschaft kommen. Die erwähnten Schwierigkeiten in der Kalkulation (Beschäftigung mit der Gemeinschaft im internen Bereich des Verwalters) bleiben als Unschärfe bestehen.

Meist ist die größte Unschärfe die Zahl und die Dauer der Telefongespräche, weil diese einen unverhältnismäßig großen Aufwand im Tagesgeschäft des Verwalters darstellen. Gibt es zu deren Erfassung eine technische Einrichtung im Verwaltungsbetrieb, wird die Kalkulation um Größenordnungen genauer.

Hat der Verwalter aus seinen bisherigen Erfahrungen mit der WEG ein einigermaßen plausibles Kostenmodell dieser konkreten Gemeinschaft erstellt, wird er rasch merken, dass es ein weiteres Unsicherheitsmoment für seine Kostenanalyse gibt, nämlich die internen Änderungen in der WEG. Denn diese können seine Arbeit und den damit verbundenen Aufwand erheblich beeinflussen: Da scheidet aus allen möglichen Gründen ein langjähriger Beirat, mit dem die Verwaltung gut zusammengearbeitet hat, aus dem Amt. Der Nachfolger hat ganz andere Verhaltensweisen und Vorstellungen, wie er sein Amt ausfüllen will. Nicht selten führt eine neue Beiratskonstellation nicht nur zu mehr Aufwand, sondern am Ende auch zu einem Verwalterwechsel.

Aber auch weniger schwerwiegende Ereignisse können zeitweise die Verwaltungsarbeit erheblich verstärken oder verändern. Neu zugezogene Bewohner halten sich in grober Weise nicht an die Hausordnung. Der neue Miteigentümer überschüttet die Verwaltung, die bisher in geordneten Bahnen gelaufen ist, mit einer Fülle kleinlicher Beschwerden und weitschweifiger Anregungen. Er beschäftigt damit Beirat, Hausmeister und Verwaltung.

Schließlich kann auch das natürliche Alter der Anlage seinen Tribut fordern: Die Sanierung von Dach, Fassade, Heizung, Aufzug, die Überarbeitung der Treppenhäuser und des Gartens beispielsweise können aus einer über Jahre pflegeleichten WEG ein sowohl arbeitstechnisch als auch psychologisch brisantes komplexes Thema machen.

Dass eine Kalkulation einzelner WEGs außerordentlich sinnvoll ist, soll am folgenden Beispiel veranschaulicht werden.

BEISPIEL

Zu Beginn der 1980er-Jahre ergab der Versuch, in einem größeren Betrieb die Gemeinschaften zu kalkulieren, folgendes Ergebnis: Die günstigste Gemeinschaft hatte Grenzkosten von 3 Euro, während die schlechteste bei 60 Euro lag. Das heißt, bei der ersten Gemeinschaft wären bei einer Gebühr von 3 Euro pro Eigentümer die Einnahmen und Ausgaben kalkulatorisch aufgegangen, während bei der zweiten Gemeinschaft 60 Euro pro Eigentümer zur Kostendeckung notwendig gewesen wären. Tatsächlich schwanken die erhobenen Verwaltungsgebühren in Deutschland in einem viel engeren Bereich, nämlich zwischen 10 und 18 Euro.

Unabhängig von den extremen Schwankungen im Kostenaufwand verschiedener WEGs sollte ein Verwalter wissen, ob eine Gemeinschaft im Vergleich defizitär ist oder ob sie für sich genommen einen positiven Deckungsbeitrag bringt. Das ist betriebswirtschaftlich erforderlich, weil die Struktur der Gemeinschaften dauernd überarbeitet werden muss, um auf Dauer ein positives Betriebsergebnis zu erzielen. Erweist sich eine Einzelgemeinschaft dauerhaft als defizitär, sind folgende Reaktionen möglich:

1. Gebührenanpassung, Erheben von Sondergebühren
2. Cross-Selling
3. Einschränkung der Leistung
4. Kündigung der Gemeinschaft

Alle vier Reaktionsmöglichkeiten sind mit Problemen verbunden.

1. Gebührenanpassung, Erheben von Sondergebühren

Oft sind Gebührenerhöhungen gerade in einer defizitären Gemeinschaft nicht durchsetzbar. Es ist sogar denkbar, dass bei einer dennoch durchgesetzten Gebührenerhöhung die Gemeinschaft aus reinem Trotz den Vertrag kündigt, um anschließend einem anderen Verwalter doch höhere Gebühren zu bezahlen. Setzt man allerdings auf die Vernunft der Eigentümer und weist eine genaue Kalkulation des tatsächlichen Arbeitsaufwands vor, zeigen sich Beiräte und Eigentümer meist einsichtig und akzeptieren eine Gebührenanpassung.

Eine zweite Möglichkeit der Gebührenanpassung ist die Erhebung zusätzlicher Gebühren.[1] Sondergebühren sind seit Jahrzehnten ein Grundsatzthema bei den Verwaltern, in der Rechtsprechung, aber auch bei Eigentümergemeinschaften. Über Jahre hinweg waren Sondergebühren nur sehr eingeschränkt erhebbar. Denn die Rechtsprechung vertrat ziemlich einhellig die Auffassung, Sondergebühren, die beim Einzelnen für besondere Leistungen des Verwalters erhoben werden, stellen eine nur durch Änderung der Gemeinschaftsordnung zu vereinbarende Kosten- und Lastenänderung dar.

Viele Verwalter und oft auch Beiräte waren und sind der Meinung, dass Sondergebühren die tatsächliche Vergütung des Verwalters undurchschaubar machen, und plädieren schon deshalb für eine strikte „Inklusivgebühr“. Andere Verwalter sind der Überzeugung, dass Sondergebühren eine sehr faire Art sind, auf die Wechselfälle des Lebens und die sich dauernd ändernden Forderungen der staatlichen Bürokratie zu reagieren. Die Gebühren werden nur erhoben, wenn entsprechende Arbeiten anfallen, und verschwinden wieder, wenn der gebührenverursachende Tatbestand entfällt. Gerade Gebühren an den Einzelnen für die Inanspruchnahme des Verwalters desozialisiert die Verwalterkosten und macht sie für diejenigen Eigentümer niedriger, die diese Leistungen nicht nachfragen.

Sehen wir uns zunächst einmal an, um welche Sondergebühren es sich handeln könnte. Die folgenden werden für Leistungen erhoben, die an die WEG gerichtet sind.

- Die Sonder-Eigentümerversammlung: Hier sind Gebühren zwischen 200 und 500 Euro üblich oder aber eine halbe oder ganze zusätzliche Monatsverwaltergebühr.

[1] Siehe Bertram, Siegfried (Hg.), Vergütung des Verwalters für die Verwaltung von Wohnungseigentum, 1. Auflage, Pur-Spezial, Siegfried Bertram GmbH, Düsseldorf 1995.

- Bauaufsicht bei großen Sanierungen: Hier sind in Anlehnung an die HOAI Prozentsätze aus dem Umfang der Maßnahmen üblich.
- Lohnabrechnungen für Personal, welches die WEG beschäftigt: Für diese eigentlich einem Steuerberater zuzuordnende Tätigkeit, die heutzutage erhebliches Fachwissen erfordert, sind pauschale Sätze von 20 Euro pro Monat oder ein Prozentsatz vom Lohn von 2 bis 4 % üblich.
- Führen der Unterlagen für die Bauabschlagssteuer: Hier sind Gebühren von 1 bis 3 Euro pro Wohneinheit und Monat üblich.
- Erheben von Sonderumlagen, wenn die WEG nicht rechtzeitig durch Bilden ausreichender Instandhaltungsrücklagen Vorsorge getroffen hat: Für den Verwalter ist die Erhebung größerer Sonderumlagen mit erheblichen Nebenarbeiten verbunden, wie zusätzliche Einzelkorrespondenz, erhöhtes Mahnwesen, Überwachen von Teilzahlungen etc. Hier sind Beträge von 1 % der Umlagesumme üblich. Oft sind diese Beträge jedoch nach oben limitiert.
- Erstellen der Informationen, die die Eigentümer benötigen, um den Steuervorteil des § 35a EStG wahrnehmen zu können: Hier ist die wesentliche Erweiterung der Buchhaltungsunterlagen einschließlich eines erheblichen Buchungsmehraufwands vom Verwalter gefordert. Gebühren wird er nur der WEG und nicht dem Einzelnen in Rechnung stellen können, da er bekanntlich mit dem einzelnen Eigentümer in keinem direkten Vertragsverhältnis steht. Die Gebühren, die von Verwaltern in Rechnung gestellt werden, belaufen sich kalkulatorisch auf 15 bis 35 Euro pro Eigentümer. Daneben bringen Verwalter teilweise Porto und Materialauslagen in Anrechnung, zumindest dort, wo die WEG per Beschluss den Verwalter zu Rundschreiben verpflichtet.

Daneben fallen Leistungen an, die dem einzelnen Eigentümer erbracht werden. In der Regel wird der Verwalter auch hier keine direkte Anforderung an den Eigentümer stellen, sondern diese Gebühren vielmehr im Einvernehmen mit der WEG über deren Jahresabrechnung geltend machen. Es kommen folgende Gebühren in Betracht:

- Wohnungswechselgebühr: Der Verwalter muss bei jedem Übergang einer Wohnung seine Unterlagen ändern. In nicht wenigen Fällen ist in der Teilungserklärung und Gemeinschaftsordnung von § 12 WEG Gebrauch gemacht, nach dem der Verwalter notariell einem Kaufvorgang zustimmen muss. Hier sind zwischen einem Monatsumsatz und 100 Euro Gebühren üblich.
- Mahngebühren: Wohngelder sind Bringschulden. Der Verwalter zieht treuhänderisch Geld ein. Ein zahlungsunwilliger Eigentümer verursacht erheblichen Aufwand. Deshalb sind Mahngebühren im WEG-Bereich auch nicht mit Mahngebühren in der sonstigen Wirtschaft vergleichbar. Sie betragen zwischen 2 und

5 Euro für eine einfache Mahnung und sind nach der Höhe des ausstehenden Betrags bis zu 100 Euro gestaffelt.

- Nichtteilnahme am Lastschriftverfahren: Der kalkulierte Mehraufwand des Verwalters gegenüber Eigentümern, die nicht am Lastschriftverfahren teilnehmen, beträgt üblicherweise 2 bis 4 Euro pro Monat.
- Vermieterzuschlag: Einzelne Verwalter erheben per Vertrag eine Zusatzgebühr für vermietende Eigentümer von bis zu 25 % der Verwaltergebühr pro Einheit.
- Kopierkosten: Kopierkosten einzelner Eigentümer werden dort erhoben, wo Eigentümer zusätzliche Unterlagen vom Verwalter abfordern, zum Beispiel Kopie der Teilungserklärung, Kopie der Brandversicherungsurkunde, Eigentümerlisten und anderes.

Werden diese Sondergebühren konsequent erhoben, ist die Teilung der Verwalterleistung in Grund- und Sonder- oder Zusatzleistung wesentlich transparenter. Für die WEG sind dann Sonderleistungen beim Verwalter auch leichter einzufordern, ist doch beiden Vertragspartnern bewusst, dass der eine Teil leistungswillig und der andere bereit ist, die damit verbundene Arbeit zu honorieren.

2. Cross-Selling

Cross-Selling bedeutet im Allgemeinen, dass man beim Verkauf eines Produkts gleich ein anderes Produkt mitverkauft und damit die Rentabilität des ursprünglichen Produkts verbessert. Im ersten Stadium ist dies beispielweise die Tankstelle, die neben Benzin auch Öl und Ersatzteile verkauft. Später wird daraus dann der Minishop und wieder später ein Warenhaus, in dem es auch Benzin gibt. Beim WEG-Verwalter hieße dies: Zunächst ist er reiner WEG Verwalter. Dann beginnt er für manchen Eigentümer, der vermietet hat, die Sonder-(Miet-) Verwaltung durchzuführen. Daraus wird dann eine Abteilung Mietverwaltung. Daraus kann sich eine Mietmakelei ergeben. Zudem übernimmt er Hausmeisterfunktionen. Daraus wird eines Tages eine Hausmeisterfirma mit der Erweiterung zum Facility-Management. Inzwischen hat sich die Makelei so weit entwickelt, dass sie eigenständig allgemeine Maklerauftäge übernimmt.

Irgendwann findet sich der Unternehmer in einem Dienstleistungswarenhaus wieder. Liegt all dem ein organisches Wachstum zugrunde mit professioneller Leistung im Bereich der „neuen" Aktivitäten, entspricht dieses Konzept einer allgemein beobachtbaren Strategie.

In nicht wenigen Fällen ist aber der Grund für die Ausweitung der Aktivitäten nicht ein organisches Wachstum, sondern der verzweifelte Versuch eines Unternehmens, das bisher nur defizitäre Produkt zu stabilisieren und durch andere Aktivitäten querzusubventionieren.

Diese Gefahr besteht gerade beim WEG-Verwalter. Da Verwaltergebühren über Jahrzehnte der allgemeinen Kostenentwicklung hinterherhinken, die Verwalterhonorare oft gar nicht kalkuliert, sondern nur akzeptiert werden, um Aufträge zu bekommen, ist der Verwalter nach Übernahme des Verwaltungsmandats gezwungen, den Betriebsverlust, den er durch den zu gering dotierten Vertrag erleidet, anderweitig auszugleichen. Als Faustregel sollte gelten: Jede Aktivität eines Betriebs muss unabhängig von allen anderen einen positiven Deckungsbeitrag liefern.

3. Einschränkung der Leistung

Mit Leistungseinschränkungen muss man extrem behutsam umgehen. Erstaunlicherweise erbringen viele Verwalter Leistungen, ohne jemals darüber reflektiert zu haben, ob diese auch tatsächlich erforderlich bzw. vom Kunden gewünscht sind. Leistungseinschränkung ist dort sinnvoll, wo der Markt erbrachte Spezialleistungen gar nicht verlangt. Als Beispiele können hier umfangreiche Verlaufsprotokolle von Beiratssitzungen, aufwendige Informationsschreiben und Postsendungen, Vorhalten eigener technischer Abteilungen oder gewerblicher Mitarbeiter etc. aufgeführt werden.[2] Andererseits kann es sein, dass eine Leistungseinschränkung empfindlich registriert wird, selbst wenn die einzelne Leistung vorher nur unzureichend oder gar nicht in Anspruch genommen wurde. Daher müssen Leistungseinschränkungen behutsam erfolgen und vorher entsprechend angekündigt werden.

▶ **BEISPIEL**

In einer verdichteten Siedlung, in der unser WEG-Verwalter mehrere Anlagen betreut, ist seit Jahren festgeschrieben, dass dort eine monatliche Sprechstunde durchgeführt wird. Nun zeigt sich, dass dieses Angebot kaum noch wahrgenommen wird. Der Verwalter will daher die Sprechstunde einstellen. Er wird sich jetzt sehr genau überlegen müssen, wie er den Eigentümern durch eine Verlagerung seiner Tätigkeit einen Mehrwert anbietet, der den „Verlust“ der Sprechstunde kompensiert und den Eindruck vermeidet, er ziehe sich aus dem Wohngebiet zurück. Als Möglichkeit bietet sich ein Briefkasten in jeder

[2] Eine professionelle Analyse erbrachter und erwünschter Verwalterleistungen findet man in der „Marktstudie zu den Vorstellungen der Wohnungs- und Hauseigentümer über Verwalterleistungen“ des Münchner Instituts Bulwien und Partner GmbH (heute BulwienGesa), durchgeführt im Auftrag des Bundesfachverbands Wohnungsverwalter e. V., Bonn 1996.

Anlage an oder eine speziell gestaltete Internetseite, mit der Kommunikation für jeden Eigentümer bequem möglich ist. Dies muss dann den Wohnungseigentümern in geeigneter Weise nahegebracht werden.

4. Kündigung der Gemeinschaft

Die **Kündigung** einer Gemeinschaft ist der letzte Ausweg, wenn eine Verständigung weder über eine Gebührenerhöhung noch über eine Leistungseinschränkung möglich ist. Es sollte nur dann so weit kommen, wenn nicht zu erwarten ist, dass das Missverhältnis von Leistung und Entgelt auf Dauer korrigiert werden kann.

5.1.4 Die Organisation der Ablage

Ein wesentlicher Teil der innerbetrieblichen Organisation stellt ein in der betriebswirtschaftlichen Theorie weitgehend unbeachtetes Kapitel, nämlich das der Ablage dar. In vielen Betrieben wird die Ablage als lästige Aufgabe gerne Hilfskräften übertragen. Die Folge ist ständiges Suchen nach Vorgängen. Dabei lässt sich mit einer guten **Systematik der Ablage**[3] das Suchen von Vorgängen so gut wie ganz vermeiden. Eine gute Systematik zeichnet sich durch folgende Merkmale aus:

1. Sie ist so logisch, dass jeder, der neu in den Betrieb kommt, sie innerhalb kurzer Zeit nachvollziehen kann.
2. Sie kann in alle Richtungen erweitert werden.
3. Sie minimiert die Redundanz von Ablageentscheidungen.
4. Sie beginnt nicht mit dem fertigen Vorgang, sondern mit dem Erstellen des Vorgangs, das heißt derjenige, der einen Brief diktiert oder schreibt, entscheidet sofort, wo das Schreiben später abgelegt werden soll.

Diese Kriterien gelten auch und gerade für EDV-unterstützte Abläufe. Keine noch so chaotische Büroorganisation kann so viel Suchstress verursachen wie eine schlecht organisierte und disziplinlos gehandhabte EDV-Organisation.

Da die Mehrzahl der Verwalter noch immer kein papierloses Büro unterhalten, sei im Folgenden die Ablage-Organisation des „Papier-Büros“ beschrieben.

[3] Das hier vorgestellte Ablagesystem wurde in der Treubau Verwaltung GmbH in Mannheim entworfen und hat sich dort seit über 30 Jahren bewährt.

In dem hier vorgeschlagenen Ablagesystem werden Ordner einheitlicher Höhe und Form verwendet. **Farbigkeit von Ordnern** stellt in vielen Fällen nur eine Spielerei da.

Die **Beschriftung der Rückenschilder** erfolgt ausschließlich mit numerischen Zeichen. Buchstaben werden auf keinen Fall verwendet. Die rein numerische Bezeichnung hat zwei große Vorteile: Erstens ist sie schon auf größere Entfernung erkennbar und zweitens ist sie für fremde Besucher im Büro bedeutungslos. Die Ordner sind durchweg in gleicher Weise beschriftet: In der **obersten Zeile des Rückenschilds** steht die **WEG-Nummer** (Beispiel: Blümchenstraße 15 = Objekt 4711; diese Zahl steht auf dem Ordner). Allen verwalteten Objekten ist eine vierstellige Zahl zugeordnet. Die Zuordnung erfolgt laufend, das heißt in der Reihenfolge, in der die Objekte in den Bestand übergehen. Eine Sortierung nach Postleitzahlen oder sonstigen veränderlichen Zeichen ist nicht zu empfehlen. Eine WEG-Nummer, die einmal vergeben wurde, wird niemals wieder verwendet. Fällt das Objekt aus dem Bestand, bleibt die Ziffer unbesetzt. Kommt die gleiche WEG wieder unter Vertrag, erhält sie eine neue Nummer. Der zuständige Verwalter sortiert die Ordner in numerischer Reihenfolge der WEG-Nummern und nicht nach Städten oder Straßen.

Die zweite Zeile des Rückenschilds enthält die sachliche bzw. inhaltliche Beschreibung. Hierzu folgender Vorschlag:

Ordner		
Fach	**Gehalten von ...**	**Inhalt**
10	Buchhaltung	Bankbelege, chronologisch
15/19	Buchhaltung	Daueraufträge, Einzüge, Spar- und Festgeld A–Z, chronologisch
16	Mahnabteilung	Rechtsverfahren, Wohngeldbeitreibungen komplett A–Z und Aktenzeichen
20	Verwalter	Versicherungen und Versicherungsfälle nach VS-Art, Korrespondenz dahinter
30	Verwalter	Dokumente und Vorgänge Haustechnik, siehe Ablagesystem im Ordner
40	Verwalter	Alle Rechtsverfahren, die keine Wohngeldbeitreibungen sind, A–Z und nach Aktenzeichen
50–10	Verwalter	Original-Einladungen
50–20	Verwalter	Original-Protokollabschriften

Ordner		
Fach	**Gehalten von …**	**Inhalt**
51	Verwalter	Korrespondenz mit Eigentümern/Mietern
51—00	Verwalter	Original-Rundschreiben, Aushänge
53	Verwalter	Korrespondenz Beiräte und Protokolle Beiratssitzungen, chronologisch
60	Verwalter	Verträge und Korrespondenz Hausmeister
70	Buchhaltung	Abrechnungen und Korrespondenz zu Gesamt- und Einzelabrechnungen
71	Buchhaltung	Wirtschaftspläne
100	Verwalter	Laufende Vorgänge (nach Abschluss in den 30er-Ordnern ablegen)

Tab. 6: Ablagesystem: Ordnerbeschriftung

Natürlich können bei kleinen, unkomplizierten Gemeinschaften mehrere inhaltliche Ordnerfächer in einem Ordner zusammengefasst werden. In großen Gemeinschaften können die Fächer hingegen so umfangreich sein, dass mehrere Ordner gleichen sachlichen Inhalts gebraucht werden.

Bei dieser Ordnung wird auch innerhalb der Ordner die gleiche Einteilung befolgt. Innerhalb des Ordnerfachs sind die einzelnen Unterabteilungen mit Trennblättern (Faszikel) erkennbar abgeteilt.

Die Ordnerfächer 10 bis 19 und Ordnerfach 70 sind der Buchhaltung der WEG vorbehalten.

Ordnerfach 10 bis 19

10	Bankbelege
11	Sonderkonto (Festgeld)
12	Sparkonten, Anlagen
13	Einzugsermächtigungen
14	Personenkonten Mahnvorgänge
15—19	zur freien Verwendung im Bereich der Treuhandbuchhaltung

Ordnerfach 20

Zuoberst liegt ein Einlageblatt mit Informationen über bestehende Versicherungen. Es enthält alle für das Objekt abgeschlossenen Versicherungsarten, die damit versicherten Risiken, die Versicherungsgesellschaft und die zugehörigen Versicherungsnummern.

Anschließend folgen alle noch nicht abgeschlossenen Vorgänge. Sie sind nach Schadensnummern des Versicherungsfalls geordnet.

Ordnerfach 30

Im Ordnerfach 30 ist das gesamte Verwaltungsgeschehen in seinem technischen Ablauf und seinen rechtlichen Grundlagen enthalten und, soweit möglich, dokumentiert. In einer aus rein pragmatischen Gründen gewählten 31er-Einteilung sind sämtliche denkbaren Vorgänge und Dokumente erfasst. Ein Lexikon aller Begriffe jeweils in sachlicher und alphabetischer Reihenfolge folgt.

Inhaltliche und alphabetische Einteilung: Diese 31er-Unterteilung wird bei einem neu anzulegenden Objekt sofort in das Ordnerfach 30 eingelegt. So findet jeder Vorgang seinen vorbestimmten Platz.

▶ **BEISPIEL**

Da die Ablage bereits beim Schreiben oder Diktieren vorbestimmt wird, muss jeder Verantwortliche griffbereit über die Einteilung des 30er-Ordnerfachs verfügen. Beim Diktat benutzt er zum Beispiel folgendes Zeichen: 4711/30-11. Der Kundige weiß, dass es sich um einen Vorgang der WEG 4711, also der Blümchenstraße 15, handelt und dabei um einen Vorgang, der eine Grundbuchangelegenheit betrifft. Das Zeichen „4711/30-9“ bedeutet, dass es sich bei der gleichen Gemeinschaft um einen Vorgang handelt, der die Fassade betrifft.
Bei der Ablage dieses Schreibens kann es kaum zu Problemen kommen, zumal moderne, EDV-unterstützte Verwaltungssachbearbeitung den gleichen Vorgang mit der gleichen Ablagenummer in der EDV-Vorlage findet.

Ordnerfach 40

Das 40er-Ordnerfach ist das Fach für alle Rechtsvorgänge mit Ausnahme von Zahlungsverzug von Eigentümern: Beschlussanfechtungen, Hausordnungsklagen,

Nachbarschaftsklagen, Arbeitsgerichtsverfahren, Entziehungsverfahren, Schadensersatzklagen etc. Dabei sind die einzelnen Klagen alphabetisch nach Gegner sortiert. Gibt es mehrere Verfahren mit dem gleichen Gegner, erfolgt die weitere Untereinteilung nach Gerichtsaktenzeichen.

Beitreibungsverfahren gegen Eigentümer, gleich aus welchem Rechtsgrund (nicht gezahltes Wohngeld, nicht gezahlte Abrechnungsspitze, nicht gezahlte Sonderumlagen etc.), werden nicht im 40er-, sondern im 14er-Ordnerfach abgelegt. Dort sind die Vorgänge der Eigentümer, von denen Gelder eingetrieben werden müssen, alphabetisch und innerhalb mehrerer Verfahren mit dem gleichen Eigentümer nach Gerichtsaktenzeichen geordnet. Abgelegt und dokumentiert wird dort alles, was zum einen die Aktivitäten des Verwalters zur Beitreibung nachvollziehbar macht und andererseits zur Feststellung erforderlich ist, wie sich die Verpflichtungen des Schuldners entwickeln. Das Fach enthält also den gesamten Schriftverkehr mit dem Anwalt und die jeweiligen Aufstellungen der Personenkonten so, wie sie sich ändern, einschließlich der außergerichtlichen Mahnungen und eventuell auch Teilzahlungsvereinbarungen.

Ordnerfach 50

Das Ordnerfach 50 umfasst die gesamte Korrespondenz mit Eigentümern, sowohl die Einzelkorrespondenz als auch alle Arten von Sammelkorrespondenz (Rundschreiben, Einladungen, Protokolle). Eventuell anfallende Mieterkorrespondenz des Objekts wird ebenfalls hier abgelegt.

5.2 Das Treuhandrechnungswesen des WEG-Verwalters

5.2.1 Die laufende Treuhandbuchhaltung

Rechtliche Grundlagen

Gemäß **§ 27 Abs. 1 Ziff. 4 WEG** gehört es zu den Aufgaben und Befugnissen des Verwalters, „gemeinschaftliche Gelder zu verwalten". Damit ist der Verwalter verpflichtet, alle Zahlungen und Leistungen zu bewirken und entgegenzunehmen, die mit der laufenden Verwaltung des gemeinschaftlichen Eigentums zusammenhängen. Dabei hat er die Gelder der Wohnungseigentümer von seinem eigenen Vermögen getrennt zu halten.

§ 28 WEG verpflichtet den Verwalter, „jeweils für ein Kalenderjahr einen Wirtschaftsplan aufzustellen" (Abs. 1) und „nach Ablauf des Kalenderjahres eine Abrechnung aufzustellen" (Abs. 3).

Weiterhin bestimmt **§ 29 (Abs. 3) WEG**, dass „der Wirtschaftsplan, die Abrechnung über den Wirtschaftsplan, Rechnungslegung und Kostenanschläge, bevor die Eigentümerversammlung über sie beschließt, vom Verwaltungsbeirat geprüft und mit dessen Stellungnahme versehen werden sollen". Im Umkehrschluss folgt, dass der Verwalter die Abrechnung so aufbereiten muss, dass der Verwaltungsbeirat sie prüfen kann.

Grundsätze ordnungsgemäßer Buchführung

Die Grundsätze ordnungsgemäßer Buchführung bieten eine Richtschnur für die Behandlung aller Sachverhalte in Buchführung und Jahresabschluss. Sie ergänzen die Rechnungslegungsvorschriften und enthalten übergreifende, allgemein geltende Anforderungen, denen Buchführung und Jahresabschluss entsprechen müssen.

Die Grundsätze bezüglich der Organisation lauten:

- Erfassung jedes Geschäftsvorfalls in einem Beleg
- Zeitnahe Erfassung der Belege
- Systematische Erfassung der Geschäftsvorfälle in einem Hauptbuch

Die Grundsätze bezüglich der Dokumentation der Buchungen lauten:

- Vollständigkeit der Buchungen und Aufzeichnungen
- Richtigkeit der Buchungen und Aufzeichnungen
- Zeitgerechtigkeit der Buchungen und Aufzeichnungen
- Ordnung der Buchungen und Aufzeichnungen
- Verständlichkeit der Buchungen und Aufzeichnungen
- Erkennbarkeit von Veränderungen an Buchungen und Aufzeichnungen

„Die Buchführung muss so beschaffen sein, dass sie einem sachverständigen Dritten innerhalb angemessener Zeit einen Überblick über die Geschäftsvorfälle und über die Lage des Unternehmens vermitteln kann.“[4]

Die Buchführung wird zur Information des Kaufmanns, der Gläubiger und anderer Interessierter geführt. Diese Informationsempfänger müssen die Möglichkeit haben, sich von der Richtigkeit der Informationen zu überzeugen. Die Buchführung muss daher **überprüfbar** sein. Das setzt voraus, dass sie **verständlich** und **übersichtlich** und damit **klar** ist.

Im Fall der Buchführung des WEG-Verwalters für die Eigentümergemeinschaft treten an die Stelle der oben genannten Personen zum Beispiel Eigentümer und Beiräte, die mit der Beschaffenheit der Buchführung nach angemessener Zeit zurechtkommen müssen und dadurch einen Überblick über die wirtschaftliche Lage ihrer Gemeinschaft erhalten sollen. Das ist auch im Hinblick auf die gesamtschuldnerische Haftung aller Eigentümer wichtig.

Um den **Grundsatz der Klarheit** zu erfüllen, sind erforderlich:

- Sachgerechte Kontierung
- Eindeutige Bezeichnung der Geschäftsvorfälle
- Lesbare Aufzeichnungen
- Klare Umbuchungen und Korrekturen
- Verweisungen auf Gegenkonten
- Beleghinweise

Angemessen ist die Zeit, wenn eine vollständige Übersicht über die Geschäftsvorfälle mit dem Maß an Mühe und Zeitaufwand gewonnen werden kann, das für derartige Arbeiten üblich ist. Das gilt auch für die Buchführung des WEG-Verwalters.

„Der Kaufmann ist verpflichtet, eine mit der Urschrift übereinstimmende Wiedergabe der Handelsbriefe zurückzubehalten.“[5]

Die Geschäftsvorfälle werden in **Belegen** festgehalten. Diese sind Grundlagen für die Buchungen. Das Belegprinzip ist die Grundvoraussetzung für die Beweiskraft der Buchführung. Damit der Beleg seine Dokumentations- und Nachweisfunktion erfüllen kann, muss er die folgenden Bestandteile enthalten:

[4] § 238 Abs. 1 S. 2 HGB.

[5] § 238 Abs. 2 HGB.

- Firma oder Name des Ausstellers
- Datum des Geschäftsvorfalls
- Erläuterung des Geschäftsvorfalls
- Betrag oder Mengen- und Wertangaben, aus denen sich der Betrag ergibt
- Ausstellungsdatum
- Kontierung
- Belegnummer oder Ordnungsnummer für die Ablage
- Buchungsdatum

Der Kaufmann erhält über Wareneingänge, Reparaturen etc. Rechnungen, die ihm bei der Buchung zur Verfügung stehen. Die Rechnungen über die eigenen Geschäfte sendet er an seine Kunden und muss daher eine Kopie oder Ähnliches zurückbehalten, damit er dem Belegprinzip gerecht wird.

Damit die Eigentümer einen Nachweis erhalten können, dass die gebuchten Vorgänge auch tatsächlich angefallen sind, greift das Belegprinzip auch für die Buchführung des Verwalters. Ergänzend zu den genannten Angaben muss die zu verbuchende Rechnung im Bereich der WEG-Buchführung noch weitere bzw. detailliertere Angaben enthalten:

- Die Rechnungsanschrift darf als Adressaten nicht den Verwalter nennen, sondern die Rechnung muss an die betreffende Wohnungseigentümergemeinschaft gestellt sein.
- Es muss ein vom Hausmeister oder Beirat unterschriebener Arbeitsschein beiliegen.

Nach dem **Grundsatz der Vollständigkeit** müssen alle buchungspflichtigen Vorfälle erfasst und alle zugänglichen Informationen ausgewertet werden. Auf der anderen Seite dürfen keine Geschäftsvorfälle erfasst werden, zu denen es letztendlich gar nicht gekommen ist. Dies gilt auch für die Geschäftsvorfälle der Wohnungseigentümergemeinschaften.

Der **Grundsatz der Wahrheit** besagt, dass die Buchungen auf richtigen Grundaufzeichnungen beruhen müssen. Das setzt voraus, dass die Geschäftsvorfälle in den Belegen zutreffend beschrieben werden und die Grundaufzeichnungen den Belegen der Sache und der Höhe nach entsprechen.

Im Übrigen ist ein Posten inhaltlich wahr, wenn durch seine Bezeichnung sein Inhalt richtig wiedergegeben wird. Er ist wertmäßig wahr, wenn er in der richtigen Höhe ausgewiesen wird. Bei Schätzungen dürfen keine willkürlich festgelegten Werte aufgenommen werden.

Die im Rahmen der WEG-Buchführung getätigten Buchungen müssen ebenfalls den Grundsatz der Wahrheit erfüllen. Allerdings sind gerade im Bereich der Schätzungen, insbesondere aber bei Bewertungen, teilweise von der Handelsgesetzgebung abweichende Regelungen zu beachten.

Durch eine **zeitgerechte Buchung** soll verhindert werden, dass Geschäftsvorfälle einstweilen unverbucht bleiben und zunächst die Entwicklung abgewartet wird, um die Geschäftsvorfälle später anders darzustellen, als sie sich zugetragen haben, oder sie ganz außer Betracht zu lassen und im privaten Bereich abzuwickeln. „Zeitgerecht buchen" heißt aber nicht in jedem Fall, dass sofort gebucht werden muss. Vielmehr sollen die Geschäftsvorfälle verbucht werden, sobald die Verhältnisse des Betriebs oder der Geschäftsvorfall es erlauben.

Im Bereich der WEG-Buchführung ist die zeitgerechte Buchung insbesondere deshalb nötig, weil der Verwalter stets einen Überblick über die finanzielle Lage der Gemeinschaft haben muss, um zum Beispiel Beschlüsse der Wohnungseigentümergemeinschaft durchführen zu können. Sinnvoll ist eine zeitgerechte Buchung auch deshalb, weil sich sonst zum Jahresabschluss die Arbeit häufen würde. Außerdem kann die Wohnungseigentümergemeinschaft, wie bereits erwähnt, per Beschluss jederzeit Rechnungslegung vom Verwalter verlangen (§ 28 Abs. 4 WEG).

Es reicht jede **sinnvolle Ordnung** aus, die es einem sachverständigen Dritten ermöglicht, sich in angemessener Zeit einen Überblick über die Geschäftsvorfälle zu verschaffen. Eine Ordnung „der Zeitfolge nach" ist nicht unbedingt erforderlich.

„Eine Eintragung oder eine Aufzeichnung darf nicht in einer Weise verändert werden, dass der ursprüngliche Inhalt nicht mehr feststellbar ist. Auch solche **Veränderungen** dürfen nicht vorgenommen werden, deren Beschaffenheit es ungewiss lässt, ob sie ursprünglich oder erst später gemacht wurden."[6]

In konventionellen Buchführungssystemen dürfen keine unausgefüllten Zwischenräume gelassen werden. Sachkonten müssen durch doppeltes Unterstreichen als abgeschlossen gekennzeichnet werden etc.

Entsprechendes gilt für die EDV-Buchführung. Hier müssen Sicherungen und Sperren eingebaut sein, die nicht erkennbare Änderungen und Löschungen verhindern. Über Änderungen müssen Protokolle mit Angabe des Datums der Änderungen gefertigt werden.

6 § 239 Abs. 3 HGB.

Für die WEG-Buchhaltung gelten diese strengen Vorgaben nicht.

„Bei der Führung der Handelsbücher und der sonst erforderlichen Aufzeichnungen auf Datenträgern muss insbesondere sichergestellt sein, dass die Daten während der Dauer der Aufbewahrungsfrist **verfügbar** sind und jederzeit innerhalb angemessener Frist **lesbar** gemacht werden können.“[7]

Speicherbuchungen müssen ausdruckbereit sein. Die Ausdruckbereitschaft im Sinne einer ordnungsgemäßen Buchführung ist nur gegeben, wenn die Buchungen nach folgenden Maßstäben auf die Belege zurückverfolgbar ausgedruckt werden können:

- Zeitlicher und sachlicher Reihenfolge
- Übersichtlicher und verständlicher Form
- Vollständig und auszugsweise
- Innerhalb kurzer Zeit

Die **Aufbewahrungsfristen** nach § 257 Abs. 4 Handelsgesetzbuch (HGB) lauten wie folgt:

Zehn Jahre:	▪ Handelsbücher
	▪ Inventare
	▪ Eröffnungsbilanzen
	▪ Jahresabschlüsse
	▪ Lageberichte
	▪ Arbeitsanweisungen
	▪ Sonstige Organisationsunterlagen
Sechs Jahre:	▪ Empfangene Handelsbriefe
	▪ Wiedergaben der abgesendeten Handelsbriefe
	▪ Buchungsbelege

Die handelsrechtlichen Aufbewahrungsfristen sind nicht ohne Weiteres auf die Aufbewahrungspflicht des Verwalters anwendbar.

Vernichten darf der Verwalter keine Unterlagen, da es sich hier um Eigentum der Gemeinschaft handelt. Grundsätzlich unbefristet aufzubewahren sind die Teilungserklärung, die Gemeinschaftsordnung, die Abgeschlossenheitsbescheinigung, Aufteilungspläne, sämtliche Niederschriften über die Wohnungseigentü-

7 § 239 Abs. 4 HGB.

merversammlungen sowie alle Unterlagen, die auf Dauer für die Verwaltung des gemeinschaftlichen Eigentums erforderlich sind.

Für Abrechnungsunterlagen ist davon auszugehen, dass sie, sofern die Wohnungseigentümer nichts anderes beschlossen haben, aufgrund der 30-jährigen Verjährungsfrist bei Wohngeldforderungen mindestens 30 Jahre lang aufzubewahren sind.

Für die laufende Korrespondenz und für laufende Verwaltungsunterlagen ist von einer Aufbewahrungsfrist von sechs Jahren auszugehen.

Doppelte Buchführung

Es gilt das System der doppelten Buchführung, das heißt, jede Buchung wird doppelt gebucht: zuerst im Soll, dann im Haben. Bei der Buchung in den Konten wird jeweils ein Gegenkonto angegeben.

BEISPIEL 1

Kauf eines Rasenmähers per Banküberweisung, Preis 3.000 Euro
Buchung:

Soll	3.000	Konto: Anschaffungen	(Gegenkonto: Bank)
Haben	3.000	Konto: Bank	(Gegenkonto: Anschaffungen)

BEISPIEL 2

Guthaben über 24,83 Euro aus einer Stromabrechnung geht auf dem Girokonto ein.
Buchung:

Soll	24,83	Konto: Bank	(Gegenkonto: Strom)
Haben	24,83	Konto: Strom	(Gegenkonto: Bank)

Elemente der WEG-Treuhandbuchhaltung

Nach § 28 Abs. 3 WEG und zahlreichen obergerichtlichen Entscheidungen ist der Verwalter lediglich dazu verpflichtet, eine einfache Einnahmen-Ausgaben-Rechnung durchzuführen. Als Besonderheit beinhaltet die WEG-Abrechnung eine sogenannte Einzelabrechnung, die ihrerseits wiederum Anlagen (zum Beispiel die Heizkostenabrechnung) haben kann.

ARBEITSHILFE ONLINE

Die Einnahmenseite erfasst die Einnahmen von Wohngeldern (bzw. Hausgeldern).[8] Unter **Wohngeldern** versteht man die von den Eigentümern beschlossenen, pauschalen Abschläge auf die Jahresendabrechnung, die der einzelne Wohnungseigentümer zu bringen hat. Außer Wohngeldern hat eine Eigentümergemeinschaft viele weitere Möglichkeiten, Einnahmen zu erzielen, zum Beispiel Einnahmen aus Waschautomaten, Zinseinkünfte aus angelegten Geldern, Sondergebühren bei Einzügen von neuen Mietern oder Eigentümern, Vermietung gemeinschaftlichen Eigentums (Zigarettenautomaten, Werbeflächen, Parkplätze, Kellerräume etc.). Diese sonstigen Einnahmen der Gemeinschaft sind ebenfalls auf der Einnahmenseite der WEG-Treuhandbuchhaltung zu erfassen.

Auf der Ausgabenseite erscheinen die **üblichen Kosten**, die von manchen fälschlicherweise „Nebenkosten" genannt werden. Sie umfassen zum Beispiel die Verbrauchskosten für Wasser, Strom, Heizung, Personal (Hausmeister und Hausreinigung), Gartenpflege, Müllgebühren, Versicherungen, Bankgebühren, Verwaltungsgebühren, alle Arten von Reparaturen und die Zuweisung zur Instandhaltungsrückstellung. In einem weiteren Bereich der **sonstigen Kosten** können zum Beispiel Saalmieten für Eigentümerversammlungen erscheinen. Die Gliederung der Konten ist dem Verwalter überlassen; es gibt keinen vorgeschriebenen Kontenrahmen für Verwalter, obwohl das durchaus zweckmäßig wäre.

Vorschriften über die Art der Kontierung gibt es nicht. Streng genommen wäre es also möglich, alle Kosten aufzureihen und sie den Einnahmen des Jahres gegenüberzustellen. Dies ist allerdings unübersichtlich und gibt dem Eigentümer keinesfalls die Auskünfte, auf die er im Rahmen ordnungsgemäßer Verwaltung einen Anspruch hat. Nahezu jeder Verwalter, der keinem zentralen Rechenzentrum angehört, kontiert unterschiedlich.

Konten stellt man sich am besten als Schubladen in einem großen Schrank vor, wobei es dem Einzelnen überlassen ist, wie er die Schubfächer benennt und was er hineintut. Dabei soll die Kontierung eine Ordnung schaffen, die Auskunft darüber gibt, was und wie viel in den einzelnen Schubladen enthalten ist.

Die Schwierigkeit liegt in der Entscheidung, wie die einzelnen Buchungen kontiert werden. Bei den klassischen Konten (Wasserkosten, Stromkosten etc.) ist das sehr einfach. Schwieriger wird es bei Kosten, die mehreren Konten zugeordnet werden können. So muss man entscheiden, ob die Beratungskosten für einen Architekten

8 Die Begriffe „Wohngeld" und „Hausgeld" werden synonym verwendet. „Wohngeld" ist der geläufigere, „Hausgeld" der zweckmäßigere Begriff, da er die Verwechslung mit staatlicher Mietsubvention ausschließt.

den sonstigen Kosten oder der speziellen Reparaturmaßnahme zugeordnet werden oder ob sie gar als eigene Position unter den Beratungskosten erscheinen.

Bei der Entscheidung gilt der Grundsatz, dass Buchhaltung in ihrer Systematik nicht richtig oder falsch ist, sondern zweckmäßig oder unzweckmäßig. Leider schafft genau dieser Grundsatz Unsicherheit in der Kontierung, denn was zweckmäßig ist, entscheidet sich oft erst viel später. Legt man zu viele Konten an, ist die Kontinuität der Kontierung möglicherweise nicht gegeben, weil viele Konten in einem späteren Abrechnungsabschnitt nicht mehr benutzt werden. Möchte man dann Abrechnungszeiträume gegenüberstellen, ist ein direkter Vergleich nicht möglich. Schafft man zu wenige Konten, ist deren Inhalt unklar.

Die Kostenpositionen im Einzelnen

Die folgende Übersicht ist die Empfehlung für einen Kontenplan. Der Inhalt der Konten ist klar definiert bzw. voneinander abgegrenzt. Die voranstehenden Buchstabenkombinationen können entweder so verwendet oder durch vierstellige Zahlen ersetzt werden. Der Kontenplan sollte gebäudespezifisch erweitert bzw. gekürzt werden.

Konto	Bezeichnung	Erläuterungen
Einnahmekonten		
ABR	Abrechnung	
AOE	Außerordentliche Einnahmen	Automatenprovision, Zinsen Wohngeldbeitreibungen, Miete Reklametafeln, Verzugszinsen, Einzugspauschalen, Miete Garagen und Stellplätze
HZ	Habenzinsen	
WAMA	Waschküche	Waschmarkeneinnahmen, Instandhaltung Waschmaschinen und Trockner
WOHN	Wohngelder	Laufendes Wohngeld, Spitzenbeträge, Sonderumlagen
WOHNS	Wohngeldsaldo vom Vorjahr	

Konto	Bezeichnung	Erläuterungen
Ausgabekonten		
ABR 1-15	Durchgangskonto	Konten stehen zur freien Verfügung, zum Beispiel Sanierungen
AN	Anschaffungen	Neukauf mit höherem Anschaffungswert, zum Beispiel Rasenmäher, Staubsauger, Fahrradständer, Werkzeuge, Gartengeräte etc.
AUF	Aufzug — Sonstiges	TÜV Haupt- und Zwischenprüfung mit Datum oder Zeitraum der Prüfung, Beihilfe TÜV-Prüfung, Aufzugswärterprüfung, Kosten Notruftelefon, Kosten Bereitschaftsdienst
AUFW	Aufzugswartung	Monatliche, vierteljährliche, halbjährliche oder jährliche Wartung der Aufzugsanlage
BBK	Breitbandkabel	
BGEB	Bankgebühren	Dauerauftragsgebühren, Lastschriftgebühren, Bescheinigung der Bank für Zinsabschlagsteuer
DARLA	Aufwendungen für Darlehen	
EWE	Kosten für einzelne Wohnungseigentümer	Kosten, die das Sondereigentum betreffen (HK-Verteiler etc.) und von der WEG verauslagt wurden, Einzugspauschalen, Nichtteilnahme am Lastschrifteinzugsverfahren
GAR	Garagenkosten	Kosten, die nur Garagen betreffen, falls diese unabhängig von der WEG abgerechnet werden; zum Beispiel Reparaturen am Rolltor, Lichtanlage und CO-Warnanlage, Versicherungen, Strom, VWG etc.
GPF	Gartenpflege	Rasenmähen, Strächerschnitt, Abfuhr Schnittgut, Pflanzen, Ersatzbepflanzung, Dünger, Benzin für Rasenmäher, Gartenarbeiten (Hausmeister), Sandaustausch Sandkasten, Instandsetzung der Spielgeräte, Inspektion Rasenmäher (ohne Ersatzteile)
HEI	Heizungskosten	Heizöleinkauf, Gaslieferung, Abschläge der Stadtwerke für Fernwärme
HMAOK	Beiträge zur Sozialversicherung	Arbeitgeberanteil
HMAUF	Hausmeister — Aufwandspauschale	Den Bearbeitungs- und Prüfungsaufwand für nebenberufliche Hausmeister
HMFF	Hausmeisterfremdfirmen	Hausmeisterservice, Schmutzfangmatten, Reinigung durch Fremdfirmen, Bewachung des Gebäudes

Konto	Bezeichnung	Erläuterungen
HMLO	Hausmeisterlohn	Löhne und vermögenswirksame Leistungen für Hausmeister
HMLS	Lohnsteuer	
HMMIE	Mietzahlungen für Hausmeisterwohnung	
HMS	Hausmeister – Sonstiges	Berufsgenossenschaft, Kleidung, Telefon, Fahrtkosten, Meldung Sozialwahlen, Urlaubsvertretung etc.
HNK	Heizungsnebenkosten	Wartung der Heizungsanlage mit Datum, Kessel- und Brennerreinigung, Kaminreinigung, Abgasmessung, Zählerwartung (Warm- und Kaltwasserzähler) Überwachung, Betreuung und Pflege der Heizungsanlage Ablesung und Abrechnung der Heizkostenfirma Tankreinigung, TÜV-Prüfung Tank und Heizung, Stromkosten für den Betrieb der Heizungsanlage etc.
HRG	Hausreinigung	Löhne Hausreinigung
INS	Instandhaltung – Sonstiges	Schlösser, Schilder, Schlüssel, Baustoffe, Farben, kleines Werkzeug, Außentreppen, Instandsetzung Rasenmäher, Traktor und Kehrmaschine etc.
INSLO	Instandhaltung – Dienstleistung	
INSA	Instandhaltung – Aufzugsanlage	Reparaturen Aufzugsanlage, Störungsbeseitigung
INSALO	Instandhaltung – Aufzugdienstleistung	
INSH	Instandhaltung – Heizungsanlage	Reparaturen Heizungsanlage, Material Wartung Heizung
INSHLO	Instandhaltung – Heizungsanlage – Dienstleistung	
INSLLO	Instandhaltung – Licht- und Sprechanlage – Dienstleistung	
INSL	Instandhaltung – Licht und Sprechanlage	Reparaturen Licht-, Sprech-, Klingelanlage, Antennenanlage, Leuchten, Lampen
INSW	Instandhaltung – Wasseranlage	Reparaturen Wasseranlage, Rohrreinigung, Selbstbeteiligung bei LW-Schäden

Konto	Bezeichnung	Erläuterungen
INSWLO	Instandhaltung — Wasseranlage — Dienstleistung	
IRLGA	Instandhaltungs-rücklage	Zuweisung Rücklage gemäß Wirtschaftsplan, Sonderumlage, Sonderzuweisung auf Wunsch des Beirats/Verwalters durch Überschuss in der Jahresabrechnung
MG	Mahngebühren	
MUE	Müll — Sonstiges	Mülltüten, Müllsäcke, Altpapier, Sondermüll, Sperrmüll, Schädlingsbekämpfung im Müllraum, Trinkgelder Müllmänner
MUELO	Müll — Sonstiges — Dienstleistung	
MUEG	Müll — Gebühren	Monatliche und vierteljährliche Abschläge der Stadt oder Fremdfirma
MWST 19	Mehrwertsteuer 19 %	
MWST 7	Mehrwertsteuer 7 %	
OWAS	Oberflächenwasser-gebühr	
RB	Rechts- und Fachberatung	Laboruntersuchungen, Begehungen, Gutachten, Kosten Beschlussanfechtung, Beratung, Architektenhonorar
SCHW	Schwimmbad	Schwimmbadbedarf, staatliche Wasserprüfungen, Chlorbleiche, Chlorlauge, Prüfutensilien
SO	Sonstige Kosten	Saalmieten, Auslagen Beirat/Hausmeister, Porto, Lasten Beiratssitzung, Rechnungsprüfung, Kopien, Hausfest, Grabschalen, Trauerkränze, Eigentümergeschenke, außerordentliche EV, Wiederholungs-EV, Versammlungsraum Nebenkostenpauschale, Beiratspauschale, Unterschriftenbeglaubigung, Grundbuchauszug, Teilnahme Beiratsseminar, Ausbaubeitrag, Personenbefreiung, Aufzug, Bescheinigung Zinsabschlagsteuer etc.
STR	Heizstrom	Jahresabrechnung
STRG	Straßenreinigung	Vierteljährliche Abschläge der Stadt oder der Gemeinde
STRV	Stromverbrauch	Abschläge und Abrechnungen der Stadtwerke
SZ	Sollzinsen	
VBM	Verbrauchsmaterial	Reinigungsmittel, kleinere Hilfsmittel, zum Beispiel Besen, Streusalz etc.

Konto	Bezeichnung	Erläuterungen
VS	Versicherungsprämien	Versicherungsprämien: Leitungswasser, Sturm, Gewässer, Glas, Haftpflicht, Gebäude, Maschinen
VWG	Verwaltergebühren	Monatliche Abbuchungen gemäß Wirtschaftsplan
VZ	Verzugszinsen	
WAR	Wartungen	Revision Sprinkleranlage, Feuermeldeanlage, Dosieranlage, Parksystem, Notstromanlage, CO-Warnanlage, Schädlingsbekämpfung, Rauchabzugsanlage, Lüftungsanlage, Feuerlöscherprüfung, Brandverhütungsschau, Reinigung Benzinabscheider
WAS	Wasser — Sonstiges	Dosiermittel, Kaltwasser für Warmwasser (Jahresabschluss), Erstattung Gartenwasser
WASV	Wasserverbrauch	Frisch- und Abwasser, Abschläge und Abrechnungen der Stadtwerke
Vermögenkonten		
ADVWG	Abrechnungsdifferenz Vorverwaltung	
BA	Hauskonto der WEG	
DARL	Darlehen	
DLP	Durchlaufende Posten	Bankfehler durch Doppelabbuchung, Doppelzahlung einer Rechnung, Geld kommt zurück, Beträge, die nicht sofort zugeordnet werden können (Bankbeleg fehlt)
FGD	Festgeld	
HEIB	Heizölbestand	
IRLG	Instandhaltungsrücklage der WEG	
JEB	Jahreseröffnungsbuchungen	
KASSE	Hausmeister — Handkasse	
KPL	Kapitaleinlagen	
PZA	Pauschalen zur Abrechnung	Abschläge der Stadtwerke, aber nur, wenn Strom, Wasser, Heizung und Müll zusammen abgerechnet werden
RST	Rückstellungen	

Konto	Bezeichnung	Erläuterungen
SFG	Sonstige Forderungen Jahresabschluss	
SFGV	Sonstige Forderungen Vorjahr	
SOKO	Sonderkonto der WEG	
SOLI	Solidaritätszuschlag	
SPAR	Sparkonto der WEG	
SVT	Sonstige Verbindlichkeiten Jahresabschluss	
SVTV	Sonstige Verbindlichkeiten Vorjahr	
VSSCH	Versicherungsschäden	Schäden aller Art, die über das WEG-Konto abgewickelt werden, LW-Schaden, Brandschaden, Glasschaden, Sturmschaden (immer mit Datum)
WEPA	Wertpapiere	
ZAST	Zinsabschlagsteuer	

Wohn- und Hausgelder

Die Beiträge der Wohnungseigentümer an die Gemeinschaft gliedern sich grundsätzlich in vier verschiedene Bereiche:

1. Das sogenannte **laufende Wohngeld**, das monatlich oder vierteljährlich zahlbar ist
2. Die **Spitzenbeträge** aus der Jahresabrechnung, das heißt die vom Eigentümer nachzuzahlende Differenz zwischen seinen Vorauszahlungen und seiner tatsächlichen Kostenbelastung für das Wirtschaftsjahr
3. **Sonderumlagen**, die dem Eigentümer aufgrund besonderer Beschlüsse abverlangt werden
4. Beträge, die der Eigentümer aufgrund einer **vertraglichen Verpflichtung** an die Eigentümergemeinschaft entrichten muss (zum Beispiel Miete für Gemeinschaftsstellplätze)

Statistisch hat es sich inzwischen zu circa zwei Dritteln durchgesetzt, dass diese Beträge per Lastschriftverfahren vom Verwalter eingezogen werden. Das bedeutet, dass etwa zwei Drittel aller Eigentümer ihrem Verwalter eine Einzugsermächtigung erteilen. Um Probleme zu vermeiden, sollte Folgendes im Voraus bedacht werden:

1. Es führt beim Verwalter schnell zu Fehlern, wenn der Eigentümer sich selbst aussuchen kann, welche Teile seiner Belastungen er per Einzugsverfahren regeln will und welche nicht. In diesem Bereich muss das Entweder-oder-Prinzip gelten.
2. Manche Eigentümer haben einen Vorbehalt gegen jede Form von Einzug, da sie dies als einen Eingriff in ihren Besitz sehen. Eigentümer, die dem Verwalter keine Einzugsermächtigung erteilen, verursachen ihm einen erheblichen Mehraufwand. Es ist deshalb sinnvoll, entsprechende Organisationsbeschlüsse zu fassen, die es der Gemeinschaft gestatten, vom einzelnen Eigentümer zu verlangen, dass er per Lastschriftverfahren am Geldverkehr teilnimmt.

Exkurs: Einzahlungs-Auszahlungs-Abrechnung oder Einnahmen-Ausgaben-Abrechnung?

In den letzten Jahrzehnten hat die Rechtsprechung mehrfach entschieden, wie eine Abrechnung im Einzelnen erfolgen soll. Dabei gibt es einen grundsätzlichen Dissens zwischen der Rechtsprechung und den professionell und kaufmännisch ausgerichteten Verwaltungsunternehmen. Der Dissens besteht darin, dass die Rechtsprechung die Verwalter zu einer Einzahlungs-Auszahlungs-Abrechnung verpflichten will, während die Mehrzahl der Eigentümer und der professionellen Verwalter eine Einnahmen-Ausgaben-Abrechnung anstreben.

Wöhe[9] unterscheidet sowohl zwischen Einzahlungen und Einnahmen als auch zwischen Auszahlungen und Ausgaben: Einzahlungen können gleich Einnahmen sein (zum Beispiel ein Eigentümer zahlt Wohngeld auf das Konto der Gemeinschaft ein). Zahlungsvorgang und Einnahme sind hier eins. Dagegen sind Einzahlungen nicht gleich Einnahmen, wenn zum Beispiel ein Hausmeister das Geld der Waschmünzenkasse auf das Bankkonto einzahlt. Dies stellt einen reinen Aktivtausch dar, das heißt, die Gemeinschaft ist durch diesen Zahlungsvorgang nicht bereichert worden, sondern hat lediglich eine Verlagerung von einem Konto auf das andere durchgeführt: Die Waschmünzenkasse ist kleiner geworden und das Bankkonto hat sich gefüllt. Ferner gibt es Einnahmen, denen kein Einzahlungsvorgang gegenübersteht, wenn zum Beispiel die Eigentümergemeinschaft die Reparatur einer

9 Wöhe, Günter, Einführung in die allgemeine Betriebswirtschaftslehre, 19., neu bearb. Auflage, Vahlen, 1996.

mutwilligen Beschädigung mit den Eigentümern abgerechnet hat und der Verursacher dieser Beschädigung nach einem Jahr wider Erwarten die von ihm verursachten Kosten übernimmt. Mit der Erklärung der Übernahme der Kosten durch den Täter hat die Eigentümergemeinschaft eine Einnahme, deren Einzahlung aber erst später erfolgt.

Umgekehrt ist es bei den Ausgaben. Es gibt Auszahlungen, die Ausgaben darstellen (zum Beispiel die Zahlung der Kosten für Gas, Wasser und Strom an die Stadtwerke). Hier fließt effektiv Geld ab, um Kosten der Gemeinschaft zu begleichen. Es gibt auch Auszahlungen, die keine Ausgaben darstellen, wenn zum Beispiel die Eigentümergemeinschaft einen Betrag an den Hausmeister zur Verwendung in der Hausmeisterkasse überweist. Dieser Betrag fließt vom Bankkonto ab (Auszahlung). Ausgaben entstehen aber erst, wenn der Hausmeister das Geld für konkrete Käufe ausgibt. Umgekehrt gibt es auch Ausgaben, denen keine Auszahlungen gegenüberstehen, zum Beispiel wenn die Eigentümergemeinschaft eine Messdienstfirma mit der Durchführung der Heizkostenabrechnung beauftragt. Im Geschäftsjahr der Durchführung gibt es keine Rechnung, weil diese erst mit den Einzelabrechnungen erstellt werden. Damit ist eine Ausgabe ohne Auszahlung entstanden. Die Auszahlung entsteht erst im nächsten Jahr, wenn die Messdienstfirma tatsächlich dem Verwalter die Abrechnung zusendet.

Die Rechtsprechung verlangt,[10] dass der Verwalter nur Einzahlungen und Auszahlungen in seine Abrechnung aufnimmt. (Sie gebraucht hierfür die Begriffe der „tatsächlichen Einnahme“ und der „tatsächlichen Ausgabe“.) Diese strenge Vorschrift wird damit begründet, dass dies für den Eigentümer, sprich: den Endverbraucher, übersichtlicher und einfacher zu verstehen sei. Verkannt wird dabei, dass gerade das System einer kaufmännischen Einnahmen-Ausgaben-Abrechnung zur größtmöglichen Klarheit und Transparenz für den Eigentümer führt. Dieser Streit um die Systematik kann man auch den „Streit um ein kameralistisches oder ein kaufmännisches Abrechnungssystem“ nennen.[11]

Wie sich dem Eigentümer der Unterschied zwischen den beiden Abrechnungssystemen auf der Jahresabrechnung darstellt, wird an den folgenden vier Beispielen erläutert:

10 H. M., BayObLG, ZWE 2000, 135 f.

11 Siehe zu diesem Thema auch Schröder, Helmut und Münstermann-Schlichtmann, Bettina, Die Verwaltungsabrechnung im Wohnungseigentum eine „Milchmädchenrechnung?“, Wohnungseigentum 7/91, S. 174–178 und Giese, Dr. Olaf, Gedanken zur praxisgerechten Verwaltungsabrechnung in der Wohnungseigentumsverwaltung, Wohnungseigentum 3/93, S. 64–71.

Buchungssystem	Einzahlungs-Auszahlungs-Abrechnung	Einnahmen-Ausgaben-Abrechnung	Einzahlungs-Auszahlungs-Abrechnung	Einnahmen-Ausgaben-Abrechnung
Geschäftsvorfälle	**Kosten wirksam im Jahr 2010**	**Kosten wirksam im Jahr 2010**	**Kosten wirksam im Jahr 2010**	**Kosten wirksam im Jahr 2011**
Versicherungsschaden am 15.12.2010 an Versicherung gemeldet	Ja (als Kosten umgelegt)	nein	nein	nein
Versicherung bezahlt den Schaden am 15.1.2011	nein	nein	ja (als Sondereinnahme gutgeschrieben)	nein
Fehlüberweisung falsche WEG	ja	nein	ja	nein
Nachbelastung der Eigentümer für 2010 im Jahr 2011	nein	ja	ja	nein

BEISPIEL

Die handwerklichen Leistungen eines Versicherungsschadens werden am 15.12. der Versicherung in Rechnung gestellt und von der Versicherung Mitte Januar des darauffolgenden Jahres bezahlt. Nach kameralistischer Buchhaltung werden den Eigentümern die Handwerkerkosten im Jahr 2010 umgelegt und im Jahr 2011 als Sondereinnahmen wieder gutgeschrieben. Zum Zeitpunkt der Abrechnung im Frühjahr 2011 ist das Geld zwar wieder in der Kasse, muss aber aus der Logik dieses Abrechnungssystems als Kosten auf die Eigentümer umgelegt werden. Nach kaufmännischer Einnahmen-Ausgaben-Abrechnung treten diese Bewegungen nur im Vermögensbereich zutage, nämlich als Forderungen gegenüber den Versicherungen ab dem 15.12.2010 und im darauffolgenden Jahr als ausgebuchte Forderung des Vorjahres. Sie werden damit den Eigentümern in der Einzelabrechnung überhaupt nicht belastet.

BEISPIEL 2

Durch einen Zahlendreher werden die gesamten Einzüge des Monats Januar in der Gemeinschaft A versehentlich der Gemeinschaft B gutgeschrieben. Der Fehler wird nach wenigen Tagen entdeckt, Anfang Januar erfolgt die Umbuchung wertstellungsgenau zum 28.12.2010. In der kameralistischen Buchung entsteht dadurch bei der Gemeinschaft B eine hohe zusätzliche Einnahme. Diese muss den Eigentümern gutgeschrieben werden, obwohl zum Zeitpunkt der Abrechnung der Betrag schon nicht mehr zur Verfügung steht. Im schlimmsten Fall müsste der Verwalter eine Sonderumlage erheben, um ein Guthaben aus der Abrechnung auszahlen zu können, die er nach der Rückzahlung im Januar den Eigentümern als Kosten im darauffolgenden Jahr wieder abnimmt. Bei der Einnahmen-Ausgaben-Abrechnung bleibt auch diese Geldbewegung völlig außer Betracht, sie spielt sich dort nur im Bereich der Forderungen und Verbindlichkeiten ab.

BEISPIEL 3

Durch einen Bankirrtum wird der WEG A der Gesamtbetrag der Wohngeldeinzüge der WEG B zum 31.12.2009 gutgeschrieben. Am 3.1.2010 wird der Irrtum bereits bemerkt und der Betrag umgebucht. Zum Jahresende hat somit die WEG A einen Betrag von 20.000 Euro „zu viel" auf ihrem Girokonto. Nach strenger Einzahlungs-Auszahlungs-Abrechnung ist dieser Betrag als außerordentliche Einnahme den Wohnungseigentümern gutzuschreiben und im Rahmen der Jahresabrechnung als positive Abrechnungsspitze nach Miteigentumsanteilen auszubezahlen. Zum Zeitpunkt der Erstellung der Abrechnung ist dieser Betrag längst wieder zurückgeflossen und steht gar nicht mehr zur Verfügung. Also muss der Verwalter, da ihm die nötige Liquidität fehlt, eine Sonderumlage erheben, das Geld ausbezahlen und dies als außerordentliche Ausgabe des Jahres 2010 verbuchen. Zu solch offensichtlich wirren Zahlungsströmen gelangt man bei der strengen Einzahlungs-Auszahlungs-Abrechnung. Bei einer Einnahmen-Ausgaben-Abrechnung wäre der Betrag am Jahresende bei der Gemeinschaft A als Verbindlichkeit und bei der Gemeinschaft B als Forderung zu verbuchen. Damit wäre er für die Einzelabrechnung überhaupt nicht wirksam.

BEISPIEL 4

Die Stadtwerke erheben Abschläge. Eine Nachbelastung an die Eigentümer erfolgt erst im darauffolgenden Jahr. Nach kameralistischem Buchführungssystem ist der festgestellte Spitzenbetrag im Geschäftsjahr 2010 nicht erfasst, er erscheint als Kosten im Geschäftsjahr 2011. Dagegen wird bei der Einnahmen-Ausgaben-Abrechnung der Spitzenbetrag dem Verbrauch des Jahres 2010 zugeordnet und erscheint (weil nicht abgeflossen) in der Vermögensaufstellung unter „Verbindlichkeiten der Gemeinschaft". Im Jahr 2011 hingegen erscheint der Betrag nicht in den Kosten (da bereits belastet), es erfolgt lediglich die Ausbuchung der Verbindlichkeit durch Zahlung.

Einerseits setzt sich die Rechtsprechung vehement für das kameralistische Abrechnungssystem ein, andererseits vertritt sie diesen Standpunkt nicht uneingeschränkt. Inkonsequent verhält sich die Rechtsprechung in den folgenden zwei Beispielen.

a) Heizkostenabrechnung

Laut Heizkostenverordnung[12], und Energieeinsparungsgesetz[13] muss die Heizkostenabrechnung nach tatsächlichem Verbrauch erfolgen. Da dies allen anderen Bestimmungen vorgeht, verlangt auch die Rechtsprechung eine Heizkostenabrechnung nach tatsächlichen Kosten (also nach Verbrauch und nicht nach geflossener Geldmenge). Damit macht die Rechtsprechung eine Ausnahme und modifiziert an dieser Stelle das kameralistische Abrechnungssystem nach kaufmännischem Vorbild. Es wird der exakt gemessene Verbrauch des Heizöls in Rechnung gestellt; Restbeträge (Heizölbestand) spielen sich im Vermögensbereich ab.

Genau bei diesem Vorgang wird deutlich, dass die Vertreter der strengen Einzahlungs-Auszahlungs-Abrechnungsmethode dieses System nicht verstehen. Die Heizkostenabrechnung umfasst tatsächlich zwei Kostenarten:

- die Abrechnung der Brennstoffkosten und
- die Abrechnung der Dienstleistungskosten für Ablesung und Abrechnung.

Man könnte theoretisch den noch nicht verbrauchten Teil des Heizöls in eine besondere Kostenposition einstellen mit der Bezeichnung „Nicht verbrauchtes Heizöl“. Dieser Teil der Heizölkosten wird dann — weil vom Konto der WEG abgeflossen — nach strenger Einzahlungs-Auszahlungs-Abrechnung ebenfalls auf die Wohnungseigentümer umgelegt und ihnen im Folgejahr wieder entsprechend gutgeschrieben. Damit wäre für diese Kostenposition das strenge Geldabflussprinzip gewahrt. Bei den Dienstleistungskosten kann das nicht funktionieren. Sie werden von den Messdienstfirmen automatisch den Kosten des Heizungsverbrauchs zugeschlagen und damit automatisch für jeden einzelnen Eigentümer zu Kosten.

Der Betrag indes fließt vom WEG-Konto erst im Folgejahr ab. Wie man es auch dreht, dieser Betrag stellt in jedem Fall eine Verbindlichkeit der WEG gegenüber einem Dritten zum Jahresende dar. Wenn aber in einem Punkt die Kameralistik durchbrochen werden muss, fragt es sich, warum dieses System nicht allgemein aufgegeben wird, um den Eigentümern einen klaren Überblick über ihre gemeinschaftliche Vermögenslage zum Abrechnungszeitpunkt zu geben.

---

12 BGBl. I, S. 592.

13 RahmenG, das den Gesetzgeber ermächtigt, Verordnungen zur Energieeinsparung zu erlassen. Letzte Fassung v. 1.9.2005; siehe auch § 5a (zum Energieausweis) EnEG.

b. Instandhaltungsrückstellung

Es gibt angeblich einen zweiten Bereich, in dem die Einzahlungs-Auszahlungs-Abrechnung mit ausdrücklichem Segen der Rechtsprechung durchbrochen werden soll: Wenn der Verwalter am Ende des Jahres noch nicht alle Rücklagenbeträge „angelegt" hat, soll eine Art Ausweis ähnlich einer Verbindlichkeit erfolgen, und zwar in Höhe der noch nicht dem Sondervermögen „Rücklage" zugeführten liquiden Mittel. Diese Ansicht zeigt eine völlige Verwirrung über buchhalterische Grundlagen. Laut Rechtsprechung wird eine Rückstellung durch Zahlung von einem Bankkonto auf ein anderes tatsächliches Bankkonto gebildet. In Wirklichkeit verändert sich aber das Vermögen einer Eigentümergemeinschaft durch eine Überweisung nicht, denn ob Geld auf einem Girokonto, auf einem Festgeldkonto oder gar in Bundesschatzbriefen angelegt ist, wirkt sich lediglich auf die Verfügbarkeit dieses Geldes aus. Deshalb kann eine Rücklage auch nicht durch einen Zahlungsvorgang von einem Konto auf ein anderes gebildet werden, wie es in der Kameralistik heißt.

Bei kaufmännischer Buchhaltung hingegen kann die Rücklage an jedem beliebigen Tag des Jahres durch eine einfache Buchung gebildet werden. Der Buchungssatz heißt „Zuweisung zur Instandhaltungsrücklage"; der Ausweis tatsächlicher liquider Mittel erfolgt in der Vermögensaufstellung für jeden Eigentümer transparent und ersichtlich. Umgekehrt bedeutet die Auflösung von Rücklagen nur eine Gegenbuchung, nämlich einen Forderungsverzicht der Wohnungseigentümer an das Gemeinschaftskonto. Gäbe es diesen Forderungsverzicht — sprich: die Auflösung der Rücklage — nicht, wären die entsprechenden Kosten eben in die laufenden Kosten einzustellen. Auf gar keinen Fall kann man unter Auflösung der Rücklage die Überweisung von einem Sparbuch aufs Girokonto verstehen.

Die Einnahmen-Ausgaben-Abrechnung führt also zu einem ganz anderen Ergebnis als die Einzahlungs-Auszahlungs-Abrechnung. Trotz Vermögensaufstellung ist auch sie **keine** Bilanz. Eine Eigentümergemeinschaft macht grundsätzlich keine Gewinne oder Verluste, denn die Beiträge der Eigentümer sind für die Wohnungseigentümergemeinschaft keine Erträge, sondern Kostendeckungsbeiträge. Die Jahresabrechnung der Eigentümergemeinschaft führt also entweder zu einer Rückzahlungsverpflichtung der Gemeinschaft an den Einzelnen oder zu einer Nachzahlungsverpflichtung des Einzelnen an die Gemeinschaft. Deshalb scheiden alle Begriffe aus der kaufmännischen Erfolgsrechnung von vornherein aus. Das ändert nichts daran, dass die technischen Elemente der kaufmännischen Buchführung (doppelte Buchführung, Beachtung der Grundsätze ordnungsgemäßer Buchführung, Darstellungsform von Forderungen und Verbindlichkeiten in einer **bilanzähnlichen** Struktur) gewahrt werden können und sollten.

9 // 17 35 41 6 49

(7)

6 49

4 7 11 12 28 33

(7)

				17 72411 - BODELSHAUSEN (DE)	

-mag-16 EUR 1,00

	23,90	,130		**SCHWEICKART MODEN** STEIGSTRASSE 63 77820 - SONNENBUEHL (DE) deliver to : **SCHWEIKARDT MODEN** STEIGSTR.37-1 72820 - SONNENBUEHL	

: 18-mag-16 EUR 430,92

Die Entscheidung des BGH vom Juni 2005 zur Teilrechtsfähigkeit der WEG und ihre Aufnahme in das novellierte WEG vom Juli 2007 haben in diese Diskussion eine völlig neue Dimension gebracht: Der Gesetzgeber hat die Rechtsprechung zur Teilrechtsfähigkeit voll aufgenommen und definiert das Vermögen der WEG neu in § 10 Abs. 7: „Das Verwaltungsvermögen gehört der Gemeinschaft der Wohnungseigentümer. Es besteht aus den im Rahmen der gesamten Verwaltung des gemeinschaftlichen Eigentums gesetzlich begründeten und rechtsgeschäftlich erworbenen Sachen sowie den entstandenen Verbindlichkeiten. Zu dem Verwaltungsvermögen gehören insbesondere die Ansprüche und Befugnisse aus Rechtsverhältnissen mit Dritten und mit Wohnungseigentümern sowie die eingenommenen Gelder."

Das bedeutet nichts anderes, als dass sich das Vermögen der Gemeinschaft aus Geldvermögen und Forderungen einerseits und Verbindlichkeiten gegenüber Dritten und gegenüber den einzelnen Wohnungseigentümern andererseits zusammensetzt. Der Verwalter ist verpflichtet, aus seiner allgemeinen Rechnungslegungspflicht heraus mindestens einmal im Jahr über die Vermögenssituation der Gemeinschaft Auskunft zu erteilen. Die einzige Möglichkeit einer richtigen Auskunft ist eine vollständige Auskunft. Vollständig ist eine Vermögensaufstellung nur dann, wenn die Summe aller Forderungen einschließlich des Geldvermögens der Summe aller Verbindlichkeiten entspricht. Da gemäß § 10 Abs. 7 die Verbindlichkeiten gegenüber den Eigentümern Bestandteil der Vermögensübersicht sind, ist es logisch, dass das Ergebnis der Einnahmen-Ausgaben-Rechnung das gleiche sein muss wie die Verbindlichkeiten bzw. das Guthaben gegenüber den Wohnungseigentümern in der Vermögensübersicht. Dies führt zwangsläufig dazu, dass die Einnahmen-Ausgaben-Rechnung um solche Beträge korrigiert werden muss, die die Gemeinschaft entweder fordert oder noch zu zahlen hat, die aber auf dem Bankkonto der Gemeinschaft weder zu- noch abgeflossen sind.

Damit ist die von der Rechtsprechung seit Jahrzehnten geforderte sogenannte reine „Einzahlungs-Auszahlungs-Abrechnung„ ad absurdum geführt. Künftig hat der Verwalter eine sinnvolle Einnahmen-Ausgaben-Abrechnung unter Berücksichtigung offener Verbindlichkeiten und Forderungen zum Ende des Wirtschaftsjahres sowie der zugrunde liegenden Kosten aufzustellen. Dies ist wohlgemerkt weder eine Gewinn-und-Verlust-Rechung noch eine Bilanz. Damit entfallen dann endlich auch die absurden Darstellungen von Verbindlichkeiten der Gemeinschaft an sich selbst, wenn zum Beispiel die durch die Instandhaltungsrücklage finanzierte Geldanlage noch nicht zum Jahresende gebildet wurde. Es gibt dann auch keine Ausnahme von der „Einzahlungs-Auszahlungs-Abrechnung" mehr, weil diese nicht mehr existiert.

5.2.2 Trennung zwischen WEG- und Mietverwaltung

Abwicklung von Zahlungsströmen von Mietern über das WEG-Konto

Hier muss eine zweite Warnung ausgesprochen werden! Viele Verwalter akzeptieren die Abwicklung der Miet- und Nebenkostenzahlungen von Mietern über das WEG-Gemeinschaftskonto. Dies verstößt zwar nicht dem Buchstaben, wohl aber dem Sinn nach gegen **§ 27 Abs. 4 WEG**, laut dem das Vermögen der Gemeinschaft vom Vermögen des Verwalters getrennt gehalten werden muss. Werden aber Miet- und Nebenkosten über das WEG-Gemeinschaftskonto abgewickelt, werden Vermögens- und Geldbewegungen, die mit der WEG nichts zu tun haben, mit diesem Konto vermengt.

Auch aus kaufmännischer Sicht ist davon abzuraten. Wenn zum Beispiel der Mieter seinen Anteil der Nebenkosten auf das WEG-Konto transferiert und der Eigentümer nur den „Restbetrag" begleicht, führt jegliche Abrechnung und Unterabrechnung durch einen Mieterwechsel in der Treuhandbuchhaltung mit einer hohen Wahrscheinlichkeit zu Fehlern. Die WEG-Treuhandbuchhaltung sollte also unbedingt von allen Nicht-WEG-Buchungen freigehalten werden. Es besteht sogar die Gefahr, damit eine Untreuehandlung zu begehen.

ARBEITSHILFE ONLINE

Bedeutung der Buchungsvorschriften der Zweiten Berechnungsverordnung für den WEG-Verwalter

Die Praxis erhebt vielfach die Forderung, Kosten in solche Kostenarten zu unterteilen, die auf die Mieter umgelegt werden können, und in solche, die der Eigentümer auf jeden Fall selbst tragen muss. An dieser Stelle sei ausdrücklich davor gewarnt, dies ohne entsprechende Sorgfalt und Kritik zu tun. Die damit verbundene Problematik ist eine zweifache:

- Erstens decken sich die Kostenarten der WEG-Buchhaltung keineswegs mit den mietrechtlichen Kostenarten der Zweiten Berechnungsverordnung[14] — auch dann nicht, wenn es auf den ersten Blick so scheint. So verwendet zum Beispiel die Zweite Berechnungsverordnung den Begriff der „sonstigen Kosten", meint damit aber etwas völlig anderes als der WEG-Verwalter. Auch der Kostenpunkt „Aufzugswartung" bereitet Schwierigkeiten. Handelt es sich nämlich um eine Vollwartung, können diese Kosten keinesfalls komplett auf den Mieter

[14] Seit dem 1.1.2004 Betriebskostenverordnung (BetrKV) vom 25.11.2003, BGBl. I 2003/56, 2347.

abgewälzt werden. Vollwartungen enthalten auch eindeutig nicht abwälzbare Reparaturanteile. Gleiches gilt für den Hausmeister. Denn sobald der Hausmeister kleinere Reparaturen vornimmt oder kleinere Verwaltungsarbeiten erledigt, sind die Hausmeisterkosten nach mietrechtlichen Gesichtspunkten nicht mehr vollständig auf den Mieter abzuwälzen.

- Zweitens gibt es Kostenarten, die in der WEG-Abrechnung überhaupt nicht enthalten sind, aber sehr wohl mietrechtlich abgewälzt werden können. Dazu gehören bestimmte Steuern und Abgaben, zum Beispiel die Grundsteuer und die Oberflächenwassergebühr in manchen Bundesländern.

Deutlicher ist die Unterteilung bei Kostenarten, die auf gar keinen Fall an den Mieter weitergegeben werden können. Dazu gehören zum Beispiel die Zuweisung zur Instandhaltungsrückstellung, die Verwaltungsgebühren, die Bankgebühren für das gemeinschaftliche Treuhandkonto und alle mit der Verwaltung der Gemeinschaft unmittelbar zusammenhängenden Ausgaben (Saalmieten für Eigentümerversammlungen, Rechtsberatung, Beratung durch Sonderfachleute in Schadensfällen etc.).

Aus diesen Gründen ist den Verwaltern dringend zu raten, eine Abrechnung zu erstellen, die den Vorschriften und Gesetzmäßigkeiten der WEG Rechnung trägt, und es den Eigentümern selbst zu überlassen, aus der WEG-Abrechnung eine mietergerechte Abrechnung zu entwickeln.

Soweit die Gemeinschaftsordnung oder entsprechende Vereinbarungen der WEG es zulassen, kann der Verwalter dem Bedürfnis der Eigentümer nach einer mietergerechten Abrechnung entgegenkommen, indem er Folgendes beachtet.

Mietergerechte Abrechnung

1. **In Mehrhausanlagen werden die Verbrauchskosten bzw. die mietrechtlich abwälzbaren Kosten dem Haus zugeordnet, in dem sie entstanden sind.**
2. **Kosten für gemeinschaftliche Versicherungen (zum Beispiel Brandversicherungen) werden dem Haus zugeordnet, für das die Police gilt.**
3. **Wasser und Abwasserrechnungen erfolgen hausweise, und zwar möglichst nach gemessenem Verbrauch.**
4. **Stromkosten sollten über Stromzähler exakt nachvollziehbar sein, die Stromkosten des Aufzugs sollen vom sonstigen Strom getrennt ausgewiesen werden.**
5. **Auch Müll sollte nach Verbrauch abgerechnet werden. Bietet die Gemeinde dazu nicht die Möglichkeit, kann dies mithilfe einer Müllschleuse erfolgen.**
6. **Aufzugskosten sollten nicht in Hausteilen belastet werden, die keinen Anschluss an den Aufzug haben.**

7. Bei der Heizkostenabrechnung sollte das Energieeinsparungsgesetz, das heißt die Heizkostenverordnung, voll angewendet werden.
8. Der Hausmeister und das Reinigungspersonal sollten die Zeit für Reparaturen getrennt erfassen, um die dadurch entstandenen Kosten anschließend den Instandhaltungsmaßnahmen zuteilen zu können.
9. Unter Verbrauchsmaterial sollte man nur echtes Verbrauchsmaterial (zum Beispiel Putzmittel, Glühbirnen) verbuchen.
10. Laufende Instandhaltung sollte alle Positionen enthalten, die mit Reparatur zu tun haben (einschließlich der zu Reparaturen verwendeten Zeit des Hausmeisters). Bei der Gartenpflege müssen die rein pflegerischen Leistungen von den Instandhaltungen getrennt werden.
11. Sonstige Kosten, Rechts- und Beratungskosten, Anschaffungen und Verwaltungsgebühren sollten klar ausgewiesen werden.

TIPP

Der Verwalter sollte unbedingt seine Eigentümer darauf hinweisen, dass trotz aller Bemühungen, die WEG-Buchhaltung dem Mietrecht anzupassen, die Eigentümer als Vermieter nicht darauf vertrauen dürfen, dass aus einer WEG-Abrechnung ohne Weiteres eine Mietnebenkostenabrechnung abgeleitet werden kann!

Weiterhin ist zu vermerken, dass die obigen Ratschläge zur Anpassung der Abrechnung an die mietrechtlichen Vorschriften natürlich nur dort umgesetzt werden können, wo entweder die Teilungserklärung/Gemeinschaftsordnung oder eine Vereinbarung entsprechenden Inhalts dies möglich macht. Schreibt die Teilungserklärung/Gemeinschaftsordnung streng eine Kostenverteilung nach dem Verhältnis der Eigentumsanteile vor (§ 16 Abs. 2 WEG), entsteht ein nahezu nicht lösbarer Konflikt. Der vereinzelte Hinweis aus der Rechtsprechung, in solchen Fällen eine zweite Abrechnung zu erstellen, hilft nicht weiter, da in Mehrhausanlagen bei Nichttrennung der Kosten eine solche gar nicht möglich ist.

5.3 Die Jahresendabrechnung

Die in der Literatur vorgelegten Beispiele für Jahresabrechnungen von WEG-Verwaltern folgen dem Meinungsstreit über Form und Aufbau einer Jahresabrechnung, sei es nach kameralistischer (Einzahlungs-Auszahlungs-Abrechnung) oder nach kaufmännischer (Einzahlungs-Auszahlungs-Abrechnung) Methode.[15] Die hier dargestellte Abrechnung ist die **Einnahmen-Ausgaben-Abrechnung nach dem Bonner Modell**.[16]

5.3.1 Vorbereitung

Die Auffassung, der Computer löse alle Probleme, ist leider eine weitverbreitete Meinung. Tatsächlich „löst" die EDV überhaupt keine Probleme. Es bedarf einer sehr exakten Analyse der einzelnen Arbeitsschritte, um die vorhandene EDV und die für die Hausverwaltung erstellte Software optimal einzusetzen.

Eine Reihe dieser Schritte hat jedoch mit EDV nichts zu tun. Am Anfang steht die Überlegung, in welcher Form die Buchhaltungsunterlagen abgelegt werden sollen. Auch heute ist ein System, in dem Bankbelege körperlich aufbewahrt werden, allgemein üblich. Dafür gibt es zwei Verfahren:

- Der zum Bankbeleg gehörende Grundbeleg ist beim Bankbeleg abgeheftet.
- Der zum Bankbeleg gehörende Grundbeleg ist separat geordnet abgelegt.

Die einzelnen Schritte der Vorbereitung zur Jahresabrechnung[17]

1. Zur Vorbereitung der Jahresabrechnung ist das Protokoll der letzten Eigentümerversammlung auf eventuelle Änderungen im Verteilungsschlüssel, Sonderumlagen oder Kostenübernahmen aus der Instandhaltungsrücklage durchzugehen.
2. Weiterhin ist die laufende Buchhaltung insgesamt zu überprüfen, etwaige Buchungsfehler sind inhaltlich zu korrigieren.
3. Einsammeln externer Kassen, das heißt aller Arten von Sondergeldbeständen innerhalb einer Eigentümergemeinschaft, zum Beispiel Hausmeisterkassen, Waschmünzenkassen, Beiratskassen, Trocknerkassen etc.
4. Nachtrag der Zinsen aller Sparbücher, soweit die Eigentümergemeinschaft Gelder auf Sparbüchern festgelegt hat. Auch bei heute oft üblichen anderen Anlagemöglichkeiten ist der Zins zum Jahresende festzustellen und zu verbuchen.
5. Alle Zähler, die in der Jahresabrechnung eine Rolle spielen, sind zu berücksichtigen. Selbstverständlich aber nur dort, wo aufgrund der Gemeinschaftsordnung oder aufgrund bestandskräftiger Beschlüsse der Eigentümer die Zähl- und

15 Für eine ausführliche Darstellung der Jahresabrechnung siehe auch Deckert, ETW (Heft 5) S. 4/131 ff. und Bielefeld, Wohnungseigentümer, S. 554 ff.

16 Vgl. Stein, Wohnungseigentum, Gruppe 5, S. 523 und Röll, Wohnungseigentümer, Rz. 355.

17 Zur Vereinfachung werden hier Kalenderjahr und Buchungsjahr gleichgesetzt.

Messeinrichtungen Auswirkungen auf die Verteilung der Kosten innerhalb der Gemeinschaft haben. Ist dies nicht der Fall, können Abschläge der Stadtwerke und Abrechnungen unmittelbar übernommen werden. Externe Zähler können zum Beispiel sein: Stromzähler für Garagen, Einzeltreppenhäuser, Aufzüge und Heizung, besondere Zähleinrichtungen für Schwimmbäder und Saunen, einzelne Zähler für einzelne Wohnungseigentümer, die von der Gemeinschaft Strom beziehen (etwa Hobbyraum). Bei Ölheizungen ist der Restbestand im Öltank festzustellen, zu bewerten und zu buchen.

6. Es sind alle Rechnungen zu erfassen, die abgegrenzt werden müssen. Dies sind zum Beispiel Zahlungen, die das nächste Wirtschaftsjahr betreffen, oder Rechnungen, die erst nach dem Jahreswechsel eingehen, aber kostenmäßig das abzurechnende Jahr betreffen. Pragmatischerweise sind die Rechnungen abzugrenzen, die Auswirkungen auf Einzelabrechnungen, insbesondere bei vermieteten Wohnungen, haben werden. Mietrechtlich sind die Kosten so zu erfassen, wie sie auf der Verbrauchsseite entstanden sind — und nicht so, wie sie bezahlt worden sind. Bei den Kosten, die der Vermieter ohnehin nicht abwälzen kann, spielt die Abgrenzung eine untergeordnete Rolle. So können zum Beispiel Handwerksleistungen, die noch im Dezember erbracht, aber erst im Januar bezahlt wurden, bedenkenlos dem neuen Jahr zugeordnet werden. Anders ist es bei Wasser, Strom, Müll, Heizung, Heizungsnebenkosten, Hausmeisterkosten (einschließlich Lohnsteuer und Sozialversicherung!) etc.
7. Das Erstellen der Abrechnung beginnt damit, dass das Abrechnungspersonal die Grundlagen für die Abrechnung jeder konkreten Gemeinschaft überprüft. Dazu finden Sie am Ende dieses Kapitels ein **Abrechnungsgrunddatenblatt**, das alle zur Abrechnung wesentlichen Informationen enthält. Erstaunlicherweise rechnen fast alle Gemeinschaften ihre circa 30 verschiedenen Kostenarten auf verschiedene Weise ab (**Verteilungsschlüssel**!). Grundsätzlich gilt § 16 Abs. 2 WEG, wonach die Wohnungseigentümer dazu verpflichtet sind, die Lasten und Kosten des gemeinschaftlichen Eigentums nach dem Verhältnis ihrer Miteigentumsanteile zu tragen. Dies ist in der Praxis jedoch nicht gängig. Folgende Elemente können zu Abweichungen führen:
   - Separate Baukörper mit verschiedener Ausstattung innerhalb einer Gemeinschaft
   - Besondere Einrichtungen, wie Schwimmbäder, Saunen, Tiefgaragen
   - Besondere Nutzungsarten, zum Beispiel gewerbliches Teileigentum und Wohneigentum innerhalb einer Gemeinschaft mit verschiedenen Kostenarten und Kostenbelastungen
   - In solchen Fällen regelt vielfach die Gemeinschaftsordnung, wie bestimmte Kosten verteilt werden

   Anhand des Grunddatenblatts wird zunächst die Gesamtabrechnung erstellt. Dazu werden die Einnahmen und Ausgaben überprüft sowie die Forderungen und Verbindlichkeiten der Gemeinschaft zusammengestellt. Es ist eine gute Angewohnheit, das Ergebnis mit dem Ergebnis der Vorjahresabrechnung auf seine **Plausibilität** hin zu prüfen. Ergeben sich größere Abweichungen, sollten die Konten nochmals überprüft werden, um die festgestellte Abweichung zu erklären. Anschließend werden dem Verwaltungsbeirat ein Ausdruck der gesamten Buchhaltung einschließlich der Vermögensübersicht und der Personenkonten sowie alle weiteren relevanten Unterlagen zur Prüfung übergeben.

8. Gleichzeitig wird auch die **Heizkostenabrechnung** vorbereitet. Dazu werden die Nutzerlisten von den Messdienstfirmen benötigt. Dabei ist Folgendes zu beachten:
   - Zum Verbrauch an Heizmaterial werden alle das Jahr betreffenden Werte gerechnet. Bei Gas ist zu beachten, dass der Gasverbrauch für Dezember üblicherweise erst im Januar von den entsprechenden Versorgungsbetrieben bekannt gegeben wird, aber trotzdem in die Heizkostenabrechnung einzuarbeiten ist (**Abgrenzung**). Das Gleiche gilt für Fernheizung.
   - Bei Verwendung von Heizöl gilt: Anfangsbestand + Zukäufe — bewerteter Endbestand = Jahresverbrauch. Die Bewertung hat nach der sogenannten **FIFO-Methode** zu erfolgen. „FIFO" bedeutet „first in, first out", was an folgendem Beispiel erläutert werden soll.

BEISPIEL

Anfangsbestand	20.000 l	×	0,60 EUR	=	12.000 EUR
Kauf am 1. Aug	10.000 l	×	0,60 EUR	=	6.000 EUR
Kauf am 5. Dez	30.000 l	×	0,40 EUR	=	12.000 EUR
Insgesamt	60.000 l				39.000 EUR
Restbestand	20.000 l				

Zum 1. Januar des Abrechnungszeitraums wurden 20.000 Liter (Anfangsbestand) übernommen, die mit 0,60 Euro/Liter zu bewerten sind. Dies ergibt einen Geldwert von 12.000 Euro. Am 1. August und am 5. Dezember erfolgten Zukäufe im Wert von insgesamt 18.000 Euro, wobei zu beachten ist, dass der Zukauf zum 1. August mit 0,60 Euro/Liter und der Zukauf zum 5. Dezember mit 0,40 Euro/Liter zu bewerten ist. Für den Abrechnungszeitraum ergibt sich somit ein Gesamtkostenvolumen von 30.000 Euro. Von diesem Betrag ist der Restbestand zum 31. Dezember abzuziehen.

Den Wert des Restbestands ermittelt man wie folgt: Nach der FIFO-Methode geht man davon aus, dass der sich zum 31. Dezember im Tank befindende Restbestand ausschließlich aus der zweiten Lieferung stammt.

Der Verbrauch errechnet sich nun folgendermaßen:

Anfangsbestand	12.000 EUR		
1. Lieferung	6.000 EUR		
2. Lieferung	10.000 l	Rest à 0,40 EUR	4.000 EUR
Gesamtverbrauch	40.000 l		22.000 EUR

Im Abrechnungszeitraum wurden demnach 40.000 Liter für 22.000 Euro verbraucht.

Letzte Lieferung	30.000 l × 0,40 EUR = 12.000 EUR
Restbestand	20.000 l × 0,40 EUR = 8.000 EUR

Bei der FIFO-Methode geht man davon aus, dass das zuerst gelieferte Öl auch zuerst wieder verbraucht wird. Das heißt: Sind am 31. Dezember des Jahres noch 20.000 Liter Öl übrig, stammen diese ausschließlich aus der letzten Lieferung mit einem Wert von 0,40 Euro/Liter.

- Neben den Kosten für Heizmaterial sind der Messdienstfirma die Nebenkosten für die Heizung zu melden, die ebenfalls in die Heizkostenabrechnung eingehen, nämlich die für Emissionsmessungen, Heizstrom und Heizungswartung für das abzurechnende Jahr. Ablesungs- und Abrechnungskosten der Messdienstfirmen werden von diesen selbst übernommen.
- Für die Erstellung der Heizkostenabrechnung muss man einen Zeitraum von ein bis vier Wochen ansetzen, je nach momentaner Belastung der Messdienstfirma. Diese Zeit sollte genutzt werden, um die Prüfung der Jahresabrechnung mit dem Beirat vorzunehmen.

9. Die von der Messdienstfirma erstellte Heizkostenabrechnung ist dann in **Stichproben** und auf ihre **Plausibilität** hin zu prüfen. Dabei sollte der Verwalter einen Vergleich mit dem Vorjahr vornehmen. Bei Abweichungen von mehr als 20 % sollte der Verwalter die Ursache erkunden.
10. Die Einarbeitung der Heizkostenabrechnung in die Einzelabrechnungen ist heute vielfach per Datenträgeraustausch möglich. Bei manchen Messdienstfirmen ist Vorsicht geboten, da die Bezeichnungen der Wohnungen nicht mit den Bezeichnungen des Verwalters übereinstimmen.
11. Ein weiteres Problem sind die sogenannten **Zwischenabrechnungen**. Die Messdienstfirma nimmt unter Umständen mehrmals im Jahr Zwischenablesungen bzw. Zwischenabrechnungen vor. Es kommt auf den Servicegrad des Verwalters an, ob er diese zusammenfasst und in einer Summe darstellt. Eine Verpflichtung des Verwalters, getrennte Abrechnungen für einen Eigentümer zu erstellen, gibt es grundsätzlich nicht, dies kann aber zum Beispiel gegen eine Zusatzgebühr erfolgen.

12. Die geprüfte Abrechnung wird an die Eigentümer versendet. Der Beschluss in der Eigentümerversammlung ist Teil der Abrechnungsprozedur. Eine Abrechnung ist erst dann beendet, wenn sie in ihrer Konsequenz durchgeführt ist, also wenn die Spitzenbeträge ausgeglichen sind (Nachzahlungen und Rückzahlungen). Gerade dieser Teil wird nicht selten unterschätzt und kann zu Ärger in den kommenden Jahren führen.

Muster: Grunddatenblatt zur Jahresabrechnung

WEG: ☐

Quadratmeter gesamt ☐ Heizfläche ☐
Miteigentumsanteile ☐
Wohnungen ☐ Gewerbe ☐
Garagen ☐ Abstellplatz ☐

Kassen | Konten WEG Giro-Konto bei ____________
Hausmeister ja ☐ nein ☐ | Sparkonto ja ☐ nein ☐
Beirat ja ☐ nein ☐ | Festgeld ja ☐ nein ☐
Waschmaschinen ja ☐ nein ☐ | Wertpapiere ja ☐ nein ☐

Sondereinnahmen
Zigarettenautomat ja ☐ nein ☐ | Sauna ja ☐ nein ☐
Schwimmbad ja ☐ nein ☐ | Reklame ja ☐ nein ☐

Heizung und Wasser | Verteilungsschlüssel
Heizung Öl ☐ Gas ☐ FH ☐ | % – %
Wasser warm | % – %
Wasseruhren kalt ☐ warm ☐ | Ableser: ____________

Abrechnungsfirma Heizung/Warmwasser ____________
Kaltwasser ____________

Besonderheiten zur Abrechnung
Personenstände ja ☐ nein ☐
Umzugspauschale Betrag EUR ____________
Garagenmiete/Abstellplatzmiete ja ☐ nein ☐
Beiratsentschädigung Betrag EUR ____________
Garagenstrom Zähler-Nr.: ____________
Aufzugstrom Zähler-Nr.: ____________
Heizstrom Zähler-Nr.: ____________ ____ % pauschal
Breitbandkabel ja ☐ nein ☐
Verzugszinsen Wohngeld ja ☐ nein ☐ ____ %

Abb. 4: Grunddatenblatt zur Jahresabrechnung

5.3.2 Inhalt

Die Jahresabrechnung einer Eigentümergemeinschaft gemäß **§ 28 Abs. 3 WEG** sowie **§ 16 Abs. 2 WEG** muss folgende Punkte enthalten:

- Alle im Abrechnungszeitraum tatsächlich entstandenen Ausgaben in Zusammenstellung
- Alle zur Abrechnung verwendeten Verteilungsschlüssel, ggf. mit Erläuterung
- Alle im Abrechnungszeitraum zugeflossenen Einnahmen (Nutzung nach § 16 Abs. 1 WEG)
- Die Berechnung des jeweiligen Anteils des einzelnen Eigentümers an den Einnahmen und Ausgaben im Abrechnungszeitraum
- Die Berechnung der Nachzahlung bzw. des Guthabens unter Berücksichtigung der tatsächlich geleisteten Vorauszahlungen

Darüber hinaus muss der Verwalter nach den Vorschriften der §§ 666, 259 Abs. 1 BGB (Auskunfts- und Rechenschaftspflicht) und im Rahmen ordnungsgemäßer Verwaltung gleichzeitig mit der Jahresabrechnung einen schriftlichen Nachweis vorlegen über:

- Die Kontenstände der für die Wohnungseigentümergemeinschaft geführten Konten zu Geschäftsjahresbeginn und -ende
- Das sonstige Vermögen der Eigentümergemeinschaft (Sparbücher, Wertpapieranlagen und Festgelder)
- Die Höhe der Instandhaltungsrückstellung und eventueller anderer Rückstellungen inklusive der Zu- und Abgänge
- Verbindlichkeiten der Eigentümergemeinschaft gegenüber Wohnungseigentümern und Dritten
- Forderungen der Gemeinschaft gegenüber Wohnungseigentümern und Dritten
- Heizölbestand am Jahresende

5.3.3 Formvorschriften

Nach **§ 28 Abs. 3 WEG** sowie nach allgemeiner Rechtsmeinung ist der Verwalter lediglich zu einer reinen Einnahmen-Ausgaben-Abrechnung verpflichtet, in der nur die tatsächlich zugeflossenen Einnahmen und die tatsächlich gezahlten Ausgaben zur Verrechnung kommen.

Die Abrechnung muss

- den allgemeinen Anforderungen des § 259 BGB entsprechen, das heißt, eine geordnete Zusammenstellung mit sinnvoller Aufgliederung in einzelne Abrechnungspositionen enthalten.
- klar und übersichtlich gegliedert sein, sodass sie für eine juristisch, buchhalterisch und betriebswirtschaftlich nicht geschulte Person — den Eigentümer — nach zumutbarer Einarbeitungszeit nachzuvollziehen ist.

5.3.4 Gliederung der Gesamtausgaben

„Die Gesamtausgaben sind nach dem Grund und nach der Höhe in einzelnen Positionen auszuweisen."[18]

In der praktischen Anwendung empfiehlt es sich, die Kosten gemäß der Betriebskostenaufstellung der Anlage 3 zu § 27 der Verordnung über wohnungswirtschaftliche Berechnungen aufzustellen.[19] Auf die Problematik der Verschiedenartigkeit im Ansatz zwischen Wohnungseigentümergemeinschafts-Abrechnung und Mietabrechnung wird unter „Trennung zwischen WEG- und Mietverwaltung" eingegangen. Dem vermietenden Eigentümer wird durch die Erstellung einer Betriebskostenabrechnung nach der Gliederungsform der II. BV, soweit dies nach Teilungserklärung und Wohnungseigentumsgesetz möglich ist, vereinfacht.

Die Gliederung in der „Zweiten Berechnungsverordnung"[20] sieht folgendermaßen aus:

- Kosten der Wasserversorgung
- Kosten der Entwässerung
- Heizkosten (abzurechnen nach den entsprechenden Vorschriften über die verbrauchsabhängige Heizkostenabrechnung — Heizkostenverordnung)
- Kosten des Betriebs des maschinellen Personen- und/oder Lastenaufzugs
- Kosten der Straßenreinigung und der Müllabfuhr
- Kosten der Hausreinigung und der Ungezieferbekämpfung
- Kosten der Gartenpflege
- Kosten der Beleuchtung

[18] Vgl. Bielefeld, Ratgeber Wohnungseigentum, 7. neu bearbeitete Auflage, Verlag Deutsche Wohnungswirtschaft, 2003.

[19] Seit dem 1.1.2004 Betriebskostenverordnung (BetrKV) v. 25.11.2003 BGBl. I 2003/56, 2347.

[20] Seit dem 1.1.2004 Betriebskostenverordnung (BetrKV) v. 25.11.2003 BGBl. I 2003/56, 2347.

- Kosten der Schornsteinreinigung
- Kosten der Sach- und Haftpflichtversicherung
- Kosten für den Hauswart
- Kosten des Betriebs der Gemeinschaftsantennenanlage
- Kosten des Betriebs der maschinellen Wascheinrichtungen
- Sonstige Betriebskosten (zum Beispiel für Sauna oder Schwimmbad in gemeinschaftlicher Nutzung)

Zusätzlich zu den in der Berechnungsverordnung genannten Betriebskosten fallen folgende Kosten an, die grundsätzlich nicht auf den Mieter umgelegt werden können:

- Kosten für die Instandhaltung und Instandsetzung des gemeinschaftlichen Eigentums einschließlich der Beiträge zur Instandhaltungsrückstellung
- Kapitalkosten (Zins- und Tilgungsleistungen, soweit diese für gemeinschaftliches Eigentum anfallen)
- Verwaltungskosten (Entgelt für die Verwaltung des gemeinschaftlichen Eigentums = Verwaltungsentgelt)

5.3.5 Die einzelnen Positionen der Jahresabrechnung

Die erste Position ist der **Vortrag aus der Vorjahresabrechnung**. Sie ist ein Saldo zwischen allen Guthaben und Nachzahlungen sämtlicher Eigentümer aus dem vorangegangenen Geschäftsjahr. Die zweite Position ist die **Rundungsdifferenz**. Diese ergibt sich notwendigerweise, da die Verteilung der Kosten nach Miteigentumsanteilen (MEA), Quadratmetern oder Köpfen nie genau aufgeht. Bleiben aus der alten Abrechnung Beträge offen, so sind in der dritten Position **Rückstände und Guthaben** auszuweisen. Rückstände müssen von den Eigentümern an die Verwaltung bezahlt und Guthaben von der Verwaltung an die Eigentümer ausgeschüttet werden. Die vierte Position weist ggf. **Rückzahlungen** an Wohnungseigentümer aus überzahlten Wohngeldern auf. Unter der fünften Position **„Wohngeldzahlungen“** ist die Summe der tatsächlich eingegangenen Wohngeldzahlungen für das Abrechnungsjahr einzusetzen. In dieser Position decken sich also Einzahlungen und Einnahmen. Die sich aus dem Wirtschaftsplan ergebende Sollzahl kann ggf. außerhalb der Abrechnung mitgeführt werden, zum Beispiel um den Rechnungsprüfern die Notwendigkeit von Beitreibungsmaßnahmen zu belegen. **Sonstige Einnahmen** sind zum Beispiel Zinsen sowie Einnahmen aus Vermietungen und Verpachtungen. Viele Gemeinschaften haben durch einen Organisationsbeschluss entschieden, die Sondereinnahmen der Gemeinschaft der Instandhaltungsrücklage zuzuführen. Ist dies der Fall, so wird es in dieser Position ausgewiesen.

Damit ist die Zahl am Ende der Einnahmenseite genau der Geldbetrag, mit dem der Verwalter im abgelaufenen Geschäftsjahr gearbeitet und deshalb darüber in der Ausgabenseite Rechenschaft zu legen hat.

Die Positionen der **Ausgaben** sollen aus Übersichtlichkeits- und Verständnisgründen den Positionen der nachfolgenden Einzelabrechnungen entsprechen. Ausgabenpositionen, die sich aus mehreren Unterabteilungen zusammensetzen, werden in der ersten Kolonne zunächst sauber getrennt ausgewiesen und dann in einer zweiten Kolonne zusammengefasst (zum Beispiel Versicherungen, Instandhaltungsmaßnahmen). Diese zusammengefasste Zahl findet der Eigentümer in seiner Einzelabrechnung wieder. So ergibt sich, dass die Gesamtabrechnung ein sehr umfangreiches und detailliertes Zahlenwerk enthält, während die Einzelabrechnung kürzer, übersichtlicher und dennoch genau nachvollziehbar ist.

Damit ist die Zahl am Ende der Ausgabenseite genau die Summe aller Kosten der Gemeinschaft.

Eine Kostenposition ist die **Zuweisung zur Instandhaltungsrücklage**. Diese entspricht immer exakt dem Betrag, der im Wirtschaftsplan von den Eigentümern ausdrücklich definiert wurde. Genau um diesen Betrag haben sich die Forderungen der einzelnen Wohnungseigentümer gegenüber der Gemeinschaft in diesem Abrechnungsjahr erhöht.

5.3.6 Die Vermögensübersicht

Die kaufmännischen Verwalter betrachten die Vermögensübersicht als integralen Teil der Gesamtabrechnung. Sie besteht aus den Forderungen und den Verbindlichkeiten der Gemeinschaft zum Stichtag „Ende der Abrechnungsperiode“ (genauer Zeitpunkt, zum Beispiel 31.12.). Die Vermögensübersicht ist praktisch der große „Kassensturz“ am Ende der Abrechnungsperiode. Sie besteht auf der **Forderungsseite** aus:

- Forderungen gegen den Staat;
- Forderungen gegen die Banken, also Girokonto, Wertgeldkonto, Festgeldkonto etc.
- Forderungen gegen die Wohnungseigentümer, also die Nachzahlungsverpflichtungen der Eigentümer
- Alle sonstigen Forderungen, die sich in Geld ausdrücken lassen, zum Beispiel nicht erfüllte Rückzahlungen von Versicherungen, Überzahlungen von Konten der Stadtwerke oder weitere Forderungen gegen Dritte gleich welcher Art

- Der in Geld umgerechnete Bestand an Heizöl

Dagegen stehen auf der **Verbindlichkeitenseite** alle Verbindlichkeiten der Gemeinschaft:

- Verbindlichkeiten gegenüber Banken, zum Beispiel durch überzogene Bankkonten
- Verbindlichkeiten gegenüber dem Staat, zum Beispiel noch ausstehende Lohnsteuern des letzten Quartals
- Verbindlichkeiten gegenüber den Versorgungsunternehmen, zum Beispiel Mehrverbrauch über pauschale Vorauszahlungen
- Verbindlichkeiten gegenüber einzelnen Eigentümern, zum Beispiel Differenz zwischen Wirtschaftsplan und tatsächlichen Kosten
- Instandhaltungsrücklage

5.3.7 Exkurs: Warum steht die Instandhaltungsrücklage auf der Seite der Verbindlichkeiten?

Die Instandhaltungsrücklage kann niemals auf einem Konto liegen, sie kann allenfalls zur Finanzierung von Anlagekonten herangezogen werden. Sie ist die Mittelherkunfts- und nicht die Mittelverwendungsseite.

Ein theoretisches Gedankenspiel zur Erläuterung: Eine Eigentümergemeinschaft wird aufgelöst. Wir beginnen, jeden einzelnen Punkt der Vermögensübersicht zu erfüllen. Wir holen die Hausmeisterkasse, wir leeren das Girokonto und lösen das Festgeldkonto auf, wir lassen uns von den Stadtwerken die Überzahlung des letzten Jahres zurückzahlen und wir verlangen von der Versicherung einen noch nicht ausgezahlten Versicherungsschaden. Wir fordern von den Wohnungseigentümern die Abrechnungsspitzen des alten Jahres und schließlich verkaufen wir das vorhandene Heizöl zum angegebenen Wert. Das erhaltene Geld ist die Gesamtsumme der Forderungen der Gemeinschaft plus das in Geld bewertete Vermögen der Gemeinschaft.

Jetzt zahlen wir an das Finanzamt die noch ausstehende Lohnsteuer, wir zahlen die Überzahlungen an einzelne Eigentümer zurück und leisten alle weiteren Zahlungen. Der Restbetrag (Differenz zwischen eingelösten Forderungen und ausgezahlten Verbindlichkeiten) stellt exakt die Instandhaltungsrücklage der Gemeinschaft dar und **muss ebenfalls an die Eigentümer zurückgegeben werden**.

Deshalb steht die Instandhaltungsrücklage auf der Verbindlichkeitenseite der Vermögensübersicht.

Damit ist auch klar, dass die Höhe der Forderungen der Wohnungseigentümer mit dem tatsächlichen, aktuellen Geldbestand nichts zu tun hat. Natürlich ist es möglich, eine betragliche Identität zwischen Rücklage und angelegten Geldern herzustellen, beispielsweise durch eine weitere Geldmittelrücklage zur Finanzierung all der Beträge, die einerseits der Gemeinschaft Liquidität entziehen, andererseits Vermögen darstellen. Beispielsweise müsste man in diesem Fall das Heizöl im Heizöltank durch eine Heizölreserve gegenfinanzieren. Dazu müssten die Eigentümer zusätzliches Geld aufbringen, um den Heizölrestbestand zu finanzieren. Dann wäre dieser Betrag bei den Verbindlichkeiten einzufügen, die natürlich als liquide Mittel auf der Vermögensseite ebenfalls zu erscheinen haben. Die Gesamtaddition erhöht sich damit um den Betrag für das Heizöl.

5.4 Prüfung der Jahresabrechnung durch den Verwaltungsbeirat

Gemäß **§ 29 Abs. 3 WEG** sollen der Wirtschaftsplan, die Abrechnung über den Wirtschaftsplan, Rechnungslegungen und Kostenanschläge vom Verwaltungsbeirat geprüft und mit dessen Stellungnahme versehen werden, bevor die Wohnungseigentümerversammlung über sie beschließt. Damit hat der Beirat, neben seiner unterstützenden Aufgabe, eine deutliche Prüfpflicht. In der Versammlung soll der Beirat seine (persönliche) Stellung bekannt geben und er kann auch seinerseits Vorschläge machen. Die endgültige Entscheidung trifft aber die Versammlung.

Die Prüfung soll sich auf die rechnerische und sachliche Richtigkeit der Jahresabrechnung beziehen. Bei der rechnerischen Prüfung werden Einnahmen und Ausgaben einander gegenübergestellt und die Differenzen überprüft. Der Saldo muss mit den ausgewiesenen Kontoständen übereinstimmen. Bei der sachlichen Prüfung werden die Belege auf ihre Vollständigkeit und richtige Zuordnung überprüft.[21] Weiterhin wird kontrolliert, ob bei den Einzelabrechnungen die richtigen Verteilungsschlüssel angewendet wurden.

[21] Siehe hierzu auch Bielefeld, Wohnungseigentümer, S. 567 f.

Um dem Beirat diese wichtige Aufgabe zu erleichtern, müssen ihm vorab die entsprechenden Unterlagen zugesendet werden. Das folgende Kapitel ist eine Anregung, welche Informationen dies sein können.

5.4.1 Prüfungsunterlagen für den Verwaltungsbeirat

Zunächst sollte sich der Verwalter bei dem prüfenden Beirat bedanken, dass dieser sich im Namen der Eigentümergemeinschaft ehrenamtlich bereit erklärt, die Jahresabrechnung zu prüfen. Der Verwalter sollte dem Beirat anbieten, ihn zu unterstützen, damit die Prüfungsarbeiten möglichst effizient und zeitsparend durchgeführt werden können.

Ziel einer jeden Rechnungsprüfung ist zunächst einmal die Feststellung, dass die vorgelegte Abrechnung nur Zahlen enthält, die die Eigentümergemeinschaft betreffen, dass die Verbuchung korrekt ist und dass sich die Ausgaben im Rahmen des Wirtschaftsplans bzw. der Beschlüsse der Eigentümergemeinschaft bewegen (eventuelle erhebliche Überschreitungen sind erklärungsbedürftig).

Darüber hinaus soll die Prüfung dazu dienen, die Arbeit des Verwalters zu würdigen: Hat er sich bemüht, kostengünstig für die Gemeinschaft zu operieren? Hat er Angebote eingeholt und verglichen, wo immer es erforderlich war? Macht die Arbeit, die sich in den Zahlen niederschlägt, einen ordnungsgemäßen Eindruck? Um solche und ähnliche Fragen geht es an dieser Stelle.

Zur Vorbereitung sollten dem Beirat folgende Unterlagen mit entsprechender Erklärung übersandt werden.

Die Gesamtabrechnung

Die Einnahmen-Ausgaben-Abrechnung enthält die Endsalden aller Einnahmen-, Personen- und Ausgabenkonten. Sie ist Grundlage der Einzelabrechnung und wird später mit dieser an alle Eigentümer versandt.

Die Vermögensübersicht enthält die Endsalden aller Bestandskonten und gibt damit über alle Forderungen und Verbindlichkeiten der Gemeinschaft zum Abrechnungsstichtag Auskunft.

Das vollständige Journal

Das Journal ist die chronologische, tagesgenaue Aufzeichnung sämtlicher Buchungsbewegungen der betreffenden Gemeinschaft. Tagesgenau, so wie im Journal ausgewiesen, finden sich anlässlich der späteren Belegprüfung die Bankauszüge mit den dazugehörenden Belegen.

Die als Anlage beigeheftete „Kontierungsliste" gibt Auskunft über die den Konten zugeordneten Zahlungsvorgänge.

Das Journal braucht rechnerisch nicht überprüft zu werden, da es sich unter Einschluss der Eröffnungs- und Abschlussbuchungen der Bank sozusagen selbst kontrolliert.

Der neue Wirtschaftsplan

Mit den vorgenannten Abrechnungsunterlagen erhält der Beirat in aller Regel den Wirtschaftsplan des kommenden Jahres. Da das bereits abgelaufene Wirtschaftsjahr geprüft wird, liegt somit zwischen Wirtschaftsplan und Abrechnung ein Zeitraum von zwei Jahren.

Es hat sich bewährt, den Beirat darauf hinzuweisen, was er schon zu Hause vorbereiten und prüfen kann.

Vermögensübersicht

Hier empfiehlt sich ein Vergleich der einzelnen Positionen mit dem entsprechenden Vorjahresstand; dies verdeutlicht die Entwicklung im Prüfungszeitraum.

Geldanlage und Instandhaltungsrücklage sollten in der Größenordnung übereinstimmen. Differenzen können durch Forderungs- bzw. Verbindlichkeitsüberhänge begründet sein oder aber durch größere Heizölvorräte. In letzterem Fall besteht ein Teil des Vermögens sozusagen aus „schwarzem Gold".

Personenkonten

Eine grobe Überprüfung der Personenkontenübersicht bzw. der Personenkonten ist sinnvoll, um die Zahlungsmoral der Miteigentümer und darüber hinaus die Effizienz des Mahnwesens des Verwalters beurteilen zu können.

Nicht geprüft werden muss die Richtigkeit und Verbuchung der einzelnen Zahlungen. Dies ist Sache des jeweiligen Wohnungseigentümers anlässlich der späteren Einzelabrechnung.

Vorprüfung der Ausgabenkonten

Zweckmäßigerweise sollten vorrangig die Konten bzw. Positionen betrachtet werden, die schon Markierungen auf der Einnahmen-Ausgaben-Abrechnung erhalten haben. Sollten hieraus nicht alle Fragen beantwortet werden, so müssen die betreffenden Positionen für die Belegprüfung vorgemerkt werden.

Dieser Aufwand kann natürlich dann zumindest teilweise entfallen, wenn der Beirat bereits unterjährig die entsprechenden Rechnungen zur Überprüfung und Freizeichnung erhalten hat.

5.4.2 Belegprüfung beim Verwalter

Die Belegprüfung beim Verwalter gibt dem Beirat Gelegenheit, alle auftretenden Fragen zu klären, denn dort stehen zusätzlich zur Verfügung:

- Die Bankauszüge
- Sämtliche Belege
- Alle sonst erforderlichen Unterlagen: Vertrags-, Versicherungs- und alle weiteren Unterlagen, die im Zusammenhang mit dem Rechnungswesen der Eigentümergemeinschaft eine Rolle spielen
- Der Verwalter, der gerne Auskünfte erteilt: Es liegt durchaus im Interesse des Verwalters, dass die Rechnungsprüfer nach Abschluss der Prüfung ein sicheres Gefühl und zudem die Überzeugung haben, dass auch in diesem Bereich korrekt und interessenwahrend für die Eigentümergemeinschaft gearbeitet wurde

Was der Beirat nun konkret prüft, obliegt natürlich ausschließlich seiner persönlichen Entscheidung. Trotzdem auch hier einige Anregungen

- **Grundsätzliche Möglichkeiten:** Die lückenlose Prüfung ist in der Regel nicht empfehlenswert und aus Zeitgründen allenfalls in Kleinstgemeinschaften möglich. Stichproben sind zweckmäßiger, zum Beispiel von allen Belegen/Vorgängen, die einen gewissen Betrag übersteigen, und/oder zwei bis drei Abschnitte lückenlos und/oder einen bestimmten Prozentsatz der Buchungsvorgänge und/oder einen bestimmten Kostenbereich und/oder Überprüfungen nach dem Zufallsprinzip.
- **Muss-, Soll- und Kann-Positionen:** Bei keiner Prüfung sollte auf nachstehende Positionen verzichtet werden: Vergleich des Banksaldos per Anfang und Ende der Abrechnungsperiode mit dem Saldo im Journal, in der Gegenkontenübersicht und in der Vermögensübersicht; Vergleich der Geldbestände wie Sparbuch, Festgeld oder sonstige Anlagekonten mit dem Saldo in der Vermögensübersicht; eventuelle größere Sanierungen und Ähnliches.
  Zweckmäßigerweise sollten alle Fragen, die anlässlich der Beschäftigung mit den Zahlen aufgetreten sind, und die Stichproben geprüft bzw. geklärt werden.

Freibleibend kann alles Übrige in Augenschein genommen werden, bis hin zur lückenlosen Prüfung.

5.4.3 Prüfungsgespräch und Abschluss

Nach Beendigung dieser Arbeiten bittet der Verwalter den Beirat, das Prüfungstestat auszufertigen. Dieses Testat ist sozusagen der „Schlussstein" für die Erstellung der Gesamtabrechnung und Gegenstand einer kurzen Feststellung in der kommenden Eigentümerversammlung. Häufig werden im Abschlussgespräch zusätzlich weitere Vorbereitungen für die Eigentümerversammlung besprochen.

Nach Freigabe der Abrechnung durch das Testat veranlasst der Verwalter die Erstellung der Einzelabrechnungen. Dann gehen üblicherweise Gesamt- und Einzelabrechnung sowie Wirtschaftsplan zusammen mit der Einladung zur Eigentümerversammlung an die Wohnungseigentümer.

Falls jedoch in der Versammlung noch konkret entschieden werden soll, ob beispielsweise besondere Entnahmen aus der Rücklage erfolgen sollen oder nicht, wird zunächst nur die Gesamtabrechnung versandt und (ausnahmsweise) die Einzelabrechnung später nachgeliefert.

Wenn alles gut vorbereitet ist, sollte der Zeitaufwand des Verwalters bei maximal drei Stunden für ein mittelgroßes Haus mit bis zu 100 Einheiten liegen.

5.4.4 Prüfungsbestätigung – Musterformular

Prüfungsbestätigung

für Objekt: ______________________________

Straße: ______________________________

Ort: ______________________________

Die für die Prüfung der Jahresabrechnung vom ____________
bis ____________
erforderlichen Unterlagen standen mir/uns zur Verfügung.
Notwendige Aufklärungen wurden uns bereitwillig von
______________________________ erteilt.

Bemerkungen:

____

____

____

____

____

- ☐ Nach erfolgter Prüfung wurde der Wirtschaftsplan für in Ordnung befunden.
- ☐ Nach erfolgter Prüfung wurde die Abrechnung für in Ordnung befunden.
- ☐ Vorbehaltlich der unter „Bemerkungen" angeführten Punkte, die noch der Korrektur bedürfen, wird die Abrechnung für in Ordnung befunden.

Unterschrift des/der Rechnungsprüfer/s

____

____

____

____

Datum

____

Abb. 5: Musterformular für die Prüfungsbestätigung der Jahresabrechnung

5.5 Die Jahreseinzelabrechnung[22]

Wie im vorangehenden Kapitel schon kurz angerissen, ist die vom Verwalter erstellte Abrechnung zweistufig: Erstens erscheinen in der Jahresgesamtabrechnung alle Einnahmen und Ausgaben der Gesamtgemeinschaft im abgerechneten Wirtschaftsjahr, zweitens werden in den Einzelabrechnungen die festgestellten Kosten auf jeden Einzelnen verteilt.

Die Abrechnung ist ein extrem komplexes Geflecht von Übersichten, Vergleichen und Darstellungen tatsächlicher Beträge, Sollzahlen und Differenzen zwischen Einnahmen und Ausgaben. Die Komplexität der Abrechnung erklärt, warum die Handhabungen in Rechtsprechung und Praxis häufig kontrovers verlaufen.[23]

In jedem Fall sollten für den Eigentümer Parallelen zur Gesamtabrechnung erkennbar sein. Deshalb muss die Einzelabrechnung die gleichen Positionen und Verteilungsschlüssel wie die Gesamtabrechnung enthalten.

5.5.1 Die Verteilung der Kosten in der Einzelabrechnung

Mit § 16 Abs. 2 regelt das WEG, dass die Wohnungseigentümer einander im Verhältnis ihrer Miteigentumsanteile (MEA) zum Ausgleich verpflichtet sind, das heißt, der gesetzliche Verteilungsschlüssel ist der Miteigentumsanteil. Kein Verwalter sollte ohne Not von diesem Schlüssel abweichen. § 16 Abs. 2 fordert keine Leistungsgerechtigkeit der Kosten. Es war den Gesetzgebern klar, dass eine Leistungsgerechtigkeit von Kosten in ein Labyrinth von Forderungen und Gegenforderungen führen würde. Die Väter des WEG wollten jedoch klare Regelungen haben, was mit der Kostenteilung nach MEA erreicht ist. Andererseits widerspricht diese Abrechnungsform eklatant dem Gerechtigkeitssinn. Es gibt nahezu keine Kostenart, bei der man nicht Einwände gegen eine Verteilung nach MEA vorbringen könnte.

[22] Für eine ausführliche Darstellung der Einzelabrechnung siehe auch Deckert, ETW, Heft 5, S. 4/137 ff.

[23] In Nordamerika wird die Jahresabrechnung anders gehandhabt. Dort stellt der Verwalter lediglich einen Wirtschaftsplan auf, aufgrund dessen die Eigentümer einen bestimmten Pauschalbetrag einzahlen. Eine Einzelabrechnung erfolgt überhaupt nicht. Wurde der Plan übererfüllt, wird der überschießende Betrag in der nächsten Abrechnung vorgetragen; wurde mehr ausgegeben als geplant, wird aus der vorhandenen Liquiditätsrücklage zugeschossen und gleichzeitig die Vorauszahlungen erhöht. Das macht die Abrechnung natürlich extrem einfach. In Deutschland ist aufgrund verschiedenster Vorschriften (unter anderem der Heizkostenverordnung) ein solches Verfahren völlig undenkbar.

In vielen Kostenpositionen wird inzwischen aufgrund überlagernder Gesetze oder individueller Handhabung der Eigentümer von diesem Kostenschlüssel abgewichen. Fangen wir bei den gesetzlichen Abweichungen an:

- Heiz- und Warmwasserkosten
- Kosten der verbrauchsabhängigen Verteilung (Messdienstfirma)
- Kaltwasserkosten

Häufig vereinbarte Abweichungen von der in § 16 Abs. 2 WEG vorgeschriebenen Abrechnung nach MEA:

Abrechnungsposten	Abrechnung nach
Müll	Personen pro Haushalt oder nach Verbrauch
Hausmeister	Wohnungseinheit
Hausreinigung	Wohnungseinheit
Aufzugskosten	Prozent der Stockwerke
Verwaltungskosten	Wohnungseinheit
Garagenkosten (Strom, Handwerker)	Garageneinheit
Antennengebühren	Wohnungseinheit
Messeinrichtungen (Warm- und Kaltwasseruhren)	Stückzahl der Messgeräte

Tab. 7: Abrechnung nach MEA

Eine Veränderung der Kosten- und Lastenverteilung setzt gemäß Urteil des BGH vom 20.9.2000 in jedem Fall eine gültige Vereinbarung voraus.

Egal welche Verteilungsschlüssel vereinbart wurden, sie müssen in Wirtschaftsplan, Gesamtabrechnung und Einzelabrechnung übereinstimmen. Um Unklarheiten zu beseitigen, muss zu jeder Kostenposition in der Abrechnung der jeweilige Verteilungsschlüssel ausgewiesen sein. Zusätzlich zu den eigenen Anteilen und Einheiten muss der Eigentümer klar den Bezug zur Gesamtgröße erkennen können.

Würden beispielsweise die Heizungsnebenkosten in der Abrechnung nach dem Verteilungsschlüssel „Quadratmeter" abgerechnet, müssten aus der Abrechnung des Eigentümers nicht nur seine anteiligen Quadratmeter, sondern auch die zugrunde liegende Gesamtquadratmeterzahl zu ersehen sein.

5.5.2 Die Jahreseinzelabrechnung bei Eigentümerwechsel

Gemäß **§ 28 Abs. 3 WEG** hat der Verwalter für jede Eigentumseinheit eine Einzelabrechnung zu erstellen. Doch leider ist es mit nur einer Abrechnung nicht immer getan. Verkauft zum Beispiel Eigentümer A seine Wohnung zum 30.6. an Eigentümer B, so einigen sich die Eigentümer meist, dass Eigentümer A lediglich die Kosten bis zum Zeitpunkt des Verkaufs tragen muss. Die Frage ist nun: Muss der Verwalter in solchen Fällen die Kosten des ersten Halbjahres Eigentümer A und diejenigen des zweiten Halbjahres Eigentümer B zuordnen? Oder genügt eine einzige Abrechnung am Jahresende?

Obwohl sich die Rechtsprechung mit diesem Problem mehrfach intensiv auseinandergesetzt hat, ist die Frage noch nicht abschließend entschieden. Klar ist: Zahlungsverpflichtet ist immer der im Grundbuch eingetragene Eigentümer, damit sind Wohngeldvorauszahlungen von demjenigen zu leisten, der zum Zeitpunkt ihrer Fälligkeit als Eigentümer im Grundbuch eingetragen ist. Dies gilt grundsätzlich für alle Zahlungsverpflichtungen, egal ob sie als Sonderumlagen, laufendes Wohngeld oder in der Abrechnungsspitze fällig werden.

Laut gesetzlicher Vorschrift sind also alle Zahlungen bei dem Eigentümer zu erheben, der im Grundbuch zum Zeitpunkt der Fälligkeit eingetragen ist. In der Praxis jedoch ist der Verwalter nicht über den grundbuchlichen Eigentümerwechsel informiert. Ihm ist in aller Regel die Eigentumsübergabe laut Kaufvertrag bekannt, denn gemäß § 12 WEG muss der Verwalter seine Zustimmung zum Verkauf der Wohnung geben. Haben die Parteien ein klares Datum vereinbart, an dem Kosten und Lasten übergehen sollen, und halten sie sich auch daran, so ist gegen dieses praxisnahe Verfahren gar nichts einzuwenden, denn fast immer ist der neue Eigentümer bei der Versammlung des kommenden Jahres auch grundbuchlicher Eigentümer.

Schwierig wird es, wenn zum Beispiel der Kaufvertrag nicht wirksam wird (das heißt, kein Eintrag ins Grundbuch erfolgt), der Verwalter aber von einem Eigentümerwechsel ausgeht. In diesem Fall stellt der Verwalter keine weiteren Forderungen an den alten Eigentümer, sondern richtet diese an den neuen. Wenn weder der alte noch der neue Eigentümer den Verwalter informiert, leitet dieser unter Umständen sogar Beitreibungsmaßnahmen gegen den vermeintlichen neuen Eigentümer ein, der in Wirklichkeit gar keiner ist. Dennoch ist dies alles für die Praxis von untergeordneter Wichtigkeit, denn Störungen dieser Art kommen nur sehr selten vor. Mit der obigen praxisnahen Handhabung können sowohl der Verwalter als auch die Gemeinschaft sehr gut leben.

Es ist bei professionellen Verwaltern üblich, bei einem Eigentümerwechsel dem neuen Eigentümer **drei Abrechnungen** zu schicken: zum einen die Einzelabrechnung für das ganze Jahr, zum Zweiten die Abrechnung bis zum im Kaufvertrag vermerkten Lasten- und Kostenübergangszeitpunkt und zum Dritten eine Abrechnung von diesem Tag an bis zum Ende des Abrechnungsjahres. Die beiden „Zwischenabrechnungen" sind eine reine Serviceleistung an die Eigentümer als Hilfestellung für die interne Auseinandersetzung zwischen Verkäufer und Käufer, dies muss auch auf der Abrechnung vermerkt werden.

In diesen Zwischenabrechnungen werden nicht einfach alle Kosten gezwölftelt, sondern möglichst genau aufgeteilt. Beispielsweise werden bei der Heizkostenabrechnung die Heizkosten exakt so aufgeteilt, wie der Ablesedienst sie ermittelt hat. Bei Reparaturen und Anschaffungen scheint es am gerechtesten und am einfachsten, die Kosten zu zwölfteln, unabhängig davon, ob diese vor oder nach der Übertragung der Wohnung entstanden sind.

Schwierig ist es, wenn der alte Eigentümer nicht alle Vorauszahlungen (Wohngelder) geleistet hat. Momentan gilt in diesem Fall die umstrittene Meinung, dass aufgrund der Fälligkeit nicht gezahlte Wohngeldvorauszahlungen nur beim alten Eigentümer geholt werden können.

Ein weiteres Problem ergibt sich bei der Zuordnung von Sonderzahlungen: Eine Eigentümergemeinschaft beschließt zum Beispiel eine im Mai fällige Sonderumlage, um eine für August geplante größere Dachsanierung zu finanzieren. Wegen technischer Probleme muss die Sanierung auf das kommende Frühjahr verschoben werden. Der alte Eigentümer fordert nun seine vorausgezahlte Sonderumlage zurück mit dem Hinweis, dass lediglich die Instandhaltungsrücklage auseinandersetzungsfähig sei, nicht aber eine separat beschlossene Sonderumlage. Der alte Eigentümer verlangt, dass der Verwalter die Sonderumlage vom neuen Eigentümer erneut einfordert, der ja auch das neue Dach genießen wird.

Der Verwalter kann dies umgehen, indem er niemals den Beschluss von Sonderumlagen für eine konkrete Maßnahme, sondern immer nur eine Erhöhung der Instandhaltungsrücklage zulässt. Damit bleibt der Betrag unanfechtbar in der Kasse der Gemeinschaft.

Ähnlich kompliziert ist die Abrechnungssituation bei einem Mieterwechsel. Wenn die Wohnung längere Zeit leer stand, erfordert dies sogar drei Abrechnungsperioden. Der Eigentümer verlangt nun Hilfe vom Verwalter, um die Nebenkosten gerecht zuzuordnen. Achtung: Dies gehört nicht zu den Aufgaben des WEG-Verwalters. Jedoch bietet er häufig solche Serviceleistungen gegen ein Sonderhonorar an.

5.6 Der Wirtschaftsplan

Der Wirtschaftsplan ist eine Vorkalkulation. Er enthält die geschätzten Einnahmen und Ausgaben des nächsten Wirtschaftsjahres und die von den Eigentümern zu erbringenden Zahlungen.

5.6.1 Verpflichtung zur Aufstellung eines Wirtschaftsplans

Gemäß **§ 28 Abs. 1 WEG** ist der Verwalter verpflichtet, jeweils für ein Kalenderjahr bzw. für ein Wirtschaftsjahr einen Wirtschaftsplan aufzustellen. Durch eine abweichende Vereinbarung der Wohnungseigentümergemeinschaft kann diese Pflicht jedoch auch ein Dritter (zum Beispiel der Verwaltungsbeirat) übernehmen. Die Aufstellung eines Wirtschaftsplans kann jedoch nicht grundsätzlich (auch nicht durch eine Vereinbarung) ausgeschlossen werden, da es sich um eine unabdingbare Vorschrift handelt.

5.6.2 Inhalt des Wirtschaftsplans

ARBEITSHILFE ONLINE

Der Wirtschaftsplan muss folgende Elemente enthalten:

- Die voraussichtlichen Einnahmen und Ausgaben bei der Verwaltung des gemeinschaftlichen Eigentums
- Die anteilsmäßige Verpflichtung des Wohnungseigentümers zur Lasten- und Kostentragung
- Die Beitragsleistung der Wohnungseigentümer zur vorgesehenen Instandhaltungsrückstellung
- Die Fälligkeit: Ohne Fälligkeitsangabe besteht keine Zahlungsverpflichtung

Weiterhin empfiehlt es sich, folgende Elemente in den Wirtschaftsplan aufzunehmen:

- Namen der Mitglieder der Eigentümergemeinschaft
- Zeitraum, für den der Wirtschaftsplan aufgestellt wurde
- Jeweils Adresse des Wohnungseigentümers, Wohnungsnummer, Miteigentumsanteile der Wohnung
- Hinweis auf das Bankkonto der Gemeinschaft
- Hinweis auf den Beschluss, in dem das Wohngeld genehmigt wurde

Es folgen dann die **Aufstellungen sämtlicher Ausgabenpositionen**, wobei es für diese Positionen keine allgemeingültigen Vorschriften gibt. Zweckmäßigerweise wird der Wirtschaftsplan in die gleichen Positionen wie die Abrechnung gegliedert.

In einer zweiten Spalte erfolgt dann der Hinweis auf den **Verteilungsschlüssel** (Miteigentumsanteile, Quadratmeter oder Wohneinheiten der Personen). Mit dessen Hilfe können sich die Wohnungseigentümer ihre anteilsmäßige Verpflichtung zur Lasten- und Kostentragung errechnen.

In der nächsten Spalte folgt, ähnlich wie bei der Einzelabrechnung, der **anteilsmäßige Betrag des Wohnungseigentümers** pro Kostenposition. Die Addition ergibt sowohl die **voraussichtlichen Gesamtkosten** für die Gemeinschaft als auch die voraussichtlichen Gesamtkosten für die einzelne Wohnung.

Die meisten Kostenansätze sind verbrauchs- bzw. gebührenabhängige **Schätzwerte**. Zwei Kostenpositionen können jedoch mit dem Wirtschaftsplan verbindlich festgelegt werden: die Höhe der Instandhaltungsrücklage und die Höhe der Verwaltungsgebühren, falls nicht ohnehin schon vertraglich eine lange Laufzeit der Gebühren vereinbart wurde.

Dagegen stehen die Einnahmen. Als Einnahmen gelten bei der Eigentümergemeinschaft die kumulierten Einnahmen aus Wohngeldern, beim einzelnen Wohnungseigentümer die kumulierten, voraussichtlich zu zahlenden Wohngelder. Eine etwaige Rundungsdifferenz sollte als solche ausgewiesen werden.

Normalerweise bereitet die Aufstellung eines Wirtschaftsplans keine Schwierigkeiten. Problematisch wird es dann, wenn die Gemeinschaft neben den Einnahmen aus den Wohngeldern erhebliche Einnahmen sonstiger Art hat. Diese Einnahmen müssen mit in den Wirtschaftsplan aufgenommen werden, sind aber häufig nur unzureichend im Voraus planbar.

5.6.3 Beschlussfassung, Rechtswirksamkeit und Zahlungspflicht

ARBEITSHILFE ONLINE

Der Wirtschaftsplan wird gemäß § 28 Abs. 5 in der Eigentümerversammlung mit einfacher Mehrheit beschlossen, wenn nicht in der Teilungserklärung oder in der Gemeinschaftsordnung eine andere Regelung festgelegt ist.

Der Wirtschaftsplan ist mit erfolgter Beschlussfassung durch die Eigentümerversammlung rechtswirksam. Die Wohnungseigentümer sind gemäß § 28 Abs. 2 verpflichtet, die im Wirtschaftsplan angegebenen Vorauszahlungen zum Fälligkeitstermin zu leisten. Der Wirtschaftsplan bleibt bei Anfechtung bis zu einer eventuellen Ungültigkeitserklärung rechtswirksam, das heißt, die Vorauszahlungen müssen zunächst geleistet werden. Bei einer späteren Ungültigkeitserklärung hat der anfechtende Wohnungseigentümer dann einen entsprechenden Rückzahlungsanspruch.

5.6.4 Zeitpunkt der Aufstellung

Es besteht Streit darüber, wann der Wirtschaftsplan aufzustellen ist. Er muss nicht vor Beginn eines Wirtschaftsjahres beschlossen, sondern kann auch noch während des laufenden Wirtschaftsjahres genehmigt werden. Der Wirtschaftsplan (und die Abrechnung) müssen jedoch spätestens in den ersten Monaten des laufenden Wirtschaftsjahres aufgestellt und beschlossen werden.

Da aber ein Wirtschaftsplan den Eigentümern Sicherheit über die zu erwartenden Zahlungen geben soll, sollte er schon im Vorjahr aufgestellt werden. Das heißt, der Verwalter sollte die Wirtschaftspläne des Jahres 2013 schon 2012 aufstellen und beschließen lassen. Dies ist auch bei anderen budgetierenden Organisationen üblich. Beispielsweise hat sich auch der Bundestag vor einigen Jahren darauf umgestellt, sein Budget vor Beginn des Rechnungsjahres aufzustellen und zu verabschieden.

Die Erstellung und der Beschluss des Wirtschaftsplans im Voraus haben folgende Vorteile für Eigentümer und Verwalter:

- Der Eigentümer hat Planungssicherheit, was vor allem bei vermietetem Wohneigentum von Vorteil ist.
- Die Wohngelder werden ab dem ersten Tag des neuen Jahres korrekt erhoben.
- Es gibt keine Verrechnungen und keine Verrechnungsfehler zwischen Nacherhebungen aus laufender Rechnung und Spitzenbeträgen aus der Abrechnung des alten Jahres.
- Der Eigentümer kann bei erwarteter Kostenerhöhung seine Nebenkostenerhebungen entsprechend anpassen. Auch wenn dieses Vorgehen mietrechtlich zum Teil auf Widerstand stoßen wird, werden es viele Mieter vorziehen, sofort die richtigen Nebenkostenbeträge zu bezahlen, als später mit erheblichen Nachzahlungen konfrontiert zu werden.
- Das Wohngeld wird über das ganze Jahr einheitlich gezahlt, was die Überprüfung im Mahnwesen erheblich erleichtert.

Die Planungssicherheit ist auch für den Verwalter gegeben, denn spätestens mit dem Wirtschaftsplan wird auch die Verwaltungsgebühr für das kommende Jahr festgelegt.

5.7 Die Personalbuchhaltung der WEG

Die Personalbuchhaltung der WEG ist aufgrund zahlreicher steuerlicher und sozialversicherungsrechtlicher Vorschriften zu einem eigenen, umfangreichen Arbeitsgebiet geworden. Seine Bedeutung sollte auch nicht unterschätzt werden, denn der Verwalter ist als Arbeitgeber für jede Verletzung der arbeitsrechtlichen Vorschriften verantwortlich und für jeden begangenen Fehler finanziell und eventuell sogar strafrechtlich haftbar. Da sich diese Vorschriften von Jahr zu Jahr oft tiefgreifend ändern, ist es nicht sinnvoll, diese im Rahmen eines Fachbuchs darzustellen. Dafür bietet beispielsweise das Loseblattwerk „Das Personal-Büro in Recht und Praxis“, erschienen im Haufe-Verlag, aufgrund seiner ständigen Aktualität dem Verwalter bei seiner Personalbuchhaltung eine große Hilfe. Wegen der Komplexität und des hohen Zeitaufwands der Personalbuchhaltung gehen Verwalter mehr und mehr dazu über, diese Arbeiten einem Steuerberater zu übergeben.

In der Personalbuchhaltung muss man zwischen **haupt- und nebenberuflichen Kräften** unterscheiden. Besonders zu beachten sind die Regelungen für geringfügig Beschäftigte.

Ebenfalls problematisch ist die Falscheinschätzung von Neben- oder Sachleistungen an den Hausmeister (zum Beispiel zur Verfügung gestellte Hausmeisterwohnung). Auch hier ergeben sich bei Lohnsteuerprüfungen erhebliche Nachzahlungen.

Vorsicht ist zudem geboten bei **Hausmeisterdienstleistungsfirmen**, die oft aus einer einzigen Person (dem Hausmeister) und einem einzigen Kunden (der Eigentümergemeinschaft) bestehen. Hier ist der Weg zur Feststellung der Scheinselbstständigkeit und damit einer Steuerverkürzung oder -umgehung sehr kurz. Es besteht die Gefahr, dass dieses Vertragsverhältnis mit einer „Firma“ nicht anerkannt wird und der bereits bezahlte Lohn als Nettovergütung eines normalen Arbeitnehmers — mit allen Kosten und Folgekosten — gewertet wird.

Weiterhin war es lange Zeit üblich, Hausmeistern zusätzliche Vergütungen aus Nebenkassen der Gemeinschaft (zum Beispiel Hausmeisterkasse, Waschmaschinenkasse etc.) zu geben. Dies war schon immer — weil unversteuert — gesetzwidrig.

Genauso riskant ist es, den hauptamtlichen Hausmeister durch Anverwandte zu ersetzen, die alle auf „400-Euro-Basis“ arbeiten. Dies ist besonders auffällig, wenn die Mehrzahl dieses „Hausteams“ die Anlage nicht einmal kennt. Zweifelsohne sind drei Leute für je 400 Euro für die Eigentümergemeinschaft erheblich preiswerter als ein Hausmeister für 1.750 Euro. Die Kostendifferenz für die Eigentümergemeinschaft liegt bei circa 12.500 bis 15.000 Euro im Jahr, jedoch muss der Verwalter, wenn sich die Sache als reine Steuerumgehung erweist, mit vertraglichen und möglicherweise auch strafrechtlichen Problemen rechnen.

5.8 Das Mahnwesen der WEG

Der Verwalter ist gemäß § 27 Abs. 1, Nr. 5 WEG berechtigt, im Namen aller Wohnungseigentümer die Vorschüsse in Empfang zu nehmen. Kommen Wohnungseigentümer ihren Zahlungsverpflichtungen nicht nach, ist der Verwalter verpflichtet, die ausstehenden Beträge anzumahnen und ggf. gerichtlich durchzusetzen.

Wohngelder sind bekanntlich Bringschulden, das heißt am Wohnsitz des Gläubigers zu erfüllende Schuld. Damit ist der Eigentümer bereits im Verzug, wenn das von ihm zu zahlende Wohngeld zum Fälligkeitstermin nicht auf dem Konto der WEG (zu Händen des Verwalters) eingegangen ist. Voraussetzung ist natürlich, dass die Eigentümergemeinschaft sowohl die Höhe als auch die Fälligkeit des Wohngeldes exakt und juristisch korrekt definiert hat. Bei einem solchen Verzug könnte der Verwalter theoretisch sofort mit juristischen Mitteln gegen den Eigentümer vorgehen, ein mehrstufiges Mahnwesen wäre damit nicht erforderlich.

Dies erweist sich in der Praxis weder als zweckmäßig noch als durchführbar, denn der Verwalter würde sozusagen mit Kanonen auf Spatzen schießen. Erstens sind die Beträge oft so klein, dass ein förmliches Verfahren übertrieben scheint; zweitens kann es durchaus sein, dass die Zahlungsdifferenz durch eine Unachtsamkeit des Eigentümers erfolgt ist; drittens ist ein Fehler im Bankverkehr oder in der Buchhaltung des Verwalters nie ganz auszuschließen. Es wäre in diesem Fall sehr peinlich, wenn der Eigentümer ohne Anmahnung sofort mit gerichtlichen Maßnahmen überzogen würde.

5.8.1 Die Organisation des Mahnwesens

Zur praktischen Organisation des WEG-Mahnwesens empfiehlt es sich, spätestens alle drei Monate die Wohngeldkonten der Eigentümer auf tatsächliche Zahlungszugänge zu überprüfen. Wird eine Unregelmäßigkeit festgestellt, wird der Eigentümer unmittelbar angeschrieben. Diese erste Zahlungserinnerung teilt dem Eigentümer seine Kontostände mit und bittet ihn, sich entweder mit der Verwaltung in Verbindung zu setzen oder den ausstehenden Betrag umgehend nachzuzahlen. In diesem Schreiben sollte man dem Eigentümer eine angemessene Frist setzen (vier bis sechs Wochen). Ist nach dieser Zeit weder eine Reaktion noch eine Zahlung erfolgt, ist eine schärfer gehaltene Mahnung mit relativ kurzer Frist und Androhung juristischer Schritte auszusprechen. Zeigt sich dann noch immer keine Reaktion des Eigentümers, wird ein Anwalt mit der Beitreibung beauftragt.

Zur gerichtlichen Beitreibung bedarf es nach **§ 27 Abs. 2 Ziff. 5 WEG** der Ermächtigung durch eine entsprechende Beschlussfassung der Eigentümer oder eine Vereinbarung im Verwaltungsvertrag. Dabei sollte auch gleich geregelt werden, ob die Klage im Namen aller Wohnungseigentümer oder im Namen des Verwalters erhoben wird, aus welchem Konto die Kosten zu zahlen sind und in welchem Umfang der Verwalter von der Haftung (er gibt nur seinen Namen her) befreit werden soll.

5.8.2 Beitreibung, Mahnverfahren und Zwangsvollstreckung in der Praxis

Beitreibung ist die Durchsetzung eines Anspruchs mit juristischen Mitteln. Die gerichtliche Durchsetzung der Zahlungsverpflichtungen von Wohnungseigentümern ist in **§ 46a WEG** geregelt. Ein solches **Mahnverfahren** ist ein erheblicher Aufwand, für den der Anwalt in aller Regel folgende Unterlagen benötigt:

1. Die Gemeinschaftsordnung der Gemeinschaft
2. Eine aktuelle Eigentümerliste
3. Die letzte Jahresabrechnung und den letzten Wirtschaftsplan, der die Mahnung begründet
4. Das Personenkonto, welches die Differenzen ausweist
5. Den bisherigen Mahnvorgang (Zahlungsaufforderung, Mahnung etc.)
6. Schriftwechsel mit dem Eigentümer
7. Beweisunterlagen für die von der Eigentümergemeinschaft geleisteten Auslagen
8. Die genaue Anschrift des Eigentümers
9. Einen aktuellen Auszug aus dem Grundbuch

Ist ein **Beitreibungsauftrag** an den Anwalt gegeben, ist dieser verpflichtet, alle Termine zu überwachen. Dennoch muss der Verwalter eine Wiedervorlage in der Sache haben. Selbst nach vollständiger Bezahlung durch den Eigentümer verbleibt ein Eintrag in seiner Akte, denn manche Eigentümer zahlen immer wieder erst nach Mahnung. Reiht sich bei einem Eigentümer Mahnakte an Mahnakte, hat die Verwaltung einen so erheblichen Mehraufwand, dass laut § 18 WEG das Instrument der Entziehung infrage kommt.

Der beauftragte Anwalt wird dem Schuldner zunächst ein **außergerichtliches Mahnschreiben** mit detaillierter Forderungsaufstellung schicken und ihn unter Fristsetzung auffordern, seine Schulden bei der WEG zu begleichen. Zahlt der Schuldner, sind keine weiteren Schritte notwendig. Zahlt der Schuldner innerhalb eines angemessenen Zeitraums nicht, wird ihm eine außergerichtliche **Sofortmahnung** zugestellt. Dies ist eine fristlose Aufforderung zu sofortiger Zahlung. Gleichzeitig schickt der Anwalt entweder einen Mahnbescheidantrag oder einen Beitreibungsantrag an das dafür zuständige Amtsgericht.

Ein Antrag auf Erlass eines **Mahnbescheids** hat das Ziel, gegen den säumigen Eigentümer einen **Titel** zu erwirken. Legt der Eigentümer keinen Widerspruch gegen den Mahnbescheid ein, ergeht auf weiteren Antrag ein Vollstreckungsbescheid. Dieser ermöglicht Zwangsvollstreckungsmaßnahmen gegen den Schuldner.

Weitere Titel können in Form von Urteilen (streitiges Endurteil oder Versäumnisurteil), gerichtlichen Vergleichen oder notarieller Urkunde erwirkt werden.

Mahnbescheide sind auf den Zeitraum der für die Vergangenheit ausstehenden Hausgelder beschränkt und können nicht erweitert werden. Bei weiter ausbleibenden Zahlungen muss ein neuer Antrag gestellt werden. Mahnbescheidanträge sind deshalb nur sinnvoll, wenn kein Widerspruch gegen den Mahnbescheid erwartet wird.

Ist jedoch ein Widerspruch vorhersehbar oder scheint die der Gemeinschaft geschuldete Summe uneinbringlich, wird ein **Beitreibungsantrag** beim zuständigen Gericht eingereicht. Ein Beitreibungsantrag lässt sich erweitern und die bis zum Gerichtstermin ausstehenden Hausgelder können auf einmal beigetrieben werden.

Kommt es zum Urteil und die Gemeinschaft obsiegt, ist ein Titel erwirkt. Zu diesem Zeitpunkt muss der Verwalter entscheiden, wie er in der Jahresabrechnung die Forderung gegen den Schuldner ausweist. In aller Regel empfiehlt sich bei fruchtloser Pfändung bzw. bei Beginn einer Zwangsverwaltung oder eines Zwangsversteigerungsverfahrens, die aufgelaufenen Hausgeldschulden unmittelbar in dem Jahr in die Kosten zu stellen (das heißt auszubuchen), in dem der Titel vorliegt. Dies entspricht auch der aktuellen Rechtsprechung. Dabei muss deutlich sein, dass es sich um einen Schuldner handelt, von dem wahrscheinlich weder eine Kostenerstattung noch eine Nachzahlung ausgefallener Gelder zu erwarten ist. Zur Erinnerung sollte die ausgebuchte Forderung mit einem Euro in der Vermögensübersicht stehen bleiben, denn die Forderung der WEG gegen den Schuldner verjährt erst nach 30 Jahren.

Liegt ein Titel vor, sendet der Anwalt dem schuldigen Eigentümer eine **Zwangsvollstreckungsandrohung**, in der er sich auf den erwirkten Titel beruft. Zahlt der Schuldner nun, werden die Titel entwertet. Zahlt der Schuldner nicht, werden die **Zwangsvollstreckungsmaßnahmen**, zum Beispiel Sachpfändung durch den Gerichtsvollzieher, Kontopfändung oder Lohnpfändung, eingeleitet.

Ist eine Pfändung und Beitreibung so nicht möglich, ist zu überlegen, ob man die Wohnung in **Zwangsverwaltung** nimmt. Während einer Zwangsverwaltung bleibt dem ursprünglichen Eigentümer seine Wohnung erhalten, doch werden mit den Erträgen aus der Wohnung die Schulden an die Gläubiger bezahlt. Die Zwangsverwaltung wird durch einen gerichtlich bestellten Verwalter durchgeführt. Dieser übernimmt die Stellung des Eigentümers, hat also das Recht, die Wohnung zu vermieten und die Miete einzunehmen. Dafür muss er auch die Beträge abführen, die zur Unterhaltung der „Frucht“ beitragen (zum Beispiel Hausgelder). Durch eine Zwangsverwaltung ist es zwar nicht möglich, die bis zu ihrer Einrichtung ausgefallenen Wohngelder einzutreiben, aber es können wenigstens kommende Wohngelder gesichert werden.

Es ist auch möglich, eine **Zwangshypothek** auf die Wohnung eintragen zu lassen und damit eine **Zwangsversteigerung** herbeizuführen. Wird eine Wohnung zwangsversteigert, ist für den Verwalter Folgendes zu beachten: Er kann eine Zwangsversteigerung nur betreiben, wenn er ein tituliertes Recht dazu hat. Dieses dinglich titulierte Recht geht grundsätzlich allen Rechten nach, die vorher schon grundbuchlich gewahrt waren. Die Zwangsversteigerung setzt eine Schätzung der Wohnung voraus und beim ersten Zwangsversteigerungstermin müssen wenigstens sieben Zehntel des geschätzten Wertes erzielt werden. Ansonsten kann die Zwangsversteigerung als nicht erfolgt erklärt werden. Bei einem Folgetermin fällt diese Sieben-Zehntel-Grenze weg und die Wohnung kann theoretisch zu jeder beliebigen Summe versteigert werden. In der Praxis scheitert diese Möglichkeit häufig daran, dass ein Gläubiger, der im Bereich des „geringsten Gebots“ steht, Einspruch gegen diese Zwangsversteigerung erhebt. Nach drei missglückten Zwangsversteigerungsterminen hebt das Gericht die Zwangsversteigerung auf. Der ursprüngliche Eigentümer ist in der gleichen Stellung wie vorher: Ihm gehört eine Wohnung mit hoher Belastung. Solange die der Eigentümergemeinschaft vorausgehenden Gläubiger nicht befriedigt werden können, hat die Eigentümergemeinschaft überhaupt keine Möglichkeit, an ihr Geld zu kommen. In der Zwischenzeit ist die Zwangsverwaltung die einzige Möglichkeit für die Eigentümergemeinschaft, an ihr Geld zu kommen, und dies auch nur dann, wenn die ihr vorausgehenden Gläubiger befriedigt werden können.

5.8.3 Entziehung

Ein weiteres Instrument ist Entziehung. Dabei kann die Gemeinschaft gemäß § 18 Abs. 1 WEG von einem Eigentümer, der sich einer schweren Pflichtverletzung gegenüber anderen Wohnungseigentümern schuldig gemacht hat, die Veräußerung des Wohnungseigentums verlangen, wenn den übrigen Eigentümern die Fortsetzung der Gemeinschaft mit dem störenden Eigentümer nicht mehr zugemutet werden kann. Die Erfahrungen der letzten Jahrzehnte zeigen jedoch, dass dieses Instrument sehr umständlich und schwerfällig zu handhaben ist. Deshalb sollte der Verwalter den Gemeinschaften abraten, Geldforderungen durch das Instrument der Entziehung geltend zu machen. Da aber das Verfahren der Entziehung einer gewissen Bedeutung nicht entbehrt, wird die praktische Vorgehensweise hier kurz erläutert.

In einer (eventuell außerordentlichen) Eigentümerversammlung legt der Verwalter die Gründe der Entziehung — möglichst schon hier mit protokollierten Beweisen — ausführlich dar. Um eine Entziehung zu beschließen, müssen sich mehr als 51 % aller möglichen Stimmen für die Entziehung entscheiden, wobei die Stimme des zu Entziehenden nicht gerechnet wird. Dieser Beschluss ermächtigt den Verwalter dazu, ein gerichtliches Entziehungsverfahren einzuleiten. An dessen erfolgreichem Ende verpflichtet der Richterspruch den zu Entziehenden zur Versteigerung seines Wohnungseigentums. Da dies wie im oben beschriebenen Zwangsversteigerungsverfahren vor sich geht, ist der Umweg über ein Entziehungsverfahren wenig attraktiv.

6 Die haushaltsnahen Dienstleistungen (§ 35a EStG) als Problemfeld

von Michael von Hauff

Noch im Herbst 2006 waren haushaltsnahe Dienstleistungen (kurz HHD genannt) für WEG-Verwalter und Eigentümer kein Thema. Erst mit dem sogenannten Erläuterungsschreiben des Bundesfinanzministeriums vom 3.11.2006 wurde klar, dass auch Wohnungseigentümer unter bestimmten Voraussetzungen in den Genuss des Steuerabzugs gemäß § 35a EStG kommen würden. Sozusagen über Nacht entbrannte eine lebhafte Diskussion, wie nun das Erläuterungsschreiben zu „erläutern" sei und zu welchen praktischen Tätigkeiten dies im Verwaltungsbetrieb führen würde. Es ergab sich eine Vielzahl von Unsicherheiten, zum Teil widersprüchliche Verbandsempfehlungen, halboffizielle Meinungsäußerungen einzelner Oberfinanzdirektionen und ein Verstummen des Bundesfinanzministeriums, nachdem der Urheber des Erläuterungsschreibens kurzerhand versetzt worden war.

In der Sache selbst geht es um Folgendes: § 35a EStG bestimmt, dass private Steuerbürger in einem Bereich, der bislang jeglicher steuerlicher Bewertung entzogen war, nämlich dem der privaten „haushaltsnahen" Dienstleistungen, zulässigerweise Steuerabzüge vornehmen können. Voraussetzungen sind:

1. Es handelt sich um einen Haushalt und keinen irgendwie gearteten Gewerbebetrieb. Auch mehrere Steuerpflichtige bilden nur einen Haushalt, wenn sie zusammenleben. Mehrere getrennte Haushaltsführungen führen nicht zu einer Erhöhung der Abzugsmöglichkeit.
2. Es handelt sich um solche Tätigkeiten, die im Bereich des Haushalts ausgeübt werden.
3. Die Aufwendungen werden gegen Rechnung oder Vertrag geleistet und unbar bezahlt.
4. Der bzw. die Steuerpflichtigen im Haushalt bezahlen überhaupt Steuern auf Einkommen.

Dabei unterscheidet § 35a EStG vier verschiedene Tatbestände. Der Einfachheit halber nennen wir diese Tatbestände „Körbe".

Korb 1: Abzugsfähig sind die Aufwendungen für eine nebenberufliche Arbeitskraft, die nach dem sogenannten Haushaltsscheckverfahren steuer- und sozialversicherungsrechtlich erfasst ist.

Der Abzug beträgt 10 %, maximal 510 Euro pro Jahr.

Korb 2: Abzugsfähig sind die Aufwendungen (Lohn und Sozialabgaben und Berufsgenossenschaft) für eine sozialversicherungspflichtige Arbeitskraft.

Der Abzug beträgt 12 %, maximal 2.400 Euro pro Jahr.

Korb 3: Abzugsfähig sind Kosten inklusive Mehrwertsteuer für erbrachte Dienstleistungen diverser Art und Lohnkosten für nebenberuflich (400-Euro-Kräfte), jedoch nicht nach dem Haushaltsscheckverfahren Beschäftigte.

Der Abzug beträgt 20 %, maximal 600 Euro pro Jahr.

Korb 4: Abzugsfähig ist der Teil von Handwerkerleistungen am bestehenden Gebäude und an der Liegenschaft, der die Dienstleistung des Handwerkers — soweit er sie direkt dort durchführt —, nicht aber den Materialeinsatz betrifft. Der Abzug beträgt 20 %, maximal 600 Euro pro Jahr.

Hinzu kommen zusätzliche Abzüge für Pflegeleistungen mit besonderen Bemessungsgrenzen.

Die Abzüge, die sich aus den einzelnen Körben ergeben, können einzeln in Anspruch genommen werden und ergeben somit in ihrer Summe einen Maximalbetrag von derzeit 4.100 Euro pro Jahr. In der Fachliteratur wird irrtümlicherweise oft nur Korb 4 betrachtet und damit behauptet, die Begünstigung belaufe sich auf maximal 600 Euro pro Jahr.

Die Schwierigkeit für den Steuerpflichtigen, der selbst und ohne steuerliche Beratung seine Erklärung ausfüllen möchte, liegt darin, dass die Zuordnung der jeweiligen Dienstleistung richtig und sinnvoll sein muss. Der Verfasser hat inzwischen eine Vielzahl von Tätigkeiten erfasst und katalogisiert, die jeweils einem der Körbe zuordenbar sind. Die Tabelle erfüllt mehrere Funktionen: Zum einen soll sie Anhaltspunkte zum Dienstleistungsanteil bei konkreten Rechnungen bestimmter Arbeiten liefern.

Sie ist folgendermaßen aufgebaut:

Spalte 1	bezeichnet konkret die abzurechnende Tätigkeit.	
Spalte 2	gibt an, wer der Leistende ist. Da die gleiche Tätigkeit je nach Leistendem anders einzuordnen ist, spielt dies eine wesentliche Rolle.	
	Dabei bedeutet:	
	F	Firma, Handwerksfirma, Dienstleistungsfirma
	HM	Sozialversicherter Arbeitnehmer
	CH	Nebenberuflicher im privaten Haushalt angestellter Arbeitnehmer, im Haushaltscheckverfahren abgerechnet
	FP	Firma mit Putzdienst
Spalte 3	sagt aus, ob es sich überhaupt um eine Tätigkeit im Sinne des § 35a EStG handelt.	
Spalte 4	korrespondiert mit Spalte 3.	
Spalte 5	gibt den „Korb“ an, zu dem die Tätigkeit gehört. Bei möglicher im Einzelfall zu entscheidender Zugehörigkeit zu verschiedenen Körben ist dies vermerkt.	
Spalte 6	gibt die aus rund 1.000 Gemeinschaften und Befragung von zahlreichen Handwerkern gewonnenen Schätzerfahrungen bezüglich des Dienstleistungsanteils wieder. Die Zahlen sind nach bestem Wissen wiedergegeben. Dennoch kann der Verfasser keine Gewähr dafür übernehmen, dass der Fiskus bei der Prüfung nicht zu anderen Werten kommt.	
Spalte 7	gibt einen Hinweis auf diejenigen Tätigkeiten nach § 35a EStG, die nur der individuelle Haushalt in Auftrag geben kann, die also in keiner Aufstellung des WEG-Verwalters enthalten sein können, die aber gleichwohl begünstigt sind. Wo dies der Fall ist, steht in Spalte 7 ein X.	

Die verwendeten Abkürzungen bedeuten:
HHD: haushaltsnahe Dienstleistung
DL: Dienstleistung

Leistung	Wer leistet?	HHD ja	HHD nein	Gruppe	Üblicher DL-Anteil in Rechnung (in %)	Nicht vom WEG-Verwalter zu bescheinigen
Ablesen Heizkostenverteiler	F		X	4	0	
Ablesen Wasseruhren	F		X	4	0	
Aufzug Kabinen auskleiden	F	X		4	60	
Aufzug Reparatur	F	X		4	80	
Aufzug Steuerung erneuern	F	X		4	70	
Aufzug Tragseile erneuern	F	X		4	70	
Aufzug Treibscheiben erneuern	F	X		4	70	
Aufzug Wartung Teilwartung	F	X		4	100	
Aufzug Wartung Vollwartung	F	X		4	80	
Aufzug Wartung Schmierwartung	F	X		4	100	
Aushangkasten anbringen	F	X		4	80	
Aushangkasten neue Infos anbringen	HM	X		2	100	
Außenbeleuchtung anbringen	F	X			50	
Außenbeleuchtung reparieren	HM	X		2	100	
Bad einzelne Kacheln erneuern	F	X		4	80	X
Bad neu fliesen	F	X		4	60	X
Balkone fliesen	F	X		4	80	
Bäume fällen	HM	X		2	100	
Bäume fällen	F	X		3 o. 4	100	
Bäume schneiden	F	X		3 o. 4	100	
Bäume schneiden	HM	X		2	100	
Betonarbeiten an Fassade	F	X		4	90	
Blumen anliefern	F		X	3 o. 4	0	
Blumen einsetzen	HM	X		2	100	

Leistung	Wer leistet?	HHD ja	HHD nein	Gruppe	Üblicher DL-Anteil in Rechnung (in %)	Nicht vom WEG-Verwalter zu bescheinigen
Blumen bringen und einsetzen	F	X		3 o. 4	80	
Boden in Wohnung verlegen	F	X		4	60	X
Briefkastenanlage erneuern	F	X		4	60	
Briefkastenanlage Namensschilder anbringen	HM	X		2	100	
Briefkastenanlage reinigen	FP	X		2	100	
Briefkastenanlage reparieren	F	X		4	90	
Briefkastenanlage teilweise erneuern	F	X		4	80	
Büsche schneiden	F	X		3 o. 4	100	
Büsche schneiden	HM	X		2	100	
Dachantennen neu installieren	F	X		4	60	
Dachantennen reparieren	F	X		4	70	
Dachantennen warten	F	X		4	100	
Dachreparatur	F	X		4	70	
Dachsanierung großflächig	F	X		4	60	
Decke in Wohnung streichen	CH	X		1	90	X
Doppelparker Wartung auf WEG-Gelände	F	X		3	100	
Doppelparker Reparatur auf WEG-Gelände	F	X		4	70	
Eis beseitigen	HM	X		2	100	
Eis beseitigen	F	X		3 o. 4	100	
Elektro Reparatur	F	X		4	50	
Fassade reinigen	F	X		4	100	
Fassade streichen	F	X		4	90	
Fenster erneuern	F	X		4	60	

Leistung	Wer leistet?	HHD ja	HHD nein	Gruppe	Üblicher DL-Anteil in Rechnung (in %)	Nicht vom WEG-Verwalter zu bescheinigen
Fenster putzen Keller	P	X		2	100	
Fenster putzen Keller	FP	X		3	100	
Fenster putzen Treppenhaus	P	X		2	100	
Fenster putzen Treppenhaus	FP	X		3	100	
Fenster putzen Wohnung	CH	X		1	100	X
Fenster streichen	HM	X		2	100	
Fenster streichen	F	X		4	90	
Fernheizung warten	F	X		4	80	
Feuerlöscher prüfen	F	X		4	90	
Feuerlöscher füllen	F	X		4	50	
Feuerlöscher neu anbringen	F	X		4	40	
Feuerlöscher warten	F	X		4	100	
Garage CO-Warnanlage neu installieren	F	X		4	60	
Garage CO-Warnanlage reparieren	F	X		4	90	
Garage CO-Warnanlage warten	F	X		4	100	
Garagendächer erneuern auf WEG-Grundstück	F	X		4	60	
Garagendächer reparieren auf WEG-Grundstück	F			4	80	
Garagentore streichen auf WEG-Grundstück	F	X		4	90	
Garagenarbeiten separater Garagenhof	F/HM		X			
Glühlampen Erneuerung	HM	X		2	100	
Glühlampen Erneuerung	F	X		4	80	
Hausmüll entsorgen	F	X		3 o. 4	100	

Leistung	**Wer leistet?**	**HHD ja**	**HHD nein**	**Gruppe**	**Üblicher DL-Anteil in Rechnung (in %)**	**Nicht vom WEG-Verwalter zu bescheinigen**
Heizkostenabrechnung erstellen	F		X	4	0	
Heizkostenverteiler ablesen	F		X	4	0	
Heizung Kessel erneuern	F	X		4	60	
Heizung Kessel reparieren	F	X		4	80	
Heizungsreparatur	F	X		4	80	
Heizungsventile erneuern	F	X		4	80	
Heizungswartung	HM	X		2	100	
Heizungswartung	F	X		4	100	
Holzdecke einbauen	F	X		4	60	X
Hund ausführen	CH	X		1	100	X
Kabelanschluss installieren	F	X		4	80	
Kehrarbeiten	HM	X		2	100	
Kehrarbeiten	F	X		3 o. 4	100	
Kellerabgang streichen	F	X		3 o. 4	90	
Kellerabgang streichen	HM	X		2	100	
Kellerboden streichen	F	X		3 o. 4	100	
Kellerboden streichen	HM	X		2	100	
Kinderspielplatzgeräte neu	F	X		4	50	
Kinderspielplatzgeräte warten	F	X		3 o. 4	100	
Kleingarten separat, alle Arbeiten	HM, CH, F		X		0	
Markisen anbringen	F	X		4	60	
Mulch anliefern	F		X	3 o. 4	0	
Müll entsorgen	HM	X		2	100	
Musikunterricht	Lehrer		X		0	X
Papier zusammenlesen	HM	X		2	100	

Leistung	Wer leistet?	HHD ja	HHD nein	Gruppe	Üblicher DL-Anteil in Rechnung (in %)	Nicht vom WEG-Verwalter zu bescheinigen
Papier zusammenlesen	F	X		3 o. 4	100	
Parkplätze einzeichnen	F	X		3 o. 4	90	
Parkplätze einzeichnen	HM	X		2	100	
Parksperren einrichten	F	X		3 o. 4	50	
Parksperren einrichten	HM	X		2	100	
Pflegebedürftige betreuen	CH	X		1	100	X
Rasen mähen	F	X		3 o. 4	100	
Rasen mähen	HM	X		2	100	
Rasen vertikutieren	HM	X		2	100	
Rasen vertikutieren	F	X		3 o. 4	100	
Reinigen Wohnung	CH	X		1	100	X
Rohrreinigung	F	X		4	90	
Rohrsanierung LSE	F	X		4	60	
Rohrsanierung Austausch der Rohre	F	X		4	50	
Rolltor Erneuerung	F	X		4	60	
Rolltor Reparatur	F	X		4	80	
Rolltor Wartung	F	X		4	100	
Sand einbringen	HM	X		2	100	
Sand anliefern und einbringen	F	X		3 o. 4	90	
Sandkasten säubern	HM	X		2	100	
Sandkasten säubern	F	X		3 o. 4	100	
Schlosszylinder austauschen	HM	X		2	100	
Schlosszylinder liefern und austauschen	F	X		3 o. 4	70	
Schnee beseitigen	HM	X		2	100	
Schnee beseitigen	F	X		3 o. 4	100	

Leistung	Wer leistet?	HHD ja	HHD nein	Gruppe	Üblicher DL-Anteil in Rechnung (in %)	Nicht vom WEG-Verwalter zu bescheinigen
Schwimmbad der WEG reinigen	HM	X		2	100	
Schwimmbad der WEG reparieren	F	X		4	80	
Schwimmbad der WEG sanieren	F	X		4	70	
Schwimmbad der WEG warten	HM	X		2	100	
Sperrmüll entsorgen	F		X	3 o. 4	100	
Sperrmüll zusammentragen	HM	X		2	100	
Tapeten erneuern	F	X		4	70	X
Tapeten überstreichen	F	X		4	90	X
Teppichboden in WEG Reinigung	F	X		4	100	
Teppichboden in WEG Reparatur	F	X		4	80	
Teppichboden in WEG neu verlegen	F	X		4	60	
Teppichboden in Wohnung Reparatur		X		4	80	X
Teppichboden in Wohnung neu verlegen	F	X		4	60	X
Teppichboden in Wohnung Reinigung	F	X		4	100	X
Tiefgarage abdichten	F	X		4	90	
Tiefgarage reinigen	HM	X		2	100	
Tiefgarage Rolltore anbringen	F	X		4	60	
Tiefgarage Rolltore einstellen und prüfen	F	X		4	100	
Tiefgarage Rolltore reparieren	F	X		4	90	
Tiefgarage Rolltore warten	F	X		4	100	

Leistung	Wer leistet?	HHD ja	HHD nein	Gruppe	Üblicher DL-Anteil in Rechnung (in %)	Nicht vom WEG-Verwalter zu bescheinigen
Treppen reinigen	P	X		2	100	
Treppen reinigen	FP	X		3	100	
Türen streichen	F	X		3 o. 4	90	
Wartung Heizkostenverteiler	F	X		4	100	
Wartung Wasseruhren	F	X		4	100	
Wohnungsabschlusstür erneuern	F	X		4	60	
Wohnungsabschlusstür streichen	F	X		4	90	
Wohnungsabschlusstür streichen	HM	X		2	100	
Wohnungswände streichen	F	X		3 o. 4	90	X
Wohnungswände streichen	CH	X		1	90	X
Zaun reparieren	F	X		3 o. 4	90	
Zaun reparieren	HM	X		2	100	
Zaun setzen	F	X		3 o. 4	100	
Zaun setzen	HM	X		2	100	

Eine falsche Zuordnung führt zum steuerlichen Nachteil. Entweder gehen Abzugsspitzen über die zulässigen Grenzen hinaus verloren oder der Abzug wird nicht anerkannt.

Die gleiche Tätigkeit mit dem gleichen technischen Ergebnis kann zu völlig unterschiedlichen Steuerabzugstatbeständen führen, dazu drei Beispiele.

▶ **BEISPIEL**

1. **Blumenhändler B liefert Blumen, Eigentümer E pflanzt die Blumen in seinem Garten ein. Ergebnis: keine HHD, kein Steuerabzug.**
2. **Eigentümer E kauft Blumen und pflanzt sie in seinem separaten Kleingarten ein. Ergebnis: keine HHD, kein Abzug.**

3. Gärtner G liefert Blumen für den Garten von Eigentümer E und pflanzt sie ein. Die Dienstleistung des Einpflanzens und das Wegegeld einschließlich der eingesetzten Maschinenstunden sind abzugsfähig gemäß Korb 3 oder 4.
4. Der bei Eigentümer E angestellte Hausmeister H kauft Blumen, transportiert sie zu E und pflanzt sie in dessen Garten ein. Voller Abzug des Lohns von Hausmeister H, je nach Art des Lohnbezugs in Korb 1, 2 oder 3.

▶ **BEISPIEL**

Die Waschmaschine bei E ist defekt. E beauftragt einen Kundendienst K. Dieser kommt. Dabei ergeben sich zwei Möglichkeiten:

1. K stellt fest, dass die Reparatur nicht vor Ort ausgeführt werden kann. Er nimmt die Maschine mit, repariert sie in seiner Werkstatt, liefert sie wieder an und schließt sie an. Ergebnis: keine HHD, kein Abzug.
2. K repariert die Maschine vor Ort. Ergebnis: HHD liegt vor, Abzug gemäß Korb 3.

▶ **BEISPIEL**

Eigentümer E feiert mit seinen Freunden ein Jubiläum. Er will sie mit einem Buffet erfreuen. Er hat folgende Möglichkeiten:

1. Er beauftragt einen Freund, Koch K. Dieser kommt ins Haus, bereitet das Buffet zu, arrangiert es und hilft beim Servieren. Ergebnis: Das gesamte Entgelt, welches E an K bezahlt, einschließlich des Wegegeldes, ist HHD gemäß Korb 3.
2. E beauftragt einen Partyservice. Dieser liefert ein Buffet an. E und seine Frau bedienen die Gäste. Ergebnis: keine HHD, kein Abzug.
3. E beauftragt einen Partyservice. Dieser kommt, liefert das fertige Buffet und versorgt die Gäste. Ergebnis: Die Dienstleistung des Servierens ist HHD gemäß Korb 3.

Ein weiteres Beispiel macht deutlich, dass auch Handwerkerleistungen in ihrer Zuordnung nicht ohne genaue Kenntnisse der Umstände eingeordnet und richtig bewertet werden können.

▶ **BEISPIEL**

Dachdecker D saniert das Dach des Hauses von E. Er benutzt ein Gerüst und ein Förderband, um die Materialien zu befördern. Er stellt E am Schluss eine Rechnung, in der er Kosten für Material, Arbeitsleistung und Fahrwege sowie die für Gerüst und Förderband getrennt ausweist.

Ergebnis: Außer den Kosten für das Material sind alle Kosten zuzüglich der jeweiligen Mehrwertsteuer HHD gemäß Korb 4.

Von den vier Körben betreffen die WEG-Verwaltung die Körbe 2, 3 und 4. In seinem Erläuterungsschreiben vom 3.11.2006 hat das BMF ausgeführt, dass die Vergünstigungen des § 35a EStG auch von Wohnungseigentümern wahrgenommen werden können, sofern der Verwalter die einzelnen Tatbestände dem Wohnungseigentümer „bescheinigt". Die Immobilienverbände raten den Verwaltern dringend davon ab, steuerrelevante Bescheinigungen zu erstellen. Allgemein wird darauf hingewiesen, dass es sich um eine Tätigkeit im Rahmen der Steuerberatung handelt, die mit einem erheblichen Risiko für den Verwalter verbunden ist. Der Verwalter sollte vielmehr alle irgendwie relevanten Rechnungen nach Bezahldatum zusammenstellen und den Eigentümern den ausgewiesenen Dienstleistungsanteil im Rahmen dieser Aufstellung mitteilen. Alles Weitere soll dem Eigentümer selbst überlassen bleiben. Dieser kann sich dann im Zweifelsfall an einen Steuerberater seiner Wahl wenden, um die vorgesehenen Formularvordrucke richtig auszufüllen. Für seine zusätzliche Tätigkeit empfiehlt die Branche dem Verwalter, ein Zusatzhonorar zwischen zehn und 20 Euro pro Jahr zu berechnen. Der Verfasser hat rechtliche Bedenken, ob eine direkte Erhebung von Gebühren bei einzelnen Wohnungseigentümern überhaupt möglich ist, da der Verwalter bekanntlich in keinem Vertragsverhältnis mit dem einzelnen Wohnungseigentümer steht.

Einzelne Verwalter beauftragen von vornherein Steuerberater und übersenden den Eigentümern Bescheinigungen, die bereits unmittelbar für die Einkommensteuererklärung verwertbar sind. Die dafür entstehenden Kosten werden als Kosten der laufenden ordnungsgemäßen Verwaltung betrachtet und sind von allen Eigentümern im Rahmen der Jahresabrechnung zu tragen. Die Umlegung der Kosten erfolgt nach Miteigentumsanteilen, soweit nichts anderes bestimmt ist. Dies ist nicht nur gesetzlich geboten, sondern scheint auch gerecht zu sein, da der potenzielle Steuerabzug unmittelbar von der Höhe der Miteigentumsanteile entsprechend der Größe der Wohnung und den damit verbundenen Kosten abhängt.

Die Tätigkeit des Verwalters und damit sein Mehraufwand bestehen aus folgenden Teilen:

1. Information und intensive Absprache mit den Handwerkerfirmen über die neue Form der Rechnung, bei der Material, Dienstleistung, Anfahrtskosten und eingesetzte Maschinenstunden getrennt ausgewiesen werden müssen. Manche Rechnungssteller meinen, es genüge, wenn auf der Rechnung steht: „In dieser Rechnung sind Y % Dienstleistung enthalten." Das ist keineswegs ausreichend. Dieser Hinweis genügt nicht der gesetzlichen Bestimmung nach unmittelbar erkennbarer Trennung von Dienstleistungsanteil und Materialanteil. Eine in dieser pauschalen Weise ausgestellte Rechnung zwingt den Verwalter, bei der Bearbeitung zusätzliche Rechenschritte durchzufüh-

ren. Andere Rechnungssteller stellen mangels EDV-technischer Möglichkeiten zurzeit jeweils zwei Rechnungen aus, wovon eine die Kosten des Materials, die zweite den aufgeschlüsselten Dienstleistungsanteil enthält. Die zweite Rechnung muss somit Lohnkosten sowie Anfahrtskosten und Maschinenstunden enthalten. Der Nachteil dieser Lösung besteht darin, dass der Verwalter wiederum diese Rechnungen zusammenrechnen muss bzw. für jeden Auftrag letztendlich doppelte Buchungs- und Abwicklungsarbeit hat. Die richtige und sinnvolle Rechnungsstellung sieht folgendermaßen aus:

a) Kosten für Material + Mehrwertsteuer
b) Kosten für Lohn + Fahrtkosten + Maschinenstunden + Mehrwertsteuer
c) Gesamtkosten der Rechnung + Mehrwertsteuer

2. Getrennte Verbuchung jeder einzelnen HHD-relevanten Rechnung. Der Mehraufwand bei der Verbuchung darf nicht unterschätzt werden. Hat eine durchschnittliche WEG etwa drei bis acht HHD-relevante Rechnungen pro Monat, macht dies im Jahr circa 40 bis 100 Rechnungen aus. Bei einem häufig vertretenen Bestand von 50 Gemeinschaften sind dies jährlich 2.000 bis 5.000 Rechnungen. Dies wird den Buchungsaufwand in etwa verdoppeln. Auch die Rechnungsprüfung ist davon betroffen. Je nach Darstellung findet jetzt nicht mehr der Gesamtbetrag der Rechnung Eingang in die Prüfungsunterlagen, sondern jede Zahlung ist möglicherweise in zwei Teile geteilt.
3. Änderung aller Verträge, in denen Wartungsarbeiten pauschal vereinbart sind.
4. Der Verwalter darf keine Angebote mehr akzeptieren, in denen Handwerker pauschale Leistungen anbieten.
5. Bei Zusatzleistungen von Hausmeister- und Reinigungsfirmen sind die gleichen Kriterien anzuwenden wie bei allen anderen Handwerksrechnungen, das heißt getrennter Ausweis von Material und Dienstleistung. Dabei können völlig andere Prozentzahlen erscheinen als in dem abgeschlossenen Dauervertrag.
6. Zusätzliche Aufstellung steuerjahrbezogener Daten, wie oben beschrieben.
7. Lösung spezieller Probleme, die auftreten können.
   a) **Eigentümerwechsel:** WEG-rechtlich stellt ein Eigentümerwechsel seit Jahren buchhalterisch kein besonderes Problem mehr dar, solange beide Wohnungseigentümer, Verkäufer und Käufer, ihren Zahlungsverpflichtungen gegenüber der WEG korrekt nachkommen. Die Einzelabrechnung der betreffenden Wohnung wird ausschließlich von demjenigen getragen, der zum Zeitpunkt der Beschlussfassung über diese Abrechnung grundbuchlicher Eigentümer der Wohnung ist. Der Verwalter erstellt also von Rechts wegen für das gesamte Wirtschaftsjahr nur jeweils eine Einzelabrechnung. Lediglich auf besonderen Antrag wird der Verwalter in Koordination mit der Messdienstfirma zusätzliche Heizkostenabrechnungen erstellen lassen. Die gesamten Unterlagen über die Jahresabrechnung erhält der zahlungsverantwortliche „neue“ Eigentümer. Als besonderen kundenfreundlichen

Service außerhalb der Verpflichtung als WEG-Verwalter schicken manche Verwalter dem neuen Eigentümer zwei zusätzliche Abrechnungen, in denen die Kosten pro rata temporis zwischen Verkäufer und Käufer aufgeteilt sind. Die soll Verkäufer und Käufer dazu befähigen, untereinander die anteiligen Belastungen auszuhandeln. Im Zusammenhang mit § 35a EStG genügt dies nicht. Steuerrechtlich gilt ein strenges Abflussprinzip. Das bedeutet, dass die Kosten demjenigen zuzuordnen sind, der im Zeitpunkt der Zahlung durch die Gemeinschaft tatsächlich Eigentümer war. Allein damit wird deutlich, dass es keinen unmittelbar erkennbaren Zusammenhang zwischen der Einzelabrechnung und der „Bescheinigung" nach § 35a EStG geben kann.

b) **Eigenbeteiligung bei Versicherungsschäden:** Viele Gemeinschaften haben eine Vielzahl von Versicherungsschäden, insbesondere im Leitungswasserbereich. Dort ist es üblich, dass Versicherungen mit den Gemeinschaften ein Arrangement treffen, dass pro Schaden ein bestimmter Betrag als Eigenbeteiligung pauschal von der WEG übernommen wird. In diesem Betrag sind selbstverständlich anteilig Dienstleistungen enthalten. Der Prozentsatz kann jedoch nur dadurch festgestellt werden, dass die Dienstleistungsanteile der Rechnungen aller beteiligten Handwerker zusammengezählt und ins Verhältnis zum Gesamtaufwand der Reparatur gesetzt werden. Damit entsteht ein erheblicher zusätzlicher Arbeitsaufwand bei der Abwicklung von Versicherungsschäden.
c) **Heizkostenabrechnung:** Eine der wesentlichen Informationen im Rahmen der Jahresabrechnung, die jedem Eigentümer übersandt wird, ist die Berechnung der Heizungs- und Heizungsnebenkosten durch eine Messdienstfirma. Die Berechnung ergibt eine einzige Zahl ungeachtet der Tatsache, dass sich die Kosten aus Grund- und Verbrauchskosten nach bestimmten Schlüsseln zusammensetzten. Diese Zahl übernimmt der Verwalter eins zu eins in seine Einzelabrechnung. Künftig wird die Messdienstfirma drei Zahlen berechnen und ausweisen müssen, nämlich Kosten für Energie (keine HHD), Kosten für Überwachung und Betreuung der Heizung (Korb 2 oder 3) und Kosten für Heizungswartung (Korb 3). Es mag sein, dass sich die Beträge für Korb 2 oder 3 aus dieser Position nur geringfügig erhöhen, an der Notwendigkeit der korrekten Einordnung ändert dies nichts.
d) **Mieterwechsel:** Die Problematik des Mieterwechsels entspricht grundsätzlich der des Eigentümerwechsels (siehe Punkt a), jedoch mit der Besonderheit, dass hier in erster Linie der vermietende Eigentümer selbst zur Auskunft gegenüber dem Mieter verpflichtet ist. Dieser wird aber in der Regel gar nicht in der Lage sein, ohne Unterstützung durch den Verwalter korrekte Auskünfte zu erteilen. Hier werden sich Verwalter und Eigentümer durch einen fairen Zusatzvertrag über Leistung und Gegenleistung einigen müssen.

e) **Abweichendes Wirtschaftsjahr:** Eigentümergemeinschaften können zulässigerweise vereinbaren oder in der Teilungserklärung vorsehen, dass das Wirtschaftsjahr der Gemeinschaft vom Kalenderjahr abweicht. Das Steuerjahr entspricht in jedem Fall dem Kalenderjahr. Steuerrechtlich sind nur Abweichungen bis zu zehn Tagen nach „vorne und hinten" erlaubt, sofern sinnvolle Abgrenzungen zur Erfassung der im Steuerjahr aufgewendeten Kosten geboten sind. Damit besteht erneut die objektive Notwendigkeit, die „Bescheinigung" völlig losgelöst von der Jahresabrechnung der Eigentümergemeinschaft zu erstellen. Es besteht keine Veranlassung, deswegen das Abrechnungsjahr der Gemeinschaft zu ändern.

f) **Vorauszahlungen an Handwerker:** Da bei Korb 4 eine maximale Steuerentlastung von 600 Euro möglich ist, was bei 20 % Steuerabzug einer einzelnen Kostenbelastung von 3.000 Euro entspricht, ist es bei größeren Sanierungsmaßnahmen durchaus denkbar, dass der Steuerabzug (Korb 4) völlig ausgeschöpft wird. Diesen Betrag überschreitende Kosten im gleichen Fiskaljahr sind für den Steuerabzug verloren. Der Fiskus lässt deswegen ausdrücklich zu, dass Rechnungen von erheblichem Aufwand auf zwei Jahre verteilt werden. Dabei ist jedoch darauf zu achten, dass in der jeweiligen Teilrechnung auch wieder Material und Dienstleistungen, wie oben beschrieben, klar ausgewiesen sind. Wichtig ist, dass die Zahlungen für die Teilrechnung im jeweiligen Fiskaljahr erfolgen.

g) **Wechsel der Dienstleistungsbeauftragten:** Zu welchen komplizierten Berechnungen der § 35a EStG zwingt, lässt sich am anschaulichsten an einem Beispiel erläutern, das den Wechsel von Personal/Dienstleister innerhalb einer WEG zum Gegenstand hat. Spätestens hier wird deutlich, dass der einzelne Eigentümer mit der korrekten steuerlichen Umsetzung der Vorschriften in § 35a ohne Hilfe überfordert sein dürfte.

▶ **BEISPIEL**

Die Eigentümergemeinschaft B besteht aus 50 Wohnungen. Die Wohnungen seien, der Einfachheit halber, alle gleich groß und haben alle gleiche Miteigentumsanteile. Die WEG beschäftigt einen hauptamtlichen Hausmeister zum Bruttolohn (inklusive Arbeitgeberanteil) von 3.000 Euro. Hausmeister H scheidet aus dem Dienst der Gemeinschaft zum 30.6. des Jahres aus. Für drei Monate übernehmen drei Eigentümer E1, E2 und E3 nebenberuflich die Hausmeistertätigkeit, wobei jeder monatlich 400 Euro erhält und die Eigentümergemeinschaft die gesetzlich vorgeschriebenen 30 % an die Knappschaftskasse bezahlt. Ab 1.10. schließt die Gemeinschaft einen Vertrag mit der Haumeisterdienstleistungsfirma F ab zu einem Preis von 3.000 Euro pro Monat zuzüglich Mehrwertsteuer.

Die Aufstellung für die WEG Abrechnung sieht folgendermaßen aus:

1. Aufwendungen für H für 6 Monate	18.000 EUR
2. Aufwendungen für E1, E2, E3 monatlich 1.560 EUR	4.680 EUR
3. Aufwendungen für F monatlich 3.570 EUR	10.710 EUR
Gesamtsumme	33.390 EUR

Diese Summe ist zu gleichen Anteilen unter den 50 Eigentümern aufzuteilen. Diese Aufstellung ist unproblematisch und wäre auch ohne HHD so erfolgt. Für die Bescheinigung der HHD ist folgende Berechnung anzustellen:

1. **Die Aufwendungen für H gehören zu Korb 2, sind daher zu 12 % absetzbar. Da H aber nur 50 % eines Jahres beschäftigt war, wird die Vergünstigung für ihn auch nur zu 50 % gewährt. Dies bedeutet pro Eigentümer eine Entlastung von nur 21,60 Euro.**
2. **Die Aufwendungen für E1, E2 und E3 sowie für F in Höhe von 15.390 Euro sind voll anzusetzen gemäß Korb 3 mit 20 %. Hier gibt es keinen zeitanteiligen Ansatz. Somit beträgt die Entlastung pro Eigentümer 61,56 Euro.**

Die Entlastung beträgt insgesamt 83,16 Euro pro Eigentümer.

Zwar sind die Finanzämter nicht in der Lage, zu allen einzelnen Abgrenzungstatbeständen inhaltlich eine klare Antwort zu geben, da auch die Oberfinanzdirektionen auf eine weitere Erläuterung zur gegebenen Erläuterung vom November 2006 warten. Dennoch sind sie zumindest organisatorisch auf die Bearbeitung des § 35a EStG vorbereitet: Im Vordruck zur Einkommensteuererklärung für 2006 sind bereits vier Zeilen für Angaben aus den diversen „Körben" vorgesehen.

Es ist unschwer erkennbar, dass die korrekte Umsetzung der Vorschriften des § 35a EStG – in Verbindung mit der Verwirrung der diversen bereits publizierten und noch zu erwartenden Erläuterungsschreiben – den kaufmännischen Alltagsbetrieb des Verwalters in erheblicher Weise beeinflussen und belasten. Auch der Verfasser rät dringend davon ab, ohne fachkundige Überwachung und Anleitung steuerrelevante „Bescheinigungen" auszustellen.

Andererseits ist der Verfasser der Überzeugung, dass dem Gesetz in der jetzigen Form ohnehin keine lange Lebensdauer beschieden sein wird. Rechnet man nämlich hoch, dass nahezu 40 Millionen Haushalte Ansprüche stellen könnten, kommt man leicht auf eine Größenordnung zwischen 20 und 30 Milliarden Euro, die die Staatskasse bei tatsächlicher Inanspruchnahme jährlich belasten würden. Der Verfasser befürchtet allerdings, dass das Gesetz nicht im Ganzen wieder abgeschafft, sondern lediglich in seiner Wirkung abgeschwächt werden wird. Dies wird einmal mehr dazu führen, dass den WEG-Verwaltern der bürokratische Aufwand bleiben wird — jedoch ohne die heutige positive Wirkung, die die Rückerstattung mit sich bringt, nämlich dass die WEGs bereit sind, die Kosten, die für den Verwalter in der Mehrarbeit enthalten sind, zu tragen. Es wäre eine gute Aufgabe für die Immobilienverbände, rechtzeitig die politischen Entscheidungsträger auf das Massenproblem einer haushaltsbedingten Korrektur des § 35a EStG aufmerksam zu machen. Da die Vergünstigung umfassend für alle steuerzahlenden Privathaushalte gedacht ist, sind die meisten aller bundesdeutschen Haushalte davon berührt.

7 Der WEG-Verwalter als Energiemanager

von Sibylle Heissler,

ab 4. Auflage Michael Luhmann

7.1 Energieeinsparverordnung (EnEV) und Energieausweis

Seit 2008 ist — zwei Jahre nach der ursprünglich geplanten Einführung — der Ausweis (auch Pass genannt) über den Energieverbrauch eines Gebäudes für Hausbesitzer nach dem Willen der Bundesregierung Pflicht. Die Beschaffung eines Ausweises gehört zur ordnungsgemäßen Verwaltung, ist also Aufgabe des Verwalters.

Die Europäische Gemeinschaft hatte mit der Richtlinie 2002/91/EG, die in nationales Recht umzusetzen war, einen verpflichtenden weiteren Denkanstoß gegeben, dass mit Energie aus nicht erneuerbaren Quellen (insbesondere Erdgas und Erdöl) umweltschonend und vor allem sparsam umgegangen werden soll.

Diese Maßnahme reihte sich in die schon seit Langem allseits anerkannten Bemühungen, Wirtschaft und Verbraucher zu wirtschaftlichem und ökologisch verträglichem Umgang mit Energie anzuhalten. Im Rahmen dieser Bemühungen kam es bereits zum Energieeinsparungsgesetz und der darauf basierenden Energieeinsparverordnung, die auch bestehende Gebäude erfasst. In diesem Zusammenhang ist ebenso das ergänzende Bundesimmissionsschutzgesetz zu sehen. In der Verordnung über Kleinfeuerungsanlagen werden zum Beispiel Grenzwerte für die Emission der Abgase aus dem Verfeuerungsvorgang festgelegt, deren Nichteinhaltung zu Bußgeldern für den Verwalter führen kann.

7.2 Welche Arten des Energieausweises gibt es?

Nachdem in Deutschland um die Ausgestaltung des Energieausweises zwischen Wirtschafts-, Bau- und Umweltministerium lange gerungen wurde, sind nun beide Ausweisarten (bedarfs- und verbrauchsorientiert) zugelassen. Damit ist es den Wohnungsbesitzern überlassen, für welche Version sie sich bei Bestandswohnungen entscheiden wollen.

Bei der Bedarfsberechnung wird der rechnerisch theoretische Verbrauch ermittelt, indem auch Daten des Klimas und der Nutzung berücksichtigt werden. Der Vorteil der Bedarfsberechnung liegt darin, dass es sich hier um eine neutrale Bewertung handelt, die unabhängig vom Nutzerverhalten ist. Mit dieser Bewertung lassen sich unterschiedliche Gebäude in Hinblick auf ihren Energieverbrauch vergleichen. Diese Bewertung gleicht einer Diagnose, die Schwachstellen bei der Energieverwertung und damit Ansätze für die Gebäudesanierung aufzeigt.

ARBEITSHILFE ONLINE Der Bedarfsausweis sieht wie folgt aus:

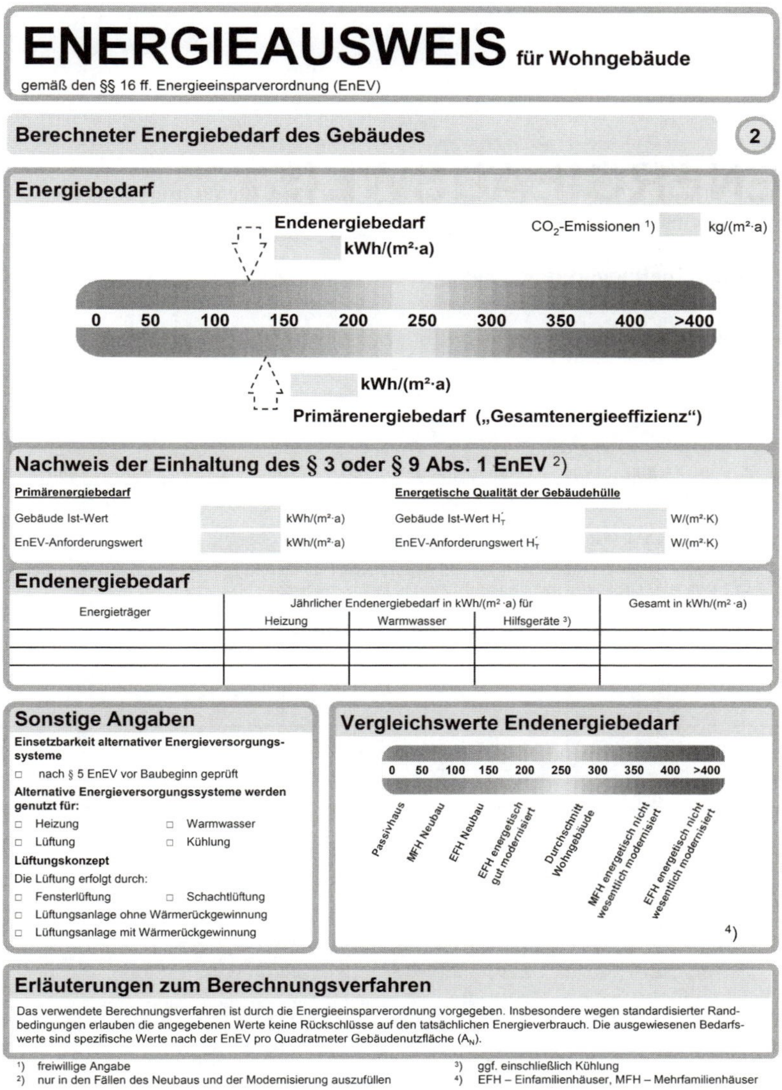

ENERGIEAUSWEIS für Wohngebäude

gemäß den §§ 16 ff. Energieeinsparverordnung (EnEV)

Berechneter Energiebedarf des Gebäudes (2)

Energiebedarf

Endenergiebedarf
kWh/(m²·a)

CO_2-Emissionen [1] kg/(m²·a)

0 50 100 150 200 250 300 350 400 >400

kWh/(m²·a)

Primärenergiebedarf („Gesamtenergieeffizienz")

Nachweis der Einhaltung des § 3 oder § 9 Abs. 1 EnEV [2]

Primärenergiebedarf

Gebäude Ist-Wert kWh/(m²·a)

EnEV-Anforderungswert kWh/(m²·a)

Energetische Qualität der Gebäudehülle

Gebäude Ist-Wert H_T' W/(m²·K)

EnEV-Anforderungswert H_T' W/(m²·K)

Endenergiebedarf

Energieträger	Jährlicher Endenergiebedarf in kWh/(m²·a) für			Gesamt in kWh/(m²·a)
	Heizung	Warmwasser	Hilfsgeräte [3]	

Sonstige Angaben

Einsetzbarkeit alternativer Energieversorgungssysteme

- ☐ nach § 5 EnEV vor Baubeginn geprüft

Alternative Energieversorgungssysteme werden genutzt für:

- ☐ Heizung
- ☐ Warmwasser
- ☐ Lüftung
- ☐ Kühlung

Lüftungskonzept

Die Lüftung erfolgt durch:

- ☐ Fensterlüftung
- ☐ Schachtlüftung
- ☐ Lüftungsanlage ohne Wärmerückgewinnung
- ☐ Lüftungsanlage mit Wärmerückgewinnung

Vergleichswerte Endenergiebedarf

0 50 100 150 200 250 300 350 400 >400

Passivhaus
MFH Neubau
EFH Neubau
EFH energetisch gut modernisiert
Durchschnitt Wohngebäude
MFH energetisch nicht wesentlich modernisiert
EFH energetisch nicht wesentlich modernisiert

[4]

Erläuterungen zum Berechnungsverfahren

Das verwendete Berechnungsverfahren ist durch die Energieeinsparverordnung vorgegeben. Insbesondere wegen standardisierter Randbedingungen erlauben die angegebenen Werte keine Rückschlüsse auf den tatsächlichen Energieverbrauch. Die ausgewiesenen Bedarfswerte sind spezifische Werte nach der EnEV pro Quadratmeter Gebäudenutzfläche (A_N).

[1] freiwillige Angabe
[2] nur in den Fällen des Neubaus und der Modernisierung auszufüllen
[3] ggf. einschließlich Kühlung
[4] EFH – Einfamilienhäuser, MFH – Mehrfamilienhäuser

Die Verbrauchsmessung zeigt das Zusammenwirken der energetischen Qualität des Gebäudes mit dem spezifischen Nutzerverhalten und den jeweiligen Klimaeinflüssen. Die Erstellung eines verbrauchsorientierten Ausweises ist zwar die preiswertere Variante, hat aber den Nachteil, dass das Nutzerverhalten (zum Beispiel fehlerhafte Einstellung der Heizanlagentechnik) maßgeblichen Einfluss auf den ermittelten Wert hat und die energetische Beschaffenheit eines Gebäudes nur beschränkt aufzeigen kann.

Hier das Muster eines Verbrauchsausweises:

ENERGIEAUSWEIS für Wohngebäude

gemäß den §§ 16 ff. Energieeinsparverordnung (EnEV)

Erfasster Energieverbrauch des Gebäudes (3)

Energieverbrauchskennwert

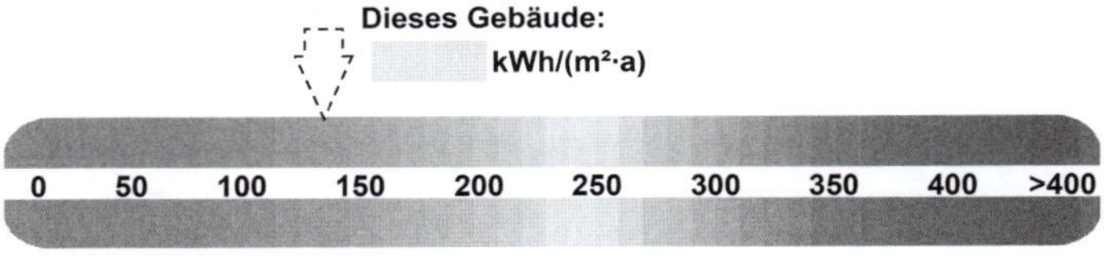

Energieverbrauch für Warmwasser: ☐ enthalten ☐ nicht enthalten

☐ Das Gebäude wird auch gekühlt; der typische Energieverbrauch für Kühlung beträgt bei zeitgemäßen Geräten etwa 6 kWh je m² Gebäudenutzfläche und Jahr und ist im Energieverbrauchskennwert nicht enthalten.

Verbrauchserfassung – Heizung und Warmwasser

Energieträger	Zeitraum		Energieverbrauch [kWh]	Anteil Warmwasser [kWh]	Klimafaktor	Energieverbrauchskennwert in kWh/(m²·a) (zeitlich bereinigt, klimabereinigt)		
	von	bis				Heizung	Warmwasser	Kennwert
							Durchschnitt	

Vergleichswerte Endenergiebedarf

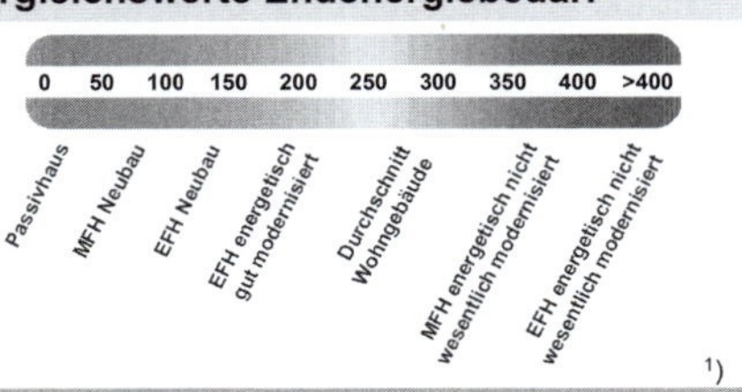

Die modellhaft ermittelten Vergleichswerte beziehen sich auf Gebäude, in denen die Wärme für Heizung und Warmwasser durch Heizkessel im Gebäude bereitgestellt wird.
Soll ein Energieverbrauchskennwert verglichen werden, der keinen Warmwasseranteil enthält, ist zu beachten, dass auf die Warmwasserbereitung je nach Gebäudegröße 20 – 40 kWh/(m²·a) entfallen können.
Soll ein Energieverbrauchskennwert eines mit Fern- oder Nahwärme beheizten Gebäudes verglichen werden, ist zu beachten, dass hier normalerweise ein um 15 – 30 % geringerer Energieverbrauch als bei vergleichbaren Gebäuden mit Kesselheizung zu erwarten ist.

Erläuterungen zum Verfahren

Das Verfahren zur Ermittlung von Energieverbrauchskennwerten ist durch die Energieeinsparverordnung vorgegeben. Die Werte sind spezifische Werte pro Quadratmeter Gebäudenutzfläche (A_N) nach Energieeinsparverordnung. Der tatsächliche Verbrauch einer Wohnung oder eines Gebäudes weicht insbesondere wegen des Witterungseinflusses und sich ändernden Nutzerverhaltens vom angegebenen Energieverbrauchskennwert ab.

1) EFH – Einfamilienhäuser, MFH – Mehrfamilienhäuser

7.3 Wo sind die Ausweise erhältlich?

Die Mitgliedstaaten der EU haben zu gewährleisten, dass Energieausweise nur von unabhängigen und ausreichend qualifizierten Fachleuten ausgestellt werden dürfen. Dies können zum Beispiel Architekten, Ingenieure, Gutachter, aber auch ausgewiesene Handwerksmeister sein. Ebenso können Energieversorger, Energiemessungsdienstleister oder Verbraucherverbände ausstellungsberechtigt sein. Die Deutsche Energie-Agentur (Dena) unterhält bereits eine Ausstellerdatenbank über zertifizierte Aussteller.

7.4 Welche rechtlichen Auswirkungen hat der Energieausweis?

Der Energieausweis hat auch rechtliche Auswirkungen sowohl auf das Mietrecht als auch auf Immobilienverkäufe. Für den vermietenden Eigentümer könnten schlechte Werte innerhalb des Energieausweises den Wert des Vermietungsobjekts mindern. Falls die Daten des Energieausweises zukünftig in Mietverträge einfließen, was durchaus denkbar wäre, könnten sich bei einer negativen Abweichung unter Umständen auch Ansprüche eines Mieters ergeben. Bestehende Mietverhältnisse dürften davon aber nicht betroffen sein.

In vergleichbarer Weise könnten an den Verkäufer einer Immobilie Regressansprüche gestellt werden, wenn die Daten des Energieausweises nicht eingehalten werden. Es käme dann zu einer Sachmängelhaftung. Dies ist in der Kaufvertragsabfassung zu berücksichtigen.

In der Wohnungseigentümergemeinschaft wird die Einführung des Energiepasses zur Diskussion führen, ob energiesparende Modernisierungen vorgenommen werden sollen. Hier hat die Änderung zum WEG die Beschlusskompetenz erleichtert. Zu Ihren Aufgaben als Verwalter werden demnach auch Vorschläge zur Energieeinsparung gehören, zumindest müssen Sie über das erforderliche Fachwissen für die Eigentümerversammlungen verfügen und sollten in dieser Richtung auch vorsorglich tätig sein, um den Eigentümern Auskunft über Kosten und Rentabilität geben zu können.

7.5 Welche Chancen ergeben sich für den Verwalter?

Mit der Einführung des Energiepasses sollten Sie die Chance nutzen, um auf Ihre besondere Kompetenz auch auf diesem Gebiet hinzuweisen. Hier ist zunächst eine ausführliche Information der Eigentümer über folgende Aspekte erforderlich:

- Die Notwendigkeit zur Erstellung eines Energieausweises
- Die Vor- und Nachteile der beiden möglichen Energieausweise
- Die Kosten
- Die rechtlichen Auswirkungen
- Möglichkeiten der Energieeinsparung und modernisierender Instandhaltung sowie baulicher Veränderungen unter dem Gesichtspunkt Energieeinsparung
- Finanzierungs- und Fördermittel über die Kreditanstalt für Wiederaufbau (KfW), aber auch Kommunen und Energieversorger

Wirken Sie sodann auf die erforderliche rechtzeitige Beschlussfassung hin. Sie sollten in diesem Bereich auf keinen Fall eigenmächtig handeln, auch wenn der Verwaltervertrag Sie unter Umständen dazu berechtigt. Die rechtlichen Folgen der Entscheidung sind zu umfangreich. Nutzen Sie aber die Möglichkeit zur sachkundigen und ausführlichen Beratung.

Bei dieser Beratung sind Rentabilitätsberechnungen für die baulichen Modernisierungen nicht zu vernachlässigen. Es kommt immer wieder vor, dass sich die in diesem Zusammenhang allgemein vorgeschlagenen Maßnahmen (Wärmedämmung der Außenfassaden, Dämmung der Kellerdecke sowie des Daches, neue Kunststofffenster und eine Solaranlage) in einem vertretbaren Zeitraum nicht amortisieren und viele Eigentümer auch finanziell überfordern. Als Daumenwert gilt, dass sich eine Modernisierung in einem Zeitrahmen von zehn Jahren amortisieren sollte.

Weisen Sie in diesem Zusammenhang unbedingt auch auf die Risiken hin, die mit der „uftdichten Verpackung“ (dichte Fenster und dichte Hülle) verbunden sind (Schimmelbildung).

8 Welche Software eignet sich für die Hausverwaltung?

von Martin Vaas

Das Spektrum der kommerziell erhältlichen Software für die Hausverwaltung reicht vom einfachen Buchhaltungsprogramm bis hin zum komplexen Immobilienmanagementsystem. Entsprechend bewegen sich die Preise für die Software vom zweistelligen bis zum fünfstelligen Bereich.

Es ist nahezu unmöglich, Verwaltungsprogramme allgemein zu beurteilen oder allgemeine Kriterien eines „guten“ Verwaltungsprogramms zu bestimmen. Denn ob ein Verwaltungsprogramm „gut“ ist, hängt direkt von den Anforderungen der Verwaltungsfirmen ab. Die Frage ist also eher, welches Programm „passt“.

8.1 Grundsätzlicher Aufbau

Hier soll ein allgemeiner Überblick über den möglichen Leistungsumfang von Hausverwaltungssoftware gegeben werden, um eine Beurteilungsgrundlage für die eigene Auswahl zu schaffen.

Maximalzahlen von verwaltbaren Objekten, Wohnungen etc.

Vor allem kleinere Softwarepakte haben Beschränkungen bezüglich der im System erfassbaren zu verwaltenden Einheiten oder der Anzahl der zu verwaltenden Objekte (zum Beispiel nur 999 erfassbare Wohnungen oder 99 zu verwaltende Objekte). Geklärt werden muss auf alle Fälle, ob es eine Grenze in der Software gibt und falls ja, ob die bestehenden Einschränkungen sicher ausreichen oder ob es eine Möglichkeit gibt, diese Anzahl zu vergrößern — zum Beispiel durch eine Erweiterung der Programmlizenz —, und mit welchen Kosten dies verbunden ist.

Mehrplatz-/Mehrbenutzerfähigkeit

Kleinere Programme sind oft nur als Einzelplatzversion erhältlich, was besonders für einen größeren Objektbestand im Allgemeinen nicht ausreicht. Sofern nicht sicher ist, dass der Objektbestand nicht die Anzahl überschreitet, die mit einem Arbeitsplatz bearbeitet werden kann, sollte sichergestellt sein, dass das Programm mehrplatzfähig ist. Außerdem sollte man sich informieren, wie die Preise nach Anzahl der Arbeitsplätze gestaffelt sind.

Für Mehrplatz- und Mehrbenutzersysteme ist eine damit verbundene Benutzerverwaltung und benutzerbezogene Rechtevergabe für die einzelnen Programmteile erforderlich.

Schnittstellen für Datenexport und -import

Da normalerweise kein Programm alle individuellen Anforderungen für Auswertungen und Statistiken erfüllt, ist die Möglichkeit des Datenaustauschs mit Standardprogrammen, insbesondere zu Textverarbeitung und Tabellenkalkulation, von großer Bedeutung. Zumindest eine Schnittstelle zum Erstellen von Serienbriefen sollte zum Standardumfang jeder Software gehören. Wünschenswert ist darüber hinaus ein Modul, das eine beliebige Auswahl der vorhandenen Objekt-, Personen- oder Buchhaltungs- und Abrechnungsdaten direkt oder über den Zwischenschritt einer Datei an andere Programme übergeben kann, damit sie dort nach den eigenen Erfordernissen aufbereitet und ausgewertet werden können.

Für den Zahlungsverkehr sind Module zum beleglosen Datenaustausch mit Banken essenziell. Dies betrifft einerseits das Einlesen (Import) von Kontendaten in die Buchhaltung, andererseits den Export von Zahlungsvorgängen an die Bank, zum Beispiel Überweisungen/Lastschriften aus Abrechnungen. Die Banken bieten dafür standardisierte Schnittstellen an (zum Beispiel MultiCash), die die Software unterstützen muss.

Für Abrechnungen ist ein belegloser Datenträgeraustausch mit der entsprechenden Ablesefirma notwendig.

Service

- Eine vollständige Dokumentation kombiniert mit einer entsprechenden Onlinehilfe und -suche muss zum Leistungsumfang gehören.
- Für Unklarheiten und Fragen sollte eine (kompetente und erreichbare) Hotline zur Verfügung stehen.
- Updateservice: Da sich im Verwaltungsbereich aufgrund der Rechtsprechung vor allem in den Abrechnungen immer wieder Änderungen ergeben können, muss gewährleistet sein, dass die Software schnell und zuverlässig auf den aktuellen Stand gebracht werden kann.

Leistungsumfang allgemein

- Wohnungseigentumsverwaltung
- Mietverwaltung
- Gewerbliche Objekte mit Zwischenvermietung
- Sonderverwaltung
- Gemischt genutzte Objekte
- Mehrhausanlagen
- Mandantenfähigkeit

Zusatz- und/oder Spezialprogramme

- Standardschreiben/Mustervorlagen/Musterverträge
- Verwalten eines Handwerkerverzeichnisses
- Terminverwaltung oder Schnittstelle zu entsprechenden Programmen
- Facility-Management
- Instandhaltungsmanagement und -planung
- Dokumentenmanagement
- Eigenes CRM-Modul oder Schnittstelle zu anderen CRM-Systemen

8.2 Leistungsumfang im Einzelnen

8.2.1 WEG

Stammdaten verwalten

- Mandantenfähigkeit
- Anlegen und Verwalten der Objekte/Wirtschaftseinheiten
- Anlegen und Verwalten der Wohnungs-, Garagen-, Stellplatz- und Gewerbeeinheiten
- Vertragsverwaltung für Wohnungen, Gewerbeflächen, Garagen etc.
- Nutzungsarten der Verträge
- Kopieren von Stammdaten auf andere Mandanten
- Einfaches Erfassen von Eigentümerwechseln
- Zentrale Suche von Personen
- Erfassen von Personendaten (zum Beispiel der Hausmeister und Beiräte)

Auswertungen der Stammdaten

- Adressaufkleber
- Eigentümerlisten
- Hausmeisterliste, Beiratslisten
- Adresslisten von Eigentümern
- Garagen-/Stellplatzlisten
- Anwesenheitsliste und Stimmzettel für die Vorbereitung von Eigentümerversammlungen
- Schnittstellen zum Datenexport

Buchhaltung

Verwaltung der Objekte über drei Wirtschaftsjahre und Archivierung über beliebig viele Jahre:

- Übernahme von Standardkontenplänen für die Abrechnung
- Variabler Kontenrahmen mit Eigentümer-, Einnahmen-, Ausgaben- und Vermögenskonten
- Automatische Sollstellung (Buchung der Wohnungs- und Gegenkonten)

- Aufteilung der Gesamtsollstellung hinsichtlich des Hausgeldes und der abzurechnenden Betriebskosten
- Buchen der Heizkosten für die BK-Abrechnung, Übernahme dieser Daten von den Ablesefirmen
- Buchungsjournal
- Einzelbewegungen der Konten
- Summen- und Saldenliste von Wohnungs- und Sachkonten
- Vermögensübersicht
- Übernahme der Abrechnungswerte in die Buchhaltung
- Druck der Lastschriften mit Banksammelanweisung nach Zahlungsweise mit gleichzeitigem Druck der Gut- bzw. Lastschriften mit Banksammelanweisung aus der Betriebskostenabrechnung mit automatischer Buchung der Konten
- Zahlungsverkehrdaten für die Buchhaltung von der Bank

Erweiterung der Eigentumsverwaltung um Umsatzsteueroption:

- Berücksichtigung der Umsatzsteuer in Buchhaltung
- Ausweis der Vorsteuer bzw. Mehrwertsteuer jeder Kosten- und Einnahmeposition

Zahlungsverkehr

- Lastschrifteinzug für monatliches Hausgeld
- Last- und Gutschriften aus Jahresabrechnung
- Last- und Gutschriften aus Sonderumlagen

Mahnwesen

- Kontoauszüge direkt auf Bildschirm oder zum Ausdrucken, Offene-Posten-Liste
- Übersichtslisten über Kontostände von Mietern/Eigentümern mit Mahnvorschlägen
- Automatisches Mahnen, Mahnbriefe mit oder ohne Kontenbewegungen
- Anpassung der Mahnungen auf individuelle Bedürfnisse, zum Beispiel Festlegung eines Mindestbetrags, ab dem gemahnt wird, variable Zeiträume zur Erhöhung der Mahnstufen
- Nichtberücksichtigung von bestimmten Personen im automatischen Mahnlauf im Fall von Sondervereinbarungen (zum Beispiel Ratenzahlung)

Abrechnungen

Form und Inhalt von Abrechnungen zählen gegenüber den Eigentümern und Mietern zu den wichtigsten Referenzen. Deshalb muss besonders darauf geachtet werden,

- welche Auswertungen und Abrechnungen gegenüber den Eigentümern und Mietern möglich sind und ob dieser Leistungsumfang den eigenen Anforderungen genügt,
- ob die inhaltliche Aufbereitung und deren Darstellung sowohl den auf dem Markt üblichen als auch den eigenen Qualitätsansprüchen entspricht,
- welche individuellen Anpassungsmöglichkeiten es für Texte und Fristen auf Abrechnungen und auf Mahnungen gibt sowie
- ob die vorhandenen Auswertungen und Übersichten für den eigenen Bedarf ausreichen.

Im Einzelnen:

- Wohngeldabrechnungen der Eigentümer mit Ausweisung des Instandhaltungsrücklagenkontos
- Berechnung der Rücklagenanteile nach frei wählbaren Schlüsseln, Ausweis von Zinsen, Zinsabschlagsteuer und Solidaritätszuschlag
- Frei wählbare Aufteilung von Abrechnungs- und Umlageschlüsseln
- Kontrolle der Abrechnungsergebnisse direkt auf dem Bildschirm
- Übernahme von Daten aus der Heizkostenabrechnung, separate Ausweisung von Heizkosten auf den Abrechnungen
- Einnahmen-Ausgaben-Abrechnung
- Betriebskostenabrechnung
- Wirtschaftspläne mit Planzahlen, Errechnung der Gesamtausgaben und der neuen Wohngeld-, Betriebskosten- und Heizkostenvorauszahlung, individuelle Vorausberechnung der Heizkosten auf Basis der vorhanden Abrechnungen und daraus Ermittlung einer auf den individuellen Verbrauch angepassten Vorauszahlung
- Automatische Übernahme der neuen Vorauszahlungen in die Sollstellung
- Verwaltung von Sonderumlagen mit frei wählbaren Verteilungsschlüsseln

8.2.2 Mietverwaltung

Stammdatenverwaltung (analog WEG)

- Erfassung von Mieterwechseln
- Auswertungen
  - Adressaufkleber
  - Mieterlisten, Adresslisten
  - Leerstandslisten

Buchhaltung

- Automatische Sollstellung, detaillierte Aufteilung der Gesamtsollstellung hinsichtlich Kaltmieten, Garagen- und Stellplatzmieten, Betriebskostenvorauszahlungen und der abgerechneten Betriebskosten
- Buchen der Heizkosten für die BK-Abrechnung
- Buchungsjournal
- Druck der Einzelbewegungen der Konten des laufenden Jahres und der Vorjahre
- Summen- und Saldenliste
- Übernahme der Abrechnungswerte in die Buchhaltung

Zahlungsverkehr

- Belegloser Datenträgeraustausch für Mieten und Nebenkosten
- Druck der Lastschriften mit Banksammelanweisung nach Zahlungsweise mit gleichzeitigem Ausgleich der Wohnungskonten
- Erweiterung für Lastschriften und Gutschriften aus Jahresabrechnung/Betriebskostenabrechnung

Mahnwesen

- Kontoauszüge online und Ausdruck
- Übersichtslisten über Kontostände, Mahnvorschläge
- Automatisches Mahnen, Mahnbriefe mit oder ohne Kontenbewegungen
- Zinsberechnungen

Sonstiges

- Wirtschaftlichkeitsberechnung
- Kautionsverwaltung und -abrechnung
- Erweiterung der Mietverwaltung mit Umsatzsteueroption
  - Berücksichtigung der Umsatzsteuer in Buchhaltung
  - Ausweis der Vorsteuer bzw. Mehrwertsteuer jeder Kosten- und Einnahmeposition in der Betriebskostenabrechnung
  - Erweiterung für gewerbliche Mieten unter besonderer Berücksichtigung der anteiligen Vorsteuerberechnung und Umsatzsteuervoranmeldung
- Verwaltung/Buchhaltung für Mietgarantie
  - Überweisung von Mietgarantiezahlungen mit Kontrolle des laufenden Mieteingangs
  - Gegenüberstellung von Hausgeld, Miete und Mietgarantie
  - Schreiben an den Eigentümer mit Erläuterung der Zahlungsein- und -ausgänge
  - Mietverträge/Schreiben an den Eigentümer (Eingang, Ausgang, Rechnungen) mit Erläuterung der Zahlungseingänge und -ausgänge der betreffenden Mietverträge sowie der Kosten
- Mieterhöhung nach Mietspiegel oder Mietindex
  - Verwaltung mehrerer Mietspiegeltabellen
  - Verwaltung verschiedener Indizes, zum Beispiel Lebenshaltungsindex
  - Erhöhungsvorschlag
- individuelle Gestaltung der Erhöhungsschreiben

8.3 Internetverweise

Natürlich ist das Internet eine unerschöpfliche Quelle. Deshalb können im Folgenden auch nur Empfehlungen ausgesprochen werden, wo der Verwalter sehr nützliche und vor allem immer aktuelle Informationen finden kann. Die empfohlenen Homepages sind lediglich Ausgangspunkte, die allesamt viele weitere nützliche Verbindungen haben.

Allgemeines zur Immobilienwirtschaft

www.baunetz.de
Homepage des Bundesbauministeriums

www.focus.de/Immobilien
Immobilienseite des Focus (aktuelle Fakten zu vielen Themen rund um die Immobilie)

www.vid-immobilien.de
Kleines Immobilienlexikon (noch im Aufbau)

www.wowi.de/allgemein.htm
Wohnungswirtschaftliches Forum, vielseitige Internetseite mit Schwerpunkten Wohnungswirtschaft, Versicherung und Finanzierung; Lexika und Informationen über wichtige Gesetze für die Wohnungswirtschaft

Preisspiegel

www.focus.de/Immobilien
Immobilienseite des Focus (komfortable Mietspiegel; Datenbank mit nützlichen statistischen Auswertungen)

www.wowi.de/wohnungsmarkt.html
Wohnungswirtschaftliches Forum (Auflistung der nach Bundesländern geordneten Mietspiegel)

www.wowi.de/info/wohnungsmarkt/index.htm
Wohnungswirtschaftliches Forum (Immobilienpreisspiegel von 1986 bis 1998 des VDM online)

Die Immobilienverbände

www.fiabci.com
Internationaler Verband der Immobilienberufe

www.gdw.de
GdW — Bundesverband deutscher Wohnungs- und Immobilienunternehmen

www.ivd.net
Immobilienverband Deutschland, Bundesverband der Immobilienberater, Makler, Verwalter und Sachverständigen e. V.

www.wohnungsverwalter.de
Bundesfachverband der Immobilienverwalter e. V.

Deutsche Gesetzestexte

www.umwelt-online.de
Umweltrecht, Anlagentechnik, Gesetzestexte

www.wowi.de/recht-gesetz.html
Gesetze und Recht rund um die Wohnungswirtschaft

Fachbuchhandel

www.haufe.de

Software für die Hausverwaltung

www.softguide.de/software/haus-wohnungsverwaltung.htm
Übersicht über die gängigste Software für die Hausverwaltung allgemein und Spezialsoftware für einzelne Aufgabengebiete

9 Den gebündelten Willen der Eigentümergemeinschaften organisieren

von Michael von Hauff

9.1 Das WEG-Organigramm[1]

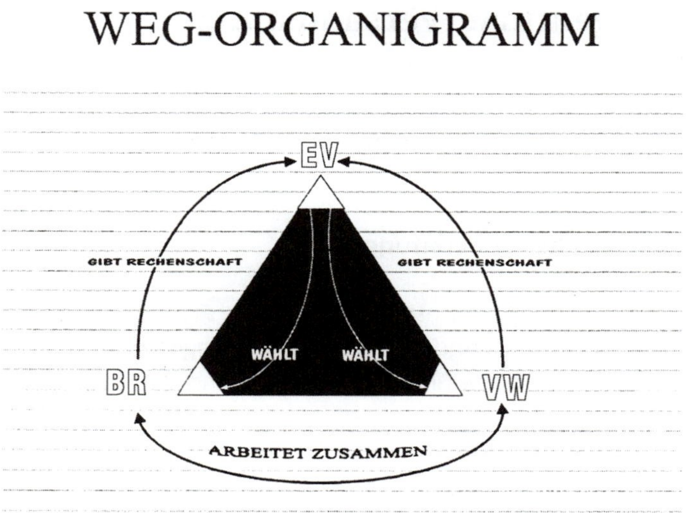

Abb. 6: Organigramm (EV = Eigentümerversammlung, BR = Verwaltungsbeirat, VW = Verwalter)

Das WEG-Organigramm veranschaulicht die Stellung von Verwaltungsbeirat und Verwalter bezüglich der Eigentümerversammlung.

[1] Treubau-Gruppe Mannheim, D. Elougmani, 1998.

Es verdeutlicht, dass die Eigentümerversammlung das höchste und einzige Organ der Eigentümergemeinschaft darstellt. Sie wählt sowohl den Verwalter als auch den Verwaltungsbeirat. Verwalter und Verwaltungsbeirat haben zwei Aufgaben: Sie haben über die ihnen von Gesetzes wegen übertragenen Aufgaben Rechenschaft zu legen und sind zur Zusammenarbeit aufgefordert. Ausdrücklich vermerkt das Wohnungseigentumsgesetz in § 29 Abs. 3 die „Unterstützung des Verwalters bei der Durchführung seiner Aufgaben" als Pflicht des Beirats. Das heißt in Rechtsprechung und Praxis, dass die Verwaltung sich aus einem „Profiteil" (Verwalter), einem ehrenamtlichen Teil (Verwaltungsbeirat) und der Eigentümerversammlung zusammensetzt. Deshalb spricht der Gesetzgeber in § 21 WEG von einer „Verwaltung durch die Wohnungseigentümer". Beirat und Verwalter sind ausdrücklich Ausfluss der Selbstverwaltung jeder Eigentümergemeinschaft.

9.2 Die Eigentümerversammlung

9.2.1 Vorbereitung einer Eigentümerversammlung

Die inhaltliche Vorbereitung

Die Vorbereitung der nächsten Eigentümerversammlung (EV) beginnt gedanklich bereits nach dem Ende der letzten. Eine gelungene, erfolgreich gehaltene Versammlung ist die beste Grundlage für die nächste Versammlung. Eigentümerversammlungen sollten immer aneinander anknüpfen.

Am Ende einer Eigentümerversammlung sollten die selbstkritischen Fragen stehen: **„Was habe ich gut gemacht?"** und **„Was kann ich in Zukunft besser machen?"**. Dabei sollten Thematik, Organisation und Stimmung der gerade beendeten Eigentümerversammlung analysiert werden. War der Saal angenehm? Warum? War die Stimmung gut? Was hat die Stimmung ausgemacht? Treu der Devise, eigene Stärken auszubauen, sollten alle auch noch so kleinen positiven Details gedanklich festgehalten werden.

Die Vorbereitung einer EV beginnt also mit der **Nachbereitung der letzten Versammlung**. Etwa drei Monate später sollten die Unterlagen (Protokoll und Wiedervorlage) überprüft werden, ob Dinge, die in der letzten Versammlung vereinbart wurden, auch erledigt bzw. in die Wege geleitet sind. Nach sechs Monaten (also genau zwischen den Versammlungen) ist es sinnvoll, den Eigentümern einen **Zwischenbericht** zu erteilen. Dieser kann kurz sein und lediglich mitteilen, welche Dinge aus der letzten Versammlung bereits erledigt sind, welche noch ausstehen und an welchen Problemen Beirat und Verwaltung momentan arbeiten. Gleichzeitig kann man in diesem Zwischenbericht auf den geplanten Termin der nächsten Versammlung hinweisen. Dies schafft den Vorteil, dass die Eigentümer sich langfristig auf den Termin einstellen können und die eigentliche Einladung zur Versammlung relativ kurzfristig und damit aktuell erfolgen kann.

Die persönliche Vorbereitung

Vor der Versammlung sollte sich der Verwalter zunächst fragen: **„Was will ich in dieser Versammlung erreichen?“** Aus diesem Grund ist die innere persönliche Vorbereitung auf die Versammlung besonders wichtig.

Die zweite Frage lautet: **„Was soll für die Gemeinschaft erreicht werden?“** Der Verwalter weiß, welche finanziellen, technischen und organisatorischen **Entscheidungen** in der nächsten Zeit gefällt werden müssen. Diese Entscheidungen müssen vorbereitet werden. Dabei ist es wesentlich, den Entscheidungsträgern (Eigentümern) gut aufbereitete Entscheidungsgrundlagen zu geben. Sind die Grundlagen einer Entscheidung sehr umfangreich, zeigt sich die Kunst des Verwalters einerseits darin, keine Informationsredundanz zu verursachen, andererseits alle für nichtkundige Eigentümer notwendigen Informationen zu liefern. Letztlich betreffen alle Entscheidungen die Qualität bzw. die Werterhaltung der Immobilie und damit das Vermögen der Eigentümer.

Der Verwalter muss entscheiden, welche **Organisations- und Dauerbeschlüsse**[2] gefasst werden können. Eigentümerversammlungen sollten mit nicht mehr als drei Organisations- oder Dauerbeschlüssen befrachtet werden, da sonst die Gefahr besteht, dass die Eigentümer sich als „Abstimmungsmaschine“ vorkommen. Daher sollte man bei Gemeinschaften, welche die wesentlichen Organisationsbeschlüsse noch nicht gefasst haben, eine Reihenfolge über Jahre machen und den Eigentümern die Beschlüsse in vernünftigen Einheiten nahebringen. Dabei ist zu berücksichtigen, dass Dauerbeschlüsse nur für Gemeinschaften sinnvoll sind, die diese auch für sich selbst brauchen.

2 Formulierungsvorschläge für Organisations- und Dauerbeschlüsse sind im Anhang an dieses Kapitel aufgeführt.

Niemand erwartet von einem Verwalter, dass er die **Teilungserklärung**, die **Gemeinschaftsordnung** oder den **Verwaltungsvertrag** auswendig kann. Sie sind auf die jeweilige Gemeinschaft zugeschnitten, daher gibt es unzählige Varianten. Die zur Abhaltung der Versammlung relevanten Abschnitte der Teilungserklärung und der Gemeinschaftsordnung sind rechtzeitig vor der Versammlung nachzulesen (Stimmrechte, Einladungsfristen etc.). Zu diesem Teil der Vorbereitung gehört auch das Überprüfen schon bestehender **Dauer- und Organisationsbeschlüsse**.

Die externe Vorbereitung

Sie beginnt mit einem **Gespräch zwischen Verwalter und Verwaltungsbeirat**. Die Vorbereitung mit dem Verwaltungsbeirat ergibt sich in vielen Fällen in Zusammenhang mit der Rechnungsprüfung des Vorjahres. Zur Rechnungsprüfung kommen üblicherweise Beirat und Verwalter zusammen, im Anschluss kann die Versammlung vorbereitet werden. Selbstverständlich sind auch Telefonkonferenz oder Schriftverkehr mögliche Formen der Vorbereitung.

Im Austausch mit dem Verwaltungsbeirat werden die **Tagesordnungspunkte** festgelegt, wobei der Verwalter sinnvollerweise bereits einen Vorschlag zur Tagesordnung einbringt. Die „normale" Tagesordnung lautet:

1. Bericht Verwaltung und Beirat
2. Abrechnung des Vorjahres
3. Beschlussfassung über die Jahresabrechnung
4. Entlastung Beirat/Rechnungsprüfer
5. Entlastung der Verwaltung
6. Wirtschaftsplan des kommenden Jahres
7. Bestätigung/Wahl des Verwaltungsbeirats und der Rechnungsprüfer

Die erweiterte Tagesordnung könnte lauten:

1. Beschlüsse zur Instandhaltung (diese müssen natürlich namentlich und inhaltlich genau bezeichnet werden)
2. Organisations- und Dauerbeschlüsse (auch diese müssen inhaltlich präzise genannt werden)
3. Wahl/Wiederwahl des Verwalters (soweit dies vom Routineablauf oder aufgrund der vertraglichen Situation erforderlich ist)

4. Hausordnung
5. Anregungen (es ist sinnvoll, bereits in der Tagesordnung darauf hinzuweisen, dass Beschlüsse unter dem Punkt „Anregungen" oder „Verschiedenes" wegen ihrer Anfechtbarkeit nicht gefasst werden sollten)

Ist die Tagesordnung festgelegt, sind **inhaltliche Absprachen** zu treffen, zu welchen Punkten der Verwaltungsbeirat ausführlich Stellung nimmt, zu welchen der Verwalter und in welchen Punkten sich Verwalter und Beiratsmitglieder ergänzen.

Nach der Rechnungsprüfung und der Erstellung der Abrechnungsunterlagen werden üblicherweise die **Einladungen** an die Eigentümer verschickt. Den Einladungen werden Informationsunterlagen für die Jahresabrechnung, die Jahreseinzelabrechnung und die Heizkostenabrechnung, weiteres Informationsmaterial und ein Formular zur Erteilung einer Vollmacht bei eigener Verhinderung am Versammlungstermin beigefügt.

Wünscht der Verwalter eine beschlussfähige Versammlung, sollte er den **Versammlungstag** nicht in die Schulferien, nicht auf einen Feiertag und nicht auf einen Samstag legen. Auch andere Ereignisse (große Sportveranstaltungen, lokale Angelegenheiten) sind bei der Terminierung zu beachten.

Da Eigentümerversammlungen nicht zu „Unzeiten" stattfinden dürfen, muss der Verwalter eine vernünftige **Uhrzeit** wählen. Beginnt die Versammlung zu spät (nach 19:30 Uhr), so besteht nicht nur die Gefahr, dass die Versammlung sich endlos hinzieht; es besteht darüber hinaus die Gefahr, dass wichtige Beschlüsse nicht ausreichend qualifiziert reflektiert werden können, weil die Teilnehmer bereits ermüdet sind. Das andere Extrem wäre, die Versammlung zu früh beginnen zu lassen. Denn ein Beginn vor 16:00 Uhr schließt einen wesentlichen Teil der Teilnehmer aus, es sei denn, die Struktur der Gemeinschaft macht dies ausdrücklich möglich. So ist dem Verfasser eine Gemeinschaft im Stuttgarter Raum bekannt, wo die Versammlungen grundsätzlich morgens um 8:00 Uhr stattfinden, weil alle Eigentümer als Schichtarbeiter tätig sind und sich deshalb den Termin so gewählt haben.

Beginnt die Versammlung zwischen 17:00 und 18:30 Uhr, werden Störungen durch verspätetes Ankommen oder vorzeitiges Gehen minimiert. Die Uhrzeit verdeutlicht, dass eine Versammlung der Wohnungseigentümer keine Freizeitbeschäftigung, sondern Arbeitsalltag ist.

Der **Versammlungsort** sollte einfach zu finden sein, gute Parkmöglichkeiten bieten und auch mit öffentlichen Verkehrsmitteln leicht erreichbar sein. Bewährt haben sich Gemeindesäle und Räume in Kindergärten oder kirchlichen Einrichtungen.

Nebenräume von Gaststätten eignen sich nur bedingt, da permanente Unterbrechungen durch fürsorgliche und wohlmeinende Kellner oft die Versammlung behindern. Außerdem sind Eigentümerversammlungen als Veranstaltungen für Wirte nur von geringem Interesse, da der Verzehr oft sehr gering ist und Wirte nicht auf ihre Kosten kommen.

In jedem Fall muss der Versammlungsraum völlig abgeschlossen sein. Eine einfache Faltwand als Abtrennung zum Gastraum genügt nicht, da Eigentümerversammlungen geschlossene Versammlungen sind, das heißt, sie finden unter **Ausschluss der Öffentlichkeit** statt. Ist dies nicht gewährleistet, kann die Versammlung aus diesem Grund angefochten werden. Rechnet man damit, dass sehr viele Versammlungsteilnehmer die Örtlichkeit nicht kennen, ist es zweckmäßig, der Einladung eine Anfahrtsskizze beizufügen. Dies wird im Allgemeinen als eine besondere Höflichkeit empfunden und trägt zu einer positiven Grundstimmung bei.

Wichtig in der Vorbereitung der Versammlung ist die Wahl des passenden **Ambientes** für den jeweiligen Teilnehmerkreis. Manche Gemeinschaften bevorzugen einen Versammlungsraum, wo Lokal und Bedienung Volkstümlichkeit ausstrahlen. Es stört offensichtlich nicht, wenn der Versammlungsraum nach Tabak riecht, die Getränke vornehmlich aus Bier oder Wein bestehen und manche Teilnehmer zwischendurch ihr Abendessen einnehmen. Andere Gemeinschaften fühlen sich in einer Umgebung wohl, die gediegenen Luxus ausstrahlt. Die Geschicklichkeit des Verwalters, das für die jeweilige Gemeinschaft angemessene Ambiente auszuwählen, ist häufig ein wesentlicher Beitrag zum Gelingen oder Misslingen einer Versammlung.

Zum Ambiente gehört auch der **Versammlungsraum** selbst. Meist wählen die Versammlungsleiter zu große Räume. Kommen weniger Eigentümer als angenommen, füllt sich der Raum nur unzureichend. Betreibt hier der Verwalter keine entsprechende Organisationspolitik (zum Beispiel Entfernen der Bestuhlung), klafft am Schluss zwischen ihm und den Eigentümern eine große Lücke. Diese wird er auch psychologisch nur schwer überbrücken können. Ein zu kleiner Raum kann zwar lästig sein, schafft aber durch die räumliche (physische) Nähe auch eine psychologische.

Der Verwalter sollte sich in Vorbereitung auf die Eigentümerversammlung den Raum gründlich ansehen, um sich mit der Geräuschkulisse und den Beleuchtungsverhältnissen vertraut zu machen, die Möglichkeiten zusätzlicher Technik (Mikrofon, Tageslichtprojektor, Beamer) ausfindig machen, die Hygiene der Toiletten überprüfen etc. Der ideale Raum ist hell, hoch, freundlich tapeziert und gibt dem Verwalter die Möglichkeit, sich mit Blick auf den Eingang zu platzieren. Dies ist wichtig, da der Verwalter sonst durch jeden zu spät kommenden Eigentümer unterbrochen wird. Hat der Verwalter die Verspäteten im Auge, kann er diese begrüßen und damit geschickt in die Versammlung einbinden. Keinesfalls sollte der Verwalter sich vor ein Fenster setzen. Nicht nur, weil dies den Verwalter „in ein schlechtes Licht stellt", sondern weil Bewegung im Hintergrund die Aufmerksamkeit in unkontrollierbarer Weise ablenkt. Der Verwalter sollte sich deshalb eine ruhige Wand als Hintergrund wählen.

Werden zum Einlass und zur Durchführung weitere **Mitarbeiter** gebraucht, so müssen diese rechtzeitig in ihre Rolle eingewiesen werden.

Stimmkarten sind zweckmäßig, wenn sich die Eigentümer untereinander nicht kennen oder die Stimmauszählung unübersichtlich wird. Geeignet sind farbige Stimmkarten im Format DIN A6, auf die man den Firmennamen des Verwalters aufstempelt. Wechselt man die Farbe der Stimmkarten von Jahr zu Jahr, kann das Stimmauswertungsverhältnis nicht durch mitgebrachte Karten beeinflusst werden.

Werden **technische Hilfsmittel** wie Lautsprecher, Tageslichtprojektoren, Mikrofone, Diaprojektoren, Beamer etc. eingesetzt, so sind diese unbedingt rechtzeitig vor der Versammlung auf ihre technische Funktionsfähigkeit zu überprüfen. Eine Ersatzbirne für Tageslichtprojektoren sollte immer vorhanden sein. Selbstverständlich sollte der Versammlungsleiter mit der Technik der Geräte vertraut sein und alle vor Beginn der Versammlung einstellen.

Der EV-Koffer

Es hat sich bewährt, einen Aktenkoffer eigens für Eigentümerversammlungen zu bestimmen. Zum **Dauerinhalt** des Koffers gehören:

- 1 Taschenrechner
- 2 Kugelschreiber
- 1 Block Notizpapier
- 1 Satz neutraler Stimmzettel
- 1 Tesafilm-Abroller
- 1 Hefter oder Heftklammern
- Aktuelles Informationsmaterial und Bücherlisten

Dazu kommen die objektbezogenen Unterlagen:

- Handakte
- Abrechnungsakte
- Protokollbuch
- Mehranfertigungen der Einladung

Vorbereitung einer Eigentümerversammlung

Vorbereitung einer Eigentümerversammlung – Checkliste				
WEG-Nr.: ____________				
1. Mindestens 4 Wochen vor geplantem Termin				
▪ Absprache mit dem Beirat über				
▪ Tagesordnungspunkte		☐		
▪ Termin ____________		☐		
▪ Ort ____________		☐		
▪ Verwalterbestätigung fällig	ja	☐	nein	☐
▪ Raumreservierung erledigt		☐		
▪ Überprüfung der Einladungsfrist ▪ anhand der TE/GO ____________		☐		
2. Mindestens 2 Wochen vor der Versammlung				
▪ Versendung der Einladung		☐		
a) nach Alphabet b) numerisch	a)	☐	b)	☐
▪ Informationen zu den einzelnen TOPs vorbereiten		☐		
▪ Technisches Zubehör (Overheadprojektor, Verlängerungskabel etc.) nötig?	ja	☐	nein	☐
▪ Einlasspersonal nötig und besorgt	ja	☐	nein	☐
▪ Service für die Versammlung bestellt (Getränke?)	ja	☐	nein	☐
▪ Stimmzettel nötig und besorgt	ja	☐	nein	☐
▪ Vollmachtsumschläge mit eventueller separater Liste vorbereiten	ja	☐	nein	☐
▪ Prüfprotokoll Beirat über Abrechnung gelesen	ja	☐	nein	☐
3. Einen Tag vor der Versammlung				
▪ TOPs im Gedächtnis auffrischen		☐		
▪ Abstimmungsmodus und Vertretungsregelung in GO prüfen ____________		☐		
▪ Verwaltervollmachten in Eigentümerliste eintragen		☐		

▪ Zum Mitnehmen vorbereiten:		
▪ Akten	☐	
▪ Protokollbuch (falls ein neues begonnen wurde, auch altes Buch!)	☐	
▪ Taschenrechner	☐	
▪ Vergleichszahlen Vorjahr in eigenes Exemplar Gesamtabrechnung eintragen	☐	
▪ Bericht Verwaltung: Statistik für Verwalter erstellen	ja ☐	nein ☐
4. Unmittelbar vor der Versammlung		
▪ Einlasstisch und Vorsitztisch vorbereiten	☐	
▪ Technisches Zubehör installieren und Funktionstest durchführen	☐	
▪ Unterlagen nach Reihenfolge zurechtlegen	☐	

9.2.2 Durchführung der Eigentümerversammlung

Der Einlass

Der Einlass der Eigentümer und die Aufnahme der Anwesenheit wird je nach Teilnehmerzahl gestaltet. Das WEG schreibt nicht vor, dass jeder Eigentümer seine Anwesenheit durch Unterschrift bestätigen müsste. Dies hat aber im Zweifelsfall den höchsten Beweiswert und ist deshalb sehr zu empfehlen.

In einer kleinen Runde (**bis zu 20 Teilnehmern)** kann der Verwaltungsleiter auch jeden Eigentümer persönlich begrüßen und dabei die Unterschriften auf der Anwesenheitsliste entgegennehmen. Dies schafft gleichzeitig ein positives persönliches Verhältnis.

Umfasst die Gemeinschaft **zwischen 20 und 150 Teilnehmer**, muss der Einlass organisiert werden. Als Faustregel gilt, dass man pro 50 Teilnehmer eine Hilfskraft beim Einlass braucht. Bei mehr als 100 Teilnehmern bedarf es eines zusätzlichen Vorraums, in dem ein bis zwei Tische aufgestellt werden. Jeder Tisch sollte mit zwei Personen besetzt sein: Eine nimmt die Unterschrift des Eigentümers entgegen, der andere zählt sofort die Miteigentumsanteile aus. Auf diese Weise kann zu jedem Zeitpunkt festgestellt werden, wie viele Miteigentumsanteile insgesamt vertreten sind. Ab zwei Tischen bietet es sich an, die Eigentümer per Anfangsbuchstaben des Nachnamens aufzuteilen. Dann müssen natürlich deutliche Hinweisschilder angebracht werden.

Bei **mehr als 150 Teilnehmern** empfiehlt sich ein separater Tisch für die sehr zeitaufwendige Entgegennahme der Vollmachten. Auch die zu den Vollmachten gehörenden Miteigentumsanteile werden sofort mitgezählt. So weiß der Verwalter zu Versammlungsbeginn, ob die Versammlung beschlussfähig ist. Darüber hinaus verschafft der organisierte Einlass dem Versammlungsleiter vor Beginn der Versammlung den Freiraum, mit einzelnen Eigentümern kurze, persönliche Gespräche zu führen. Damit signalisiert er persönliches Interesse und bekommt einen aktuellen Hintergrund für die bald beginnende Versammlung. Während der Versammlung bedarf es der vielen Helfer nicht mehr. Es genügt ein Helfer, der die Eigentümer, die die Versammlung verlassen, registriert und betreut. Dies ist notwendig, um die Beschlussfähigkeit der Versammlung ständig zu überwachen.

Die Eröffnung

Die Zeit **vor dem offiziellen Versammlungsbeginn** sollte man für persönliche Gespräche mit den Eigentümern nutzen. Mit Glockenschlag beginnt der Verwalter die Versammlung. Sollte er feststellen, dass noch Eigentümer in den Saal strömen, weist er darauf hin und verschiebt den Versammlungsbeginn um zehn oder 15 Minuten. Dies macht einen wesentlich besseren Eindruck, als pünktliche Eigentümer einfach warten zu lassen.

Eine freundliche Begrüßung und ein Wort des Dankes an die Anwesenden gehen der **formalen Versammlungseröffnung** voraus.

Zunächst wird der Versammlungsleiter verkünden, dass die Versammlung mit x % vertretener Miteigentumsanteile beschlussfähig ist. Dann wird er die formale Frage stellen, ob einer der anwesenden Eigentümer einen formalen Einwand gegen Form oder Frist der Veranstaltung hat. Wenn kein Einspruch vorliegt, erklärt der Versammlungsleiter die Versammlung für eröffnet.

Bei einer größeren Gemeinschaft (ab circa 60 Eigentümern) weist man noch einmal auf die Regularien der Abstimmung hin. Wird beispielsweise nach Kopf abgestimmt, so ist der Hinweis nötig, dass jeder Eigentümer nur eine Stimme hat, unabhängig von der Zahl der ihm gehörenden Wohnungen, dass nur das Verhältnis von Ja- zu Nein-Stimmen gezählt wird und Stimmenthaltungen keine Bedeutung haben. Man sollte die Eigentümer bitten, falls sie vorzeitig die Versammlung verlassen müssen, einer Person ihres Vertrauens eine Vollmacht zu überlassen, damit die Versammlung auf gar keinen Fall beschlussunfähig wird. Gegebenenfalls kann der Verwalter noch die ihm persönlich als wesentlich erscheinenden Entscheidungen des Abends hervorheben.

Die Regularien

Die Tagesordnung beginnt mit dem **Bericht des Verwalters.** Übernimmt dies ein anderer Mitarbeiter, kann der Verwalter sich voll auf seine Rolle als Versammlungsleiter konzentrieren. Es gebietet sich, all denen zu danken, die sich in ehrenamtlicher oder besonderer Weise um die Belange des Hauses gekümmert haben. Besonderer Dank gilt einem engagierten Verwaltungsbeirat, den Hausmeister, dem Reinigungspersonal und den eigenen Mitarbeitern, auch wenn sie nicht anwesend sind. Anknüpfend an die letzte Versammlung zeigt der Verwalter auf, welche Beschlüsse umgesetzt wurden. Er erklärt, welche Beschlüsse nicht umgesetzt werden konnten oder welche Maßnahmen von den Eigentümern erneut beschlossen werden müssen. Er wird dann auf die Gemeinschaft eingehen, eventuell statistisch interessante Daten vermitteln (zum Beispiel Zahl der Selbstnutzer und Mieter, Zahl der Eigentümerwechsel etc.). Die Höflichkeit gebietet es, neue Eigentümer persönlich zu begrüßen. Außerdem ist es eine Selbstverständlichkeit, dass verstorbener Eigentümer in stilvoller Weise gedacht wird. Der Verwalter wird den Eigentümern die Bedeutung verschiedener organisatorischer Maßnahmen verdeutlichen und eventuell auf spektakuläre Verstöße gegen die Hausordnung und seine Reaktion darauf eingehen. Er wird den Eigentümern von Beitreibungsmaßnahmen gegenüber Miteigentümern berichten und die wesentlichen Ergebnisse der Jahresbegehung der Wohnanlage darstellen. Der Verwalter kann alle ihm als wesentlich erscheinenden Informationen an die Eigentümer weitergeben. Dies ist eine Gelegenheit für ihn, sich und die Leistungen seiner Mitarbeiter darzustellen, da die Eigentümer sonst nur einen winzigen Bruchteil seiner Arbeit sehen und deshalb ein dauerndes Informationsdefizit besteht.

Der **Bericht des Verwaltungsbeirats** beleuchtet das Zusammenwirken von Verwaltungsbeirat und Verwalter. Er sollte in Stichpunkten immer in das Protokoll aufgenommen werden.

Die **Abrechnung des Vorjahres** sollte die Kostensituation des Vorjahres und die Vermögenslage der Gemeinschaft darstellen. Da viele Eigentümer dies als langweilig empfinden und interessierte Eigentümer mit der Einladung alle Unterlagen erhalten haben, kann dieser Punkt sehr kurz gehalten werden. Wenn überhaupt Ausführungen gemacht werden, sollten diese interpretativer Art sein, zum Beispiel in Form eines Vergleichs bestimmter Kostenpunkte über die Jahre hinweg. Hat der Verwalter IIRP[3] benutzt, um die Instandhaltungsrückstellung zu definieren, so werden an dieser Stelle die Ergebnisse (eventuell auf einer Folie) präsentiert.

3 Siehe hierzu das Kapitel „Der WEG-Verwalter und die Instandhaltung des gemeinschaftlichen Eigentums“.

Im Anschluss gibt der Verwaltungsbeirat seinen **Rechnungsprüfungsbericht** ab. Am Ende sollte der Beirat dazu auffordern, dem Verwalter bezüglich der Jahresabrechnung die Entlastung zu erteilen, woraufhin die Eigentümergemeinschaft über die **Genehmigung der Jahresabrechnung** abstimmt.[4]

Im Sinne von Arbeitsteilung können Rechnungsprüfer fachkompetente Hilfsorgane des Verwaltungsbeirats sein, die sich ausschließlich der Prüfung der Jahresabrechnung widmen. Zunächst werden **Beirat und Rechnungsprüfer entlastet**. Danach erfolgt die **Entlastung des Verwalters**. Da der Verwalter bei dieser Abstimmung nicht mit den ihm überlassenen Vollmachten stimmen kann, empfiehlt es sich, die Vollmachten für diesen Punkt an einen Eigentümer zu übertragen, wenn auch nur, um die Beschlussfähigkeit zu bewahren.

Es widerspricht Geist und Sinn eines Plans, den **Wirtschaftsplan** des laufenden Jahres im laufenden Jahr zu beschließen – auch wenn dies in der gängigen Literatur zum WEG häufig so dargestellt wird. Pläne müssen **vor** dem Jahr vorliegen, deshalb sollte man immer den Wirtschaftsplan des kommenden Jahres beschließen.

Bei der **Wahl/Bestätigung des Verwaltungsbeirats und der Rechnungsprüfer** ist zu beachten, dass Eigentümer **grundsätzlich** nur Ja/Nein-Entscheidungen treffen können. Es ist also formal falsch, eine Aufstellung der Kandidaten zu machen und nach geheimer Abstimmung die Kandidaten mit den meisten Stimmen als „gewählt" anzunehmen. Vielmehr muss die Gemeinschaft in einem zweiten Wahlgang mit einer Ja/Nein-Abstimmung entscheiden, ob sie die Kandidaten mit den meisten Stimmen als neuen Verwaltungsbeirat wählen möchten. Der Vorgang ist erst mit der Annahme der Wahl durch die Kandidaten abgeschlossen. Natürlich nur dann, wenn die Kandidaten die Wahl auch ausdrücklich annehmen.

Diese sieben Punkte erscheinen jedes Jahr auf der Tagesordnung. Die erweiterte Tagesordnung besteht dann aus allen weiteren Beschlüssen.

Beschlüsse zur Instandhaltung sind präzise zu formulieren, damit die Eigentümer wirklich wissen, worum es geht (Beispiele: Wo und was genau muss saniert werden? Wie hoch sind die voraussichtlichen Kosten? Wie werden diese finanziert?).

4 Für den genauen Wortlaut der Beschlussfassung siehe Anhang dieses Kapitels.

Organisations- und Dauerbeschlüsse[5] sollten schon in der Einladung zur Eigentümerversammlung ausführlich und ausreichend gekennzeichnet sein. Das heißt, dass die gesamte Formulierung des Organisations- bzw. Dauerbeschlusses schon in der Einladung enthalten sein sollte, sodass jeder Eigentümer exakt weiß, worum es geht. Soweit Organisationsbeschlüsse sogenannte NAVBEME (**n**icht **a**ngefochtene, **v**erein**b**arungs**e**rsetzende **Me**hrheitsbeschlüsse) sind, muss auf die neue Rechtsprechung und die daraus folgende Gefahr der Nichtigkeit verwiesen werden.[6] Dauerbeschlüsse betreffen in den meisten Fällen die ordnungsgemäße Verwaltung. Dass die Neuwahl des Beirats formal nicht vorgeschrieben ist, sei erwähnt. Jedoch geht es dem Verfasser hier nicht um die formale, sondern die praktisch-organisatorische Handhabung.

Spätestens alle fünf Jahre muss eine **Wiederwahl des Verwalters** erfolgen. Dies darf, gemäß § 26 Abs. 2 WEG, frühestens ein Jahr vor Ablauf der Bestellungsfrist geschehen, sonst ist der Beschluss nichtig. Es gehört **nicht** zu den Pflichten des Beirats, zur Wiederwahl des Verwalters andere Angebote einzuholen.

An dieser Stelle sei daran erinnert, dass es die wichtigste und erste Aufgabe des Verwaltungsbeirats ist, den Verwalter bei der Durchführung der Verwaltung zu unterstützen. Der Beirat ist ein Unterstützungsgremium dieses gewählten Verwalters und keinesfalls Vertreter der Eigentümer gegenüber dem Verwalter. Ein Verwaltungsbeirat, der sich aktiv um einen anderen Verwalter als den gewählten bemüht, verkennt seine Aufgaben. Dies sollte er anderen Eigentümern überlassen oder zuerst von seinem Amt zurücktreten. Ist das Verhältnis positiv, wird es keine Probleme geben, ist das Verhältnis jedoch gespannt, wird der Verwalter um seine Wiederwahl zu kämpfen haben.

Schließlich ist das sehr leidige Thema der **Hausordnung** anzusprechen, das wegen seiner Emotionalität nicht selten die Harmonie einer Versammlung in Gefahr bringt. Oft entscheidet eine Eigentümerversammlung innerhalb weniger Minuten über eine Dachsanierung von mehreren 100.000 Euro, schafft es aber nicht, ein anstehendes Problem der Hausordnung in eleganter Weise zu regeln. Hier muss der Verwalter gesunden Menschenverstand anwenden und das gute Augenmaß für den tatsächlichen Regelbedarf behalten.

5 Formulierungsvorschläge für Organisations- und Dauerbeschlüsse sind im Anhang dieses Kapitels aufgeführt.

6 Vgl. § 21 Abs. 7 WEG (neu).

BEISPIEL

Ballspielen auf dem Rasen stört insbesondere die Parterrebewohner. Mehrfach haben Jugendliche lautstark Fußball gespielt und Parterrebewohner sehen ihre Fensterscheiben in Gefahr. Die Eigentümer verständigen sich darauf, dass Ballspielen auf dem Rasen verboten werden soll. Notwendigerweise ergibt sich die Frage, ob es nun auch einem Dreijährigen nicht erlaubt sein soll, mit seinem Schaumstoffball auf dem Rasen zu spielen.

Das nachfolgende Formular zur Erstellung eines „Berichts der Verwaltung" soll als Gedankenstütze und zur Anregung dienen. Keinesfalls soll dieses mechanisch ausgefüllt und den Eigentümern vorgelesen werden.

Bericht Verwaltung

BERICHT Verwaltung – Checkliste

WEG-Nr.: ____________

1. Begrüßung neuer Eigentümer in der Gemeinschaft

Seit der letzten Eigentümerversammlung sind neue Eigentümer:

____________ Whg. Nr. ____________ seit: ____________

____________ Whg. Nr. ____________ seit: ____________

____________ Whg. Nr. ____________ seit: ____________

2. Nennung verstorbener Eigentümer

Seit der letzten Eigentümerversammlung ist verstorben:

____

____

3. Information über die Durchführung gefasster Beschlüsse

Folgende Sanierung/-en ☐ wurden durchgeführt ☐ laufen:

____

____

Folgende Reparaturmaßnahmen ☐ wurden durchgeführt ☐ laufen:

____

____

Sonstiges:

___

___

___

4. Information über stattgefundene Termine und Tätigkeiten für die WEG

Objektbegehung/-en am:

Beiratssitzung/-en am:

Außerordentliche EV am:

Handwerkertermine am:

Gerichtstermine/Behörden am:

Schriftwechsel mit:

5. Information über eventuell bestehende Rechtsstreitigkeiten

WEG ./.

In Beitreibung sind die ET:

6. Information über die Kontostände der Gemeinschaft

Tageskontostand des Girokontos:

Kontostand Festgeld gemäß letztem Auszug:

7. Information über prozentuale Teilnahme am Lastschrifteinzugsverfahren

Am Einzugsverfahren nehmen ________ von ________ Eigentümern insgesamt teil. Dies entspricht einem prozentualen Anteil von ________ %.

Die Teilnahme aller Eigentümer am Lastschrifteinzugsverfahren gewährleistet günstigere Bankgebühren.

8. Bericht über allgemeine Kostensteigerungen

Vergleich der Wirtschaftspläne zeigt in folgenden Bereichen Steigerungen:

___

___

9. Mitteilung über Wechsel Hausmeister/Hausreinigung:

___

___

Geschäftsordnungsregeln

Man unterscheidet zwischen Inhalts- und Geschäftsordnungsbeschlüssen. **Inhaltsbeschlüsse** haben eine Anordnung der Gemeinschaft, das heißt eine Regelung zum Tun oder Unterlassen, zum Inhalt. **Geschäftsordnungsbeschlüsse** beziehen sich auf den organisatorischen Ablauf einer Versammlung. Beispiele sind die Unterbrechung der Versammlung, die Vertagung nicht bearbeiteter Tagesordnungspunkte auf die nächste Versammlung, die Wahl eines anderen Versammlungsleiters, Beschränkungen der Redezeit etc. Sie können spontan getroffen werden und sind deshalb nicht auf der Tagesordnung angekündigt. Im Gegensatz zu Inhaltsbeschlüssen müssen sie auch nicht unbedingt protokolliert werden, sondern nur, wenn dies relevant erscheint.

Geschäftsordnungsanträge werden logischerweise immer bevorzugt behandelt. Zuerst einigt man sich über das Wie, dann über das Was. Gehen gleichzeitig mehrere GO-Anträge ein, werden diese der Reihe nach behandelt.

▶ **BEISPIEL**

Die Eigentümergemeinschaft diskutiert die Einstellung einer zusätzlichen Reinigungskraft. Meinungen werden ausgetauscht, bis ein an der Diskussion bislang unbeteiligter Eigentümer einen Antrag auf Schluss der Debatte stellt. Nun muss der Versammlungsleiter die Diskussion schließen und die Eigentümer fragen, ob sie mit dem Antrag auf Schluss der Debatte übereinstimmen. Ist dies mehrheitlich der Fall, darf nicht weiter diskutiert werden, sondern es folgt der Antrag auf einen inhaltlichen Beschluss. Es ist die Kunst des Versammlungsleiters, Frustrationen, die leicht aus solchen Anträgen entstehen können, zu vermeiden.

Das Protokoll

Weitschweifende Erläuterungen über den Sinn oder Unsinn aller Maßnahmen sind in einem Protokoll äußerst unzweckmäßig. Je mehr man schreibt, desto größer die Gefahr, dass der Protokolltext subjektive Wertungen enthält. Schon die Auswahl der gegebenen Hintergrundinformationen stellt eine Wertung dar. Subjektivität ist aber in einem Protokoll nicht erwünscht.

Ein ausführliches **Verlaufsprotokoll** bietet eine Fülle von Angriffsflächen. Diskussionen über den Inhalt wortreicher Protokollpassagen verzögern die Versendung des Protokolls und sind damit der zügigen, reibungslosen Zusammenarbeit nicht dienlich.

Empfohlen wird hier das reine **Beschlussprotokoll**. Während der Versammlung wird, möglichst in einem gebundenen Buch, eine in Langschrift geführte Mitschrift verfasst. Zeit, um diese Mitschrift in Langschrift zu führen, ist für den Protokollanten ausreichend vorhanden, da er ja an den Diskussionen nicht teilnimmt. Ist der Beschluss formuliert, niedergeschrieben und vorgelesen, wird abgestimmt. Es hat sich bewährt, am Schluss der Versammlung allen Eigentümern das Protokoll vorzulesen. Das Protokoll wird dann sofort vom Versammlungsleiter, vom Vorsitzenden des Verwaltungsbeirats und von einem weiteren Eigentümer unterzeichnet und ist damit im Prinzip fertig. Der Verwalter hat nach § 24 Abs. 6 über die in der Versammlung gefassten Beschlüsse eine Niederschrift aufzunehmen. Diesem gesetzlichen Gebot ist damit Folge geleistet, dass jeder Eigentümer am Tag nach der Veranstaltung bereits das fertig geschriebene Protokoll einsehen kann. Wenn, wie in fast allen Fällen, der Verwalter den Wohnungseigentümern eine Protokollabschrift zusenden möchte (was gesetzlich nicht vorgeschrieben ist), so kann auch diese Protokollabschrift im Prinzip kurz nach der Versammlung versendet werden. Nachträgliche Protokolldiskussionen inhaltlicher Art sind damit so gut wie ausgeschlossen.

Es ist dem Verwalter unbenommen, zusätzliche Informationen beizufügen. Sie vermitteln dem Eigentümer, der nicht an der Versammlung teilnehmen konnte, Hintergrundinformationen und geben Jahre später unter Umständen Aufschluss darüber, warum eine bestimmte Angelegenheit so und nicht anders entschieden wurde. Ebenso kann man zusätzlich den **Bericht des Beirats oder der Verwaltung** beifügen. Diese Zusatzinformationen sollten aber deutlich als Anlage des Protokolls gekennzeichnet sein.

Die Diskussion

Es ist Aufgabe des Versammlungsleiters, die Versammlung so zu steuern, dass die konkreten, entscheidungsrelevanten Gegenstände wirklich behandelt werden, ohne dass beim einzelnen Eigentümer der Eindruck entsteht, dass für ihn relevante Beiträge abgeschnitten werden. Die Grenze zwischen zu liberaler und zu harter Versammlungsleitung ist oft extrem schwer zu ziehen. Was dem einen Eigentümer noch als wohltuend straffe Versammlungsleitung erscheint, ist dem anderen bereits ein diktatorisches Gehabe des Versammlungsleiters. In diesem Dilemma kann der Versammlungsleiter nur mit langer Erfahrung oder guter Schulung bestehen.

BEISPIEL

Bei einem Besuch in der Anlage weist der Hausmeister den Verwalter auf einen wiederholten Defekt und den allgemein schlechten Zustand des Rasenmähers hin und schlägt die Anschaffung eines multifunktionalen Kombigeräts vor. Dazu reicht er dem Verwalter eine Angebotsübersicht mit mehreren Modellen. Die Anschaffung eines neuen Rasenmähers erscheint als Tagesordnungspunkt. Nachdem der Verwalter die Situation erklärt, kommt die erste Meldung vonseiten der Eigentümer. Ein Eigentümer sieht nicht ein, dass der ohnehin nicht ausgelastete Hausmeister auch noch eine Arbeitserleichterung erhält. Der zweite Eigentümer beanstandet, dass der Hausmeister nicht genug arbeite, weil der Verwalter ihn nicht ausreichend kontrolliere. Der dritte sagt, der Verwalter könne den Hausmeister nicht ausreichend kontrollieren, da er zu weit weg wohne. Der vierte glaubt nun, ein Verwalterproblem zu erkennen, woraufhin der fünfte zustimmt, denn der Verwalter habe sich ja auch nicht ausreichend um das Problem der auf dem Rasen lärmenden Kinder gekümmert, deshalb schlage er eine Verwalterneuwahl in der nächsten Versammlung vor. Daraufhin meldet der sechste, dass die Kinder ja auch irgendwo spielen müssten, und der siebte kontert, dass dies ein Problem der politischen Ausrichtung der Gemeinde sei, die nicht genügend Geld für Spielplätze ausgebe …

Im obigen Beispiel könnte der Versammlungsleiter etwa nach der dritten Wortmeldung folgendermaßen eingreifen.

BEISPIEL

„Sicherlich stellen sich Verwalter und Beirat jeder Kritik von Ihnen. Das löst aber nicht das momentane Problem, dass der defekte Rasenmäher ständig Kosten verursacht. Als Ihr Treuhänder weise ich Sie darauf hin, dass die Reparaturkosten in einem Missverhältnis zur Wirksamkeit des Geräts stehen. Deshalb sollten wir gemeinsam überlegen, wie wir den Hausmeister von sinnlosen zu sinnvollen Beschäftigungen bewegen können. Gerade wenn Sie der Meinung sind, dass er nicht ausgelastet ist, sollten wir uns die Stellenbeschreibung einmal genauer ansehen. Aber momentan geht es um die technische Ausrüstung der Eigentümergemeinschaft, unabhängig davon, wer Hausmeister ist.“

Greift der Versammlungsleiter zu früh in die entgleisende Diskussion ein, wird dies als diktatorisch empfunden. Greift er zu spät ein, werden sich die Eigentümer über eine zu lasche Verhandlungsführung beklagen. Den richtigen Moment zu erwischen, gehört ebenfalls zur hohen Kunst der Versammlungsleitung.

Die Abstimmung

Zunächst ist es ganz wichtig, dass der Versammlungsleiter in der Teilungserklärung überprüft, wie in der Gemeinschaft formal abzustimmen ist. Das klingt trivial. Doch es kommt in der Praxis nur allzu häufig vor, dass Gemeinschaften zum Teil über Jahre hinweg entgegen der Teilungserklärung abstimmen. Dies ist so lange von keinem besonderen Belang, wie alle Eigentümer stillschweigend und ohne Einspruch von der Gültigkeit dieser Beschlüsse ausgehen. Da gemäß § 23 Abs. 4 WEG ein Beschluss nur dann ungültig wird, wenn er für ungültig erklärt wird, kann es sein, dass eine Gemeinschaft über Jahrzehnte hinweg falsch abstimmt. Es gibt drei Prinzipien der Abstimmung:

- Nach Kopf
- Nach Wert
- Nach Einheiten

Gesetzlich vorgeschrieben ist das **Kopfprinzip**.

BEISPIEL

Eine Eigentümergemeinschaft besteht aus drei Eigentümern mit insgesamt 100 Wohneinheiten. Die Wohneinheiten sind nach den Miteigentumsanteilen (MEA) identisch, das heißt jede Wohnung hat 1 % MEA, ausgedrückt mit 10/1.000 oder 100/10.000. Eigentümer A hat 98 Wohnungen, Eigentümer B und C haben jeweils eine Wohnung. Erscheint nur A zur Versammlung, ist diese beschlussfähig, denn es sind mehr als 50 % der vertretbaren MEA vertreten und A kann wirksame Beschlüsse fassen. Erscheinen A, B und C, sind 100 % der MEA vertreten, es gibt aber nur drei Stimmen bei der Abstimmung. Entscheiden sich B und C gegen A für eine Maßnahme, so ist A mit zwei Stimmen gegen eine überstimmt.

Dies ist die Logik des Kopfprinzips.

Beim **Abstimmungsprinzip nach MEA** hat jeder Eigentümer so viele Stimmen, wie er selbst MEA hat. Dies bedeutet für das vorangehende Beispiel Folgendes.

BEISPIEL

Eigentümer A hat 98 % der Stimmen, Eigentümer B und C haben jeweils 1 % der Stimmen. In den Versammlungen kann A hier alle Beschlüsse, die der ordnungsgemäßen Verwaltung unterliegen, allein fassen.

Die dritte Möglichkeit, das Abstimmungsprinzip nach **Einheiten**, liefert in diesem Beispiel das gleiche Ergebnis.

BEISPIEL

Eigentümer A hat 98 Stimmen, Eigentümer B und C haben jeweils eine Stimme. Auch hier kommt es zu dem Ergebnis, dass A im Rahmen der ordnungsgemäßen Verwaltung allein bestimmen kann.

Es gibt folgende Formen der Abstimmung:

- Die **einfache Abstimmung durch Heben der Hand**, auch Abstimmung per Akklamation[7] genannt. Dies ist bei übersichtlicher Menge und Abstimmung nach Köpfen die am weitesten verbreitete Abstimmungsform.
- Ist der Saal allerdings unübersichtlich oder das Abstimmungsprinzip kompliziert (Abstimmung nach MEA), erfolgt eine **schriftliche Abstimmung**. Dabei geben die nach Wohnungsnummer oder Name identifizierten Eigentümer ihre Stimme schriftlich auf vorbereiteten Stimmzetteln ab.
- Alternativ kann bei komplizierter Abstimmung nach MEA auch eine **namentliche Abstimmung** erfolgen. Dabei fragt der Versammlungsleiter anhand der Anwesenheitsliste laut in den Saal, wie jeder Eigentümer stimmt. Dies ist genauso sicher wie die schriftliche Abstimmung, aber viel schneller durchzuführen.
- Die schriftliche Abstimmung ist nicht zu verwechseln mit einer **geheimen Abstimmung**. Diese ist zu empfehlen, wenn es um Entscheidungen im sozialen Gefüge der Gemeinschaft geht (zum Beispiel Wahl des Beirats). Sie ist nicht möglich, wenn es sich um Haftungstatbestände handelt, bei der das Abstimmungsverhalten zu Beweiszwecken eine Rolle spielt. **Die Auszählung** bei geheimer Abstimmung sollte niemals durch den Verwalter durchgeführt werden, sondern immer durch eine eigens dafür bestimmte Wahlkommission. Diese sollte aus mindestens zwei Leuten bestehen, um die Objektivität zu gewährleisten. Abgezählt wird am einfachsten, indem man die Stimmzettel nach Ergebnis sortiert und dann in Fünfergruppen in eine Liste einträgt.

Oft ist eine vereinfachte Abstimmung zweckmäßig. Gerade bei Gemeinschaften, die nach MEA abstimmen, gestalten sich Abstimmungen oft langwierig. Es empfiehlt sich ein Geschäftsordnungsbeschluss mit dem folgenden Wortlaut.

7 Diese Bezeichnung ist zwar üblich, aber nicht korrekt. Akklamation ist eigentlich eine Abstimmung durch Zuruf.

Geschäftsordnungsbeschluss zum Verzicht auf Auszählung der Miteigentumsanteile bei klaren Abstimmungsergebnissen

In der Teilungserklärung wurde die Abstimmung nach Miteigentumsanteilen (MEA) geregelt. Diese Vereinbarung kann nur durch eine neue Vereinbarung ersetzt werden. Sie ist deshalb grundsätzlich einzuhalten. In der Praxis ist eine Abstimmung nach MEA jedoch langwierig. Die Eigentümer kommen deshalb überein, den Verwalter anzuweisen, dass in allen Fällen, in denen das Abstimmungsverhältnis offensichtlich ist, auf eine Auszählung nach MEA verzichtet werden soll und eine Abstimmung nach Gesetz, sprich Kwopfprinzip, erfolgen soll. Bestehen von irgendeiner Seite der Anwesenden geäußerte Zweifel, dass eine Abstimmung nach MEA zu einem anderen Ergebnis führen würde, hat der Versammlungsleiter die Abstimmung nach MEA zu wiederholen, nur dieses Ergebnis ist dann maßgebend.

Dieser Beschluss sollte entsprechend der neuen Rechtsprechung in jeder Versammlung aufs Neue als Geschäftsordnungsbeschluss gefasst werden.

Formulierung von Beschlüssen

Das Wort „**Beschlussfassung**" muss auf jeden Fall in der einladenden Tagesordnung erwähnt werden. Es gibt richterliche Entscheidungen, die eine Formulierung wie „Information über Situation Dach" als nicht ausreichend ansehen, um unter dem gleichen Tagesordnungspunkt eine Beschlussfassung über die zu erfolgende Dachsanierung durchzuführen, und deshalb einem Einspruch stattgeben.

Beim **Beschluss einer Instandsetzungsmaßnahme** sollte unbedingt auch die Art der Finanzierung beschlossen werden (aus laufendem Etat, durch Sonderumlage oder über Instandhaltungsrücklage?).

▶ **BEISPIEL eines Beschlussantrags**

Die Eigentümergemeinschaft beschließt die Dachsanierung in Höhe von 150.000 Euro. Die Finanzierung erfolgt aus der Instandhaltungsrücklage. Um die Rücklage dazu ausreichend zu dotieren, ist eine Sonderumlage fällig zum (genaues Datum).

Ein **Organisationsbeschluss**[8] hat in seinem Kern gesetzesergänzenden Charakter und gilt dauerhaft. Das heißt, ein Verwalter lässt Organisationsbeschlüsse mit gleichem Wortlaut in möglichst vielen Gemeinschaften beschließen. Organisationsbeschlüsse können und müssen geändert werden, wenn sie durch Entscheidungen des Gesetzgebers oder der Rechtsprechung nicht mehr sinnvoll erscheinen. Jeder Verwalter muss sich im Klaren sein, dass Organisationsbeschlüsse formal nicht (immer) mit einfacher Mehrheit gefasst werden können. Sie haben teilweise Vereinbarungscharakter und sind damit von Nichtigkeit bedroht. Im Rahmen des § 21 Abs. 7 sind Mehrheitsbeschlüsse zulässig.

Ein **Dauerbeschluss**[9] regelt den internen Ablauf einer Eigentümergemeinschaft und ist auf Dauer gerichtet. In aller Regel handelt es sich um Beschlüsse zur **ordnungsgemäßen Verwaltung**.

▶ **BEISPIEL**

Beschluss: Der Verwaltungsbeirat soll einen pauschalen Kostenersatz von 150 Euro pro Jahr erhalten. Dieser Beschluss soll so lange gelten, bis er durch einen anderen Beschluss ersetzt wird.

Weitere Beispiele sind Ergänzungen von Hausordnungen. Im Gegensatz zu Organisationsbeschlüssen sind Dauerbeschlüsse gemeinschaftsspezifisch.

Ein **Standardbeschluss** wiederholt sich regelmäßig jedes Jahr in der gleichen Wortfolge (zum Beispiel der Beschluss über die Jahresabrechnung).

Eine **Formulierungshilfe** ist eine vorgefertigte Formulierung komplexer Beschlüsse oder rechtlich umfassender Tatbestände. Sie hilft dem Verwalter, sich in der Hektik der Versammlung korrekt auszudrücken und damit Fehler zu vermeiden. Formulierungshilfen sind bei unmittelbar in der Versammlung verfassten Beschlussprotokollen besonders nützlich. Es folgen Beispiele gängiger und nützlicher Formulierungshilfen.

1. Verzicht auf Auszählung der Miteigentumsanteile bei klaren Abstimmungsergebnissen

In der Teilungserklärung wurde die Abstimmung nach Miteigentumsanteilen (MEA) geregelt. Diese Vereinbarung kann nur durch eine neue Vereinbarung

8 Eine Liste der gängigen Organisationsbeschlüsse steht im Anhang dieses Kapitels.

9 Eine Liste der gängigen Dauerbeschlüsse steht ebenfalls im Anhang dieses Kapitels.

ersetzt werden. Sie ist deshalb grundsätzlich einzuhalten. In der Praxis ist eine Abstimmung nach MEA jedoch langwierig.
Die Eigentümer kommen deshalb überein, den Verwalter anzuweisen, dass in allen Fällen, in denen das Abstimmungsverhältnis offensichtlich ist, auf eine Auszählung nach MEA verzichtet werden und eine Abstimmung nach Gesetz, sprich Kopfprinzip, erfolgen soll.
Bestehen von irgendeiner Seite der Anwesenden geäußerte Zweifel, dass eine Abstimmung nach MEA zu einem anderen Ergebnis führen würde, hat der Versammlungsleiter die Abstimmung zu wiederholen, und nur dieses Ergebnis ist dann maßgebend.

2. Beratung der Tagesordnung und Aussprechen von Empfehlungen bei nicht beschlussfähiger Versammlung

Der Versammlungsleiter stellt um .... Uhr fest, dass die Versammlung mit ...... Prozent vertretener Miteigentumsanteile nicht beschlussfähig ist.
Die anwesenden Eigentümer kommen überein, eine Versammlung von Wohnungseigentümern abzuhalten. Diese kann keine wirksamen Beschlüsse fassen (§ 25 Abs. 3 WEG).
Die versammelten Wohnungseigentümer werden die vorliegende Tagesordnung beraten und der erneut einzuberufenden Versammlung gemäß § 25 Abs. 4 WEG Empfehlungen aussprechen.
Bei dieser Wiederholungsversammlung ist darauf hinzuweisen, dass diese unabhängig von den vertretenen MEA in jedem Fall beschlussfähig ist.

! **ACHTUNG**

Ohne diesen Zusatz ist die Anwesenheit wie bei der ersten Versammlung zu zählen, das heißt, es müssen mehr als 50 % der MEA vertreten sein.

3. Beratung der Tagesordnung und Aussprechen von Empfehlungen bei nicht beschlussfähiger Versammlung (alternativ nach dem ersten Absatz zu verwenden)

Die anwesenden Wohnungseigentümer sind sich einig, die Versammlung nicht abzuhalten. Der Verwalter wird zu einer Wiederholungsversammlung mit gleicher Tagesordnung einladen, die dann gemäß § 25 Abs. 4 WEG auf jeden Fall, ohne Rücksicht auf die vertretenen Miteigentumsanteile, beschlussfähig ist.

4. Handhabung bei geduldeten baulichen Veränderungen

Die Wohnungseigentümer dulden .... *(die entsprechende Maßnahme)*.
Diese Duldung bezieht sich ausschließlich auf den Antrag des/der Eigentümer/-s ...... und nicht auf die Anbringung/Ausführung weiterer Maßnahmen, über die

dann separat abzustimmen wäre. Die Kosten für diese Maßnahme und deren laufende Unterhaltungskosten tragen ausschließlich die jeweiligen Eigentümer. Bei Verkauf der Wohnung besteht die Verpflichtung, diese Duldungspflicht an den Rechtsnachfolger weiterzugeben mit der Auflage, sie wiederum an den jeweiligen Rechtsnachfolger weiterzugeben.

FORMULIERUNGSHILFE — Einholung unbeglaubigter Grundbuchauszüge

Die Wohnungseigentümergemeinschaft beschließt: Der Verwalter wird beauftragt und bevollmächtigt, anhand der vom Vorverwalter übergebenen Eigentümerliste Grundbuchauszüge (zur Kostenminimierung unbeglaubigt) einzuholen. Damit soll eine Grundlage für die Information über die tatsächlichen Eigentumsverhältnisse in der Gemeinschaft geschaffen werden.

FORMULIERUNGSHILFE — Abrechnungsbeschluss

Die Wohnungseigentümer genehmigen hiermit ausdrücklich die von der Verwaltung erstellte und vom Rechnungsprüfer geprüfte Jahresabrechnung .... in der vorgelegten Form, einschließlich der darin verwendeten Verteilungsschlüssel, der Vermögensübersicht mit den dort ausgewiesenen Forderungen und Verbindlichkeiten mit den Anfangs- und Endbeständen sowie der für die Wohnungen erstellten Einzelabrechnungen. Sie stellen die Abrechnung endgültig fällig und zahlbar.

FORMULIERUNGSHILFE — Wirtschaftsplan

Die Wohnungseigentümer beschließen den von der Verwaltung vorgelegten und vom Verwaltungsbeirat geprüften Wirtschaftsplan 20.... in der Fassung vom .... mit einem Volumen von EUR .... einschließlich der auf der Rückseite ausgewiesenen Wohngelder/Hausgelder.
Diese lauten wie folgt:
Wohngeld monatlich ab ....
EUR MEA
Die einzelnen Positionen des Wirtschaftsplans sind gegenseitig deckungsfähig. Dieser Wirtschaftsplan und die beschlossenen Wohngelder gelten so lange, bis ein neuer beschlossener Wirtschaftsplan den aktuellen ersetzt.

Zur Beschlussformulierung hilft die **AEIOU-Regel**:

W**A**S und W**A**NN?
W**E**R, W**E**LCHE?
W**I**E bzw. WOM**I**T?
W**O**ZU und W**O**DURCH?
WAR**U**M?

Die AEIOU-Regel lässt sich an folgendem Beispiel erläutern.

BEISPIEL

Eine Eigentümergemeinschaft erwägt die Anschaffung eines Rasentraktors.

Was?	Ein Rasentraktor im Wert von 5.000 Euro.
Wann?	Unverzüglich, vor dem Sommer, vor dem Laubanfall etc.
Wer?	(Handeln soll) der Verwalter.
Wie?	Nach Einholen von Angeboten, nach Anhörung des Hausmeisters, nach zustimmendem Rat des Beirats.
Womit?	Finanzierung über die Instandhaltungsrücklage.
Wozu?	Um dem Hausmeister mit einem gutem Gerät zu einer effizienteren Arbeitsleistung zu verhelfen.
Warum?	Weil sich der alte Rasentraktor als Kostenfresser erwiesen hat.

Unter Anwendung der AEIOU-Regel lautet der fertige Antrag wie folgt: Die Eigentümergemeinschaft beauftragt und bevollmächtigt den Verwalter, einen Rasentraktor im Wert von 5.000 Euro zu kaufen. Der Verwalter soll dafür sorgen, dass die Lieferung vor dem 1. Juli erfolgt. Sinn der Maßnahme ist es, den jetzigen reparaturanfälligen Rasenmäher zu ersetzen. Vor dem Kauf ist der Hausmeister nach seiner fachlichen Meinung zu fragen. Die Finanzierung erfolgt aus der Instandhaltungsrücklage.

Passivformulierungen verführen in besonderer Weise zu schlampigen und mehrdeutigen Formulierungen. Beispielsweise lässt die Formulierung „Das Fenster im ersten Stock wird ausgetauscht“ einige Fragen der AEIOU-Regel offen: Wer tauscht aus? Wer hat was beschlossen? Handelt es sich um eine Feststellung? Handelt es sich um einen Auftrag bzw. wer beauftragt wen? Handelt es sich um einen Antrag an die nächste EV?

Eine Aktivformulierung mit Subjekt, Prädikat und Objekt zwingt dagegen in aller Regel zu einer klaren Ausformulierung der Gedanken.

BOB (der **B**eschluss **o**hne **B**eschluss): In vielen Protokollen kann man Formulierungen mit Aufforderungscharakter lesen, die aber keinen Hinweis geben, ob tatsächlich eine Abstimmung stattgefunden hat.

BEISPIELE

Formulierungen mit fehlendem Hinweis auf eine Abstimmung:
„Die Eigentümer missbilligen, dass Herr X seinen Hund in der Anlage frei laufen lässt.“
Oder: „Die Eigentümer beanstanden, dass Einzelne immer wieder auf dem Balkon grillen.“

Bei der Formulierung von Beschlüssen ist zu bedenken, dass die Eigentümerversammlung das einzige „Organ" der Eigentümergemeinschaft ist.

Die Eigentümerversammlung kann sich **nur** durch Beschlüsse artikulieren, das heißt, eine Meinungsäußerung ohne Beschluss zählt nicht und wird deshalb auch nicht protokolliert!

Aus unklaren Formulierungen entwickeln sich leicht **Missverständnisse**.

▶ **BEISPIELE**

„Die ‚Schrottfahrräder' im Fahrradkeller werden nach Ankündigung durch den Beirat entfernt."
Hier ist unklar, was der Protokollant gemeint hat. Er kann meinen: „Nach Ankündigung entfernt der Beirat die ‚Schrottfahrräder' aus dem Fahrradkeller" oder: „Der Beirat kündigt die Entfernung der ‚Schrottfahrräder' an, welche daraufhin (zum Beispiel vom Hausmeister) entfernt werden."
„Die nicht mehr benötigten Kellertüren sollen vom Hausmeister zusammen mit dem Verwaltungsbeirat auf dem Dachboden abgestellt werden."
Wer soll hier bitte auf dem Dachboden landen?

MÜOV, Zitterbeschluss

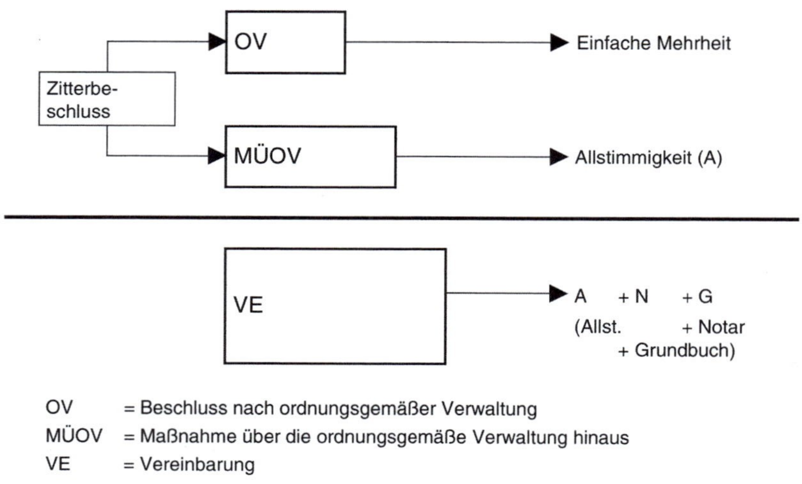

Abb. 7: MÜOV, Zitterbeschluss

Beschlüsse sind **Beschlüsse zur ordnungsgemäßen Verwaltung**. Sie werden mit der einfachen Mehrheit der vertretenen Stimmen gefasst. Das bedeutet rein hypothetisch: In einer Gemeinschaft von 100 Eigentümern könnte im Zweifel mit einer einzigen Stimme ein wirksamer Beschluss herbeigeführt werden. Enthalten sich von 51 anwesenden Eigentümern 50 der Stimme und ein Eigentümer stimmt mit ja, dann ist der Antrag angenommen. Bei einer Maßnahme, die über die ordnungsgemäße Verwaltung hinausgeht (**MÜOV**), bedarf es eines **allstimmigen Beschlusses**, das heißt, es müssen alle Eigentümer dem Beschluss zustimmen. Um rechtlich unangreifbar zu sein, müssen alle Miteigentümer eine gleichlautende Willenserklärung abgeben. Nur über eine Anfrage beim Grundbuchamt kann sich der Verwalter sicher sein, die aktuellen Eigentumsverhältnisse zu kennen, denn diese können sich unerwartet ändern. Da man also nie mit Sicherheit weiß, wer genau Eigentümer ist, ist es nahezu unmöglich, einen allstimmigen Beschluss zu fassen. Dennoch kann eine Maßnahme, die über die ordnungsgemäße Verwaltung hinausgeht, nur allstimmig rechtswirksam beschlossen werden. Diese Rechtslage schränkt die Handlungsfähigkeit von WEG-Gemeinschaften oft unerträglich ein. Die Rechtsprechung hat die Problematik erkannt und den sogenannten Zitterbeschluss zugelassen. Dies bedeutet, dass auch Beschlüsse, die nicht mit dem erforderlichen Quorum aller gefasst sind, rechtswirksam sind, wenn kein Eigentümer in der gesetzlichen Frist eines Monats einen Einspruch bei Gericht einlegt und der Richter der freiwilligen Gerichtsbarkeit aufgrund des Einspruchs den Beschluss aufhebt. Ist die Anfechtungsfrist verstrichen, kann die Eigentümergemeinschaft das „Zittern“ einstellen und darauf vertrauen, dass dieser Beschluss rechtswirksam ist.

Dies gilt nicht bei der **Änderung einer Vereinbarung**. Die ganze Teilungserklärung und die Gemeinschaftsordnung stellen eine Vereinbarung der Eigentümer untereinander dar. Jegliche Abweichung von der Gemeinschaftsordnung in den dinglich relevanten Teilen (zum Beispiel Kosten- und Lastenverteilung, Bestimmung über die Größe des Verwaltungsbeirats, Zuweisung der MEA auf die Wohnungen etc.) ist nur durch neue (notarielle) Vereinbarungen möglich. Vereinbarungen können nur getroffen werden, wenn alle Eigentümer mitwirken (Allstimmigkeit), das heißt, wenn sie sich vor dem Notar dazu erklären mit der Folge, dass das Grundbuchamt die entsprechenden Änderungen einträgt. Damit können sich Gläubiger und Erwerber durch einen Blick ins Grundbuch davon überzeugen, wie die Grundrechtsbeziehungen der Eigentümer untereinander gestaltet sind. Dem Erwerber ist dann immer noch zuzumuten, die Beschlüsse der Eigentümer, die für ihn relevant sind, in Protokollen früherer Versammlungen nachzulesen. Da die Eigentümergemeinschaften ein weitgehendes Gestaltungsrecht haben, das heißt, durch Beschlüsse zur ordnungsgemäßen Verwaltung umfangreiche gestalterische Maßnahmen einschließlich der Hausordnung und ihrer Änderung durchführen dürfen, können sich ohnehin nur Teile der Informationen, die für einen Erwerber oder aber einen Gläubiger relevant sind, aus dem Grundbuch ergeben.

Die Auffassung, dass Vereinbarungen gegen den formalen Wortlaut des Wohnungseigentumsgesetzes oder die vorhandenen Bestimmungen der Gemeinschaftsordnung/Teilungserklärung ausschließlich durch öffentlich-rechtliche Erklärung aller Eigentümer in einer neuen Vereinbarung möglich seien, war lange Zeit umstritten. Dann entschied der BGH Anfang der 1990er-Jahre, dass die Wohnungseigentümer in einer Eigentümerversammlung durch eine Ersatzvereinbarung in den Bereichen, die nicht den „dinglichen Kernbereich" des Wohnungseigentums betreffen, Änderungen beschlussweise „vereinbaren" können. Dies sollte, ähnlich einem MÜOV, durch einen „Zitterbeschluss" möglich sein, wenn ein solcher Beschluss nicht innerhalb der gesetzlichen Anfechtungsfrist angegriffen und vom zuständigen Richter für ungültig erklärt wurde. Hier wurde durch ständige Weiterentwicklung der Rechtsprechung und in Übereinstimmung mit den Bedürfnissen aus der Praxis ein Instrument geschaffen, das über die Jahre immer mehr Bedeutung gewann.

So haben Wohnungseigentümergemeinschaften unter anderem per Ersatzvereinbarung Folgendes beschlossen:

1. Unterhaltung der Fenster vom jeweiligen Sondereigentümer, obwohl sie gemeinschaftliches Eigentum sind
2. Gültigkeit von Eventualversammlungen
3. Einzugspauschalen bzw. Umzugspauschalen
4. Personenschlüssel bei bestimmten Verbrauchskostenarten
5. Stimmrechtsbeschränkungen bei Vollmachten auf eine bestimmte Anzahl
6. Tätige Mithilfe in Form von Kehrwochenregelungen
7. Zahl der Mitglieder des Beirats von mehr als drei, um verschiedene Hausteile im Beirat zu repräsentieren
8. Mitgliedschaft von Nicht-Eigentümern als ordentliche Mitglieder des Beirats
9. Verpflichtung zur Teilnahme am Einzugsverfahren beim Hausgeld
10. Einbau und Verwendung von Kaltwasseruhren
11. Nutzungsregelungen bezüglich einzelner Gemeinschaftsräume entgegen der ursprünglichen in der GO vorgesehenen Nutzung (zum Beispiel Waschräume in Beiratsräumen)

In der Mehrzahl der Fälle war es den Gemeinschaften wohl bewusst, dass es sich eigentlich um Vereinbarungen handelte, die eine öffentlich-rechtliche Erklärung **aller** im Grundbuch eingetragenen Eigentümer erfordert hätte. Aber ebenso war den Beteiligten klar, dass eine solche Erklärung bereits bei einer zweistelligen Zahl von Wohneinheiten mit beispielsweise 20 Wohnungseigentümern nahezu aussichtslos war. So hat man über Jahrzehnte mit Ersatzvereinbarungen das inzwischen in die Jahre gekommene Wohnungseigentumsgesetz individuell an die örtlichen Gegebenheiten und die Bedürfnisse der jeweiligen Gemeinschaft angepasst. Gleichermaßen wurden Unzulänglichkeiten der Teilungserklärungen ausgeglichen und die zum Teil schon jahrzehntealten Teilungserklärungen modernisiert. Aus diesem Grund war die Praxis betroffen und schockiert, als der BGH am 20.9.2000 eine rechtlich konsequente Entscheidung traf, in der die Ersatzvereinbarung unmissverständlich als nichtig eingestuft wurde. Die sich daraus ergebenden Konsequenzen sind folgende:

- Künftig kann nach Horst Müller[10] außerhalb des vom Gesetz vorgesehenen Rahmens nur das beschlossen werden, worüber die Eigentümer eine Vereinbarung getroffen haben, dass es beschlossen werden kann. Dies bedeutet letztlich, dass Ersatzvereinbarungen nur dann wirksam beschlossen werden können, wenn sie in einer Öffnungsklausel in der GO vorgesehen sind.
- Den Verwaltern und den Wohnungseigentümergemeinschaften bleibt zu hoffen, dass der Gesetzgeber in naher Zukunft eine gesetzlich normierte „Öffnungsklausel“ in das Gesetz einfügt.
- In allen anderen Fällen müssen Wohnungseigentümergemeinschaften und Verwalter sich auf eine lange Zeit der Unsicherheit einstellen. Die Meinungsträger der Rechtsprechung entwickeln stetig neue Ideen in ihrer Auffassung darüber, was zum Katalog ordnungsgemäßer Verwaltung gehören soll bzw. was nur durch Vereinbarung geregelt werden kann.
- Gemeinschaften und Verwaltern ist zu raten, sehr vorsichtig mit zukunftsgerichteten, vereinbarungsrelevanten Entscheidungen umzugehen. Wird ein solcher Beschluss angegriffen, kann der Streitwert solcher Entscheidungen — der wiederum im Ermessen des Richters liegt — hoch sein.

Verkündung des Beschlusses

Erst nach **Verkündung des Beschlusses** hat dieser Gültigkeit. Das heißt, eine Abstimmung bzw. die Auszählung alleine genügt nicht. Nach Verkündung des Abstimmungsergebnisses muss der Verwalter den Satz: „Damit ist der Antrag angenommen (bzw. abgelehnt)“ aussprechen. Nach Verkündung eines Beschlusses kann dieser nur durch erneute Beschlussfassung der Eigentümergemeinschaft oder durch gerichtlichen Beschluss aufgehoben werden. Deshalb sollte nach einer Beschlussfassung auch nicht mehr über deren Inhalt diskutiert werden; mit Verkündung des Beschlusses ist der Tagesordnungspunkt für die Versammlung erledigt.

[10] Vgl. Horst Müller, Praktische Fragen des Wohnungseigentums.

Der Punkt „Verschiedenes"

Diesen Tagesordnungspunkt findet man häufig auch unter dem Stichwort **„Anregungen"**. Diese Bezeichnung zeigt viel deutlicher als der Punkt „Verschiedenes", dass hier an eine Beschlussfassung eigentlich nicht gedacht ist. Dennoch geschieht es häufig, dass der Verwalter der Einladung eine erfreulich kurze Tagesordnung beifügt, die anwesenden Eigentümer jedoch die Tagesordnung in der Versammlung spontan erweitern. Die weitverbreitete Meinung, dass unter „Verschiedenes" keine Beschlüsse gefasst werden können, ist falsch. Jedoch sind alle Beschlüsse, die unter „Verschiedenes" bzw. „Anregungen" gefasst werden, grundsätzlich aus formalen Gründen anfechtbar. Darauf sollte der Verwalter ausdrücklich hinweisen, um einen Vorwurf bei etwaigen Anfechtungen entkräften zu können. Wenn unter diesem Punkt etwas beschlossen wird, so ist streng darauf zu achten, dass tatsächlich ein Beschluss gefasst und kein BOB (Beschluss ohne Beschluss) formuliert wird.

BEISPIEL

Unter „Verschiedenes" steht: „Es soll eine Bodenmatte angeschafft werden". Der Leser des Protokolls fragt sich später, wer anschaffen soll, zu welchem Zeitpunkt, wer die Entscheidung traf etc. Wenn also schon unter „Verschiedenes" Beschlüsse gefasst werden, dann sollen Form, Inhalt und Protokollierung einer ordentlichen Beschlussfassung entsprechen.

Um ordentliche Beschlüsse zu fassen, sollte die Anregung zunächst per GO in die Tagesordnung aufgenommen werden: Eigentümer X stellt den Antrag, möglichst bald eine Bodenmatte anzuschaffen. Es folgen Abstimmung und Verkündung des Beschlusses. Nur so ist klar, dass der Verwalter handeln muss.

Besonderes Verhalten bei „speziellen" Eigentümern

Wer kennt sie nicht, Herrn und Frau Furchtbar, die allen anderen Eigentümern und ganz besonders dem Versammlungsleiter auf die Nerven gehen, indem sie unter Verwendung ihrer Lieblingswörter „grundsätzlich" und „prinzipiell" weitschweifige Ausführungen zu allen Themen machen.

Was kann der Verwalter in einer solchen Situation tun? Natürlich gibt es kein Patentrezept, hier ist das rhetorische Geschick des Versammlungsleiters gefragt. Dazu einige erprobte Verhaltensregeln: Zunächst sollte man selbst den unangenehmsten Eigentümer ausreden lassen. Dabei muss man zuhören und Beleidigungen über sich ergehen lassen können. (Dies erklärt, warum manche Verwalter behaupten, kein Honorar zu verlangen, sondern Schmerzensgeld.) Am Ende kann man die Worte der betreffenden Person zusammenfassen und fragen, ob man denn alles richtig verstanden habe. Dabei kann man durch geschickte Wortwahl Person Furchtbar ins Lächerliche ziehen. Sehen die meisten Miteigentümer gelangweilt oder verärgert aus, kann man fragen, wer sich denn den Beschuldigungen anschließt. Kommt keine Reaktion, wird Person Furchtbar sich nicht weiter äußern. Die „Leidenszeit" hat sich in diesem Fall durch neue Sympathien bezahlt gemacht. Kann jedoch der Versammlungsleiter den Anschuldigungen und Vorwürfen nicht souverän begegnen, entsteht leicht der Eindruck, er wolle etwas unter den Tisch kehren.

Man kann auch durch eine geschickte Verhandlungstaktik Person Furchtbar sich selbst widerlegen lassen. Die Person ist furchtbar, weil sie keiner logischen Argumentation zugänglich ist, aber „aus Prinzip" meist Kleinigkeiten durchsetzen will.

Erkennt man an, dass Person Furchtbar eigentlich konstruktiv sein möchte und nur aus ziellosem Tatendrang destruktiv ist, kann eine ihr übertragene Beiratsarbeit das Problem umkehren. Durch die verantwortungsvolle Aufgabe des Beirats kann sich in diesem Fall Person Furchtbar in ein sehr konstruktives Gemeinschaftsmitglied verwandeln.

! **ACHTUNG**

Handelt es sich um einen überwiegend destruktiven „Furchtbar", kann der Schaden, den er im Beirat anrichtet, verheerend sein.

Es ist ein interessantes Phänomen, dass in fast jeder Gemeinschaft ab circa 20 Eigentümern eine Person „Furchtbar" sitzt. Verlässt sie die Gemeinschaft (weil sie zum Beispiel verkauft), wird bald eine andere Person diese Rolle übernehmen.

Das Ende der Versammlung

Es ist ein unglückliches Szenario, wenn nach mehrstündiger Arbeit die ersten Eigentümer aufstehen, sich anziehen und gehen. Obwohl im Saal noch diskutiert wird, verlassen mehr und mehr Eigentümer den Saal, der immer leerer wird. Die Versammlung zerfasert und am Ende bleibt dieses Bild im Gedächtnis haften.

Deshalb sollte der Versammlungsleiter bei aufkommender Unruhe die Versammlung beenden, das heißt, die noch ausstehenden Tagesordnungspunkte auf die nächste Versammlung vertagen. Er sollte die Aufbrechenden bitten, noch wenige Minuten zu bleiben, das Protokoll vorlesen und damit die Versammlung ordnungsgemäß beenden.

Jede Versammlung sollte in freundschaftlicher Stimmung beendet werden, denn diese Stimmung ist der Ausgangspunkt für die gemeinsame Arbeit des nächsten Jahres. Es ist schön, wenn die Eigentümer sich durch Beifallskundgebung beim Versammlungsleiter bedanken. Umgekehrt ist es gut, wenn der Versammlungsleiter sich nochmals bei den Anwesenden für ihr Kommen bedankt.

Es macht sich gut, wenn der Versammlungsleiter nach offizieller Beendigung der Versammlung alle Fragen außerhalb der Tagesordnung beantwortet. Das macht den Verwalter für die Eigentümer „greifbar".

In manchen Gemeinschaften ist es üblich, dass Verwalter und Beirat nach der Versammlung zusammenkommen, um noch etwas miteinander zu trinken. Dies ist durchaus positiv, denn es fördert die sozialen Kontakte. Jedoch gilt dabei die Regel, in diesen „Nachsitzungen" nicht über Dienstliches zu sprechen. Verwalter und Beiräte sollten sich hier von ihrer menschlichen Seite zeigen.

9.2.3 Nachbereitung

Auf dem Nachhauseweg beginnt die Analyse der Versammlung, um die nächste vorbereiten zu können. Es ist auch sehr gut, sich zu fragen, was in dieser Versammlung dem Verwalter selbst Freude bereitet hat. Nicht ob, sondern was! Denn die innere **positive Einstellung** ist ein wesentlicher Teil guter Verwalterarbeit.

Für eine positive Zusammenarbeit mit dem Beirat ist es außerordentlich förderlich, am Tag nach der Versammlung die Beiräte anzurufen und sich für deren Beiträge zur Versammlung zu bedanken – natürlich nur, dies auch zutrifft. Oft meldet wird sich auch der Beirat beim Verwalter, diese Geste verstärkt den Eindruck der **Partnerschaft zwischen Verwalter und Beirat**.

Natürlich fallen nach einer Eigentümerversammlung Routinearbeiten und unter Umständen umfangreiche Maßnahmen zur Umsetzung der Beschlüsse an. Denn der Ausgang einer Versammlung bestimmt das Arbeitspensum des Verwalters. Um nichts zu übersehen, sollte nach einem standardisierten Arbeitsanweisungsblatt vorgegangen werden. Im Folgenden werden einige Arbeitsschritte aufgeführt, die ein Arbeitsanweisungsblatt enthalten kann:

- Veränderungen im Verwaltungsbeirat werden mit allen Details (zum Beispiel Telefonnummer im Büro) in die EDV eingegeben. Aktuelle Beiratslisten werden intern an betroffene Stellen verteilt.
- Die Protokollabschrift sollte möglichst bald erfolgen, und die Abschrift sollte im Haus an betroffene Stellen verteilt werden (Buchhaltung, Geschäftsleitung).
- Sämtliche Organisations- und Dauerbeschlüsse sind an den von der Verwaltungsorganisation vorgesehenen Stellen zu vermerken, wobei die Handakte keinesfalls vergessen werden darf.
- Alle Tagesordnungspunkte, die als Aufträge an den Verwalter gerichtet sind, müssen bearbeitet werden. Gegebenenfalls werden Reparaturaufträge vergeben, Angebote eingeholt, Schriftverkehr mit Behörden erledigt, vertagte TOPs in die Wiedervorlage aufgenommen, die Beglaubigung der Verwalterwiederbestellung veranlasst, bei Verwalterneubestellung ein Informationsschreiben an die entsprechenden Vertragspartner herausgegeben, Rechtssachen anhängig gemacht etc.

9.3 Der Verwaltungsbeirat

Gemäß § 29 Abs. 2 und Abs. 3 WEG hat der Verwaltungsbeirat drei **Aufgaben**:

1. Unterstützung des Verwalters bei der Durchführung seiner Aufgaben
2. Prüfung des Wirtschaftsplans und der Abrechnung über den Wirtschaftsplan und Stellungnahme gegenüber den Eigentümern
3. Prüfung von Rechnungslegung und Kostenanschlägen größerer Reparaturen und Stellungnahme gegenüber den Eigentümern

Die eigentliche und wichtigste **Aufgabe des Verwaltungsbeirats** ist die laufende Unterstützung des Verwalters in den Bereichen, in denen er selbst um Unterstützung bittet. Dabei kann es sich in keinem Fall um die Übernahme von Verwaltungsaufgaben handeln. Die Grenze zwischen hauptberuflich tätigem und dafür entsprechend entlohntem Verwaltungsunternehmen und ehrenamtlicher Nebentätigkeit sollte deutlich sein. Handelt ein Verwalter „auf Anweisung" des Beirats oder gemäß Beschlussfassung durch den Beirat, begibt er sich in unmittelbare Abhängigkeit eines ehrenamtlichen und nebenberuflichen Gremiums. Es kann nicht sein, dass der eine (Verwalter) haftet und der andere (Beirat) entscheidet. Wer als Verwalter dieser Gefahr erliegt, wird zwar kurzfristig mit Lob in der nächsten Eigentümerversammlung rechnen können, aber langfristig sein Amt in Gefahr bringen.

Nur die Eigentümerversammlung kann den Verwalter rechtswirksam beauftragen, niemand anderes.

So sollte die Unterstützung des Beirats in vielseitigen Hinweisen und Informationen an den Verwalter bestehen. In kleinen Gemeinschaften kann die Hilfestellung auch in konkreten Taten bestehen, zum Beispiel Terminkoordination oder die Entgegennahme von Arbeits- und Lieferscheinen. Doch auch hier sollte der Verwalter in der Eigentümerversammlung deutlich machen, dass es sich bei den freundlichen Diensten von „Frau Maier" nicht etwa um Dienstleistungsersatz für den Verwalter handelt, sondern vielmehr um typische Leistungen, die die WEG eigentlich bei einem Fremddienstleister — sprich Hausmeister — „einkaufen" müsste. So spart nicht etwa der Verwalter Zeit und Geld, sondern die Miteigentümer erhalten kostenlose Hausmeisterdienste.

Tatsächlich führen die meisten Beiräte ihre **Tätigkeit** weit über die gesetzlichen Aufgaben hinaus. Manche Beiräte sehen sich als eine Art Aufsichtsrat über den Verwalter, andere führen die ehrenamtliche Funktion eines Hausmeisters durch, wieder andere sind die Anlaufstelle der Hausbewohner in allen Belangen. Es ist weithin verbreitet, dass Verwaltungsbeiräte, soweit sie dazu befähigt sind, als Berater fungieren. Häufig werden Anwälte, Ingenieure oder Steuerberater in den Verwaltungsbeirat gewählt. Da in vielen Fällen nur ein Teil ihrer Arbeit von den Miteigentümern wahrgenommen wird, sollten engagierte Beiräte anlässlich der Eigentümerversammlung vom Verwalter öffentliche Anerkennung erhalten.

Gesetzgeber und Rechtsprechung geben keine genauen Vorschriften zur Tätigkeit des Verwaltungsbeirats vor. Wohl existieren Satzungen für Beiräte, doch hat sich eine Kodifizierung der Beiratsarbeit nur als begrenzt zweckmäßig erwiesen. Zu sehr hängt die konkrete Tätigkeit von der Zusammensetzung der gewählten Beiratsmitglieder ab. Beruflicher Hintergrund, persönliche Neigung, Interesse, Zeit etc. prägen die ehrenamtliche Tätigkeit stärker, als alle Vorschriften und Richtlinien dies zu tun vermögen.

Die ideale **Zusammensetzung** eines Beirats, der nach § 29 Abs. 1 WEG aus drei Wohnungseigentümern besteht, wäre die folgende: ein Beiratsmitglied mit rechtlichen, eines mit kaufmännischen und eines mit technischen Kenntnissen. Darüber hinaus sollten beide Geschlechter vertreten sein. Bei einer gemischt genutzten Anlage sollte wenigstens ein Beiratsmitglied nicht im Hause wohnen und damit die Kapitalanleger repräsentieren (nicht vertreten!). Bei Häusern, die aus mehreren Teilen bestehen, ist es üblich, aus jedem Hausteil ein Beiratsmitglied zu wählen. Natürlich ist diese Zusammensetzung ein Idealbild, das nur in seltenen Fällen erreicht werden kann. Dies ist nach der Entscheidung des BGH[11] nun nicht mehr möglich, wenn dadurch die Zahl der Beiratsmitglieder auf über drei steigt und dies nicht ausdrücklich in der Teilungserklärung vorgesehen ist.

Es gibt keine Vorschriften, wie oft oder in welcher Weise **Beiratssitzungen** stattfinden müssen. Laut § 29 Abs. 4 WEG wird der Verwaltungsbeirat von dem Vorsitzenden nach Bedarf einberufen. In der Praxis ist es aber häufig der Verwalter, der zu Beiratssitzungen einlädt. Beiratssitzungen müssen nicht protokolliert werden. Nach außen ist und bleibt allein der Verwalter für sein Handeln verantwortlich.

Die **Haftung** des Verwaltungsbeirats ist begrenzt. Andererseits bringen sich Verwaltungsbeiräte oft unnötigerweise in ein Haftungsdilemma, indem sie folgende Formulierung beschließen lassen: „Die Eigentümergemeinschaft beschließt, Verwaltung und Beirat werden beauftragt und bevollmächtigt die folgende Sanierung durchzuführen …“

Bei dieser Formulierung haftet der Beirat mit dem Verwalter zusammen für alles, was im Rahmen dieser Sanierung schuldhaft problematisch werden könnte. Um dies auszuschließen, sollten solche Formulierungen nicht gebraucht werden. Der Verwalter ist verantwortlich, der Verwalter bekommt ein Honorar. Der Beirat als Ehrenamtlicher sollte keinesfalls — weder mittelbar noch unmittelbar — in die Haftung einbezogen werden. Eindeutig sind Formulierungen wie: „Der Verwalter wird beauftragt und bevollmächtigt, die folgende Sanierung durchzuführen Vor jeder wesentlichen Maßnahme, Auftragserteilung, Abnahme etc. ist der Verwaltungsbeirat zu hören.“

Die **Zusammenarbeit** von Verwalter und Verwaltungsbeirat sollte möglichst eng und partnerschaftlich sein. Dazu wird häufig schon in der ersten Beiratssitzung ein allgemeiner Aufgabenkatalog definiert, der die Grundlage für jede Sitzung darstellt und der vom Verwalter zwischen den Sitzungen alleine bearbeitet wird. Dieser Aufgabenkatalog wird bei jeder Beiratssitzung fortgeführt, Erledigtes wird gestrichen, Neues wird hinzugefügt. Der abgearbeitete Aufgabenkatalog gibt dem Verwalter die Möglichkeit, im Rahmen der Eigentümerversammlungen den Eigentümern zu berichten, was Beirat und Verwaltung gemeinsam besprochen und was der Verwalter bearbeitet hat. Abstimmungen gibt es in einer Beiratssitzung de jure nicht, de facto entscheiden Beiräte und Verwalter zusammen über alle wesentlichen Vorgänge zwischen den Eigentümerversammlungen.

---

11 BGH, NJW 2000, 3500 ff.

Die **Zusammenarbeit von Beirat und Verwaltung** hängt stark von der Größe, Zusammensetzung und Komplexität der Wohnanlage ab. Sie sollte routinemäßig aus folgenden Elementen bestehen, wobei die Beratung des Verwalters durch den Beirat im Vordergrund stehen sollte:

1. Mindestens ein gemeinsamer Hausdurchgang, bei dem alle Mängel notiert werden, um deren Reparaturmöglichkeit in der nächsten Sitzung zu besprechen
2. Prüfung der Jahresabrechnung und des Wirtschaftsplans für das kommende Jahr
3. Personalentscheidungen über Hausmeister und Reinigungspersonal

Basis für eine harmonische Zusammenarbeit ist die Information des Beirats durch den Verwalter. Es hat sich bewährt, dem Beirat wesentliche Korrespondenz und Handwerkerrechnungen in regelmäßigen Abständen zuzusenden. Es schafft bei der jährlichen Rechnungsprüfung ein entspanntes Klima, wenn der Verwaltungsbeirat die wesentlichen Rechnungen bereits kennt.

9.4 Hausmeister und Reinigungskräfte

Die Eigentümergemeinschaft beschäftigt üblicherweise **Hausmeister** und **Reinigungskräfte**.

Der **Hausmeister** ist im WEG nicht berücksichtigt. Seine vielfältigen Aufgaben bestehen zunächst darin, alle technischen Wartungs- und Pflegearbeiten für die Eigentümergemeinschaft durchzuführen. Oft tun Hausmeister aber viel mehr: Sie streichen Flure und Zäune, führen kleinere Reparaturen durch, überwachen die Hausordnung, trösten die Kinder, helfen älteren Bewohnern etc. Sie sind im positivsten Sinn **Kommunikatoren in der Gemeinschaft**. Ein guter Verwalter wird deshalb einen intensiven und regelmäßigen Kontakt mit dem Hausmeister pflegen. Bei richtiger Zusammenarbeit stellt sich der Verwalter weniger als Überwacher und Kontrolleur denn als Berater und Unterstützer des Hausmeisters dar.

Eine größere Gemeinschaft beschäftigt möglicherweise auch eigenes **Wachpersonal**, **technisches Betreuungspersonal** oder **Gärtner**. Der zeitliche Umfang der Beschäftigung und die Zahl der Angestellten hängen direkt von der Größe der Anlage ab bzw. von der Anzahl der Eigentümer, die betreut werden müssen. Bei der Reinigung spielt auch die Anzahl der Treppenaufgänge und die Intensität der Benutzung der Anlage eine erhebliche Rolle.

Größe der Gemeinschaft	Hausmeister		
Zahl der Wohnungen	Stunden pro Woche	Zahl der Kräfte	Kosten in Euro pro Woche
< 10	1–4	0	50–100
10–20	2–4	1 NB	100–200
20–50	5–10	1–1,5 NB	200–500
50–80	10–15	2 NB/1 HT	500–1.250
80–120	20–40	1 HT/1 HB	1.500–2.500
120–200	40–60	1 HB + 1 NB	2.500–4.000
200–300	60–100	2–3 HB	4.000–6.000
> 300	> 100	> 3 HB	> 6.000

Größe der Gemeinschaft	Reinigung		
Zahl der Wohnungen	Stunden pro Woche	Zahl der Kräfte	Kosten in Euro pro Woche
< 10	1–4	1 NB	75–100
10–20	2–4	1 NB	100–200
20–50	5–10	1 NB	125–300
50–80	10–15	1 NB	150–350
80–120	20–40	1 NB	200–500
120–200	40–60	1–2 NB	400–750
200–300	60–100	2 NB	500–1.250
> 300	> 100	> 2 NB	> 1.000

Abb. 8: Die Beschäftigung von Hausmeistern und Reinigungskräften in Wohnungseigentumsgemeinschaften. (NB =nebenberufliche Kraft, HT = Halbtagskraft, HB = hauptberufliche Kraft)

Abbildung 8 enthält Richtwerte, die dem Verwalter die etwaigen Größenordnungen zeigen, mit denen er rechnen muss. Bei den Kosten für haupt- und nebenberufliche Kräfte sind die vom Arbeitgeber zu übernehmenden circa 20 % Lohnzuschlag für Sozialversicherungen eingeschlossen.

Außerdem besteht die Möglichkeit, den gesamten Hausmeister- und Reinigungsservice an Fremdfirmen zu vergeben. Da sowohl die **Fremdvergabe** als auch die Anstellung **eigener Kräfte** Vorteile für die Gemeinschaft bringt, werden diese hier gegenübergestellt:

Vorteile der Fremdvergabe von Hausmeister- und Reinigungsleistungen

- Material wird von der Fremdfirma gestellt.
- Urlaubsvertretung ist gewährleistet.
- Schulung der Fachkräfte obliegt dem Dienstleistungsunternehmen.
- Laufende Kontrolle des Hausmeisters gewährleistet das Dienstleistungsunternehmen.
- Bei Krankheit und sonstigen Ausfällen stellt das Dienstleistungsunternehmen Ersatzpersonal.
- Kosten der Servicekräfte können von der Eigentümergemeinschaft exakt geplant werden.
- Eine etwaige Kündigung betrifft ein Dienstleistungsunternehmen und hat keinerlei arbeitsrechtliche Auswirkungen.
- Gerade bei kleineren Gemeinschaften, die sich keinen professionellen Hausmeister leisten können, kann ein Dienstleister auch stundenweise professionelle Arbeit erledigen.

Vorteile des eigenen Hausmeisters

- Stärkere Verbundenheit mit dem Objekt
- Geringere Fluktuation beim Personal
- Stetige Ortsnähe des Hausmeisters und damit erhöhte Erreichbarkeit auch außerhalb der vorgesehenen Arbeitszeiten
- Bei langer Vertragsdauer entsteht ein hoher Kenntnisstand im technischen Bereich
- Ersparnis der beim Fremddienst anfallenden Mehrwertsteuer

Es wird nun jeweils auf die Entscheidung der Eigentümergemeinschaft und des Verwalters ankommen, welchem der beiden Modelle der Vorzug gegeben wird. Es ist auch durchaus denkbar, im Bereich der Reinigung mit einer Fremdfirma zu arbeiten, während man den Hausmeister direkt bei der Eigentümergemeinschaft anstellt.

Soweit nicht von einer Fremdfirma Gebrauch gemacht wird, sollte der Hausmeister ausdrücklich immer nur von der Gemeinschaft angestellt werden. Wird der Hausmeister nämlich vom Verwalter gestellt, so sind die Hausmeisterleistungen für die Eigentümergemeinschaft mehrwertsteuerpflichtig. Das bedeutet, die Hausmeisterkosten erhöhen sich um den jeweiligen Mehrwertsteuersatz.

Stellt der Verwalter den Hausmeister, kann es bei der Auflösung des Verwaltervertrags zu erheblichen vertraglichen Schwierigkeiten zwischen Hausmeister und Verwalter kommen.

9.4.1 Suche von geeigneten Hausmeisterkräften

Die Suche von Hausmeisterkräften läuft hauptsächlich über das Arbeitsamt und Stellenanzeigen in einschlägigen regionalen Blättern. Durch geschickt lancierte Anzeigen für die Eigentümergemeinschaft kann der Verwalter gleichzeitig auf sein Unternehmen aufmerksam machen. Bei der Sichtung der Bewerbungen sollte in erster Linie auf handwerkliche Fähigkeiten geachtet werden. Keinesfalls sollte jedoch vergessen werden, dass ein Hausmeister nicht nur Handwerker in der Anlage ist, sondern auch Kommunikator zwischen Verwalter und Bewohnern.

Von einem Hausmeister sollte man folgende Eigenschaften erwarten:

- Ein freundliches, aber bestimmtes Auftreten
- Ein „dickes Fell“ beo gelegentlichen ungerechtfertigten Beschuldigungen
- Fleiß und Einsatzbereitschaft
- Technisches Geschick in allen Bereichen der Haustechnik

Bezüglich des Alters gibt es bei der Hausmeisterarbeit fast keine Einschränkungen. Sowohl der junge, dynamische Hausmeister als auch der schon im dritten Lebensabschnitt stehende rüstige Rentner können eine positive Erscheinung sein. Alter und körperliche Eigenschaften werden sicherlich von der konkreten Anlage bestimmt.

Die Kostenbelastung durch den Hausmeister sollte sich im Idealfall zwischen 15 bis 25 Euro pro Wohneinheit und Monat bewegen, für die Reinigungskräfte sollte der Betrag zwischen 7,50 und 15 Euro liegen. Selbstverständlich ist dabei auch die individuelle Eigenart der jeweiligen Gemeinschaft, das heißt die Größe der einzelnen Einheiten und die Art der Nutzung, zu berücksichtigen.

9.4.2 Vertrag mit Hausmeister und Reinigungspersonal

Grundsätzlich wird der Vertrag mit dem Hausmeister so abgeschlossen, dass als Vertragspartner

- die Eigentümergemeinschaft ..... (Nummer und Adresse), vertreten durch
- die Verwaltergesellschaft ..... (Name der WEG-Verwaltung) einerseits und
- Herrn/Frau ..... (Name des Hausmeisters) andererseits

anzusehen sind.

Der Vertrag muss den Beginn und das Ende der Tätigkeit, die Kündigungsvorschriften, das Gehalt, den Urlaub, eventuelle soziale Leistungen, das Weihnachtsgeld etc. enthalten. Im Anhang wird das gesamte Leistungsverzeichnis aufgeführt. Es besteht aus einer detaillierten Liste der vom Hausmeister geforderten Arbeiten sowie einer genauen Aufstellung, wem gegenüber der Hausmeister welche Informationen abzuliefern hat. Entsprechendes gilt für Reinigungskräfte.

Muster: Hausmeisterdienstvertrag (hauptberuflich)

ARBEITSHILFE ONLINE

HAUSMEISTERDIENSTVERTRAG
zwischen der Wohnungseigentümergemeinschaft
WEG ____________________ — nachstehend Arbeitgeber genannt —
vertreten durch den Verwalter ____________________
und
____________________ — nachstehend Arbeitnehmer genannt —

wird folgender Arbeitsvertrag geschlossen:

§ 1 Tätigkeit
Ab ____________________ wird Herr/Frau ____________________ als hauptberuflicher Hausmeister/als hauptberufliche Hausmeisterin eingestellt.
Der/die Hausmeister/-in wird seine/ihre ganze Arbeitskraft in den Dienst der WEG stellen, sich voll für deren Interessen einsetzen und seine/ihre Pflichten gewissenhaft und zuverlässig erfüllen.

Aufträge und Weisungen des Hausverwalters, die im Auftrag der WEG erteilt werden, hat er/sie zu befolgen; er/sie hat alles zu vermeiden, was den Ruf der Eigentümergemeinschaft und des Verwalters beeinträchtigen könnte. Sein/ihr Verhalten soll stets korrekt, unparteiisch, aber bestimmt sein. Sauberkeit, Pünktlichkeit und Fleiß werden als selbstverständlich erachtet.

§ 2 Probezeit
Die ersten sechs Monate gelten als Probezeit. Innerhalb dieser kann das Arbeitsverhältnis jederzeit von beiden Vertragspartnern mit einer Frist von einem Monat gekündigt werden.

§ 3 Verpflichtungen
Anordnungen, Anweisungen und Aufträge aller Art — soweit sie das gemeinschaftliche Eigentum betreffen — kann der/die Hausmeister/-in nur vom Verwalter — in Ausnahmefällen auch vom Verwaltungsbeiratsvorsitzenden — entgegennehmen. Letzteres bezieht sich auf Notsituationen oder Abstimmungen zwischen dem Verwalter und dem Verwaltungsbeiratsvorsitzenden.

Der/die Hausmeister/-in darf keine Verbindlichkeiten für die WEG, den Verwalter oder für einzelne Wohnungseigentümer eingehen, ohne hierzu ausdrücklich ermächtigt zu sein. Ausgenommen ist die Beschaffung von Kleinmaterial im Rahmen der Hausmeisterkasse, über die vierteljährlich abzurechnen ist, wenn der Bestand ergänzt werden muss; spätestens jedoch zum 20. Dezember eines jeden Jahres.
Die wöchentliche Arbeitszeit beträgt normalerweise 40 Stunden.
Der/die Hausmeister/-in ist verpflichtet, über die Normalarbeitszeit hinaus anfallende Mehrarbeit zu leisten. Überstunden sind durch Freizeit auszugleichen.

§ 4 Geheimhaltung
Der/die Hausmeister/-in verpflichtet sich, sowohl während als auch nach Beendigung des Arbeitsverhältnisses über alle internen Angelegenheiten und Vorgänge der WEG, die ihm/ihr zur Kenntnis gelangen, jederzeit Stillschweigen zu bewahren.
Unterlagen, Geräte und Materialien aller Art sind ordnungsgemäß aufzubewahren und zu pflegen. Bei Beendigung des Arbeitsverhältnisses hat die vollständige Rückgabe anhand der Bestandsliste zu erfolgen.

§ 5 Bezüge
Als Vergütung für seine/ihre Tätigkeit erhält der/die Hausmeister/-in monatlich _____ Euro. Die Bezüge werden nach dem Tarif der HBV im Bereich der Wohnungswirtschaft angepasst. Der Arbeitgeber zahlt dem Arbeitnehmer ein Urlaubsgeld und ein Weihnachtsgeld lt. HBV im Bereich der Wohnungswirtschaft (zurzeit 100 % Urlaubsgeld und ein 13. Monatsgehalt Weihnachtsgeld).
Im Übrigen gelten die Bestimmungen des jeweils gültigen Manteltarifvertrags der HBV für die gewerblichen Arbeitnehmer im Bereich der Wohnungswirtschaft.
Auf Sondervergütungen oder über einen längeren Zeitraum hinweg erfolgende regelmäßige Auszahlungen besteht kein klagbarer Rechtsanspruch.

Die Beiträge zu
- Sozialversicherungen,
- Lohnsteuer,
- Kirchensteuer und
- Berufsgenossenschaft

regeln sich nach den jeweils gültigen gesetzlichen Bestimmungen.
Über diese Bezüge hat der/die Hausmeister/-in gegenüber Dritten Stillschweigen zu bewahren.

Die Übernahme jeglicher auf Erwerb gerichteten Nebentätigkeiten bedarf der vorherigen schriftlichen Zustimmung der WEG bzw. des Verwalters. Hierunter fällt insbesondere das Betreiben eines Geschäfts bzw. die Beteiligung daran oder die Tätigkeit gegen Entgelt für Dritte — auch in Einzelfällen.
Verstöße dagegen können zur fristlosen Kündigung führen und ggf. Schadensersatzansprüche der Eigentümergemeinschaft zur Folge haben.

§ 6 Urlaub
Nach einer Beschäftigungsdauer von mindestens sechs Monaten im Jahr hat der/die Hausmeister/-in Anspruch auf einen vollen Jahresurlaub von 30 Arbeitstagen. Sonst besteht nur ein anteiliger Urlaub. Arbeitstage sind alle Werktage außer Samstage.
Der Zeitraum des Urlaubs ist in Absprache mit dem Verwalter unter Berücksichtigung arbeitstechnischer Erfordernisse und der persönlichen Notwendigkeit festzulegen.
Dem Verwalter ist der voraussichtliche Urlaubstermin mindestens zehn Wochen vor Antritt mitzuteilen.
Auf jeden Fall ist eine reibungslose Fortführung der hausmeisterlichen Tätigkeit zu gewährleisten. Der Arbeitgeber sorgt in freier Absprache mit dem/der Hausmeister/-in für einen Vertreter, der zeitgerecht mit den während des Urlaubs anfallenden Arbeiten vertraut zu machen ist.

§ 7 Krankheit
Bei Arbeitsunfähigkeit ist dies mit Begründung auf schnellstmöglichem Weg dem Verwalter mitzuteilen. Bei längerer Dauer von Krankheit ist der Verwaltung innerhalb von drei Tagen ein ärztliches Attest vorzulegen. Die Fortzahlung der Bezüge richtet sich nach den jeweils geltenden Gesetzen (zurzeit 100 %).

§ 8 Vertragsdauer
Dieser Vertrag wird unbefristet geschlossen. Es gelten die Kündigungsfristen des jeweils gültigen Manteltarifvertrags der HBV für die gewerblichen Arbeitnehmer im Bereich der Wohnungswirtschaft.
Die Kündigung hat in jedem Fall schriftlich zu erfolgen.

§ 9 Schlussbestimmungen
Für das Arbeitsverhältnis gelten ergänzend die Bestimmungen der allgemeinen Anweisungen für die Tätigkeit des Hausmeisters/der Hausmeisterin.
Soweit in diesem Vertrag keine besonderen Vereinbarungen getroffen sind, gelten die gesetzlichen Bestimmungen.

Es wird versichert, dass die Angaben im Personalbogen der Wahrheit entsprechen. Änderungen der persönlichen Verhältnisse, die für das Arbeitsverhältnis von Bedeutung sein können, sind dem Verwalter unverzüglich mitzuteilen. Dazu zählen insbesondere:
- Einleitung eines Ermittlungsverfahrens wegen einer Strafsache
- Veränderungen, die die Arbeitsfähigkeit beeinflussen

Änderungen oder Ergänzungen dieses Vertrags haben nur Rechtsgültigkeit, wenn sie schriftlich von beiden Vertragspartnern vereinbart wurden.
§ 10 Gerichtsstand
Die für den Kläger zuständigen Gerichte.

Ort ____________________ Datum ____________________

für die WEG Arbeitnehmer: ________________________
Arbeitgeber: ____________________________________

Muster: Arbeitsvertrag Hausbesorgungskräfte (nebenberufliche Hausmeister oder Reinigungskräfte)

ARBEITSHILFE ONLINE

Arbeitsvertrag für nebenberufliche Hausbesorgungskräfte
(geringfügig entlohnte Beschäftigung [GFB])

Zwischen der Gemeinschaft der Wohnungseigentümer Nr. ____________________
des Wohnhauses in der ____________________
— nachstehend Arbeitgeber genannt —
vertreten durch den Verwalter ____________________
Musterverwaltung GmbH, Musterstraße 10, PLZ Musterort
und Herrn/Frau

____

— nachstehend GFB genannt —
wird folgender Arbeitsvertrag geschlossen:

§ 1 Vertragsbeginn/Tätigkeit
Das Arbeitsverhältnis beginnt am ____________________.
Herr/Frau ____________________ wird als nebenberuflicher Hausmeister/nebenberufliche Hausreinigungskraft eingestellt.
Zu seinen/ihren Aufgaben gehören die im beiliegenden Leistungskatalog aufgeführten Arbeiten.

§ 2 Probezeit
Die ersten drei Monate gelten als Probezeit. Während dieser Zeit kann dieser Vertrag von beiden Seiten ohne Angabe von Gründen mit zweiwöchiger Frist ohne festen Endtermin gekündigt werden.

§ 3 Arbeitsentgelt
Als Vergütung ist bei einem Bruttolohn von ______ Euro pro Stunde und _____ Stunden monatlich _____ Euro vereinbart.
Die Vergütung ist zwischen den Vertragspartnern vereinbart, sie unterliegt keinen Tarifbestimmungen von dritter Seite, sondern jeweils persönlichen Verhandlungen zwischen den Vertragspartnern. Sie ist jeweils am 30. des laufenden Monats zur Zahlung fällig und wird auf das vom Arbeitnehmer im Personalbogen genannte Konto überwiesen.

§ 4 Arbeitszeit
Die regelmäßige wöchentliche Arbeitszeit beträgt _____ Stunden. Sie verteilt sich auf ______ Wochenarbeitstage, und zwar wie folgt:
Montag je ______ Stunden
Dienstag je ______ Stunden
Mittwoch je ______ Stunden
Donnerstag je ______ Stunden
Freitag je ______ Stunden
Samstag je ______ Stunden

§ 5 Vereinbarung über die Handhabung des steuerlichen Tatbestands
Bei einer geringfügigen Beschäftigung wird die Lohnsteuer mit 20 % pauschaliert, wenn folgende Voraussetzungen vorliegen:

- Monatslohn höchstens 450 Euro
- Arbeitszeit wöchentlich weniger als 15 Stunden
- Stundenlohn höchstens 11 Euro

Es kann sowohl vereinbart sein, dass die Eigentümergemeinschaft die anfallende Lohnsteuer übernimmt, als auch, dass der Arbeitnehmer unter Vorlage einer Steuerkarte die etwaig anfallenden Steuern selbst trägt. Deshalb darf nur eine der Alternativen, die nun folgen, als gültig erklärt werden. Versteuert wird bei Nichtvorlage einer Lohnsteuerkarte grundsätzlich mit der Steuerklasse VI (höchster Abzug), wenn die Gemeinschaft die pauschale Lohnsteuer nicht übernimmt.
5.1 Die anfallende Lohnsteuer wird von der Wohnungseigentümergemeinschaft getragen.
5.2 Unter Vorlage einer Lohnsteuerkarte wird der Arbeitnehmer die anfallende Lohnsteuer selbst übernehmen.
5.3 Unter Nichtvorlage einer Lohnsteuerkarte wird der Arbeitnehmer die Lohnsteuer selbst tragen (gemäß Steuerklasse VI).
5.4 Vorlage einer steuerlichen Befreiung.
Der/die GFB wird darauf hingewiesen, dass die steuerliche Befreiung die Abgabe einer Einkommensteuererklärung im darauffolgenden Jahr erforderlich macht.

§ 6 Vereinbarung über die zu tragende Sozialversicherungspflicht

Eine geringfügige Beschäftigung ist auch für die/den Beschäftigte/n nicht generell sozialversicherungsfrei. Inwieweit eine Sozialversicherungspflicht entsteht, ist im Einzelfall speziell zu prüfen.
Dafür muss der Personalfragebogen korrekt ausgefüllt sein. Die auf diesem Fragebogen eingetragenen Erklärungen des/der GFB sind verbindlich.
Der/die GFB verpflichtet sich, etwaige Änderungen sofort anzuzeigen. Bei Abschluss dieses Vertrags gilt folgender Tatbestand: ____________________________________

____

§ 7 Aufgaben und Haftung
Die Aufgaben des/der GFB bestehen in der Erledigung der Arbeiten gemäß der diesem Vertrag beigefügten Stellenbeschreibung.
Gegen Arbeitsunfälle ist der/die GFB bei der jeweils zuständigen Berufsgenossenschaft versichert. Im Krankheitsfall ist er/sie verpflichtet, unverzüglich, spätestens jedoch am dritten Tag, die Krankheit dem Verwaltungsbeirat und dem Verwalter mitzuteilen.
Der/die GFB verpflichtet sich, die ihm/ihr anvertrauten Geräte und Hilfsmittel aus dem gemeinschaftlichen Eigentum pfleglich zu behandeln und zu warten.

§ 8 Erklärungen des Arbeitnehmers
Der/die GFB erklärt, dass er/sie nicht schwerbehindert im Sinne des Schwerbehindertengesetzes ist, keinen Antrag auf Anerkennung als Schwerbehinderte/-r oder Gleichgestellte/-r gestellt hat und dass chronische Erkrankungen, die Einfluss auf die vorgesehene Arbeitsleistung haben könnten, oder eine Schwangerschaft nicht bestehen.

§ 9 Kündigung
Das Arbeitsverhältnis kann von beiden Seiten unbeschadet des Rechts zur fristlosen Kündigung mit einer Frist von vier Wochen ohne festen Endtermin gekündigt werden.

§ 10 Urlaub
Der Jahresurlaub beträgt 24 Werktage. Werktage sind die Tage von Montag bis einschließlich Samstag. Im Fall des Eintritts in und/oder Ausscheidens aus dem Arbeitsverhältnis während eines laufenden Kalenderjahres steht dem/der GFB der entsprechende anteilige Urlaub zu.
Ein Anspruch entsteht erst, wenn der/die GFB mindestens sechs Monate ununterbrochen für die Gemeinschaft tätig ist. Der Urlaub ist bis spätestens zum 31. März des Folgejahres zu nehmen. Nach diesem Datum entfällt ein eventuell vorhandener Anspruch auf Resturlaub des Vorjahres.

Der Urlaub ist rechtzeitig, mindestens vier Wochen vor geplantem Antritt dem Verwalter mitzuteilen. Der/die GFB soll dem Verwalter gleichzeitig eine geeignete Urlaubsvertretung benennen.
Die Urlaubsvertretung ist verpflichtet, die anfallenden Arbeitsstunden gemäß dem vom Arbeitgeber ausgehändigten Muster aufzulisten. Die Zahlung erfolgt erst nach Beendigung der Vertretungszeit, wenn der Verwaltungsbeirat die korrekte Durchführung der Tätigkeit bestätigt hat und dem Verwalter die ordnungsgemäß ausgefüllten Stundenzettel vorliegen.

§ 11 Meldepflicht
Seit dem 1.1.1990 ist das Gesetz zur Einführung eines Sozialversicherungsnachweises in Kraft. Dieses Gesetz bringt die Meldungspflichtigkeit aller Arbeitnehmer, die eine Beschäftigung ausüben. Die Frist für die Meldung des/der geringfügig Beschäftigten beträgt eine Woche nach dem Beginn der Beschäftigung.

§ 12 Dienstverhinderung
Bei Dienstverhinderung sind der Verwalter und der Beirat unverzüglich zu verständigen. Die geringfügig Beschäftigten haben Anspruch auf bis zu sechs Wochen Lohnfortzahlung im Krankheitsfall. Eine Arbeitsunfähigkeit ist dem Verwalter unverzüglich mitzuteilen und spätestens am dritten Krankheitstag durch ein ärztliches Attest zu belegen.

§ 13 Ergänzende Vereinbarungen
Der Verwaltungsbeiratsvorsitzende und der Verwalter sind dem/der GFB gegenüber weisungsbefugt.
Im Übrigen gelten die gesetzlichen Bestimmungen. Sollte ein Punkt des Vertrags gesetzlich nicht aufrechterhalten werden können, bleibt der Vertrag in den übrigen Punkten gültig.
Nebenabreden, Ergänzungen und Änderungen dieses Vertrags bedürfen zu ihrer Rechtswirksamkeit der Schriftform.

§ 14 Erklärung zur Haftung aus der Meldepflicht
Sollten die unter §§ 5 und 6 geforderten Angaben nicht der Wahrheit entsprechen oder der/die GFB seiner/ihrer Mitteilungspflicht hinsichtlich weiterer Beschäftigungsverhältnisse nicht oder verspätet nachkommen und der Arbeitgeber für weitere Steuern bzw. Sozialabgaben herangezogen werden, so haftet der/die GFB dem Arbeitgeber für diese Mehrleistungen.
Ort ______________________ Datum _______________
für die WEG Arbeitnehmer: _________________________
Arbeitgeber: _____________________________________

9.4.2.1 Muster: Leistungskatalog Hausmeister

Dies ist ein allgemeiner Leistungskatalog. Nicht alle darin angeführten Arbeiten kommen in jeder Wohnanlage vor. Ebenso kann eine WEG auch noch andere Aufgaben stellen. Werden in einer Anlage zusätzlich Reinigungskräfte beschäftigt, erübrigen sich selbstverständlich diese Arbeiten für den Hausmeister.

ARBEITSHILFE ONLINE

Leistungskatalog des Hausmeisters

1. Gebäudereinigung

Tägliche Arbeiten

- Abgehen der gesamten Anlage (Außenanlage, Kellergänge und Heizungsraum)
- Im Sommer: Reinigung der Fläche am Sandkasten

Wöchentliche Arbeiten

Reinigung der Keller-Gemeinschaftsräume (trocken, nach Bedarf nass)

Vierzehntägige Arbeiten

Feuchtreinigung der Hauseingangstüren

Vierteljährliche Arbeiten

- Reinigen der Kellerfenster in den Gemeinschaftsanlagen
- Reinigen der Stahltüren im Keller
- Reinigen der Lampen innerhalb des Treppenhauses und der Eingangstüren

2. Pflege von Außenanlagen

Wöchentliche Arbeiten

- Wiedereinholen der Mülleimer an Tagen der Müllabfuhr
- Gehwege und Zuwege zu Abstellplätzen und Besucherparkplätzen, Garagen sowie Bordsteinrinnen säubern
- Säuberung öffentlicher Straßen und Wege nach den Bestimmungen der Gemeinde

Halbjährliche Arbeiten

- Reinigen der Gullys in der Außenanlage
- Reinigen des Ölabscheiders und des Heizölschachts

3. Pflege der Grünanlagen

- Mähen, Düngen, Wäswsern, Säen, Beschneiden von Pflanzen in eigener Verantwortung
- Versetzen von Pflanzen nach Anweisung

4. Spezielle Pflege der Außenanlage im Winter

- Befreiung der Gehwege von Schnee und Eis bis spätestens 7:00 Uhr morgens
- Räumen und Freihalten der Gehwege innerhalb und außerhalb des Grundstücks auf einer Breite von zwei Metern, Zugänge zu den Garagen auf einer Breite von 50 Zentimetern

5. Haustechnik

Technische Anlagen

Wartung der nicht von Fachfirmen betreuten Anlagen

Heizung

- Tägliche Inspektion des Heizkellers und der Heizung
- Die Einstellung der Heizung wird im Auftrag der Verwaltung durch eine Wartungsfirma vorgenommen und ist dann nicht mehr zu verändern.
- Tägliche Kontrolle während der Heizperiode
- Wasserstand- und Temperaturprüfung
- Kontrolle der Druckerhöhungspumpe
- Durchführen aller anfallenden kleineren Reparaturen am Gemeinschaftseigentum der Anlage
- Instandhaltung und Pflege des Arbeitsmaterials

6. Sonstige Leistungen

- Auftragserteilung an Handwerker nach Rücksprache mit dem Beirat oder der Verwaltung
- Verantwortliche Aufsicht über Handwerker, Schornsteinfeger, Lieferanten etc.
- Kontrolle der erbrachten Leistungen
- Führen einer Inventarliste über die von der Gemeinschaft gestellten Geräte
- Führen eines Lieferungs- und Leistungsordners
- Regelmäßige Ölstandsmeldung an die Verwaltung
- Führen eines Kassenbuchs über die Hausmeisterkasse

Muster: Leistungskatalog Hausreinigung

ARBEITSHILFE ONLINE

Leistungskatalog Hausreinigung

1. Tägliche Reinigungsarbeiten entfallen

2. Wöchentliche Reinigungsarbeiten

- Reinigung der Haus- und Vorplätze
- Feuchtreinigung der Hauseingänge mit Stufen
- Feuchtreinigung der Hauseingangstüren
- Feuchtreinigung der Treppenhäuser und aller Wohnungsvorplätze
- Feuchtreinigung der Fahrstuhltüren und -körbe
- Leerung und Feuchtreinigung der Aschenbecher
- Reinigen der Flure und der Teppichböden

3. Monatliche Reinigungsarbeiten

- Feuchtreinigung/Spanreinigung der Keller-Gemeinschaftsräume
- Feuchtreinigung/Spanreinigung der Trockenböden
- Feuchtreinigung der Treppengeländer

4. Zweimonatliche Reinigungsarbeiten

- Reinigung der Treppenhausfenster
- Feuchtreinigung des Fensterholzwerks

5. Dreimonatliche Reinigungsarbeiten

Reinigung der Kellerfenster

6. Viermonatliche Reinigungsarbeiten

Feuchtreinigung der Beleuchtungskörper im Treppenhaus und in den Hauseingängen

7. Jährliche Reinigungsarbeiten

Treppenhaus und Treppenhausdecken sind gründlich zu reinigen

Übernahme weiterer Reinigungsarbeiten, falls notwendig

9.4.3 Fortbildung der Hausmeister

Es hat sich als sehr zweckmäßig erwiesen, wenn die hauptberuflichen Hausmeister die auch vom TÜV angebotenen Hausmeisterseminare in Abständen von etwa zwei Jahren besuchen. Der technische Wandel erfolgt zu schnell, als dass Hausmeister oder Verwalter in allen Bereichen der Technik ohne äußere Hilfestellung ständig auf dem Laufenden sein könnten. Da Sicherheitsvorschriften zunehmend versuchen, den Verwalter und andere Dienstleister im Rahmen des sogenannten Organisationsverschuldens haftbar zu machen, liegt eine regelmäßige Schulung der Hausmeister in Sicherheitsbelangen in deren Interesse.

Darüber hinaus ergeben regelmäßige Schulungen ein gutes psychologisches Klima für die Hausmeister. Erkennen Arbeitnehmer doch deutlich, dass ihre Arbeitgeber im Rahmen der Fortbildung bekunden, dass ihnen an einer guten Arbeit und an einer Wertschätzung dieser gelegen ist.

9.4.4 Das hausmeisterliche Umfeld/Hilfsmittel

Eine Eigentümergemeinschaft verfügt ab einer bestimmten Größe über eigenes Werkzeug und eigene Hilfsmaschinen wie Rasenmäher, Kehrmaschine, Bohrmaschinen etc. Es kommt leider häufig vor, dass beim Wechsel eines Hausmeisters festgestellt wird, dass Werkzeug abhandengekommen oder nicht mehr brauchbar ist. Aus diesem Grund sollte der Verwalter ein entsprechendes Verzeichnis führen und den Zustand des Werkzeugs jährlich kontrollieren. Es ist denkbar, dies in den Bericht des Verwalters mit aufzunehmen. Entsprechendes gilt natürlich für das Reinigungsmaterial und die Reinigungsgeräte wie Staubsauger, Besen, Schaufel etc.

9.4.5 Einweisung von Hausmeister und Reinigungskräften

Sowohl Reinigungskräfte als auch Hausmeister wollen ihre Arbeit gut machen und benötigen deshalb eine adäquate Einweisung. Das neue Personal muss nicht nur von einem Wohnungseigentümer, sondern vom Verwalter selbst in seine Arbeit eingeführt werden, der ihm das Objekt zeigt und auf die Besonderheiten der Anlage hinweist.

9.4.6 Die Kündigung

Leider kommt es immer wieder zu Konflikten zwischen Eigentümergemeinschaften und Arbeitnehmern. Verschiedenste Gründe können es notwendig machen, sich vom Personal zu trennen, das heißt, Mitarbeitern zu kündigen. Vor allem, wenn eine Kündigung nicht einvernehmlich erfolgen kann (was sehr häufig der Fall ist), muss der Verwalter im Hinblick auf arbeitsrechtliche Vorschriften die Formalien einer ordnungsgemäßen Kündigung besonders beachten. Der Verwalter ist gut beraten, sich spätestens bei der Kündigung, eventuell sogar schon bei einer Abmahnung, rechtlichen Rat von einem auf diesem Gebiet erfahrenen Anwalt zu holen. Unterläuft dem Verwalter bei der Kündigung ein Fehler und der Arbeitnehmer ist weiter zu beschäftigen, so sind Schadensersatzansprüche der Eigentümergemeinschaft gegen den Verwalter die häufige und logische Folge.

9.5 Die Hausordnung

Nach § 21 Abs. 5 kann jeder Eigentümer im Rahmen der ordnungsgemäßen Verwaltung die Aufstellung einer Hausordnung verlangen. Besonders wenn es zu Reibereien im Zusammenleben kommt, kann eine Hausordnung den Gebrauch am gemeinschaftlichen Eigentum (zum Beispiel Treppenhaus, Garage, Spielplatz) sinnvoll regeln.

Der Verwalter stellt üblicherweise einen Entwurf zur Verfügung, über den die Eigentümerversammlung mit Mehrheitsbeschluss entscheidet. Ebenfalls mit einem Mehrheitsbeschluss kann die Eigentümerversammlung die Hausordnung ändern bzw. veränderten Bedingungen anpassen.

Die Hausordnung darf keine zu großen Einschränkungen in der Nutzung des Sondereigentums und der anteiligen Nutzung des Gemeinschaftseigentums beinhalten. Deshalb dürfen zum Beispiel auch das Musizieren und die Tierhaltung nicht gänzlich verboten werden.

Laut WEG hat der Verwalter für die Einhaltung der Hausordnung zu sorgen. Der Verfasser hat sich jahrelang über komplizierte, unverständliche Hausordnungen geärgert. Er bietet im Folgenden eine eigene Version, die keinerlei Anspruch auf allgemeine Gültigkeit hat. Sie formuliert auch nicht in „einklagbaren" Texten, hat sich aber in der Praxis bewährt.

9.5.1 Muster: Hausordnung

ARBEITSHILFE ONLINE

Hausordnung

Wenn Menschen zusammen wohnen,
ist Toleranz und Rücksichtnahme oberstes Gebot

1. Bitte vermeiden Sie jeden unnötigen Lärm.
Bitte halten Sie (und alle Angehörigen Ihres Haushalts) die Ruhezeiten von ___ bis ___ Uhr ein.

2. Bitte beseitigen Sie jeden selbst verursachten Schmutz auch selbst. Jedes weggeworfene Papier, jede Kippe muss irgendjemand aufheben und Beiräte, Hausmeister und Reinigungskräfte sind keine Sklaven.

3. Hundehaltung in Wohnanlagen ist häufig ein Problem. Wenn schon ein Vierbeiner sein muss, dann sorgen Sie bitte dafür, dass „Geschäfte" weder im Haus noch in der Anlage verrichtet werden. Freudiges Gebell ist nur für den Hundehalter schön.

4. Bitte parken Sie nur dort, wo es vorgesehen ist, bzw. auf Ihrem Platz.

5. Gemeinschaftsflächen bitte freihalten! Stellen Sie Kettcars, Möbel und Fahrräder bitte in die dafür vorgesehenen Räume, Keller oder bei Ihnen selbst ab. Sie müssen sonst damit rechnen, dass ein Beauftragter des Verwalters das wertvolle Stück mit Sperrmüll verwechselt und abtransportiert.

6. Auch Gerüche anderer können quälend sein. Wenn Sie kochen, denken Sie bitte daran, dass Ihre Nachbarn dies nicht unbedingt riechen wollen. Bitte lüften Sie nicht in den Flur.

7. Gemeinschaftsräume, richtig benutzt, erleichtern das Leben! Fahrradräume können oft die doppelte Anzahl Fahrräder aufnehmen, wenn man sie sorgfältig zusammenrückt. Das Gleichye gilt für Kettcars, Kinderwagen etc. Überprüfen Sie auch, ob Ihr Fahrrad wirklich noch funktionstüchtig ist oder nur unnötig Platz in Anspruch nimmt.

8. Selbstverständlich sollte sein, dass
- Wäsche nicht auf dem Balkon über der Brüstung getrocknet wird;
- Blumen nicht so gegossen werden, dass „der darunter" etwas abkriegt;
- Kippen, Flaschen und Schlimmeres nicht zum Fenster hinausgeworfen werden.

Die Praxis zeigt, dass Selbstverständlichkeiten nicht immer selbstverständlich sind.

9. Auch Mitbewohner, die sehr kinderlieb sind, haben kein Verständnis dafür, dass
- Kinderscharen den Aufzug blockieren;
- mit Rollschuhen im Treppenhaus gefahren wird;
- Kaugummi in den Aufzug geklebt wird;
- Türen zugeschlagen werden;
- im Treppenhaus Versteck gespielt wird.

10. Diese Hausordnung gilt auch für den Hausvorbereich wie Zuwege, Fußgängerzonen, Briefkastenbereiche etc.

11. In Ihrer Wohnanlage sollten Sie nicht nur gut, sondern auch sicher schlafen können. Für die allgemeine Sicherheit ist es notwendig, dass sich jeder Bewohner für die Wohnanlage mitverantwortlich fühlt.

Denken Sie auch daran, dass ungebetene Besucher oftmals wahllos klingeln. Öffnen Sie nicht einfach durch Betätigung des Türöffnungsknopfs – benutzen Sie vorher Ihre Sprechanlage, damit Fremden nicht fahrlässig Zutritt gewährt wird. Sie könnten sonst sich und Ihr Eigentum in Gefahr bringen.

Ort, Monat, Jahr: ______________, ______________, ______________

9.6 Die Bedeutung des „VIP“

VIP wird scherzhaft ein Wohnungseigentümer genannt, der sich nie als Verwaltungsbeirat aufstellen lässt, jedoch als Meinungsführer in der Gemeinschaft anerkannt ist. Solche Eigentümer haben auf Beschlussfassungen mindestens so viel Einfluss wie der Beirat, denn sie sagen in einer Versammlung klar, deutlich und aus einer persönlichen Kompetenz heraus ihre Meinung. Ist ein solcher VIP in der Eigentümergemeinschaft, muss der Verwalter das psychologische Kunststück vollbringen, diesen Eigentümer konstruktiv in seine Verwaltungshandlungen einzubeziehen, ohne dabei dem Beirat den Eindruck zu vermitteln, dass es auf seine Meinung nicht mehr ankommt.

9.7 Der soziale Rahmen

9.7.1 Sommerfest der Bewohnergemeinschaft

Die **Bewohnergemeinschaft** besteht aus allen Menschen, die in der Wohnanlage wohnen, das heißt aus selbstnutzenden Eigentümern und Mietern der vermieteten Eigentumswohnungen. Dahingegen gehören der **Eigentümergemeinschaft** nur die rechtlichen Eigentümer der Wohnungen an.

Feste sind eines der besten Mittel, die Bewohner einander näher zu bringen und das Zusammengehörigkeitsgefühl zu stärken. Deshalb organisieren viele Gemeinschaften ein traditionelles Fest, meist im Sommer, das den Bewohnern die Möglichkeit gibt, Kontakte zu knüpfen und Spannungen abzubauen. Da dies auch der Arbeit des Verwalters zugutekommt, sollte dieser unter Umständen den Impuls für ein solches Fest geben. Der Verwalter sollte auf jeden Fall bei derartigen Gelegenheiten erscheinen und kann sogar finanzielle Unterstützung leisten. Organisieren sollte der Verwalter das Fest jedoch nicht. Das sollten die Bewohner selbst in dem Bewusstsein tun, dass das Gelingen größtenteils von ihnen abhängt.

9.7.2 Soziale Fürsorge

Ein guter Verwalter sollte soziale Gegebenheiten immer in seine Gesamtüberlegungen mit einbeziehen.

▶ **BEISPIEL**

In einer Wohnanlage mit mehreren Stockwerken musste der Aufzug wegen Reparaturarbeiten für mehrere Tage stillgelegt werden. Die meisten Eigentümer sahen dies humorvoll als zusätzliche sportliche Übung. Schwierig war es für Eigentümer, die aus gesundheitlichen Gründen keine Treppen steigen konnten. Hier hat der Verwalter vorausschauend gehandelt und über einen sozialen Dienst die Versorgung der Eigentümer organisiert, die nun aus technischen Gründen ihre Wohnung für einige Tage nicht verlassen konnten. Die Tatsache, dass der Verwalter dies bedacht und durchgeführt hatte, wurde ihm über mehrere Versammlungen hinweg positiv vermerkt.

Dieses Beispiel zeigt, dass sich das Tun des Verwalters zu jedem Zeitpunkt in einem sozialen Rahmen bewegt. Freundliche Fürsorge, die nicht aus spektakulären Aktionen, sondern aus praktischen, hilfreichen Handlungen besteht, zeichnet den Verwalter aus, für den seine Arbeit nicht nur Gelderwerb, sondern Berufung ist.

9.8 Anhang: Organisations- und Formulierungshilfen[12]

Organisationsbeschlüsse haben gesetzesergänzenden Charakter und gelten auf Dauer. Sie können durch andere Beschlüsse geändert oder auch aufgehoben werden und orientieren sich vor allem an Veränderungen im gesellschaftlichen und politischen Umfeld. Alle Organisationsbeschlüsse stellen Zitterbeschlüsse dar. Die Gefahr besteht, dass einzelne Organisationsbeschlüsse von der Rechtsprechung in Zukunft als nichtig eingestuft werden. Die besonders gefährdeten Orga-Beschlüsse sind mit einem Ausrufungszeichen gekennzeichnet.

Orga 1:	Wohngeldabrechnung bei unterjährigem Verkauf
	Die Wohngeldabrechnung bei Verkauf innerhalb eines Wirtschaftsjahres richtet sich für dieses Wirtschaftsjahr ausschließlich gegen den neuen Eigentümer. Der Verwalter macht gegenüber dem Verkäufer nur die Beitragsrückstände (Fehlbetrag bzw. Wohngeldvorauszahlungen) zum Übergabetag (laut Kaufvertrag) geltend. Unklarheiten bezüglich des Übergabedatums gehen zulasten des Käufers bzw. neuen Eigentümers.
Orga 2:	Notariatskosten im Zusammenhang mit Zustimmungserklärung
	Notariatskosten im Zusammenhang mit der Zustimmung der Eigentümergemeinschaft bzw. des Verwalters gehen zulasten des Käufers bzw. Verkäufers; beide haften für diesen Betrag gesamtschuldnerisch (eine deutliche Aussage im Kaufvertrag wird deshalb empfohlen).
Orga 3:	Verwaltungskostenaufwand bei Zustimmung zu Wohnungsverkäufen
	Dem Verwalter steht für die Zustimmung zum Wohnungsverkauf einschließlich Änderung der EDV-Daten, Aufsuchen des Notars, Information des neuen Eigentümers etc. eine Pauschalgebühr von derzeit ________ EUR + MwSt. zu. Falls eine separate Wohnungseigentümerversammlung notwendig wird, erhöht sich der Betrag auf _____ EUR + MwSt. Die Gebühr erhöht bzw. verringert sich im Verhältnis der Verwaltergebühr.
Orga 4:	Einzugspauschale für die Gemeinschaft (!)
	Bei Einzügen von Mietern oder Eigentümern ist eine einmalige Kostenpauschale von ________ EUR zur Deckung zusätzlicher Kosten und nicht nachweisbarer Beschädigungen zu zahlen und der Instandhaltungsrücklage zuzuführen.

[12] Es sei darauf hingewiesen, dass die Rechtsprechung zur Wirksamkeit verschiedener Orga-Beschlüsse uneinheitlich ist.

Orga 5:	Freigabe der Jahresabrechnung nach Prüfung durch den Beirat
	Die Abrechnung gilt als anerkannt, wenn der Beirat sie geprüft hat. Der einzelne Wohnungseigentümer hat eine Widerspruchsfrist von vier Wochen nach Versendung der Abrechnung. Nach dieser Frist sind Nachzahlungen aus der Abrechnung fällig bzw. kann der Verwalter Guthaben auszahlen. Die Genehmigung der Abrechnung und die Entlastung des Verwalters erfolgt in der dann folgenden Eigentümerversammlung.
Orga 6:	Organisation des Mahnwesens
	Die Eigentümergemeinschaft beschließt, das Mahnwesen künftig wie folgt zu regeln: 1. Bei Wohngeldsäumigkeit eine Zahlungserinnerung (kostenpflichtig: _____ EUR + MwSt.) 2. Nach sechs Wochen ohne Zahlungseingang bzw. Klärung eine Mahnung (kostenpflichtig: _____ EUR + MwSt.) 3. Nach weiteren vier Wochen ohne Zahlungseingang bzw. Klärung anwaltliche bzw. gerichtliche Beitreibung (_____ EUR + MwSt. pro Auftrag) Die WEG ist sich bewusst, dass eine erste und zweite Mahnung juristisch nicht erforderlich ist. Sie weist den Verwalter jedoch ausdrücklich darauf hin, vor der Beitreibung eine erste und zweite Mahnung zu versenden. Die Sondergebühren dienen dem Ausgleich eines erhöhten Bearbeitungsaufwands der Verwaltung; insbesondere im Rahmen von Beitreibungen für die Unterrichtung des Rechtsanwalts und Verteilung des Schriftverkehrs in einem laufenden Klageverfahren der Eigentümergemeinschaft bzw. zu dessen Veranlassung.
Orga 7:	Instandhaltung und Instandsetzung der Wohnungsfenster (!)
	In Kenntnis aktueller Rechtsprechung, dass Wohnungsfenster grundsätzlich gemeinschaftliches Eigentum sind, auch wenn die Wohnungseigentümer anderes vereinbart haben, beschließt die Eigentümergemeinschaft zur Klarstellung: Die Pflicht zur Instandhaltung und Instandsetzung von Wohnungsfenstern und Balkontüren (Innen- und Außenseite) obliegt jedem einzelnen Eigentümer.
Orga 8:	Wohnungswechselgebühr
	Der Verkäufer ist verpflichtet, den Verwalter vom Verkauf der Wohnung zu unterrichten und den Käufer zu nennen. Der Verwalter erhält für jede Wohnungsumschreibung eine Pauschale von _____ EUR + MwSt.; Kostenerhebung vom Käufer. (Keine Bedenken, wenn Betrag im Rahmen des Verwaltungsvertrags von der WEG übernommen wird!) Diese Gebühr erhöht bzw. verringert sich im Verhältnis der Verwaltergebühr.

Orga 9:	Abschluss und Kündigung von Verträgen
	Zur Klarstellung bestätigt die Eigentümergemeinschaft, dass der Verwalter, wie vertraglich vereinbart, neben dem vertraglichen Recht, Verträge allgemein (insbesondere auch Versicherungsverträge) abzuschließen, selbstverständlich auch das Recht hat, diese Verträge zu kündigen. Um jeden Zweifel auszuschließen, beschließen die Wohnungseigentümer: Der Verwalter ist berechtigt, Verträge allgemein (insbesondere Versicherungsverträge) zu kündigen. Soweit Kündigungen bereits erfolgten, werden diese genehmigt.
Orga 10:	**Nichtteilnahme am Lastschriftverfahren**
	Die Wohnungseigentümer beschließen aus Gründen der Gleichbehandlung, dass alle Eigentümer verpflichtet sind, am Lastschrifteinzugsverfahren teilzunehmen.
Orga 11:	**Verwendung von Altunterlagen**
	Die Wohnungseigentümer beschließen, dass alle Unterlagen, die älter als zehn Jahre sind (außer Dokumente), vernichtet werden können. Die Unterlagen, die älter als fünf Jahre sind, können in den gemeinschaftlichen Räumen der Eigentümergemeinschaft gelagert werden.
Orga 12:	**Abwicklung von Versicherungsschäden**
	Die Verwaltung ist für das Gemeinschaftseigentum zuständig. Dem einzelnen Wohnungseigentümer obliegt die Instandhaltung seines Sondereigentums (also alle Maßnahmen innerhalb der Wohnung), insbesondere die Abwicklung von Schäden einschließlich Folgeschäden, die durch die Gebäudeversicherung versichert und/oder durch Dritte verursacht sind. Wird die Verwaltung bei der Suche, Koordination und Abwicklung von Schäden im Sondereigentum tätig, ist sie bevollmächtigt, insbesondere Versicherungsschäden vorübergehend über das Konto der Gemeinschaft abzuwickeln und Erstattungsansprüche gegenüber der Versicherung im Namen der Miteigentümer geltend zu machen. Von der Versicherung nicht erstattete Aufwendungen für Schäden im Sondereigentum sind dem zahlungspflichtigen Miteigentümer in der nächsten Jahresabrechnung zu belasten. Ausgenommen sind Maßnahmen der Schadensvorsorge am Leitungswassersystem (Zu- und Abwasser) bzw. Heizungskreislauf. Diese werden der Gemeinschaft belastet. Der Verwaltung sind diese Mehrleistungen mit 5 % der Schadenssumme, maximal _____ EUR + MwSt. pro Schaden und Wohnung, aus dem Konto der Gemeinschaft zu erstatten.

Orga 13: Form der WEG-Abrechnung (!)

Nach derzeitiger Rechtsmeinung sind im Rahmen der WEG-Abrechnung nur die tatsächlichen Einnahmen und Ausgaben eines Wirtschaftsjahres zu erfassen, das heißt nur Ein- und Auszahlungen. Ausnahmen werden nur im Hinblick auf die Heizkostenabrechnung und die Instandhaltungsrücklage zugelassen.
Die Abrechnung des Verwalters bietet eine Vermögensübersicht, in der alle Forderungen und Verbindlichkeiten zum Ende eines Wirtschaftsjahres aufgeführt werden. Nur mit einer solchen Darstellung lassen sich

- die tatsächliche Vermögenslage der Gemeinschaft wiedergeben,
- Kostenvergleiche mit vorherigen Abrechnungsperioden vornehmen und
- für den Vermieter eine von der Mietrechtsprechung geforderte periodengerechte Abrechnung der umlagefähigen Nebenkosten durchführen.

Die Wohnungseigentümer weisen die Verwaltung ausdrücklich an, zukünftige Abrechnungen weiter in der bisher vorgelegten Form aufzustellen, das heißt,

- zeitraumbezogene Abgrenzungen vorzunehmen sowie
- eine Vermögensübersicht aufzustellen, aus der Forderungen und Verbindlichkeiten erkennbar sind.

Orga 14: Beschluss über Zuweisung der Zinsen und Bruttoerträge

Die Wohnungseigentümergemeinschaft beschließt (zur Klarstellung), weiter wie bisher die auf Anlagekonten entstehenden Zinsen der Instandhaltungsrücklage zuzuführen. Mit den Zinsen sind die Nettozinsen gemeint, die sich nach Abzug der Zinsabschlagsteuer und anderer gesetzlicher Abzüge ergeben.
Der von der Bank einbehaltene Zinsabschlag ist in der Abrechnung auszuweisen.

Orga 15: Verzicht auf Auszählung der Miteigentumsanteile bei klaren Abstimmungsergebnissen (Keine Bedenken, wenn Beschluss auf jeder Versammlung neu gefasst wird!)

In der Teilungserklärung wurde die Abstimmung nach Miteigentumsanteilen (MEA) geregelt. Diese Vereinbarung kann nur durch eine neue Vereinbarung ersetzt werden. Sie ist deshalb grundsätzlich einzuhalten. In der Praxis ist eine Abstimmung nach MEA jedoch langwierig.
Die Eigentümer kommen deshalb überein, den Verwalter anzuweisen, dass in allen Fällen, in denen das Abstimmungsverhältnis offensichtlich ist, auf eine Auszählung nach MEA verzichtet werden und eine Abstimmung nach Gesetz, sprich Kopfprinzip, erfolgen soll.
Bestehen von irgendeiner Seite der Anwesenden geäußerte Zweifel, dass eine Abstimmung nach MEA zu einem anderen Ergebnis führen würde, hat der Versammlungsleiter die Abstimmung zu wiederholen und nur dieses Ergebnis ist dann maßgebend.

10 Das muss der Verwalter über Bautechnik wissen

von Otto Mathar

10.1 Die technische Übernahme einer „neuen" Gemeinschaft

Bei der Übernahme einer Gemeinschaft durch eine Verwaltung gibt es in technischer Hinsicht Inhalte, die sich später entscheidend in kurz-, mittel- und langfristigen Instandsetzungs- und Instandhaltungsplanungen niederschlagen. Hierbei ist zu beachten, dass die Übernahme einer neu gegründeten Gemeinschaft (beispielsweise bei der Übernahme der Verwaltung vom Bauträger) und die Übernahme einer länger bestehenden Gemeinschaft unterschiedliche Betrachtungsweisen vorgeben.

10.1.1 Soll-Ist-Vergleich

Bei einer neuen Gemeinschaft müssen alle technischen Details geprüft werden, um die ordnungsgemäße Übernahme des Gemeinschaftseigentums vom Grundsatz her durchführen zu können. Hierzu gehört die komplette Begehung der Anlage zusammen mit entsprechenden Sonderfachleuten, um Restmängel feststellen zu können und ggf. deren Beseitigung zu veranlassen. Dies ist insbesondere deswegen wichtig, weil eine vereinbarte Gewährleistungsfrist erst mit der Abnahme des Gemeinschaftseigentums beginnt.

Zusätzlich ist zu prüfen, ob gemäß § 12 VOB/B eine Leistungsabnahme für das Gemeinschaftseigentum wegen wesentlicher Mängel nicht vorgenommen werden kann. Der Umfang dieser Leistung kann aus sachlichen und rechtlichen Gründen nicht vom Verwalter bestimmt werden. Das Wohnungseigentumsgesetz schreibt hierzu ausdrücklich den Einsatz entsprechender Sonderfachleute (sowohl in technischer als auch in juristischer Hinsicht) vor.

Zur Beurteilung der Qualität des Gemeinschaftseigentums ist im Normalfall ein Soll-Ist-Vergleich nach der Baubeschreibung für diese Objekte erforderlich. Da in der Regel diese Baubeschreibungen sehr allgemein gehalten sind, ist die Leistung zunächst nach den Regeln der Technik zu prüfen, damit sie anschließend einer juristischen Prüfung unterzogen werden kann.

Dieser Soll-Ist-Vergleich dient dem Verwalter als Grundlage für seine weiteren Veranlassungen. Er kann als Vertreter der Eigentümergemeinschaft einem Sonderfachmann die Abnahme[1] nicht allein überlassen. Denn selbst wenn einem Architekten oder Sonderfachmann eine Vollmacht erteilt wurde, ist dieser nicht in die rechtsgeschäftliche Abnahme der Werkleistungen im Sinne des § 640 BGB/12 VOB/B eingeschlossen.[2] Somit ist der Soll-Ist-Vergleich für den Verwalter lediglich Grundlage für die weiteren Veranlassungen, die ggf. durch Beschluss der Eigentümergemeinschaft näher definiert werden müssen.

Bei der Übernahme von Gemeinschaften, deren Gemeinschaftseigentum bereits abgenommen wurde, ist der Soll-Ist-Vergleich in jedem Fall vor Ablauf der Gewährleistungsfrist unter den gleichen Voraussetzungen durchzuführen. Nur eine solche Maßnahme ist — ggf. durch Einleitung eines selbstständigen Beweisverfahrens zur Hemmung der Gewährleistungsfrist — geeignet, die Grundlagen aufzuzeigen, die einer Gemeinschaft zur Verfügung stehen, um den ursprünglich gewollten Zustand auch über eine Gewährleistungszeit hinaus zu bewahren.

Bei älteren Gebäuden, die bereits einen entsprechenden Instandhaltungsbedarf erfordern, ist die Kenntnis der restlichen „Lebenserwartung“ von Gebäuden oder Bauteilen eine elementare Grundlage für die gesamte Mittelbereitstellungsplanung. Hier ist ein Soll-Ist-Vergleich zur Beurteilung beispielsweise der Höhe der Zuweisung einer Instandhaltungsrücklage noch zwingender, weil plötzlich auftretender Instandsetzungsbedarf in der Regel zu Sonderumlagen führt, die schnell das Leistungsvermögen einzelner Gemeinschaftsteilnehmer übersteigen können.

Somit ist ein Soll-Ist-Vergleich die Grundlage aller Handlungsplanungen. Diese Aussage gilt ohne Rücksicht auf die jeweilig geforderte, sich aus der speziellen Situation ergebende Zeitvorgabe.

[1] Abnahme bedeutet die Entgegennahme des vom Vertragspartner erstellten Werks als vertragsgerechte Erfüllung. Eine Abnahme kann entweder ausdrücklich oder stillschweigend durch schlüssiges Verhalten erfolgen. Mit der Abnahme geht die Erstellungsphase mit umfänglichen Erfüllungsansprüchen in die Gewährleistungsphase mit den gesetzlich geregelten Gewährleistungsansprüchen über und die Frist für deren Verjährung beginnt zu laufen.

[2] Siehe Urteil des OLG Frankfurt, Schäfer/Sinnern/Hufstein Nr. 13, zu § 638 BGB, veröffentlicht in Jagenburg, Baurecht 78, 180 und Hufstein, Baurecht 73, 333/338.

Eine Besonderheit bei älteren Bauwerken bildet eine gewollte oder auch erzwungene Umnutzung von Gemeinschaftsbereichen. Damit beginnt ein Prozess der Aktualisierung aller bautechnischen Daten. Dies ist in aller Regel nur durch einen Sonderfachmann möglich. Einer der häufigsten Fälle für eine solche Maßnahme sind Umbauten in Gemeinschaftswaschküchen oder die Umgestaltung von Kellerräumen.

Eine solche Leistung kann jedoch auch durch Außenereignisse ausgelöst werden. Hier soll beispielhaft die in jüngerer Zeit aufgetretenen Erhöhungen der Grundwasserstände genannt werden. Diese damit verbundenen höheren Anforderungen in abdichtungstechnischer Hinsicht müssen auch zu Bauwerksuntersuchungen und Aktualisierungen führen.

10.1.2 Langfristige Planungsunterlagen

Eine sorgfältige und sachgerechte Verwaltung von Wohnungseigentum erfordert, dass der Verwalter in den Eigentümerversammlungen regelmäßig einen Überblick über den gegenwärtigen Zustand des Gemeinschaftseigentums bietet. Die Intervalle dieser Information bestimmen sich aus dem Allgemeinzustand des Gebäudes. Der notwendige Instandhaltungs- und Instandsetzungsaufwand ist den Eigentümern mitzuteilen, da diese Information bei eventuellen Wohnungsverkäufen an den Käufer weitergeleitet werden muss.

Um einen entsprechenden Überblick zu bekommen, muss der Verwalter regelmäßige Kontrollgänge (im eigenen Ermessen) durch das Gebäude tätigen. Das dabei geführte Protokoll dient den Eigentümern als Beweis, dass der Verwalter seine Aufgabe ordnungsgemäß erledigt hat.

10.1.3 Exkurs: Der Unterschied zwischen Ausschreibung und Handwerkerangebot in technischer und rechtlicher Hinsicht

Die Diskussion in Eigentümergemeinschaften über die Handhabung technischer Instandsetzungen — und hier insbesondere die Vorbereitung solcher Leistungen — führt oft zu kuriosen Forderungen an den Verwalter. Im Einzelnen wird später noch näher darauf eingegangen.

An dieser Stelle soll aufgezeigt werden, wo die wesentlichen Voraussetzungen für das Gelingen einer Instandsetzungsleistung liegen, wie dies praktisch zu handhaben ist und welche Aufgabenverteilung sich daraus ergibt.

Im Wesentlichen unterscheidet man Angebote, die vom Verwalter auf Anforderung der Gemeinschaft bei entsprechenden Fach- und Handwerksfirmen eingeholt werden, und Ausschreibungen, die in der Regel auf grundsätzlichen Untersuchungen und detaillierten Planungen beruhen.

Das Einholen von Angeboten ist zwar ein billiger, aber kein preisgünstiger Weg. Nicht nur kann es sein, dass Angebote aus diesem Bereich nicht vergleichbar sind, weil die unterschiedlichen Betriebe unterschiedliche Leistungen anbieten. Die wesentlichste Gefahr und das höchste Restrisiko liegen in nicht durchgeführten Untersuchungen. Dieses Manko tritt in der Regel bei der Ausführung der Leistungen zutage, weil unabsehbare Zusatz- und Nachtragsangebote den vorgesehenen Leistungsrahmen mit der Begründung sprengen, dies sei vorher nicht erkennbar gewesen.

Bei einer sorgfältigen Planung und Untersuchung des Objekts mit einer leistungsgerechten Ausschreibung hingegen sind die Angebote vergleichbar und auch die wesentlichsten Grundleistungen mit ihren Einheitspreisen erfasst.

Die Verfahrensweise, Leistungen ohne vorhergehende Untersuchungen durchführen zu lassen, widerspricht dem Sinne nach bereits den Regeln, die auch im normalen täglichen Leben eingehalten werden. Kein vernünftiger Mensch stimmt einer Operation bei einem Arzt zu, wenn nicht vorher eine Untersuchung erfolgt ist.

Neben der möglicherweise nicht sachgerechten Instandsetzungsleistung mit den entsprechenden Folgekosten in zukünftigen Jahren stellt sich dem Verwalter auch das Problem, die zusätzlich erforderlichen Mittel im Rahmen kurzfristiger Sonderumlagen bereitstellen zu müssen.

Es ist festzustellen, dass sich bei Ausführungen nach Angeboten von Handwerkern eine wesentlich höhere Zahl von Rechtsstreitigkeiten ergibt als bei Ausführungen nach Ausschreibungen. Allerdings basieren diese Rechtsstreitigkeiten häufig auf dem Vorwurf, eine zwingend notwendige Leistung nicht angeboten zu haben. In diesem Fall wird in der Regel zum Nachteil der Eigentümergemeinschaften entschieden, weil es sich um sogenannte Sowieso-Kosten handelt, das heißt um Kosten, die — da sie zwingend notwendig sind — auch angefallen wären, wenn eine Untersuchungsleistung der Instandsetzung vorausgegangen wäre.[3]

Die weitaus größten Folgeprobleme, die sich auch durch aktuelle Gerichtsverfahren nachvollziehen lassen, entstehen, wenn der Verwalter in seinem Bestreben der Gemeinschaft vordergründig Geld zu sparen, selbst technische Entscheidungen trifft. Bereits eine Vergabe „im Einvernehmen" mit dem Verwaltungsbeirat kann dann zu einer Regressforderung führen, wenn die technische Leistung erkennbar vom Verwalter mangels besonderen Wissens nicht überblickbar oder kontrollierbar war.

10.2 Basis und Grenzen der Verpflichtung des WEG-Verwalters in bautechnischer Hinsicht

Aus dem Wohnungseigentumsgesetz ergibt sich der gesamte Umfang der Verwalterleistungen, die erforderlich sind, um eine ordnungsgemäße Verwaltung zu gewährleisten. Hierzu gehört auch die Verpflichtung des Verwalters, die für eine ordnungsgemäße Instandhaltung und Instandsetzung des gemeinschaftlichen Eigentums erforderlichen Maßnahmen zu treffen.[4] Das bedeutet jedoch nicht, dass ein Verwalter in technischer Hinsicht besondere Kenntnisse zur Durchführung von Maßnahmen besitzen muss. Vielmehr ist er gefordert, sich durch die Hinzuziehung von Sonderfachleuten einen Überblick zu verschaffen, welche Instandhaltungs- und Instandsetzungsleistungen zur Erhaltung des Wohnungseigentums zu veranlassen sind.[5]

Die Funktion der Sonderfachleute entspricht derjenigen der Gutachter bei Zivilprozessen. Auch Gerichte bedienen sich zur Entscheidungsfindung entsprechender Gutachter, weil ein Detailwissen hier ebenfalls nicht zwangsläufig vorausgesetzt werden kann.

Es ist also Aufgabe des Verwalters, sichtbare und gemeldete Mängel zu erkennen und zu sammeln, um — falls er nicht selbst die notwendigen Fachkenntnisse besitzt — Sonderfachleute mit deren Beseitigung zu beauftragen. Der Verwalter muss Maßnahmen einleiten, er muss aber nicht die Mängelbeseitigung in allen Fällen selbstständig betreiben.

3 Siehe §§ 635, 249 BGB.

4 Siehe § 27 Abs. 1 Nr. 2 WEG.

5 Siehe § 27 Abs. 1 Nr. 2 WEG.

Dies lässt sich anhand einiger Beispiele sehr gut veranschaulichen:

- Wird beispielsweise eine Dachfläche undicht und dringt Feuchtigkeit in die Wohnungen ein, muss der Verwalter sofort tätig werden. Das heißt in diesem Fall, dass er die Ursachen durch Sonderfachleute ermitteln lässt und eine sofortige Behebung veranlasst. Auch bei Notmaßnahmen ist es nicht Aufgabe des Verwalters, die Art der Mängelbeseitigung zu bestimmen.[6] Hinzu kommt, dass nach den Bestimmungen der bauaufsichtlich eingeführten Norm 4108 (Wärmeschutz im Hochbau) sowie der Energieeinsparverordnung in der jeweils aktuellen Fassung Berechnungen über die Dämmstärke erforderlich werden.
- Der Verwalter kann einen nicht funktionierenden Aufzug kurzfristig durch ein Fachunternehmen reparieren lassen. Es ist jedoch nicht Aufgabe des Verwalters, das gesamte Element ohne Kenntnisse der Ursachen und nur im Vertrauen auf die Aussagen des Reparaturbetriebs ersetzen zu lassen.
- Herabfallende Teile aus Fassadenflächen muss ein Verwalter zur Vermeidung weitergehender Schäden sofort sichern. Es ist jedoch nicht Aufgabe des Verwalters, die geschädigten Bauteile wiederherzustellen.

Die klare Trennung der Grundlagen und der Grenzen lässt sich am besten so beschreiben: Ein Verwalter muss im aktuellen Fall die gleiche Schadensminderung oder -verhinderung betreiben, zu der jeder normale Eigentümer im täglichen Leben verpflichtet wäre. Alle weitergehenden Maßnahmen liegen außerhalb der Zuständigkeit und der Verantwortung eines Verwalters. Hier ist, auch aus rechtlichen Gründen, die Hinzuziehung von Sonderfachleuten zwingend erforderlich. Um eine korrekte Abwicklung zu ermöglichen, bedarf es einer Grundaufbereitung von Zusammenhängen, die im Folgenden erläutert werden.

10.2.1 Planung

Anlässe zur Durchführung einer Maßnahme können sein:

- Hinweise aus den Reihen der Eigentümer/Mieter
- Eigene Erkenntnisse bei Begehungen
- Schadenereignisse
- Gewährleistungsablauf

[6] Siehe § 27 Abs. 1 Nr. 3 WEG.

Die bisherigen Kenntnisse werden in einer Eigentümerversammlung vorgetragen (**Dokumentation**). Solange noch kein Beschluss getroffen wurde, kommt es aufgrund der fehlenden Legitimation zunächst zu keinen weiteren Handlungen, es sei denn, es handelt sich um Notmaßnahmen[7].

Eine **Bewertung der Schäden** sollte der Verwalter nur sehr vorsichtig, am besten überhaupt nicht vornehmen (Verantwortung).

Es erfolgt eine **Beschlussfassung** über eine eingehende Untersuchung durch entsprechende Sonderfachleute und den Zeitpunkt der Untersuchung.

Es sollte **kein Leistungsverzeichnis** beschlossen werden, weil in der Gemeinschaft in der Regel das Wissen über die technischen Grundlagen zur Willensbildung über Art und Umfang der Maßnahmen fehlt (Geldverschwendung).

Die Ergebnisse werden in einer weiteren ordentlichen oder außerordentlichen Eigentümerversammlung vorgetragen. Es erfolgt eine **Diskussion der Möglichkeiten** mit dem Untersuchenden. (Bei schwierigen Maßnahmen sollten die Ergebnisse keinesfalls selbst interpretiert werden).

Bereits an dieser Stelle muss das Ausmaß der **Instandsetzung**[8] definiert werden, das heißt, ob es sich um eine **Reparatur** zur Herstellung des ursprünglichen Zustands oder um eine **Sanierung** großer, zusammenhängender Flächen als Grundsatzleistung oder eine Modernisierung zur Wertverbesserung handelt. Bei Modernisierungen ist beispielsweise ein qualifizierter Beschluss erforderlich. Auch werden bereits hier die Weichen für das Leistungsverzeichnis gestellt, weil bei Sanierung immer die derzeit gültigen technischen Regeln oder gesetzlichen Verordnungen einzuhalten sind (TRGS 519-Asbest, Wärmeschutzverordnung[9], Schallschutz nach den neueren Entscheidungen des BGH etc.). Dies gilt völlig unabhängig von den unterschiedlichen Beschlussanforderungen (Instandsetzung oder Modernisierung).

Es sollten keinesfalls Mischbeschlüsse gefasst werden.

---

7 Siehe § 27 Abs. 1 Nr. 3 WEG.

8 Instandsetzungen sind Maßnahmen zur Wiederherstellung des ursprünglichen Zustands, zum Beispiel durch Ersatz defekter Teile.

9 Energieeinsparverordnung in der Fassung von 2009.

BEISPIEL für einen fehlerhaften Beschluss

- Es sollen eine Untersuchung gemacht, ein Leistungsverzeichnis erstellt und die Kosten aufgrund von Angeboten ermittelt werden.
- Es wird ein Sonderfachmann mit
  - der Erstellung eines Leistungsverzeichnisses,
  - der Einholung von Angeboten und
  - der Bauüberwachung beauftragt.
- Verwaltung und Verwaltungsbeirat werden ermächtigt, den Auftrag anschließend an den günstigsten Bieter zu vergeben.

Angebote von Fachfirmen ohne Sonderfachmann werden (außer bei Kleinmaßnahmen oder einfachen Leistungen wie Treppenhausanstrich und Ähnliches) nur eingeholt, wenn die WEG dies verlangt

Im Protokoll wird festgehalten, dass die WEG über das **Restrisiko** einer solchen Maßnahme sowohl in technischer als auch in finanzieller Hinsicht aufgeklärt wurde. Zusätzlich sind die **Haftungsfreistellung der Verwaltung** im Beschluss aufzunehmen und die Einspruchsfrist vor Vergabe abzuwarten.

10.2.2 Vorbereitung

Zunächst erfolgt eine **Beschlussfassung hinsichtlich der Art und des Umfangs der Leistung**. Bereits hier ist eine Tendenz zu beschließen, weil bei Aufnahme aller Möglichkeiten aus dem Untersuchungsergebnis in das Leistungsverzeichnis zu viele „Teilleistungsverzeichnisse" mit Eventualleistungen entstehen und die Kosten für das Leistungsverzeichnis steigen.

Danach erfolgt eine **Beschlussfassung über die Vergabe der Ausschreibungsleistung** an ein Fachbüro nach Maßgabe des Erstellers des Untersuchungsberichts und **über die Finanzierung**. Insbesondere sind den Büros alle **Merkmale der erwarteten Leistung** mitzuteilen. Als Mindestanforderung sollte verlangt werden:

- Keine Herstellerleistungsverzeichnisse abschreiben
- Keine namentlichen Nennungen von Produkten, sondern genaues Anforderungsprofil für die Materialien – es sei denn, es gibt keine Alternativen
- Übersichtliche Massenermittlung, wie sie für eine Abrechnung erforderlich ist
- Versendung des Leistungsverzeichnisses an vorgegebene Bieter
- Erstellung von Skizzen zur Erläuterung von Details
- Erstellung eines Preisspiegels mit Auswertung

Nachbesserungen bei Mängeln aus diesem Anforderungskatalog sind kostenfrei zu erbringen. Spezifische Sonderleistungen können im Einzelfall hinzukommen.

Nach Eingang der Angebote erfolgt die **Vergabe an das günstigste Büro**.

Beachte: Niemals bei einer Leistung nach HOAI die Leistungsphase 8 ohne die Leistungsphase 9 vergeben. Die Verfolgung der Mängelbeseitigung ist ein eigener Haftungstatbestand des beauftragten Unternehmens und überdauert somit auch die Gewährleistungszeit des ausführenden Unternehmens.

Zudem zwingend die Anforderungen an die Bauüberwachung, einige Details zu benennen, zum Beispiel:

- Grundsätzlich hat der Bauleiter dem Auftraggeber nach allen Baustellenbesuchen Art und Umfang seiner Prüfungen mitzuteilen.
- Grundsätzlich ist dem Auftraggeber von allen später nicht mehr sichtbaren Bauteilen eine digitale Dokumentation zu überlassen.
- Grundsätzlich sind alle technischen Datenblätter und Zulassungen der Produkte auf der Baustelle vorzuhalten.
- Grundsätzlich sind alle Produkte im Leistungsverzeichnis an den entsprechenden Stellen zu markieren, um nachzuweisen, wo diese eingesetzt wurden.
- Grundsätzlich sind alle Abweichungen von Produkten vorher vom Auftraggeber (hier: Verwalter) schriftlich genehmigen zu lassen.

10.2.3 Die zur Durchführung erforderlichen Beschlüsse

- Beschlussfassung über den **Umfang der Instandsetzung** und deren genauen **Zeitpunkt**. Es ist empfehlenswert, diesem Beschluss als Anlage zum Protokoll eine präzise Aufstellung der betroffenen Bauteile und der Art der Leistung beizufügen. Es kann auch eine Negativauswahl getroffen werden („außer “).
- Beschlussfassung über die **Bauleitung** (diese muss nicht der Ausschreibende und darf nicht der Sachverständige übernehmen).
- Bei größeren Maßnahmen sollte die Beschlussfassung über die Erstellung des **Werkvertrags** durch einen Juristen geprüft werden. Dies gilt insbesondere auch deshalb, weil sich aus einer Standardbeauftragung nach HOAI kein Leistungskatalog ergibt. Die HOAI ist eine Gebührenordnung und keine Leistungsbeschreibung für den Bauleiter.

- Beschlussfassung über die **Finanzierung** aller Kosten (Maßnahme, Eventualpositionen — circa 15 % der Bausumme —, Bauleitungskosten, Kosten für flankierende Maßnahmen wie Gartenarbeiten, Rechtsanwalt für Vertrag etc.).
- Der Bauausschuss oder ein sonstiges bevollmächtigtes Gremium entscheidet wichtige Fragen während der Instandsetzung.

10.2.4 Ausführung

Dem **Bauleiter** wird der **Auftrag** erteilt mit genauen Vorgaben über

- die Art der Kontrollen,
- die Art der Protokolle,
- die Abstände der Kostenfortschreibung,
- Hilfe bei der Abnahme,
- Mängelbeseitigung.

Im Auftrag ist ebenfalls zu konkretisieren, wer im Einzelfall Entscheidungen trifft, beispielsweise

- bei technischen Änderungswünschen: der Gutachter,
- bei Farbe: der Bauausschuss,
- bei Zusatzbeauftragungen: grundsätzlich die Verwaltung,
- beim Austausch von Ausführungsleistungen oder Materialien: grundsätzlich die Verwaltung, weil damit ein neuer Vertrag verbunden ist.

Nun wird die **Bieterverhandlung** geführt. An diesem Gespräch sollten mindestens die Verwaltung, der Bauleiter und der Gutachter teilnehmen, um technische, fachliche sowie kaufmännische Kompetenzen abzudecken. Bei Bedarf ist auch ein Jurist hinzuzuziehen. Das Protokoll zu dieser Bieterverhandlung wird vom Bauleiter erstellt und von allen Gesprächsbeteiligten unterschrieben. Es wird ein wesentlicher Bestandteil des Vertrags.

Um in der nächsten Versammlung viel Zeit und zu sparen Ärger zu vermeiden, sollten während der Durchführung folgende Punkte berücksichtigt werden:

- Beschwerden der Eigentümer/Mieter während der Instandsetzung
- Leistungswünsche der Eigentümer im Sondereigentum (Beispiel: andere Fliesen)

- Abzeichnung der — von der Verwaltung genehmigten — Stundenlohnarbeiten auf Stundenzetteln vor Ort
- Regelmäßige Baustellenbesprechungen, die auch den Eigentümern zugänglich gemacht werden

Es hat sich bewährt, zu den vorangehenden Punkten eine **Checkliste** zu erstellen und den Ablauf der Maßnahme mit deren Hilfe zu kontrollieren.

10.3 Die technischen Gewerke und was der Verwalter darüber wissen sollte

10.3.1 Dach

Da Dächer als Umfassungs- und Abdichtungsflächen im Rahmen von Gebäuden einen hohen Stellenwert besitzen und bei Schäden erhebliche Folgeschäden eintreten können, ist hier eine besondere Sorgfalt des Verwalters gefordert. Diese Sorgfalt erstreckt sich vor allem auf präventive Maßnahmen, damit es gar nicht erst zu einem Schaden kommen kann.

Dachflächen unterliegen aufgrund von Witterung und Niederschlägen sowie erheblicher Temperaturwechsel naturgemäß einer hohen Beanspruchung. Dies führt zu einem Verschleiß, der im schlimmsten Fall ein Versagen der Abdichtungswirkung zur Folge hat. Der Sorgfaltspflicht eines WEG-Verwalters entspricht es, insbesondere bei Flachdächern, im regelmäßigen Abstand von circa fünf Jahren bei bis zu 15 Jahre alten Dachflächen, bei älteren Dächern jährlich Inspektionen durchführen zu lassen. Werden Dächer zusätzlich sondergenutzt (beispielsweise Dachterrassen oder Fluchtwege), muss jährlich eine Inspektion durchgeführt werden — unabhängig vom Alter des Daches.

Die Haltbarkeit der Materialien zur Dachabdeckung hat sich in den letzten Jahren erheblich verbessert. Damit hat sich die Lebenserwartung einer Dachfläche auf etwa 35 Jahre erhöht. Dies gilt jedoch nur, wenn die Dachdeckerleistung sachgerecht erbracht wurde und keine zusätzlichen Belastungen erfolgen. Zur Sicherheit ist eine regelmäßige Inspektion aller Dächer im Rahmen der laufenden Unterhaltung vorzusehen.

Insgesamt sollte zu den Dächern jedoch ein Grundwissen vorhanden sein. Denn in Eigentümerversammlungen fallen regelmäßig Begriffe, deren Bedeutung den Eigentümern insgesamt dann doch nicht klar ist.

Bei den Dachformen unterscheidet man im Wesentlichen flache und geneigte. Während bei den geneigten Dachformen in der Regel keine großen Diskussionen entstehen, weil hier selbst für einen Einfamilienhausbesitzer klar ist, welche Grundleistungen zu erfolgen haben, liegt dies bei Flachdächern in einem völlig anderen Bereich. Die Problematik zeigt sich daran, dass die Regelwerke (Regeln für Dächer mit Abdichtungen — Flachdachrichtlinien — oder die DIN 18531) immer wieder neu gefasst werden müssen. Insbesondere in den 1970er-Jahren hat man sehr viele Dächer als sogenannte Umkehrdächer aufgebaut. Bei einem Umkehrdach liegt die Abdichtungsebene unten und die Wärmedämmung ist schwimmend auf der Abdichtung verlegt. Hierauf liegt dann in der Regel noch ein schwerer Oberflächenschutz in Form von Platten oder Kies unter einer Folie.

Beim klassischen Aufbau eines Daches ist auf der Rohbetondecke eine Dampfsperre angeordnet, über welche die Wärmedämmung verlegt wird. Auf dieser Wärmedämmung müssen nunmehr mindestens zwei Lagen einer bituminösen Abdichtung oder eine Lage einer Kunststoffabdichtung vorhanden sein. Im Rahmen von Instandsetzungen solcher Oberflächen wird ein Umkehrdach weitgehend in ein normales Walmdach umgewandelt.

Da sich zwischenzeitlich die Erkenntnis durchgesetzt hat, dass stehendes Wasser immer ein Gefahrenpotenzial darstellt, werden in der Regel Maßnahmen getroffen, um das Oberflächenwasser direkt von der Dachfläche abzuführen. Hierbei kommt es dann zu Diskussionen darüber, dass man auf ein bestehendes Flachdach ja ein Walm- oder Satteldach aufbauen könnte.

Bei solchen Konstruktionen können jedoch Probleme auftreten. Zunächst muss festgestellt werden, ob die statischen Erfordernisse gegeben sind und, falls nicht, welche zusätzlichen Maßnahmen hierfür erforderlich sind. Diskutiert wird meist nur, dass die Angebote für das Aufstellen eines Steildaches mit den Kosten für ein Flachdach bei der Instandsetzung identisch seien. Dies ist schlicht falsch, weil die zusätzlichen und flankierenden Leistungen in der Regel nochmals den gleichen Betrag erfordern wie die Sanierung selbst oder der Umbau.

Da Dächer als Hülle ein Bauwerk nach außen abschließen, gelten hierfür auch die verschärften Bedingungen aus der DIN 4108/4. Dies gilt insbesondere, seit die Energieeinsparverordnung im Jahr 2002 in Kraft trat und durch die jährlichen Ergänzungen ebenfalls ständig aktualisiert wurde.

Die Aufbringung einer neuen Dachhaut – und wenn es nur präventiv erfolgt – erfordert bereits die Einhaltung der Energieeinsparverordnung. Das bedeutet in aller Regel, dass die vorhandene Dämmung nicht mehr ausreicht. Hieraus ergeben sich weitere Folgen für den Dachaufbau und den Dachrand. Nur beispielhaft soll erwähnt werden, dass die Mindestwärmedämmung nach dem geltenden Recht an jeder Stelle eingehalten werden muss, also auch am Tiefpunkt, nämlich dem Dacheinlauf. Dies ist praktisch bei jeder Gefälledämmung der Fall.

Irrig ist allerdings die Meinung, dass am tiefsten Punkt mit der in der Energieeinsparverordnung dargestellten Anforderung, „die Mindestwärmedämmung ist einzuhalten", die Dämmstärke an dieser Stelle der rechnerischen Dämmstärke einer nicht geneigten Fläche entsprechen muss. Die Berechnung erfolgt zwingend nach DIN EN ISO 6946.

Schlimm wird es also in diesem Fall, wenn ein Handwerker – ohne eine Berechnung durchzuführen – die ergänzende Wärmedämmung bestimmt und anbietet. Der Verwalter darf ein solches Angebot nicht würdigen.

Aus Sachverständigensicht kommt bei Dachsanierungen noch ein weiteres Merkmal hinzu. Obwohl der Verwaltungsgerichtshof entschieden hat, dass **DIN-Normen keinen Rechtssetzungscharakter haben**, können sie doch als Vereinbarung vertragswirksam werden. Das bedeutet, dass ein Planer bei der Ausschreibung alle Normen in die Vorbemerkungen eines Leistungsverzeichnisses hineinschreibt, ohne letztendlich deren Inhalt zu kennen – dies lediglich zur Absicherung.

Die VOB, die in der Regel vereinbart wird, verlangt grundsätzlich eine Klarheit, deshalb können solche Ausschreibungstexte im Rahmen einer gutachterlichen Überprüfung sehr schnell verworfen werden. Da Planer und Eigentümer eine Einheit bilden, muss hier gerade bei Dächern mit äußerster Vorsicht vorgegangen werden.

Ein weiteres durchaus überlegenswertes Detail bei Flachdächern ist die Frage nach sogenannten Umnutzungen. Beispielsweise konnten Flachdachzonen mit entsprechenden Umwehrungen Eigentümern auf Antrag zur Sondernutzung (Begrünung, Liegebereich) überlassen werden. Dabei wurde jedoch nicht beachtet, dass – unabhängig vom Schutz der Oberfläche, der noch gut zu realisieren ist – über die zusätzlichen Druckbelastungen an den Dächern Schäden im Untergrund entstehen. Bei der Einbringung von Dämmungen beispielsweise muss hinsichtlich der Druckfestigkeit bereits berücksichtigt werden, ob die Dachflächen zukünftig begehbar oder nicht begehbar sein sollen. Somit kann eine Umwidmung nicht ohne Berücksichtigung der technischen Details beschlossen werden.

Ein weiterer Streitpunkt, insbesondere bei der Übernahme neuer Gemeinschaften mit einem nicht ausgebauten Steildach, ist die Frage, ob unterhalb einer Dachdeckung eine Unterspannbahn vorhanden sein muss oder nicht. Unterspannbahnen wurden in früheren Gebäuden überhaupt nicht eingesetzt. Neuere Bauten sind oftmals damit versehen, um Schnee- und Wassereintrag über Winddruck durch die Außendeckung zu vermeiden. Keinesfalls stellen diese Bahnen eine Abdichtungsebene dar. Sie müssen auch nicht winddicht sein. Sie sind nur ein zusätzlicher Schutz.

Damit eingedrungene Feuchtigkeit nicht in den Dachraum selbst gelangt, muss eine solche Folie jedoch über die Mauerkrone der Außenwände gezogen werden. Dies kann dann auch ein Laie erkennen. Die Regelung, welche zu einem regensicheren oder wasserdichten Unterdach führen muss, wann eine zusätzliche Erfordernis bei einem Dach vorliegt, auch abhängig von der Dachneigung und der weiteren Nutzung, kann nur der Fachmann erkennen und bestimmen.

Beliebt wird auch bei Flachdächern im Rahmen der Sanierung die Änderung durch die Aufbringung eines Metalldaches. Die eigentlich gute Lösung hat jedoch Tücken, weil hier in hohem Maß bauphysikalische Regelungen eingehalten werden müssen. Dies hat gerade in jüngerer Zeit bei sachverständiger Überprüfung wieder zum Abriss geführt. In der Regel wurden hier Handwerkerangebote eingeholt und dann der Auftrag von der Verwaltung an den billigsten Anbieter vergeben.

Bei wirtschaftlichen Totalschäden, wie sie dann leider häufiger vorkommen, haftet auch der Verwalter mit, wenn er dem Erfordernis der Hinzuziehung von Sonderfachleuten nicht Folge geleistet hat.

10.3.2 Fassade

Fassaden können aus unterschiedlichen Materialien bestehen, die auch eine unterschiedliche Resistenz gegen die Schadstoffeinwirkungen aus der Umgebung haben.

Da Fassadenflächen auch der Gestaltung eines Objekts dienen, können durchaus aus optischen Gründen Maßnahmen geplant und durchgeführt werden, ohne dass sich der technische Wert verbessert. Kritischer wird diese Instandhaltung, wenn sich herausstellt, dass sich die Bausubstanz aus unterschiedlichen Gründen im Lauf der Zeit verändert hat und nachhaltig geschädigt ist. Weiter verschlimmert sich eine Situation dann, wenn sich aufgrund dieser Veränderungen und Schädigungen auch Standsicherheitsprobleme einstellen. In einem solchen Fall ist der Verwalter gezwungen, der Gemeinschaft den Handlungsbedarf sofort und unmittelbar aufzuzeigen und Sonderfachleute zur Sicherung einzuschalten. Insbesondere muss er wissen, dass immer dann, wenn sich Teile aus dem Fassadenbereich lösen, sich Geländer lockern oder Durchfeuchtungen auftreten, Maßnahmen zur Schadensminderung oder -beseitigung erforderlich sind. Eine regelmäßige Hausbegehung zur optischen Inspektion, wie sie beispielsweise in der DIN 1076 für Brücken zwingend vorgeschrieben ist, sollte auch für die Fassadenbauteile, insbesondere für Balkone, gelten.

Da sich Außenbauteile an einem Bauwerk oftmals gegenseitig tangieren, muss ein Verwalter prüfen, ob bestimmte Einzelleistungen möglicherweise andere spätere Leistungen behindern oder verteuern. Beispielsweise kann die Durchführung einer Dachsanierung mit dem aufzubringenden Dachrandblech eine spätere Fassadensanierung mit einer Wärmedämmverbundmaßnahme behindern, wenn der Dachüberstand nicht bereits für eine spätere Fassadenmaßnahme angepasst wird.

Darüber hinaus ist bei Fassadenmaßnahmen zu überlegen, ob durch bauphysikalische Veränderungen (beispielsweise durch die Aufbringung eines besseren Wärmeschutzes) Wertverbesserungsmaßnahmen mit eingeplant werden sollen (Achtung bei Modernisierungen: qualifizierter Beschluss erforderlich). Der Verwalter muss sich also bei Fassadenmaßnahmen mit der Gemeinschaft darüber abstimmen, welche langfristigen Überlegungen für die entsprechenden Gebäude angestellt werden sollen, und sich hierzu ebenfalls Hilfe von Sonderfachleuten beanspruchen.

Es gibt im Wesentlichen drei Arten von Fassadenflächen:

- Reines Mauerwerk (beispielsweise Klinkersteine) oder Beton
- Verputztes und gestrichenes Mauerwerk
- Mauerwerk mit Außenbekleidung

Bei einer Fassadenfläche aus Steinen und Beton ohne Verputz liegen die Schadensmerkmale im Wesentlichen im Bereich korrodierter Bewehrung oder gerissener Fugen. Rein optisch kommen bei verklinkerten Fassaden noch die Ausblühungen hinzu.

Bei Betonabsprengungen oder bei einer Scherben- und Splitterbildung auf Klinker- und Backsteinfassaden ist immer unmittelbarer Handlungsbedarf gegeben. Als Minimalmaßnahme muss die Fläche gesichert werden. Die Wiederherstellung einer solchen Fläche ist relativ unproblematisch.

Bei Putzfassaden sind in der Regel eine Oberflächenverschmutzung, beispielsweise neben den Fensterbänken, Risse in der Außenhaut oder Feuchtigkeit in Wohnungen Auslöser von Schäden. Bei einer Sanierung von Putzfassaden – zunächst nur, um den ursprünglichen Zustand wiederherzustellen – müssen intensive Untersuchungen durchgeführt werden. Denn die jetzt aufzubringenden Stoffe müssen mit dem Untergrund verträglich sein. Insbesondere wenn sich der Untergrund bereits durch Schadstoffeinwirkungen aufgelöst hat, kann dies zu Problemen beim Auftragen führen.

Da die Wärmeschutzverordnung zusätzlich fordert, dass bei einer Bearbeitung von mehr als 10 % der Fläche der derzeit gültige Wärmeschutz einzuhalten ist, können aus solchen großflächigen Ausbesserungsmaßnahmen Planungsproblematiken entstehen. Man könnte jetzt beispielsweise eine Bekleidung mit einem Wärmedämmverbundsystem oder eine solche mit einer vorgehängten Fassade wählen. Bei dieser Planung ist wiederum zu beachten, dass die Landesbauordnungen aus dem Brandschutz greifen und hierdurch auch die Art der Dämmung bestimmt wird. Gleiches gilt beispielsweise für die Art der Unterkonstruktion für vorgehängte Fassaden. Alle diese Teile müssen bei einigen Bauten nicht brennbar sein (A1). Zudem könnte hier im Sinne des WEG der Modernisierungsbegriff mit den ergänzenden Anforderungen an die Beschlussfassung einfließen.

Die Probleme bei einer vorgehängten Fassade sind wesentlich vielschichtiger, weil ein Großteil dieser Fassadenflächen noch mit asbesthaltigen Faserzementplatten bekleidet ist. Bei gebrochenen Bauteilen können diese unter Beachtung der einschlägigen Vorschriften durch asbestfreie ausgetauscht werden. Muss die gesamte Fassade erneuert werden, weil beispielsweise die Unterkonstruktion nicht mehr intakt ist, können auch bei gutem Zustand diese Platten nicht mehr angebracht werden. Die Verordnungen sind in diesem Fall eindeutig. Auch die sonstige Bearbeitung der Platten, wie das Entfernen, Entsorgen und Anstreichen, unterliegt derart strengen Bestimmungen, dass dies nicht mehr im Rahmen eines Anstrichauftrags abzuwickeln ist. Hier sind erhebliche Planungs- und Kontrollleistungen erforderlich.

Im Übrigen ist mit dem Begriff „Fassade" insgesamt sehr vorsichtig umzugehen. Spricht man von einer „Fassadensanierung", so bedeutet dies, dass alle nach außen gerichteten abschließenden Bauteile betroffen sind. Hierzu gehören auch Fenster, Rollläden, Balkone, Nottreppen, Attiken, Eingangsvordächer und sonstige Vorbauten.

Es muss daher genau bestimmt werden, was unter der Bezeichnung „Fassadeninstandsetzung" oder „Fassadenrenovierung" letztendlich gewollt ist. Dies wird dann besonders deutlich, wenn beispielsweise im Rahmen einer Fassadeninstandsetzung plötzlich festgestellt wird, dass die gesamten Anschlussbauteile nicht in das Konzept passen. Beispiel: Die Fensterbänke sind nunmehr zu kurz und müssen ausgetauscht werden.

Ergänzt werden muss noch der Hinweis, dass einer wirklichen Umgestaltung einer Fassade auch rechtliche Dinge entgegenstehen können. Näheres hierzu ergibt sich aus dem WEG und dem Urheberrecht des Architekten.

Zu guter Letzt sei darauf hingewiesen, dass man mit Begriffen sehr vorsichtig umzugehen hat. Als Beispiel mag das Wort „Vollwärmeschutz" dienen. In aller Regel meinen die Parteien damit ein Wärmedämmverbundsystem auf einer Fassade. Wird das Wort „Vollwärmeschutz" in der Anfrage oder im Angebot benutzt, hat dies viel weitreichendere Folgen. Dann sind auch alle weiteren Außenbauteile einschließlich aller Wärmebrücken (zum Beispiel Balkonbodenplatten) mit in die Dämmung einzubeziehen. Zudem ist eine exakte Berechnung nach EnEV erforderlich.

10.3.3 Fenster

Die Problematik hinsichtlich der Fenster beginnt bereits bei der Frage, ob diese dem Sonder- oder dem Gemeinschaftseigentum zugeordnet werden müssen. Dies ergibt sich in der Regel nach den Bestimmungen aus der Teilungserklärung, aus entsprechenden Beschlüssen der Gemeinschaft oder auch aus der Rechtsprechung.

Wichtig ist jedoch, im Rahmen der Unterhaltung der Fenster grundlegende Prinzipien zu beachten. Beispielsweise ist es zur Erhaltung des funktionsfähigen Zustands und der Substanz erforderlich, Holzfenster regelmäßig streichen zu lassen. Unterbleibt dies, wird ein irreparabler Zustand eintreten, der einen Austausch der Fenster notwendig macht. Dies ist jedoch nicht nur aufgrund des finanziellen Aufwands ein Problem. Wurde beispielsweise die Fassade erst erneuert und müssen dann Fenster ausgetauscht werden, ist eine optische Beeinträchtigung nicht zu vermeiden.

Aufgrund des hohen Instandhaltungsaufwands werden Holzfenster häufig durch moderne, fast wartungsfreie Kunststofffenster ersetzt. Wenig bekannt ist dabei, dass der Einbau von Kunststofffenstern erheblichen Kriterien sowohl aus Normen (beispielsweise DIN 18055) als auch aus Richtlinien des Güteschutzverbands unterliegt. Die meisten Fenster sind nicht sachgerecht eingebaut. Dies gilt sowohl für die Befestigung als auch für die Eindichtung. Der Verwalter sollte mindestens wissen, dass Montageschaum keine Abdichtung, sondern nur eine Einbauhilfe darstellt.

Wesentliches Unterscheidungsmerkmal bei Fenstern ist die Art des Rahmens und weniger die Art des Glases. Rahmen sind in sogenannte Rahmengruppen eingeteilt. Bekannt sind im Wesentlichen Fenster mit Aluminiumrahmen, Holzrahmen oder Kunststoffrahmen, wobei für die Kunststoffrahmen noch unterschiedliche Kunststoffe (hauptsächlich PVC) und Kunststofffenster mit Stahl- oder Aluminiumrahmen verwendet werden.

Das Für und Wider der unterschiedlichen Fensterrahmen lässt sich kaum diskutieren, da alle ihre Vor- und Nachteile und somit auch eine Existenzberechtigung haben.

Neuerdings gibt es auch Mischformen, beispielsweise Holzfenster mit einer außenseitig aufgebrachten Aluminiumschicht zum besseren Schutz.

Bei den Gläsern ergeben sich eindeutige Hinweise hinsichtlich des Wärmedurchlasswiderstands nur noch aus der Wärmeschutzverordnung. Da dieser Widerstand begrenzt ist, ist auch bei den Scheiben kaum noch ein Unterschied feststellbar.

Es gibt jedoch Unterschiede in sicherheitstechnischer Hinsicht. Beispielsweise muss in Treppenhäusern mit raumhoher Verglasung der untere Teil aus einem Sicherheitsglas mit einer Zulassungsnummer bestehen. Dieses Glas dient hier wie eine Umwehrung im Sinne der Landesbauordnungen. Ohne diese Sicherheitsfenster müssten Geländer angebracht werden. Grundsätzlich ist ein Einbau nur zu genehmigen, wenn die Zulassung vorliegt.

Für besonders verkehrsintensive oder lärmgefährdete Bereiche stellt der Schallschutz zusätzliche Anforderungen an Fenster. Außerdem wird ein Dämmmaß bewertet. Technische Einzelheiten hierzu können nur durch die entsprechenden Sonderfachleute erarbeitet und berechnet werden.

Nach vielen Diskussionen über den Einbau und den Austausch der Fenster wurde ein wichtiges Detail in eine Norm aufgenommen. Die DIN 4108 (Wärmeschutz und Energieeinsparung in Gebäuden) weist darauf hin, dass zur winddichten Herstellung von Fensteranschlüssen dauerelastische Dichtstoffe nicht geeignet sind. Die Unart, mit den Dichtstoffen zu versuchen, einen Anschluss zum Rohbaurahmen herzustellen, dürfte damit der Vergangenheit angehören.

Fenster müssen sich nach dem Einbau noch anpassen. Innerhalb der ersten Monate nach dem Einbau wird man feststellen, dass sie plötzlich schwergängig werden oder nicht mehr den nötigen Anpressdruck haben, sodass eine Winddichtigkeit nicht mehr gewährleistet ist. Dies können Fachleute leicht mit einem Anemometer feststellen. Es ist Regel der Technik, dass Fenster nach einer Weile (in der Regel nach vier bis sechs Monaten) neu eingestellt werden.

Insbesondere bei Neubauten ist vielfach zu beobachten, dass sich das Bauwerk noch verformt, weil durch das sogenannte Schwinden und Kriechen Maßveränderungen eintreten. Da die Fenster diese Bewegungen nicht mitmachen können, müssen sie auf den späteren Zustand eingestellt werden.

TIPP

Weitere Informationen zu Fenstern gibt es über das Institut für Fenstertechnik in Rosenheim oder über den Güteverband der Kunststoffhersteller mit den Richtlinien über den Einbau von Kunststofffenster und Türen mit Sitz in Frankfurt.

Hilfreich für Planungen und Anschauungen zu diesem Thema sind die Handbücher der großen Herstellerfirmen mit ihren vielfältigen Detailzeichnungen.

Entscheidend in bauphysikalischer Hinsicht ist jedoch immer, dass Fenster innen umlaufend dampfdicht und außen wind- und regendicht angeschlossen werden. Durch die höhere Anforderung innen wird Kondensat zwischen Rahmen und Mauerwerk und damit Schimmelbildung vermieden.

Ein weiteres Problem im Rahmen von Modernisierungen ist der Einbau neuer Fenster mit einem höheren Wärmedurchlasswiderstand und der Beibehaltung der alten Bausubstanz ohne ergänzende Wärmedämmung. Dies führt im Regelfalle dazu, dass die Wände die kältesten Stellen in einer Wohnung und sich Kondensat bei höherer Luftfeuchtigkeit an den Wänden abschlägt. Dies ist in der Regel nicht sichtbar. Erst wenn sich Schimmel gebildet hat, wird das Problem erkannt.

Beim Einbau neuer Fenster ist zwingend ein neues Lüftungskonzept zu entwickeln und zu prüfen, ob nicht eine Fassadendämmung zwangsläufig wird. Rechnerisch kann dies leicht ermittelt werden.

Beachte: Der Einbau von neuen Fenstern in ein älteres Gebäude ohne Berechnung und Lüftungskonzept verursacht in der Regel einen Baumangel mit entsprechenden Haftungskonsequenzen (siehe hierzu unter anderem die Rechtsauffassung des BGH in seinem „Forsthausurteil").

10.3.4 Heizung

Heizungsanlagen unterliegen in der Regel mindestens jährlichen Wartungen, damit sie (auch ältere Modelle) nicht überraschend versagen. Der Verwalter muss sich von der Wartungsfirma regelmäßig über den Zustand der Heizungsanlage informieren lassen, um ggf. rechtzeitig Ersatzmaßnahmen planen zu können. Durch die ständige technische Verbesserung ist der Ausnutzungsgrad älterer Heizungen in der Regel nicht mehr zeitgemäß, sodass bei Neuinvestitionen kurzfristige Amortisationen möglich sind. Der Verwalter muss diese Informationen sammeln und der Gemeinschaft in regelmäßigem Turnus im Rahmen der Eigentümerversammlungen zur Verfügung stellen. Er muss insbesondere darauf aufmerksam machen, dass mit einem kurzfristigen Heizungsausfall zu rechnen ist, wenn dies durch das Wartungsunternehmen angezeigt wird. Spätestens zu diesem Zeitpunkt besteht Handlungsbedarf. Es ist nicht Aufgabe des Verwalters, Heizungsanlagen selbst zu inspizieren und zu beurteilen.

Als Richtschnur kann dienen, dass Heizungsanlagen nach Ablauf von circa 20 Jahren normalerweise das Ende ihrer Lebenserwartung oder Teile dieser Heizung aufgrund des Verschleißes ihr Maximum erreicht haben.

Bei den Heizungen unterscheidet man Einleitungs- und Zweileitungssysteme. Bei den Einleitungssystemen ist der Installationsaufwand zwar deutlich geringer, dafür können jedoch aufgrund des geschlossenen Kreislaufs einzelne Heizkörper nicht mehr getrennt abgeschaltet werden. Welches System besser geeignet ist, hängt letztendlich von der Nutzungsaufgabe und der Anforderung an die Heizleistung ab.

Viel Kummer bereitet den Eigentümergemeinschaften im Bereich der Heizung jedoch ein anderer Faktor. Bei den Leitungen, insbesondere bei den Warmwasserleitungen, lagern sich im Lauf der Zeit Inkrustationen in den Rohren ab. Diese führen zum Teil zu Spannungsbrüchen oder aber zu einer Perforation der Wandung, sodass es in den einzelnen Wohnungen zu Wasserbelastungen kommt. Der Ersatz von Heizleistungen ist meist mit einem erheblichen Aufwand verbunden, weil die gesamten Installationsleitungen freigelegt werden müssen. Im schlimmsten Fall, wenn keine sachgerechten Installationsschächte vorhanden sind oder diese Schächte verkleidet wurden, müssen Fliesen und sonstige Bauteile abgeschlagen werden. Die Kosten für eine solche Sanierung sind immens hoch.

Zur Prävention solcher Inkrustationen können Dosieranlagen eingesetzt werden. Immer häufiger verwendet man für die Leitungsführung auch Kunststoffrohre, an denen diese Ablagerungen nicht eintreten.

Handelt es sich um ein Haus mit älteren verzinkten Rohrleitungen vor und haben sich Inkrustationen gebildet, bieten eine Reihe von Firmen nach einer mechanischen Reinigung der Innenwände eine Beschichtung mit Epoxidharzen an, sodass die Innenwandung wieder sauber und lebensmittelecht hergestellt werden kann. Dieses Verfahren unterliegt jedoch einer Einschränkung, die selten beachtet wird. Haben sich an der Wand bereits Perforationen ergeben oder ist die Wandungsstärke aus dem korrosiven Verhalten erheblich geschwächt, nutzt auch eine Harzbeschichtung im Inneren nichts mehr. Hier kann nur noch ein Austausch erfolgen.

Die Diskussion über das Für und Wider der Maßnahme insgesamt ist unsinnig, solange nicht klare Analysen vorliegen, wie die Rohrwandung zum Zeitpunkt des Instandsetzungsvorhabens aussieht.

Zur Vorbeugung können auch Filteranlagen vor die Einleitung ins Hausnetz installiert werden. Oftmals müssen bei Hochhäusern Druckerhöhungsanlagen eingebaut werden, sodass in diesem Zusammenhang auch eine große Filteranlage sinnvoll sein kann.

Die modernen Niedertemperaturheizungen bereiten wesentlich weniger Probleme mit Inkrustationen in den Leitungsrohren, weil zur Ablagerung dieser Bestandteile eine Temperatur über 60 °C erforderlich ist.

Zu beachten ist jedoch auch bei Heizungserneuerungen, dass die ehemalige Heizungsanlagenverordnung mit der Energieeinsparverordnung eine Einheit bildet und die Bewertungskriterien voneinander abhängen.

Insbesondere sind hier die Auflagen der Energieeinsparverordnung zu beachten und alte Heizungsanlagen auszutauschen (siehe dazu EnEV 2009 § 10).

Insbesondere dürfen Heizkessel, die vor dem 1.10.1978 eingebaut wurden, nicht mehr betrieben werden, wenn es sich nicht um Niedertemperatur- oder Brennwertkessel handelt.

Zudem müssen nun alle zugänglichen, nicht in beheizten Räumen befindlichen Warmwasser- und Heizungsleitungen gedämmt werden. Dazu zählen auch Übergänge und Ventile.

10.3.5 Beton am Bau

Betonflächen an Bauwerken sind in aller Regel langlebige Bauteile mit einem hohen Widerstand gegen Luftbestandteile, Feuchtigkeit und mechanische Eingriffe.

Die Praxis zeigt jedoch, dass bei der Herstellung der Bauwerke teilweise die Regeln der Technik (insbesondere der DIN 1045) nicht eingehalten wurden und/oder dem Beton Aufgaben zugewiesen wurden, die er naturgemäß nicht erfüllen kann. Dies äußert sich insbesondere dadurch, dass die eingelegte Bewehrung in Betonteilen Korrosionserscheinungen zeigt und durch den Druck der Rostbildung die Überdeckung abstößt. In solchen Fällen ist zwingend zu prüfen, ob diese Korrosionsschäden und die damit verbundene Bausubstanzschädigung einen Einfluss auf die Standsicherheit des Objekts haben oder ob sich auch durch weiteres Warten der Substanzzustand nicht wesentlich verschlechtert. Dies kann nur ein Sonderfachmann prüfen.

Als besonders ärgerlich hat sich herausgestellt, dass vorwiegend bei Gebäuden aus den Jahren 1965 bis 1985 dem Beton auch eine Abdichtungsfunktion zugewiesen wurde, selbst dann, wenn es sich nicht um wasserundurchlässigen (WU) Beton handelte. Dies ist in der Regel ein klarer Verstoß gegen die DIN 18195 und wirkt sich entsprechend aus. Wenn man weiß, dass Stahlbeton niemals frei von Rissen sein kann, wenn er seine Funktion erfüllen will, so ergibt sich daraus, dass der Beton nur beschränkt dicht sein kann.

Gute Betone haben durch die Herstellung und hier insbesondere durch die eingelegte Bewehrung eine sogenannte Rissbeschränkung, die durchaus für einen bestimmten Zeitraum die Dichtigkeit gewährleistet oder je nach Ausbildung auch dauerhaft wasserundurchlässig sein kann. Veränderungen des Bauwerks, beispielsweise durch Setzungen oder zusätzliche Belastungen, können jedoch dazu führen, dass diese Funktion nicht mehr erfüllt wird und dann mit großen Aufwand Schutzmaßnahmen betrieben werden müssen. Es ist daher auch Aufgabe des Verwalters und jedes Einzelnen in einer Gemeinschaft zu beobachten, ob es zu solchen Erscheinungen kommt, um dann entsprechend planen zu können. Auch hier ist ganz wesentlich, dass zur Beurteilung ein Sonderfachmann eingeschaltet wird. Betonbauteile an Bauwerken sind in der Regel tragende Elemente und haben damit auch eine statische Bedeutung.

Für Betonbauwerke ergeben sich nach langer Diskussion über die Erstellung neuer Regelwerke, insbesondere auf europäischer Ebene, völlig neue Perspektiven. Nachdem der Euro-Code 2 aufgrund der politischen Gegebenheiten nicht eingeführt wurde, wird für Deutschland nunmehr die DIN 1045/2 aus 2008 in Ergänzung zur DIN

EN 206 wirksam. Bei diesem Normenwerk wird erstmalig auf Beanspruchungsgruppen und -zonen abgehoben und die Qualität des Betons nach diesen Ergebnissen ausgewählt. Beispielsweise wird bei einem Beton an einem Haus im Bayerischen Wald eine andere Anforderung zu stellen sein als an ein Betonbauwerk an der Nordseeküste.

Auch die Fragen der Qualitätssicherung und der Mängelbeseitigung sind nun sehr viel genauer geregelt, als dies in der alten Norm der Fall war. Bei Betonen wurden in der Vergangenheit einige Bauwerke offensichtlich so erstellt, dass planmäßig ein Betonschutzsystem mit aufgebracht werden musste. Dies war zwar niemals Regel der Technik und nach allen Richtlinien auch verboten, jedoch hat sich kaum jemand darum gekümmert. Betonüberdeckungen gab es auch bei Fertigteilen kaum. Zwischenzeitlich gehen Fachleute dazu über, bereits bei der Abnahme eines Neubaus die Überdeckung zu prüfen.

Verwirrend wird das Thema Beton am Bau immer dann, wenn sich unterschiedliche Vorstellungen damit verbinden. Beispielsweise wird der Begriff „Sichtbeton" sehr oft in die Diskussionen eingebracht. Sichtbeton als klassisches Herstellungsziel gibt es aber nicht und ist auch in keiner Norm so verankert. Betonoberflächen am Bau sind so herzustellen, wie es für den gedachten Zweck erforderlich oder vertraglich beschrieben ist.

Es gibt klare Richtlinien, wie solche Vorgaben zu leisten sind. Für die Anforderungen an das Aussehen wird insbesondere auf die DIN 18217 (Betonflächen und Schalungshaut) verwiesen. Wenn in einer Baubeschreibung steht: „Ausführung in Sichtbeton", wird auch nur eine Betonfläche hergestellt, die sichtbar bleibt. Eine besondere Anforderung an die Oberfläche kann hieraus nicht abgeleitet werden. Dies ist dann grundsätzlich ein Punkt für spätere Streitigkeiten und für die Bemühungen von Gerichten, Rechtsanwälten und Sachverständigen. Ergänzend kann jedoch auch eine Bezeichnung aus den Regeln des deutschen Betonvereins mit den Sichtbetonstufen gewählt werden.

Auch der Begriff „wasserundurchlässiger Beton" soll an dieser Stelle kurz gestreift werden. Denn diese Betonart wird letztendlich auch in der Praxis oft fehlerhaft definiert. Unter „wasserundurchlässigem Beton" versteht man Beton, bei dem Wasser nur bis zu einer gewissen Tiefe eindringen kann. Das heißt nicht, dass es sich hier um **wasserdichten** Beton handelt.

Ob wasserundurchlässiger Beton eingesetzt werden kann, beispielsweise für Tiefgaragen in Grundwasser, hängt davon ab, was an der gegenüberliegenden Seite (Nutzungsseite) geschehen soll.

Bei wasserundurchlässigem Beton kann, je nach Ausgestaltungsstufe und Einbausituation, auf der gegenüberliegenden Seite immer ein Wasserdampfdiffusionsaustritt zu verzeichnen sein, der die Luftfeuchtigkeit zwangsläufig erhöht.

Hier darf so viel Feuchtigkeit in den Baukörper eindiffundieren, wie planmäßig an der gegenüberliegenden Seite wieder verdunsten kann. Das bedeutet, dass beispielsweise für eine Tiefgarage durchaus ein wasserdichter Beton eingesetzt werden kann, während dies für einen Wohnraum kaum der Fall ist, weil hier die Luftfeuchtigkeit an der Inneneinrichtung Schäden anrichten könnte.

Daher können auch bei Bauten mit WU-Beton durchaus ergänzende und flankierende Maßnahmen ergriffen werden.

!

WICHTIG

Es soll hier noch speziell darauf hingewiesen werden, dass die Abdichtungsrichtlinie (DIN 18195) nicht für wasserundurchlässige Betone gilt.

10.3.6 Balkone, Terrassen, Loggien

Außenbauteile sind Bauteile, die ebenfalls zur ständigen Nutzung vorgesehen sind. Da die Belastungen hier jedoch in der Regel durch Niederschläge und Belastungen aus der Atmosphäre relativ groß sind, muss einem solchen Bauwerk erhöhte Aufmerksamkeit gewidmet werden.

Insbesondere Durchfeuchtungen von Bodenplatten an den Unterseiten oder zwischen Brüstung und Bodenplatte sollten für den Verwalter ein erstes Alarmzeichen sein, einen Sonderfachfachmann einzuschalten. Auch die Korrosion von Balkongeländern muss sehr sorgfältig bei Begehungen geprüft werden, um auch hier bei Zweifeln eine Überprüfung zu veranlassen. In beiden Fällen können sich durchaus Standsicherheitsfragen ergeben.

Vielfach ist auch zu beobachten, dass Balkone und Loggien mit Billigung der Gemeinschaft geschlossen werden. Dies ist in der Regel nicht ohne Weiteres möglich, da die Bauteile für ihre Belastung eine bestimmte Berechnungsgrundlage haben. Werden sie verändert, muss neu gerechnet werden. Die Meinung, dass eine Verglasung mit einem Rahmen kein maßgebliches Gewicht habe, mag zwar im Einzelfall stimmen, die zusätzlichen Lasten ergeben sich jedoch nicht nur aus dem Eigengewicht der Verglasung, sondern beispielsweise auch aus den darauf einwirkenden zusätzlichen Windkräften. Dies wird oft unterschätzt.

Eigentümer sollten auch darauf aufmerksam gemacht werden, dass bei eigenen Leistungen (beispielsweise Verfliesungen) Regeln zu beachten sind. Es muss vermieden werden, dass durch Eigenleistung – auch wenn sie durch eine Fachfirma erbracht wird – beispielsweise zum Gemeinschaftseigentum gehörige Abdichtungen zerstört werden. Umgekehrt könnte es auch sein, dass für eine generelle Instandsetzung der Abdichtungen die aufgebrachten Fliesen wieder entfernt werden müssen. Zudem stellt sich hier die Frage, ob die Absturzhöhen eingehalten werden. Wird ein Fliesenbelag beispielsweise auf einen bestehenden Belag aufgebracht, ist die mindestens bis zwölf Meter Absturzhöhe erforderliche Sicherung von 90 Zentimeter (ab zwölf Meter sind es 1,10 Meter) oft unterschritten und es entsteht eine Gefahrensituation, die nach den Landesbauordnungen nicht gestattet ist.

Schäden an Balkonflächen werden grundsätzlich nach verschiedenen Kriterien beurteilt. Im Vordergrund steht hier in jedem Fall die Standsicherheit. Diese wird unterteilt in die Brüstungsflächen und die Bodenflächen und hier in weitere Details:

- Umwehrungen
- Abflüsse
- Abdichtungen
- Betonkorrosion

Eine Beurteilung der Situation kann niemals durch den Verwalter erfolgen, sondern immer nur durch den sachkundigen Planer, in der Regel durch einen Sachverständigen.

Insbesondere ist bei allen Betoninstandsetzungsmaßnahmen neben dem Instandsetzungsplan ein Instandhaltungsplan zwingend vorzulegen.

! **ACHTUNG**

Zunächst sind alle Bestandteile einer Untersuchung zuzuführen, auch um die erforderlichen Kosten ermitteln zu können.

Die Kriterien der Baustoffschädigung und des zu erwartenden weiteren Verlaufs der Schädigung werden aus den Prüfergebnissen abgeleitet.

1. Balkonbodenplatten

Die Risiken bei Stahlbetonbauten und insbesondere bei Stahlbetonoberflächen hinsichtlich der Korrosion und der Langzeitbeständigkeit des Materials werden im Wesentlichen durch wenige Faktoren bestimmt. Sie liegen zum Teil bereits in der Herstellung der Bauwerke und zeigen sich durch

- Entmischungen im Beton,
- Kiesnester und
- unzureichende Deckung der Bewehrung durch den Beton.

Dann spielen die äußeren Einwirkungen noch eine Rolle:

- Schadstoffbelastung der Luft, insbesondere Kohlendioxid und Schwefeldioxid
- Feuchtigkeit und Wasserhaushalt

Schließlich kommen noch Planungsfehler wie eine unzureichende Überdeckung der Bewehrungseisen und unzureichende Betongüte, zu wenig Zementanteile für eine ausreichende Alkalireserve etc. hinzu.

Die Alkalität des Betons wird von der Oberfläche her durch den Einfluss von Wasser und Kohlendioxid und durch die aggressiven Bestandteile der Luft abgebaut. Man spricht hier von „fortschreitender Karbonatisierung“ oder auch von „Korrosion“, die durch die Schadstoffe erfolgt. Die Einwirkung von Schwefeldioxid erfolgt noch schneller und gründlicher. Sie baut die Alkalität in gleicher Weise von außen her ab. Diese Alkalität schützt jedoch den Stahl, das heißt, sie wirkt passivierend. Ab einem pH-Wert von 10 hört dieser Schutz auf und der Stahl beginnt zu rosten. Dieser Vorgang bewirkt dann eine Volumenvergrößerung, die dazu führt, dass Beton über dem rostenden Eisen abgesprengt wird. Bevor es jedoch zu einer Absprengung kommt, entstehen zunächst feine Risse, durch die Schadstoffe noch schneller und tiefer eindringen können. Dadurch wird der Schaden immer tiefer in das Bauteil hineingetragen.

An den Balkonbodenplatten ist die Durchführung der Abdichtung das wichtigste Kriterium. Hierbei ist zu berücksichtigen, dass sich aufgrund der Konstruktion später auch Risse bilden können. Die Art der Abdichtung ist in jedem Fall hierauf abzustellen. Die geforderte Rissüberbrückung muss mindestens den Anforderungen der Richtlinien des Deutschen Ausschusses für Stahlbeton entsprechen.

Zur Sicherheit der Balkonanschlussfugen muss diese Abdichtungsschicht an den aufgehenden Bauteilen unbedingt hochgezogen werden. Die DIN 18195, die auch für Balkone gilt, gibt Aufschluss darüber, welche Ersatzmaßnahmen bei mangelhafter Abdichtungshöhe, insbesondere bei Sanierungen, möglich sind. Diese Varianten der Höhenverkürzung dürfen immer nur für den Einzelfall betrachtet werden.

Für den weiteren Aufbau gibt es mehrere Varianten. Beispielsweise kann auf diese Abdichtungsebene eine Verschleißschicht aufgebracht werden, die farblich sowie strukturell bestimmt wird. Solche Schichten werden auch auf Parkdecks eingesetzt und haben einen hohen mechanischen Widerstand. Sollte später ein Eigentümer hierauf seinen eigenen Fliesenbelag verlegen wollen, kann er dies ohne Probleme tun. Auch andere Beläge, beispielsweise Rasenteppiche, lassen sich darauf problemlos verlegen.

Die zweite Möglichkeit wäre das Aufbringen eines Gefälleestrichs auf die Abdichtungsebene und die anschließende Verfliesung.

In jedem Fall sollte an der Stirnseite der Balkone ein Abkantungsblech angebracht werden und die Geländerverankerung muss ausreichend gegen Feuchtigkeit gesichert sein.

Da die genannten Möglichkeiten unterschiedliche Kosten verursachen, muss hier eine entsprechende Entscheidung getroffen werden.

2. Deckenuntersichten

Die Balkonuntersichten können malertechnisch so lange **nicht bearbeitet** werden, wie Durchfeuchtungen von oben anstehen. Gleiches gilt für die Putzrückwandflächen im Balkonbereich.

3. Geländerkonstruktion

Die Geländerkonstruktionen mit den unterschiedlichen Beplankungen sind häufig ungenügend gegen den unteren Durchtritt abgesichert und es besteht die Gefahr, dass Gegenstände herabfallen. Es wird daher immer empfohlen, bei einer Instandsetzung die gesamte Bekleidungskonstruktion zu überprüfen und ggf. durch größere Platten zu ersetzen.

Zwar ist auch die Befestigung der Geländer an Stirnseiten von Balkonplatten außerhalb jeglicher Vorschrift, jedoch kann auf eine völlig neue Konstruktion nicht zuletzt aus Kostengründen verzichtet werden, wenn keine neuen Anforderungen vorliegen. Da jedoch die Beplankung zum Korrosionsschutz der Geländer in der Regel ohnehin abgebaut werden muss, kann auch in diesen Fällen über neue Konstruktionen nachgedacht werden.

Wesentliche Schadensfaktoren sind:

- Mangelhafte Bodenabdichtung einschließlich Fugen
- Unterschiedliche und mangelhafte Betondeckung und unterschiedliche Betonqualität der Bodenplatte
- Korrodierte konstruktive Bewehrung

4. Entwässerung der Balkone

Aus gegebenem Anlass wird darauf hingewiesen, dass sowohl gemäß DIN 1986-100 als auch nach DIN EN 12056 die Oberflächenentwässerung von Balkonen nur in Ausnahmefällen über Wasserspeier erfolgen soll. Planmäßig ist eine Erfassung des Oberflächenwassers mit einer geregelten Ableitung vorzusehen. Eine solche Maßnahme erfordert allerdings einen hohen finanziellen Aufwand. Gefordert werden kann dies nicht bei Bauten, deren Konstruktion bereits seit der Erstellung eine andere Entwässerung vorsieht. Daher ist dieser Hinweis auch nur als Denkanstoß zu betrachten. Jüngere Rechtsprechungen weisen jedoch darauf hin, dass insbesondere bei Eigentümerwechsel auch das Nachbarrecht einem Eigentümer dann einen Anspruch verschafft, wenn dieser durch die Wasserspeierentwässerung beeinträchtigt ist. Daher kann im Rahmen einer Sanierung eine geregelte Entwässerung immer sinnvoll sein.

Schlimm wird es dann, wenn im Rahmen von Sanierungen die Notentwässerungsschlitze in Brüstungen durch Sockelfliesen verschlossen werden oder wenn dies durch die Eigentümer in Eigenleistung erfolgt. Dies ist unter keinen Umständen zulässig.

5. Innenbrüstungen der Balkone

Die Innenseiten der Balkone müssen in gleicher Weise behandelt werden wie die Außenseiten. Da aber die Innenseiten teilweise durch die Nutzer verkleidet wurden, kann eine andere Überlegung angestellt werden. Soweit eine schadensfreie verflieste Innenfläche vorliegt, sollte auf eine Zerstörung verzichtet werden. Sollten sich später Einzelschäden zeigen, kann mit einer partiellen Maßnahme Abhilfe geschaffen werden.

6. Schlosserarbeiten an Metallgeländern

Schweißarbeiten an Geländern unterliegen den Regeln der DIN 18800. Danach muss ein beauftragtes Unternehmen mindestens den kleinen Eignungsnachweis besitzen und auch vorlegen. Andernfalls gelten die Geländer nach dieser Norm nicht als ordnungsgemäß hergestellt.

Kann ein Unternehmen diesen Nachweis nicht führen, kann eine Abnahme und Überprüfung ersatzweise durch einen zugelassenen Schweißfach-Prüfingenieur erfolgen. Bei der Vergabe nach einer Ausschreibung ist hierauf zu achten.

Bei Neukonstruktionen ist in allen Fällen ein statischer Nachweis erforderlich. Dies gilt insbesondere dann, wenn die Befestigung an der Stirnseite der Bodenplatte geplant ist. In der Regel kann dies deshalb nicht geschehen, weil für zugelassene Dübel die Randabstände nicht eingehalten werden können und damit der Ausbruchkegel diese Befestigung nicht zulässt.

Aus den durchgeführten Messungen und Analysen kann jedoch abgeleitet werden, dass sich der technische Wiederherstellungsaufwand in zwei bis drei Jahren nicht nennenswert verändern wird. Es wird zwar zu mehr sichtbaren Abplatzungen und Durchfeuchtungen kommen, aber nur an den Stellen, die bei einer Instandsetzung ohnehin geöffnet werden müssen.

Sollten einzelne Eigentümer bis zum Instandsetzungszeitpunkt Einzelmaßnahmen an ihren Balkonen planen, wird empfohlen, Rücksprache mit der Verwaltung oder einem Sonderfachmann wegen der Art der Abdichtung zu halten.

Weiterhin wird immer empfohlen, an den Deckenuntersichten und an den Putzflächen vor längerfristig geplanten Instandsetzungsmaßnahmen keine größeren Anstrichmaßnahmen durchführen zu lassen. Denn bei einer Instandsetzung würden diese Anstriche mehr Kosten für die Entfernung verursachen. Auch Ausbesserungsmaßnahmen an den Geländern sollten, wenn keine Sicherheitsfragen entstehen, immer unterbleiben.

10.3.7 Die Installation

Die Haustechnik in einem Gebäude unterliegt ebenfalls einer sehr sorgfältigen, regelmäßigen Überprüfung und Wartung.

Bei älteren Bauwerken zeigen sich häufig Mängel durch den Verschleiß von Leitungen. Zu häufige Wasserrohrbrüche führen nicht selten dazu, dass die entsprechenden Versicherungen die Leistungsverträge kündigen. Unabhängig von dieser Folgeerscheinung sind auch die Schäden aus diesen Brüchen für die Bewohner äußerst unangenehm.

Zeigen sich also in einem Gebäude deutliche Verschleißerscheinungen, muss der Verwalter das gesamte System überprüfen lassen. Da die Ursachen für solche Installationsschäden sehr unterschiedlich sein können, ist es wichtig, dass der Verwalter diese erforschen lässt. Er muss alle Schäden sorgfältig aufzeichnen, um einen Überblick zu gewinnen, ob eine Maßnahme geplant werden muss und welche. Es reicht nicht, nur jeweils die Schäden beheben zu lassen.

10.3.8 Antennen und Kabel

Sofern Antennenanlagen oder Kabelanschlüsse vorhanden sind, unterliegen sie der gemeinschaftlichen Unterhaltung. Bei Störungen oder beim Versagen einzelner Teile ist der Verwalter gefordert, die Ursache ermitteln zu lassen und die Reparatur in Auftrag zu geben. Es ist nicht Aufgabe des Verwalters, Installationen der Eigentümer (beispielsweise Parabolantennen) zu überwachen oder hier Veranlassungen zu treffen. Jedoch muss der Verwalter im Rahmen der Begehungen feststellen, ob die Installation eigener Empfangsanlagen Veränderungen der Gemeinschaftsteile zur Folge hat (beispielsweise durch Bohrungen für Kabelführungen) und ob diese möglicherweise Mängel verursacht haben. Besonders problematisch ist in diesem Punkt der fließende Übergang zwischen tangiertem Gemeinschaftseigentum und Sondereigentum.

Wesentliches Merkmal — und damit auch vom Verwalter zu erkennen — ist bei allen Durchführungen von Leitungen und Kabeln, dass regelmäßig entweder brandschutztechnische Anforderungen oder abdichtungstechnische Notwendigkeiten eine Rolle spielen. Brandschutztechnisch sind insbesondere die Kabeldurchführungen in Treppenhäusern zu prüfen, abdichtungstechnisch alle Leitungen durch Außenwände oder das Dach.

10.3.9 Klingel- und Sprechanlagen

Klingel- und Sprechanlagen in einem Gebäude dienen nicht nur der Kommunikation, sondern auch der Sicherheit vor unerwünschten Personen. Daher sind diese Anlagen sofort einer Reparatur zu unterziehen, wenn eine Funktionsstörung auftritt. Man stelle sich beispielsweise vor, an einer großen Wohnanlage kann sich ein Notarzt keinen Zutritt zum Haus verschaffen, weil die Klingel- und Sprechanlage defekt ist. Daher ist der Funktionsfähigkeit der Klingel- und Sprechanlage erhöhte Aufmerksamkeit zu widmen, wobei auch eine ständige Kontrolle durch den Hausmeister erfolgen sollte.

10.3.10 Tiefgarage

Tiefgaragen sind Gebäudeteile, die dem ruhenden Verkehr dienen und die Parkplatznot auf öffentlichen Straßen beseitigen sollen. Vielfach sind sie so angeordnet, dass sie gleichzeitig als Umfahrt und somit als Rettungsweg für die Feuerwehr dienen. In diesem Fall ist solchen Anlagen im Hinblick auf eventuelle Schäden besonderes Augenmerk zu widmen. Da Tiefgaragen durch die hohe CO_2-Belastung im Bereich der Bausubstanz besonders belastet sind, müssen Anzeichen von Korrosion sofort untersucht und bearbeitet werden. Im Zweifelsfall könnte sich hieraus eine Einschränkung der Tragfähigkeit der Decke ergeben. Noch ärgerlicher ist es, wenn Garagen nicht mehr genutzt werden können, weil sie durch Erhöhung des Grundwasserspiegels im Wasser stehen und sich im Winter in Eisbahnen verwandeln.

Da die Tiefgarage als Wirtschaftsobjekt eine untergeordnete Rolle spielt (abhängig von den erzielbaren Mieteinnahmen), werden Instandsetzungsleistungen an solchen Bauwerken oft ungebührlich hinausgezögert. Bei Schäden sollte der Verwalter jedoch sofort prüfen, welche Besonderheiten in Bezug auf die vorgenannten Aspekte bestehen. Für die Tiefgarage gilt somit im Prinzip die gleiche Sorgfaltspflicht wie für die Bauteile eines Wohngebäudes.

Hinzu kommt, dass diese Bauwerke aufgrund ihrer Konstruktionsart dazu neigen, durch die Decke Feuchtigkeit in die Stellplätze zu tragen. Dabei kommt es häufig zu Schäden an Fahrzeugen, da das austretende Kalziumhydroxid als Abbeizer wirkt. In solchen Fällen muss sofort eine sachgerechte Abdichtung der Tiefgarage einschließlich der dann naturgemäß eintretenden Prüfung der Standsicherheit erfolgen.

Tiefgaragendecken können auch zur Verschönerung des Gebäudes und des Stadtbildes beitragen, beispielsweise wenn sie mit einer Begrünung versehen werden. In vielen Gemeinde- und Stadtsatzungen sind sogar Zuschüsse für solche Maßnahmen vorgesehen. Der Verwalter hat also zu prüfen, ob im Rahmen einer Instandsetzungsplanung auch Mittelbereitstellungen aus solchen Sonderfonds möglich sind. Zu beachten ist dabei, dass die Begrünung einer Tiefgarage nicht nur eine gärtnerische Leistung darstellt, sondern auch einen planerischen Aufwand erfordert. Die Unterlage der Begrünung bedarf besonderer Maßnahmen, weil sowohl Statik als auch Abdichtung berücksichtigt werden müssen. Hier sind Sonderfachleute einzuschalten.

Eine Besonderheit bei Parkflächen stellt die Oberflächenschutzmaßnahme dar. Nach DIN 1045 – und diese Norm gilt als Baurecht, weil bauaufsichtsbehördlich eingeführt – sind alle Flächen, die Decken darstellen, völlig unabhängig von der Betonqualität mit einem Oberflächenschutzsystem zu beschichten. Eine Rissbreite spielt hier überhaupt keine Rolle.

10.3.11 Aufzüge

Aufzüge sind regelmäßig notwendige Einrichtungen, die auch die Regelungen der Länder für bestimmte Bereiche vorschreiben. Sie unterliegen strengen Wartungsvorschriften. Für Leistungen in diesem Zusammenhang sind nur ganz bestimmte Firmen und Prüfbeauftragte zugelassen.

Aufgrund der aufwendigen und komplizierten Technik sowie des Gefahrenpotenzials für beförderte Personen gelten für Aufzugsanlagen strenge Sicherheitsvorschriften.[10] Die Beauftragung einer für diese Leistung zugelassenen Firma zur regelmäßigen Wartung sowie die regelmäßige Prüfung durch den TÜV gehören zu den Aufgaben des Verwalters. Auf gar keinen Fall sollte der Verwalter kleinere Reparaturen an einen technisch versierten Hausmeister (zum Beispiel aus vermeintlichen Ersparnisgründen) übertragen. Das damit verbundene Gefahrenpotenzial ist viel zu hoch.

Wegen der strengen Sicherheitsbestimmungen gehört zu jeder Aufzugsanlage ein „Aufzugsbuch“, das die wichtigsten technischen Daten und an der Anlage vorgenommene Veränderungen enthält. Darin werden auch die „Aufzugswärter“ namentlich aufgeführt. Die Aufzugsverordnung schreibt drei kundige Aufzugswärter pro Wohnanlage vor, die im Störungsfall kurzfristig im Aufzug eingeschlossene Personen befreien können.

10 Verordnung über Aufzugsanlagen in der Fassung v. 19.6.1998 (BGBl. I, S. 1439).

10.3.12 Der Garten und die Außenanlagen

Garten- und Außenanlagen einer Wohngemeinschaft sind in der Regel kleine Naherholungszentren, die sorgfältig gepflegt werden müssen. Anpflanzung und Pflege (Instandhaltung) des Gartens und der Außenanlage sind vom Verwalter zu veranlassen, wobei gestalterische, technische und ökologische Werte gegeneinander abgewogen werden müssen.

Eine sachgemäße Instandhaltung ist nicht nur aus optischen Gründen sehr wichtig, sondern auch weil beispielsweise unkontrolliert rankende Gartenbepflanzungen erhebliche Schäden technischer Natur am Dach und an der Außenfassade anrichten können. Bäume und Sträucher gemeinschaftlicher Gartenanlagen sind so zu beschneiden, dass die in der Landesbauordnung geforderten Luxwerte für die ausreichende Belichtung von Wohnräumen eingehalten werden.

Alte Bepflanzungen in Gartenanlagen unterliegen in der Regel besonderen Baumsatzungen der Städte und Gemeinden. Der Verwalter ist somit gehalten, die rechtlichen Grundlagen für eine Veränderung zu prüfen, bevor Maßnahmen mit der Gemeinschaft getroffen werden.

10.3.13 Besondere Gewerke

Unter „besonderen Gewerken“ sind bauliche Anlagen zu verstehen, die in der Regel selbstverständlich und vorhanden sind, jedoch Schäden hervorrufen können, ohne dass dies im Wesentlichen beachtet wird. Auf diese besonderen Gewerke soll hier nicht speziell eingegangen, sondern lediglich darauf hingewiesen werden, dass auch scheinbar untergeordneten Dingen eine hohe Aufmerksamkeit zu schenken ist.

Beispielsweise ist es für die meisten Wohnungseigentümer selbstverständlich, dass ihr Haus über bestimmte Gemeinschaftsräume (beispielsweise Fahrradräume oder Waschküchen) verfügt. Da solche Gemeinschaftsräume vielfach auch Installationsräume für technische Anlagen sind, muss sie ebenfalls ständig überprüft werden. Oft sind in Fahrradräumen gleichzeitig Messfühler und Stromzähler für die einzelnen Wohnungen. Diese sollten aus Sicherheitsgründen, insbesondere für Kinder, nicht zugänglich sein.

Auch Waschküchen haben ihre Besonderheiten: Häufig werden infolge der hohen Luftfeuchtigkeitsbelastung, die naturgemäß in solchen Räumen auftritt, die Decken der Untergeschosswohnungen aufgrund des herrschenden Partialdruckgefälles völlig durchfeuchtet und es bildet sich im Fußboden und im Sockelbereich Schimmel. Außerdem werden an solche Räume besondere Anforderungen im Bereich des Schall- und Feuchtigkeitsschutzes gestellt.

Da solche Räume in der Regel auch von außen zugänglich sind, müssen zur Verhinderung von Einbrüchen die raumabschließenden Bereiche sorgfältig überprüft werden. Gegebenenfalls muss der Verwalter Maßnahmen treffen, die die Zugänglichkeit auf die Hauseigentümer beschränken.

10.3.14 Bauphysik

Immer aktuell ist die Diskussion über die Behandlung von Versporungen und Schimmelbildungen in modernen Wohnungen. Dazu sollte der Verwalter Folgendes wissen: In einer Wohnung entsteht immer eine gewisse Wohnfeuchte. Sie wird physiologisch durch die Feuchteabgabe der Personen, durch spezifische Wohnprozesse (Kochen, Waschen, Baden etc.) und durch Zimmerpflanzen produziert. Diese Feuchte muss durch ausreichende Lüftung aus der Wohnung abgeführt werden. Hierzu ist ein Mindestluftwechsel erforderlich, der bei Luftwechselzahlen zwischen 0,5 und 0,8 h^{-1} liegt. Es darf nie zu **Tauwasserbildung** an den Innenoberflächen der Außenbauteile kommen, auch nicht an **Wärmebrücken**.

Die Behauptung, dass die Wasserdampfabfuhr aus den Innenräumen per Diffusion über atmungsaktive Außenbauteile erfolgen sollte, ist falsch. Die Wasserdampfdiffusion wird in der Bauphysik zwar berücksichtigt, aber nur zum Schutz der Bauteile, in deren Inneren sich kein Tauwasser einstellen darf. Die **Wasserdampfdiffusion** durch Außenbauteile hat aber niemals die Aufgabe, den Feuchtehaushalt der Räume zu regulieren. Dies geschieht ausschließlich über die Raumlüftung.

Abhängig von der Stärke des Luftwechsels, der Feuchteproduktion im Haushalt und der Temperatur der Raumluft stellt sich in der Wohnung eine bestimmte relative Luftfeuchte ein. Diese sollte bei einer Raumlufttemperatur zwischen 17 und 21 °C auf einer Bandbreite von 35 und 65 % liegen. Dies entspricht einer absoluten Luftfeuchtigkeit zwischen fünf und zwölf Gramm pro Kubikmeter Luft.

Bei winterlicher Beheizung entsteht relativ trockene Raumluft, sodass sich selbst bei erhöhter Feuchteproduktion mit zusätzlich 500 Gramm pro Stunde und auf 16 °C gedrosselter Beheizung eine relative Luftfeuchtigkeit in der Wohnung von nicht mehr als 60 % ergibt – wenn der Mindestluftwechsel eingehalten wird. Geschieht dies nicht, steigt die relative Feuchte steil an.

Höhere Raumluftfeuchten können insbesondere bei tiefen Außenlufttemperaturen im Winter an den Innenoberflächen von Außenbauteilen zu Tauwasser führen. Dies geschieht vor allem dann, wenn die Außenwände unter die Taupunkttemperatur abkühlen. Daher ist es auch nicht sinnvoll, Fenster in Kippstellung zu belassen, weil dadurch die Außenwand stärker abkühlt und sich auch mit Beheizung nicht auf die Temperatur der umliegenden Wände erwärmt.

Wegen der in Ecken grundsätzlich etwas stagnierenden Luftbewegung geht auch die konvektive Wärmeübertragung mit Annäherung an die Ecke zurück. Dies tritt besonders stark dann ein, wenn die Ecke mit einem Schrank, Sofa oder Ähnlichem möbliert ist. Es ist erforderlich, an Außenbauteilen dafür zu sorgen, dass die Möblierung nicht bis zur Wand erfolgt und eine Mindestumluft erhalten bleibt.

! **WICHTIG**

Nach inzwischen gesicherten Erkenntnissen muss zur Vermeidung von Tauwasser in möblierten Ecken eine relative Raumluftfeuchte von circa 40 bis 48 % eingehalten werden.

Vergleicht man nun Raumlufttemperaturen von 16 °C und 20 °C, wie sie beispielsweise in Wohnungen als Temperaturunterschied zwischen Schlafzimmer und Wohnräumen auftreten können, lässt sich feststellen, dass selbst bei erhöhter interner Feuchteproduktion Tauwasser vermieden werden kann, wenn die Mindestluftwechsel eingehalten werden (entnommen aus Gertis/Soergel, Fraunhofer Institut für Bauphysik). Heizungs- und Lüftungsverhalten sind daher auf die Nutzung abzustellen.

Wenn Tauwasser- und Pilzschäden zu beobachten sind, ist dies ein eindeutiges Indiz dafür, dass der erforderliche Mindestluftwechsel von 0,5 bis 0,8 h^{-1} längerfristig nicht eingehalten wurde bzw. die Beheizung längerfristig erheblich abgesenkt worden ist. Der Wohnungsnutzer muss eindringlich darüber informiert werden, dass er sich falsche Lüftungs- und Heizungsgepflogenheiten angeeignet hat und „unnormal“ wohnt (siehe hierzu auch Gertis/Soergel, a. a. O.).

Erforderliche Messungen

Um den Nachweis über das Vorliegen von Lüftungsmängeln bzw. Heizungsmängeln zu führen, ist eine Reihe von Messungen erforderlich und die Messwerte müssen in ein Verhältnis gesetzt werden. Notwendig sind hierbei folgende Messwerte:

- Relative Luftfeuchte im Raum
- Absolute Temperatur im Raum
- Oberflächentemperatur der Wand und der Decke oder des Eckbereichs
- Oberflächentemperatur der übrigen Raumwände
- Feuchtegehalt der Wand in den oberen (raumseitigen) fünf Millimetern
- Feuchtegehalt der Wand in den oberen (außenseitigen) fünf Millimetern
- Oberflächentemperaturen der Fenster in der Mitte und in den Ecken

Zusätzlich müssen bei der Behauptung, es dringe Feuchtigkeit von außen durch die Wand, die oberen fünf Millimeter entfernt werden und eine weitere Feuchtigkeitsmessung der nächsten fünf Millimeter vorgenommen werden. So kann festgestellt werden, ob der Feuchtegehalt der Wand von innen nach außen ab- oder zunimmt.

Aussagen über die Art des Bauwerks in Plänen und nach Augenschein sind zur Beurteilung einer Feuchte untauglich.

Das Messverfahren hat zudem den Vorteil, dass kurzfristige Verfälschungen durch Lüften und Heizen, kurz bevor der Sachverständige erscheint, nicht möglich sind, weil die Werte sich gleichmäßig über alle Bauteile verändern. Nachfolgendes Beispiel soll dies erläutern.

BEISPIEL

An einer mit Schimmel und Stockflecken behafteten Wand werden folgende Werte gemessen:

- Oberflächenfeuchte 2,3 %
- Oberflächentemperatur der Wand 14,2 °C
- Oberflächentemperatur der Decke 14,3 °C
- Oberflächentemperatur der gegenüberliegenden Innenwand 14,6 °C
- Raumtemperatur 14,5 °C
- Relative Raumfeuchte 66,9 % r. F.
- Außentemperatur 8,4 °C
- Relative Außenfeuchte der Luft 46,1 % r. F.

(Dieses Beispiel ist aus der Praxis entnommen.)

Hier wird deutlich, dass durch mangelhafte Heizung alle Innenbauteile die gleiche Oberflächentemperatur — die der Raumtemperatur — angenommen haben. Es bleibt daher unerheblich, ob an einer Stelle eine Wärmebrücke vorhanden ist oder nicht. Bei einer Wärmebrücke liegt die Oberflächentemperatur in der Regel zwischen 3 und 5 °C tiefer als die Raumtemperatur (bewirkt durch schlechte Dämmung, teilweise wird hier bei noch größeren Unterschieden

Taupunkttemperatur erreicht). Trotz niedrigerer Außentemperatur haben hier jedoch alle Wände etwa die gleiche Oberflächentemperatur.

Um die Luftwechsel zu verdeutlichen, ebenfalls ein Beispiel.

BEISPIEL

Geht man von einer Luftwechselzahl von 0,5 h^{-1} aus, bedeutet dies mathematisch, dass in einer Stunde ein 0,5-maliger Raumluftwechsel erfolgen soll oder ein einmaliger in zwei Stunden. Dies hängt natürlich auch von der Feuchteproduktion ab (in Schlafzimmer, Küche, Bad und Toilette sowie in Räumen mit vielen Pflanzen sind höhere Luftwechsel erforderlich).

TIPP

Den Zeitraum eines Luftwechsels in normalen Räumen kann man mit etwa zehn Minuten ansetzen.

Zur Abführung der feuchten Raumluft wäre es also erforderlich, alle zwei Stunden zehn Minuten zu lüften. Dies ist jedoch nur eine relative Größe. Grundsätzlich muss einer produzierten Feuchtigkeit ein entsprechender Raumluftwechsel entgegenstehen. Das heißt jedoch im Umkehrschluss nicht, dass ein Bauwerk solche bauphysikalischen Mängel aufweisen darf, die dazu führen, dass sich auch mit „normalen" Raumluftwechseln eine Schimmelbildung nicht vermeiden lässt. Auch diese Fälle wurden bereits mehrfach nachgewiesen.

Die möglichen Langzeitmessungen in einer Wohnung, beispielsweise über einen Zeitraum von 14 Tagen, sind zwar ein hilfreiches ergänzendes Element, können jedoch nicht allein ausschlaggebend sein.

Ergänzend und sinnvollerweise sollen und müssen im Winter auch Thermografieaufnahmen erfolgen.

TIPP

Als Faustregel kann gelten: Ein Baumangel ist objektiv immer nachweisbar, ein Nutzungsmangel hingegen nicht. Da jedoch im Mietrecht der Eigentümer oder Vermieter seine „Unschuld" nachweisen muss, auch wenn dies dem Rechtsempfinden eines Normalbürgers völlig entgegensteht, ist es sinnvoll, sich nicht auf eine Diskussion über das Nutzungsverhalten einzulassen, sondern das Bauwerk zu untersuchen. In aller Regel sind die Untersuchungsergebnisse dann so, dass das Bauwerk in bauphysikalischer Hinsicht dem Baujahr ent-

spricht. In diesem Fall muss der Mieter seine „Unschuld" beweisen, was er in der Regel aber nicht kann.

Aus den vorgenannten Gründen ist eine Aussage in Richtung Bau- oder Nutzungsmangel ohne Messung und nur nach „Gefühl" niemals möglich.

Ergänzend gilt folgendes: Für die technische Bewertung eines Mangels in einer Wohnung muss die Vorgabe des nachstehend zitierten BGH-Urteils von 2004 dienen (wiederholt am 7.7.2010).

Für die Beurteilung der Frage, ob eine Mietwohnung Mängel aufweist, ist in erster Linie die von den Mietvertragsparteien vereinbarte Beschaffenheit der Wohnung, nicht die Einhaltung bestimmter technischer Normen maßgebend (Rechtsfrage). Fehlt es an einer Beschaffenheitsvereinbarung, so ist die Einhaltung der maßgeblichen technischen Normen geschuldet. Dabei ist nach der Verkehrsanschauung grundsätzlich der Maßstab anzulegen, der bei Errichtung des Gebäudes galt (Sachverständigenfrage).

! **ACHTUNG**

Zur Feststellung, ob eine Schimmelbildung nutzungsbedingt oder bauwerksbedingt vorliegt, bedarf es erheblicher Aufwendungen. Solche sind regelmäßig mit Kosten zwischen 1.500 und 2.500 Euro verbunden. Alle anderen Verfahren scheiden praktisch aus. Keinesfalls darf der Verwalter das Problem in der Weise lösen, dass ein Handwerker Oberflächenmaßnahmen durchführt.

10.3.15 Fassadenbegrünung

Eine Fassadenbegrünung kann eine wünschenswerte, jedoch auch baustoffkritische Maßnahme sein. Dabei kann es zu hohen Kosten durch Schadensfälle kommen. Auch wenn eine Gebietskörperschaft eine solche Begrünung fördert, sollte diese nicht ohne Untersuchung der Fassade erfolgen. Einer solchen Maßnahme darf ein Verwalter nicht ohne weitere Prüfungen zustimmen.

Fassadenbegrünungen mit Saugwurzlern sind nur dann möglich, wenn die Fassade auch rissfrei ist. Doch auf welche Fassade trifft das zu? Wenn dann beispielsweise Efeu beginnt, Fensterbänke zu heben, Dachrinnen auszuhebeln, Putze abzusprengen oder sich durch Mauerwerksfugen durchzuarbeiten, ist die Fassade zwar begrünt, aber funktional nachhaltig geschädigt.

Eine Begrünung mit Schlingwurzelpflanzen über ein Rankgerüst ist hingegen gänzlich unbedenklich. Das Gerüst muss jedoch die zu erwartenden Lasten aus der Begrünung und auch aus dem Windsog aufnehmen können.

! **ACHTUNG**

Vor einer Begrünung ist eine sorgfältige Planung unumgänglich, um Schäden an Fassaden zu vermeiden.

Eine weitere Frage wird aufgeworfen, wenn durch eine Begrünung die im Rahmen der Energieeinsparverordnung berechneten Wärmeeintragungen (Wärmegewinne) nicht mehr stimmen. Bei einer Begrünung, also einer Veränderung der Fassade, ist dies in jedem Fall zu beachten und auch in der Energiebilanz zu berücksichtigen.

Sinnvoll kann es sein, darüber nachzudenken, ob im Verlauf einer Dachinstandsetzung, die ohnehin ansteht, diese Fläche nicht zur extensiven Begrünung genutzt werden soll. Hier stehen ganz andere Möglichkeiten zur Verfügung als an der Fassade, zudem ist eine solche Maßnahme in der Regel sehr viel kostengünstiger.

10.3.16 Zusammenfassung

Die technische Bearbeitung von Gebäuden beschränkt sich für den WEG-Verwalter darauf, dass er die notwendigen Begehungen und Maßnahmen veranlasst. Weitergehende technische Leistungen verbieten sich aus Gesetzen und Verordnungen zur Planung und Ausführung technischer Leistungen. Teilweise ist dafür die Beauftragung von Sonderfachleuten mit besonderen Nachweisen der Sachkunde oder Zulassungen zwingend notwendig. Daher kann der Verwalter nicht stellvertretend für diese Sonderfachleute wirken. Er ist jedoch im Rahmen der ordnungsgemäßen Verwaltung gehalten, bei Missständen oder Schäden die erforderlichen Veranlassungen zu treffen.

Insbesondere hat der Verwalter zu beachten, dass alle Instandsetzungsleistungen grundsätzlich in geeigneter Weise überwacht und dokumentiert werden. Er ist dafür verantwortlich, dass hierfür ebenfalls geeignete Fachkräfte zur Verfügung stehen. Die Bauüberwachung besteht immer aus sehr klaren Leistungsdokumentationen. Den Eingang dieser Protokolle hat der Verwalter zu überwachen.

! **ACHTUNG**

Die eigenmächtige Vergabe und Wertung von technischen Leistungen nach eingeholten Firmenangeboten durch die Verwaltung ist ein Verstoß gegen den Begriff der ordnungsgemäßen Verwaltung im Sinne des § 21 Abs. 4 Wohnungseigentumsgesetz.

10.4 Fachbegriffe der Bautechnik

Alkalireserve	Der Bereich, in dem noch eine schützende Alkalität im Beton für die Bewehrung vorliegt.
Bewehrung	Die im Beton liegenden Eisen.
Diffusion	Durchgang eines gasförmigen Stoffs durch ein anderes Medium; im Bauwesen oft fälschlicherweise mit „atmungsaktiv“ bezeichnet.
Korrosion	Rosten von Eisen an Geländern, Betonbewehrung und anderes.
Korrosionsschutz	Mineralische oder harzgebundene Produkte zur Verhinderung von Rost.
Polymer-Bitumen	Schweißbahnen zum Abdichten von Bauwerken (Kunststoff und Bitumen).
Relative Luftfeuchtigkeit	Wassergehalt in der Luft, relativ zur Lufttemperatur, das heißt, der Anteil an Wasser, den die Luft bei einer gegebenen Temperatur speichern kann.
Silikonharzfarbe	Wasserabweisende und algizide Farbe für Außenanstriche.
Stalaktiten	Röhrenbildung aus Kalziumcarbonat = Tropfstein.
Tauwasser	Abschlag von Kondensat bei Abkühlung der Luft unter die Taupunkttemperatur (zum Beispiel Wasser an Scheiben bei niedrigen Außentemperaturen und hoher Luftfeuchtigkeit).
Wärmebrücke	Werden in einer Außenwand teilweise Materialien mit höherer Wärmeleitfähigkeit (zum Beispiel Betonsturz über einem Fenster) verwendet und nicht zusätzlich wärmegedämmt, so fließt die Wärme hierüber schneller ab als an der übrigen Wand. Den Begriff „Kältebrücke“ gibt es nicht.

11 Der WEG-Verwalter und die Instandhaltung des gemeinschaftlichen Eigentums

von Prof. Dr. Klaus Homann

11.1 Einführung

Gebäude, einzelne Gebäudeteile oder generell Baumaterialien unterliegen über ihren Lebenszyklus hinaus unterschiedlichen Formen der physischen Abnutzung. Durch Abnutzung wird der Nutzwert bzw. die Nutzbarkeit einer Immobilie auf Dauer eingeschränkt/reduziert, wodurch diese zum Teil erhebliche Wertminderungen erfährt. Diesem Prozess ist durch geeignete Maßnahmen der Instandhaltung entgegenzusteuern. Für die WEG-Verwaltung ergeben sich in diesem Kontext zwei grundlegende Aufgabenbereiche:

- Planung und Durchführung der Immobilieninstandhaltung
- Organisation der Finanzierung von Instandhaltungsmaßnahmen

Daher ist dieses Kapitel den Grundlagen der Immobilieninstandhaltung und der Diskussion der Finanzierung von Instandhaltungsmaßnahmen durch die Bildung einer Instandhaltungsrückstellung gewidmet. Für ein einheitliches Begriffsverständnis ist es zunächst jedoch notwendig, eine kurze begriffliche Abgrenzung vorzunehmen.

11.2 Definitionen und Begriffe

11.2.1 Begriffe der Instandhaltung: Inspektion, Wartung und Instandsetzung

Die in der immobilienwirtschaftlichen Praxis verwendete Terminologie der Instandhaltung von Gebäuden ist nicht einheitlich. Reinigen, Reparieren, Wartung, Inspektion, Instandsetzung, Generalinstandsetzung, Sanierung, Generalsanierung oder sogar Modernisierung werden insbesondere in der wohnungswirtschaftlichen und juristischen Literatur unter den Oberbegriff „Instandhaltung“ gefasst und häufig nicht trennscharf verwendet.[1] In dieser Hinsicht ermöglicht die Definition der Instandhaltung laut DIN 31051[2] eine widerspruchsfreie Verwendung.

Instandhaltung	Der Begriff der Instandhaltung umfasst nach der DIN 31051 die Bereiche Inspektion, Wartung und Instandsetzung. Er subsumiert alle Maßnahmen zur Wahrung und Wiederherstellung des Gebrauchs-, Funktions- oder Sollzustands sowie zur Feststellung und Beurteilung des gegenwärtigen Gebrauchs-, Funktions- oder Istzustands einer Anlage oder auch eines Gebäudes.[3]
Inspektion	Als Inspektion werden alle Maßnahmen zur Feststellung und Beurteilung des Istzustands von technischen Mitteln eines Systems, also auch eines Gebäudes, mit Ausnahme der Maßnahmen, die bei der Durchführung einer Instandsetzung der Befundaufnahme dienen, bezeichnet. Die Inspektion hat somit einen vorbeugenden Charakter. Sie liefert im Verlauf der Gebäudenutzung Informationen über den Zustand/die Betriebsbereitschaft eines Gebäudes und bildet somit die notwendige informatorische Grundlage für die Koordination von Gebäudenutzung und -instandhaltung.
Wartung	Unter dem Begriff der Wartung werden diejenigen Maßnahmen verstanden, die der Bewahrung des Sollzustands von Gebäudeelementen dienen; also vorbeugende Maßnahmen zur Verhinderung des Ausfalls von Gebäudeelementen und damit zur Gewährleistung der Nutzbarkeit eines Gebäudes oder von Flächen. Zielsetzung der Wartung ist die bestmögliche Ausnutzung der Lebensdauer von Gebäudeelementen.
Instandsetzung	Maßnahmen zur Wiederherstellung des Sollzustands werden als Instandsetzung bezeichnet. Instandsetzungsaktivitäten werden entweder durch den tatsächlichen Ausfall von Gebäudeelementen ausgelöst oder aber durch einen Befund im Rahmen von Inspektion oder Wartung.

Von der Instandhaltung, im Speziellen von der Instandsetzung, ist die Modernisierung abzugrenzen. Während die Instandhaltung die Gewährleistung bzw. die Wiederherstellung eines definierten Sollzustands eines Gebäudes umfasst, führt die Modernisierung von Gebäuden zu einer nachhaltigen Veränderung des Soll-

1 Vgl. Jehle, Modell, S. 14 ff.

2 Vgl. Jehle, Modell, S. 24.

3 Vgl. DIN 31051.

zustands. Eine genaue Differenzierung zwischen Instandsetzung und Modernisierung ist insbesondere aus steuerlicher Sicht von Belang.

Grundsätzlich werden Instandhaltungsmaßnahmen als Erhaltungsaufwand betrachtet, wenn sie durch die gewöhnliche Nutzung des Grundstücks veranlasst sind, das Wesen des Gebäudes nicht verändern, den ordnungsgemäßen Zustand des Objekts erhalten und regelmäßig in gleicher Höhe wiederkehren. Unter diesen Voraussetzungen können sie als sofortiger Aufwand steuermindernd wirksam werden.

Als problematisch erweisen sich in diesem Zusammenhang umfangreiche Instandsetzungsmaßnahmen. Hier sind folgende Punkte zu beachten:

- Wird durch die Maßnahme ein neues oder wesentlich verändertes Wirtschaftsgut geschaffen (wesentliche Substanzmehrung, erhebliche Veränderung und deutliche Zustandsverbesserung)?
- Stellt die Maßnahme damit keine Betriebsausgabe mehr dar, sondern wird aktivierungspflichtig (nachträglicher Herstellungsaufwand)?
- Ist sie schließlich planmäßig abzuschreiben?

Diese Problematik besteht überdies, wenn die Maßnahme in einem zeitlich engen Zusammenhang (drei Jahre) zum Erwerbszeitpunkt steht, durch sie das Wesen des Objekts verändert, die Nutzungsdauer erheblich verlängert oder der Nutzwert wesentlich gesteigert wird und die Summe der Maßnahmen innerhalb der Frist 15 % der Anschaffungskosten übersteigen (anschaffungsnaher Herstellungsaufwand).

Modernisierungsmaßnahmen, die die Gebäudesubstanz wesentlich vermehren, das Wesen des Objekts erheblich verändern und den bisherigen Zustand deutlich verbessern oder durch die ein neues bzw. wesentlich verändertes Wirtschaftsgut entsteht, fallen unter den Begriff des nachträglichen Herstellungsaufwands. Sie sind zu aktivieren und planmäßig abzuschreiben.[4]

[4] Vgl. hierzu insbesondere die Ausführungen bei Schnapp, Besteuerung, S. 645 ff. und die dort zitierte Literatur.

11.2.2 Rückstellung und Rücklage

Rücklage und Rückstellung sind Begriffe des externen Rechnungswesens mit unterschiedlicher Bedeutung.

Rücklagen bzw. Gewinnrücklagen	Rücklagen bzw. Gewinnrücklagen sind nach § 272 Abs. 3 HGB im Geschäftsjahr oder in einem früheren Geschäftsjahr aus dem Ergebnis zu bildende gesetzliche oder auf Gesellschaftervertrag oder Satzung beruhende Beträge. In der handelsrechtlichen Bilanzgliederung werden Rücklagen unter dem Posten **„III. Gewinnrücklagen“** des Eigenkapitals eingestellt.
Rückstellungen	Rückstellungen sind nach § 249 HGB für ungewisse Verbindlichkeiten und für drohende Verluste aus schwebenden Geschäften zu bilden. Sie werden in der Handelsbilanz unter dem Posten **„B. Rückstellungen“** eingestellt.

In der bisherigen Rechtsprechung ist für die Rechnungslegung der Eigentümergemeinschaft die Bilanzierung ausgeschlossen. Daraus folgt die Erstellung einer Einnahmen-Ausgaben-Rechnung, in der diese Begriffe nicht vorgesehen sind und die Wahl der Bezeichnung frei wählbar scheint. Wie oben aufgezeigt, werden Rücklagen aus dem Ergebnis des Geschäftsbetriebs gebildet. Eine Gewinnerzielungsabsicht wird der Eigentümergemeinschaft in der Regel jedoch nicht unterstellt. Das Anfallen von (ungewissen) Verbindlichkeiten — nämlich für Aufwendungen der Instandhaltung — ist hingegen sehr viel eher ein Bereich des Wirtschaftens einer Eigentümergemeinschaft. Uns erscheint daher die Wahl des Begriffs **„Rückstellung“** für den zu betrachtenden Bereich der Verwaltung einer Eigentümergemeinschaft nach WEG als zulässig.[5]

11.3 Ziele und Aufgaben der Instandhaltung

Seitens der Eigentümergemeinschaft liegt ein besonderes Interesse in der Wahrung der Qualität ihres Objekts. Die Kernaufgabe der Immobilieninstandhaltung liegt somit in der Sicherung des von der Eigentümergemeinschaft oder auch den Mietern erwarteten Qualitätsniveaus, also in der Gewährleistung der angebotenen

[5] Der Gesetzgeber spricht in diesem Zusammenhang ebenfalls von einer Rückstellung und nicht von einer Rücklage; vgl. hierzu § 21 Abs. 5 Nr. 4 WEG.

und erwarteten individuellen Leistungsmerkmale einer Immobilie. Eng damit verbunden ist das Kriterium der Verfügbarkeit, zu verstehen als dauerhafte und uneingeschränkte Möglichkeit zur Nutzung der angemieteten/erworbenen Flächen. Beide Kriterien sollen durch ein Instandhaltungsmanagement erfüllt werden,[6] dessen Aufgabe in der Planung, Steuerung und Kontrolle der Gebäudeinstandhaltung liegt. Das gemäß den Vorgaben der Eigentümergemeinschaft zu erzielende Ergebnis der Gebäudeinstandhaltung ist ein aus wirtschaftlichen Gesichtspunkten heraus nutzbares und verwertbares Objekt.

Aufgabe der Instandhaltung ist die Sicherstellung der erforderlichen/erwarteten Flächenverfügbarkeit/-nutzbarkeit, die Vermeidung oder Reduzierung von Ausfallkosten aufgrund von Gebäudemängeln sowie die Substanz- und Werterhaltung des Objekts durch die Wahrnehmung der drei Handlungsbereiche der Gebäudeinstandhaltung: Inspektion, Wartung und Instandsetzung.

Unzureichende Erkenntnisse über das Abnutzungsverhalten von Gebäudeelementen sowie die Ungewissheit von Instandsetzungs- und Schadenfolgekosten erschweren hingegen das Bestreben von Eigentümergemeinschaft und Verwalter, die Gesamtkosten der Instandhaltung zu optimieren. Daher kann an dieser Stelle nur eine qualitative Aussage über die Kostenverläufe (siehe auch Abbildung 9) und die Gesamtkosten der Gebäudeinstandhaltung getroffen werden.[7] Die Gesamtkosten der Instandhaltung werden bei dieser Betrachtung als eine Funktion in Abhängigkeit von der Instandhaltungsintensität verstanden und setzen sich aus den Instandhaltungskosten (Kosten der Wartung, Inspektion und Instandsetzung), den direkten Schadenkosten (Beseitigungsmaßnahmen) sowie den Schadenfolgekosten zusammen.

In speziellen Fällen können Schadenfolgekosten die direkten Schadenkosten übersteigen. Das klassische Beispiel hierfür ist die Durchfeuchtung einer Dachkonstruktion aufgrund unterlassener oder unzureichender Instandsetzung der Dachhaut von Flachdächern. Schadhafte Dachhäute lassen das Eindringen von Feuchtigkeit in die Dachkonstruktion zu. Hier kommt es zunächst zu einer Durchfeuchtung der Dämmschicht, was bei Verwendung von organischen Dämmstoffen zu erheblichen Schäden durch Verfaulen oder völliges Auflösen führen kann. Ebenfalls werden Holzteile und Holzwerkstoffe (zum Beispiel Spanplatten) durchfeuchtet, wodurch Bauholzpilze gute Wachstumsbedingungen erhalten und Spanplatten bei wasser-

6 Vgl. Schulte/Homann, Immobilien-Controlling, S. 333.

7 Vgl. Jehle, Modell, S. 53.

löslicher Verleimung ihre Festigkeit verlieren.[8] Bei Eindringen größerer Wassermengen kann es darüber hinaus zu einer Durchfeuchtung der nächsten Geschossdecke, zur Verwitterung der Gesimse und zur Versottung des Schornsteins kommen.[9]

Mittelbare Schadenfolgekosten ergeben sich auch aus[10]

- dem Ausfall oder der Funktionsbeeinträchtigung weiterer Gebäudeelemente;
- der Verkürzung der Lebensdauer anderer betroffener Gebäudeelemente;
- dem Anstieg der Betriebskosten aufgrund eines erhöhten Energieverbrauchs, verstärkter Gebäudereinigung oder intensiverer Wartungsmaßnahmen;
- verschlechterten Instandsetzungsbedingungen, durch die die Kosten der Maßnahme steigen;
- der Beschädigung von Sach- oder Betriebsanlagen oder auch Personenschäden durch Einsturz, herabstürzende Elemente oder Wassereinbruch;
- der Minderung der Mieterträge aufgrund von Mietkürzungen durch den Mieter, wenn die Fläche vorübergehend nicht mehr vertragsgemäß genutzt werden kann;
- erhöhten Verwaltungskosten aufgrund von Mieter- und Eigentümerbeschwerden;
- Umweltschäden (zum Beispiel Leckage am Öltank) und deren Beseitigung sowie möglichen rechtlichen Konsequenzen;
- dem Imageverlust des Objekts mit der Folge, dass dessen Marktgängigkeit/Vermietbarkeit sinkt;
- dem Imageverlust der Eigentümergemeinschaft und der Verwaltung (dem dann beispielsweise durch Öffentlichkeitsarbeit etc. entgegengewirkt werden muss).

Die Kosten der Instandhaltung steigen mit zunehmender Instandhaltungsintensität, wohingegen die Schaden- und Schadenfolgekosten aufgrund der wachsenden Schadenprävention tendenziell abnehmen.[11] Ziel der Instandhaltung ist es, die Gesamtkosten der Instandhaltung in dem grafisch dargestellten Minimalbereich der Gesamtkostenfunktion zu halten.

8 Vgl. Schild/Rogier, Nachbesserung, S. 28 f.

9 Vgl. Krug, Instandhaltung, S. 24.

10 Vgl. im Folgenden Armstrong, Planning, S. 36; Cotts/Lee, Handbook, S. 201; Krug, Instandhaltung, S. 53.

11 Vgl. hierzu auch Grover/Grover, Optimality, S. 172.

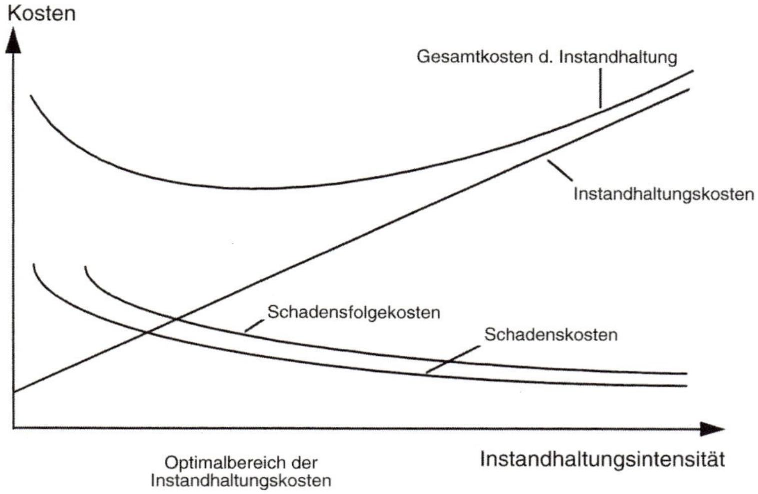

Abb. 9: Kostenverläufe und Gesamtkosten der Instandhaltung[12]

11.4 Problemfelder der Gebäudeinstandhaltung

Die Instandhaltung von Gebäuden bereitet in der immobilienwirtschaftlichen Praxis erhebliche Probleme. Ursache hierfür sind häufig fehlende oder nur unzureichende Bestandsdaten der Immobilie sowie das Fehlen objektspezifischer Instandhaltungsdaten (Zustandsdaten). Diese Situation wird verschärft durch die nur recht ungenauen Schätzungen über das Abnutzungsverhalten und die Lebensdauer von Gebäudeelementen[13] sowie durch fehlende oder unzureichende Kostenkennwerte in der Gebäudeinstandhaltung.[14] Die Folge ist, dass häufig sowohl die Information über den Instandhaltungsbedarf als auch eine systematische, objektorientierte Planung der Instandhaltung unterbleibt.[15] Dies wiederum hat zur Konsequenz, dass in der immobilienwirtschaftlichen Praxis Instandhaltungsmaßnahmen häufig als Ad-hoc-Aktionen vorgenommen werden.

12 In Anlehnung an Heiner, Instandhaltungskosten, S. 177.

13 Vgl. zur Problematik der Einschätzung von Abnutzungsverhalten und Lebensdauern von Gebäudeelementen Kapitel „Lebensdauer von Gebäudeelementen".

14 Vgl. Aufschläger, Instandhaltungs- und Betriebskosten, S. 291.

15 Vgl. Krug, Instandhaltung, S. 24.

Gebäude unterscheiden sich in der Regel in ihrer Bauart (Konstruktion und Material), ihrer Nutzung (Art und Intensität) und ihrem Standort. Somit unterliegt ihr Instandhaltungsverhalten bzw. ihr Instandhaltungsbedarf unterschiedlichen Einflussfaktoren.[16] Aufgrund dieser Heterogenität von Immobilien ist es zudem höchst schwierig, allgemein gültige bzw. vergleichbare und aussagekräftige Werte der Gebäudeinstandhaltung zu erarbeiten.[17] Die Kleinteiligkeit von Instandhaltungsmaßnahmen und die daraus folgende Aufwendigkeit der Instandhaltungsplanung erschweren überdies den Aufbau und die Implementierung eines Planungssystems für die Gebäudeinstandhaltung.[18]

Ein wesentliches Problemfeld der Gebäudeinstandhaltung stellt überdies das Fehlen oder die Unzulänglichkeit von Strategien in diesem Bereich dar. Die Entwicklung von Instandhaltungsstrategien muss sich an Zielvorgaben der WEG orientieren. Die Strategien bedürfen im Weiteren der Umsetzung in konkrete Pläne und Maßnahmen.

11.5 Rechtliche Rahmenbedingungen der Instandhaltung des gemeinschaftlichen Eigentums

Die rechtliche Grundlage für die Instandhaltung des Sondereigentums einer Eigentümergemeinschaft ist das WEG. Nach § 14 Abs. 1 WEG sind die im Sondereigentum stehenden Gebäudeteile durch den Wohnungseigentümer so instand zu halten, dass den anderen Wohnungseigentümern kein unzumutbarer Nachteil erwächst und dass die daraus resultierenden Kosten durch ihn allein zu tragen sind.[19] Hieraus wird gefolgert, dass die Instandhaltung des gemeinschaftlichen Eigentums der Eigentümergemeinschaft obliegt. Nach § 16 Abs. 2 WEG ist jeder Eigentümer verpflichtet, die Kosten der Instandhaltung am gemeinschaftlichen Eigentum nach dem Verhältnis seines Anteils zu tragen.

16 Zu den Einflussfaktoren vgl. Kapitel „Einflussfaktoren auf die Lebensdauer von Gebäudeelementen".

17 Vgl. Aufschläger, Instandhaltungs- und Betriebskosten, S. 291.

18 Vgl. Krug, Instandhaltung, S. 25.

19 Vgl. Weitnauer, Wohnungseigentumsgesetz, S. 130.

Gemäß § 21 Abs. 5 Nr. 2 WEG gehört zur Verwaltung einer WEG insbesondere die ordnungsgemäße Instandhaltung des gemeinschaftlichen Eigentums. Unter der Ordnungsmäßigkeit ist hierbei die Erhaltung des bestehenden bzw. die Wiederherstellung des ordnungsgemäßen Zustands zu verstehen. Dies beinhaltet auch die modernisierende Instandhaltung.[20] Des Weiteren umfasst eine ordnungsgemäße Verwaltung nach § 21 Abs. 5 Nr. 4 die Ansammlung einer angemessenen Instandhaltungsrückstellung zur Vermeidung von Schwierigkeiten[21] bei der Aufbringung der Mittel für notwendige Instandhaltungsmaßnahmen (hier insbesondere Maßnahmen der Instandsetzung).

Hieraus leiten sich die in § 27 Abs. 1 WEG aufgeführten Aufgaben des Verwalters ab. Dazu gehören das Treffen der für die ordnungsgemäße Instandhaltung des gemeinschaftlichen Eigentums erforderlichen Maßnahmen (Nr. 2) sowie die Verwaltung der Instandhaltungsrückstellung (Nr. 4).

Aus den Ausführungen wird deutlich, dass der Gesetzgeber der Instandhaltung einen hohen Stellenwert beimisst. Allerdings wird keine Aussage hinsichtlich der Angemessenheit — also der notwendigen Höhe — der Instandhaltungsrückstellung getroffen. Aus § 28 Abs. 1 Nr. 3 WEG wird lediglich deutlich, dass die Instandhaltung ein Einzelproblem des Wirtschaftsplans ist und somit in diesem berücksichtigt werden muss. Hieraus lässt sich ableiten, dass die Höhe der Rückstellung nach wirtschaftlichen Überlegungen unter Berücksichtigung des zu erwartenden Bedarfs/Aufwands zu bestimmen ist.

Da sie im Ermessen der Eigentümergemeinschaft steht, unterliegt auch die Bestimmung der „angemessenen Höhe“ der Instandhaltungsrückstellung den Eigentümern. Somit ermöglicht der Gesetzgeber, theoretisch, eine auf das entsprechende Gemeinschaftseigentum — und den damit verbundenen Instandhaltungsbedarf — genau abgestimmte Instandhaltungsplanung und die Rückstellung der hierzu notwendigen finanziellen Mittel.

[20] Vgl. Weitnauer, Wohnungseigentumsgesetz, S. 331 f.

[21] Zum Beispiel Eintreibungsrisiken wie die Vorfinanzierung von Zahlungsausfällen durch die restlichen Eigentümer; vgl. Deckert, Rechte, S. 5/62c und 5/62d.

11.6 Technische und ökonomische Rahmenbedingungen der Instandhaltung

11.6.1 Lebensdauer von Gebäudeelementen

Aus konstruktiver Sicht setzen sich Gebäude aus unterschiedlichen Gebäudeelementen[22] zusammen. Diese Elemente weisen individuelle Lebensdauern auf, die nicht aufeinander abgestimmt oder gar identisch sind. Die Lebensdauer eines Gebäudeelements ist gleichzusetzen mit seinem Abnutzungspotenzial.[23] Zu Beginn seines Lebenszyklus weist jedes Gebäudeelement ein Abnutzungspotenzial von 100 % auf, das im Lauf der Zeit aufgrund unterschiedlicher Ursachen aufgebraucht wird. Fällt das entsprechende Element aus, dann ist das Abnutzungspotenzial auf 0 % gesunken und eine Instandsetzung erforderlich. Vor dem Hintergrund technologischer Weiterentwicklungen, aber auch geänderter Erwartungen von Eigentümern und Nutzern entspricht das durch die Instandsetzung des Elements geschaffene neue Abnutzungspotenzial von 100 % jedoch nicht mehr dem ursprünglichen Ausgangspotenzial und wird unter Umständen in Bezug auf den Abnutzungsprozess nicht mehr mit dem Vorhergehenden vergleichbar sein.[24]

Die Lebensdauer von Gebäudeelementen ist abhängig von dem Verschleiß, dem sie im Lauf ihrer Nutzung ausgesetzt werden.[25] Der Verschleißverlauf und damit die Bestimmung der Lebensdauer von Gebäudeelementen sind bis heute Gegenstand unterschiedlicher Forschungsvorhaben. Aussagen in bisherigen Veröffentlichungen, gemischt mit Erfahrungswerten aus der Instandhaltungspraxis, weisen erhebliche Streuungsbreiten auf.[26] Auch der Gesetzgeber hat in der Anlage 5 zu den Richtlinien für die Ermittlung der Verkehrswerte von Grundstücken (WertR) Aussagen über die technische Lebensdauer von baulichen Anlagen und Bauteilen

22 Als Gebäudeelement wird in den folgenden Ausführungen die kleinste Betrachtungseinheit bezeichnet, die Gegenstand von Instandhaltungsmaßnahmen sein kann; vgl. Krug, Instandhaltung, S. 9.

23 Das Abnutzungspotenzial ist zu verstehen als die Summe der Funktionserfüllungen des Elements unter definierten Bedingungen, die dem Element durch seine spezifische Ausgestaltung (Konstruktion, Verarbeitung oder Material) oder aber durch Reparatur oder Instandsetzung innewohnt; vgl. Overkamp/Oesterdiekhoff, Immobilienwirtschaft, S. 59 und Renkes, Begriffe, S. 19 f. Renkes spricht in diesem Zusammenhang nicht von einem Abnutzungspotenzial, sondern von einem Abnutzungsvorrat.

24 Vgl. Overkamp/Oesterdiekhoff, Immobilienwirtschaft, S. 59.

25 Vgl. Wolf, Leitfaden, S. 113.

26 Vgl. BWA, Facilities, S. 5–12. Bei bisher publizierten Lebensdauern von Gebäudeelementen handelt es sich um Mittelwerte, die von durchschnittlichen Verhältnissen in Bezug auf Nutzung, Umwelteinfluss, Qualität und Instandhaltungsintensität ausgehen; vgl. hierzu LBB, Instandhaltung, S. 11 und Hirschberger/Schween/Schwarte, Senkung, S. 182.

getroffen.[27] Bei der Entwicklung eines Planungs- und Steuerungssystems können diese Daten als Orientierungshilfe dienen. Sie sind jedoch aufgrund der begrenzten oder fehlenden Forschungsdaten sowie der unterschiedlichen Verschleißintensitäten, denen Gebäudeelemente ausgesetzt sind, zu relativieren.

Insofern eröffnet sich im Rahmen der Instandhaltung unter Umständen ein erheblicher zeitlicher Spielraum hinsichtlich der Terminierung eines Maßnahmen- oder Ersatzzeitpunkts. Hieraus ergibt sich die Notwendigkeit, für jedes instand zu haltende Element einen entsprechenden/geeigneten Abnutzungsverlauf festzulegen und dessen Beibehaltung zu gewährleisten. Für Bauteile ohne erkennbaren Verschleiß folgt daraus, dass sie mit Erreichen ihrer angenommenen oder vorgegebenen Lebensdauer ausgetauscht werden, unabhängig davon, ob sie noch funktionieren oder nicht. Ein besonders geeignetes Beispiel bieten in dieser Hinsicht Leuchtstoffröhren. Ausgehend von einer gleichzeitigen Inbetriebnahme einer größeren Menge an Leuchtstoffröhren, beispielsweise in einem Großraumbüro oder einer Halle, ist es aufgrund der damit einhergehenden Kosten (insbesondere der Arbeitsvorbereitung wie das Aufstellen einer Leiter, eines Gerüstes oder eines kleinen Hubsteigers) wirtschaftlicher, diese mit Erreichen ihrer angenommenen Lebensdauer auszutauschen, als auf deren Ausfall zu warten und sie erst dann zu ersetzen.[28]

11.6.2 Einflussfaktoren auf die Lebensdauer von Gebäudeelementen

Aufgrund mangelnder konkreter Aussagen über die Lebensdauer von Gebäudeelementen kann im Folgenden nur von Schätzdaten ausgegangen werden. Diese geschätzten technischen Lebensdauern sind als Basisdaten zu sehen. Sie können aufgrund unterschiedlicher Einflussfaktoren erheblich schwanken. Als maßgebliche Einflussgrößen auf die Lebensdauer können identifiziert werden:[29]

- Nutzung
- Bauteilqualität

[27] Vgl. WertR, Anlage 5, Technische Lebensdauer von baulichen Anlagen und Bauteilen.

[28] In diesem Zusammenhang wurden in der Instandhaltungstheorie unterschiedliche Optimierungsmodelle entwickelt; vgl. hierzu stellv. Schröder, Zustandsbewertung, S. 451 ff.; Heiner, Instandhaltungskosten, S. 178 ff. und Mertens, Instandhaltungstheorie, S. 808 ff. sowie die dort angegebene Literatur.

[29] Vgl. Poels, Maintenance, S. 278; BWA, Facilities, S. 5–12; Wolf, Leitfaden, S. 114; Cors, Nutzungsdauer, S. 54; LBB, Instandhaltung, S. 13.

- Umwelteinflüsse
- Instandhaltungsqualität

Charakter und Intensität der **Gebäudenutzung** stellen in Bezug auf den Verschleiß von Gebäudeelementen wohl den wichtigsten Einflussfaktor dar. Die grundsätzliche Widmung eines Gebäudes entscheidet in der Regel über die Nutzungsintensität bzw. -frequenz und damit über die Abnutzung von Bauteilen. Die Bauteile intensiv genutzter Bauwerke, wie zum Beispiel Schulen, Krankenhäuser oder Warenhäuser/Einzelhandelsimmobilien, unterliegen einem stärkeren Verschleiß als beispielsweise Altenheime beziehungsweise Seniorenresidenzen.[30]

Die **Qualität von Gebäudeelementen** wird durch deren Planung, Materialwahl und Ausführung bestimmt. Richtige Maße und Dimensionierungen, entsprechende Materialqualität, fachgerechte Verarbeitung durch qualifiziertes Personal sowie die richtige Materialkombination wirken sich positiv auf die technische Lebensdauer aus. Die Verwendung von Minderqualitäten, die Hinnahme von Ausführungsmängeln in Kombination mit einfacher Bauweise, die Anwendung von nicht ausgereiften Materialien und Konstruktionssystemen sowie die Missachtung von Normen, Richtlinien und bautechnischen Regeln verkürzen die Lebensdauer von Bauteilen hingegen erheblich.[31]

Externe Einflüsse bzw. **Umwelteinflüsse** ergeben sich aus dem Standort des Gebäudes, den klimatischen Verhältnissen sowie der Exponierung von Bauteilen gegenüber äußeren Einflussfaktoren. Aus Sicht des Standortes sind insbesondere Immissionen (Industrie und Verkehr), Erschütterungen durch Verkehr (Schwerlastverkehr oder Bahn), Absenkungen oder Setzungen aufgrund der Bodenbeschaffenheit sowie (verschmutztes) Grundwasser als lebensdauerverkürzende Einflüsse zu nennen. Starke Klima- bzw. Witterungsschwankungen (Temperatur, Luftfeuchtigkeit oder Niederschlag) führen ebenfalls zu einem intensiveren Abnutzungsprozess.[32] Schließlich kann sich durch die Lage oder die Exponierung der Bauteile gegenüber äußeren Einwirkungen wie Regen, Wind oder starker Sonneneinstrahlung, ebenfalls eine verstärkte Abnutzung ergeben, die sich zum Beispiel in Korrosion, Ausbleichen, Versprödung oder Zersetzung des betreffenden Elements äußern kann.[33]

[30] Vgl. LBB, Instandhaltung, S. 14.

[31] Vgl. Peacock, Maintenance, S. 136 f.; Schub/Stark, Life Cycle Cost, S. 92; LBB, Instandhaltung, S. 14.

[32] Vgl. Peacock, Maintenance, S. 138.

[33] Vgl. Hutcheson, Life Cycle Economics, S. 311 und LBB, Instandhaltung, S. 14 f.

Die **Qualität der Instandhaltung** lässt sich in Form ihrer Intensität (Inspektionshäufigkeit und Wartungsintervalle) sowie in der Art ihrer Ausführung bestimmen. Häufigkeit bzw. Regelmäßigkeit von Inspektions- und Wartungsmaßnahmen sowie die strikte Einhaltung der durch Gesetzgeber, TÜV und Hersteller vorgegebenen Inspektions- und Wartungsintervalle sind die Grundvoraussetzung für die Aktualität der Informationen über die Leistungsbereitschaft bzw. die Ausfallwahrscheinlichkeit von Bauteilen. Werden die Inspektions- und Wartungsintervalle nicht eingehalten und/oder zu lange ausgedehnt, so verringert sich die Lebenserwartung aller Bauteile erheblich. Schließlich ist die Ausführungsqualität sowohl von Inspektions- und Wartungstätigkeiten als auch von Instandsetzungsmaßnahmen ausschlaggebend dafür, dass ein größtmögliches Abnutzungspotenzial (hohe Lebenserwartung der Bauteile) wiederhergestellt werden kann.[34]

Als weitere Einflussfaktoren auf die Lebensdauer und das Abnutzungsverhalten von Bauteilen ergeben sich beispielsweise auch die Konsequenzen aus[35]

- missbräuchlicher Nutzung, das heißt, die tatsächliche Nutzung (zum Beispiel Produktionsbetrieb mit hohen Lasten oder Emissionen und Erschütterungen) entspricht nicht der ursprünglichen Widmung der Immobilie (zum Beispiel Einzelhandel);
- mutwilliger Gewalteinwirkung (Graffiti, alle Formen von Vandalismus) und
- höherer Gewalt in Form von Feuer, Sturm- und Wasserschäden, Explosion oder Erdbeben.

Schließlich führt auch die Substitution der technischen Lebensdauer durch die wirtschaftliche Nutzungsdauer in der Betrachtungsweise eines Bauteils zu einer Verkürzung des Lebenszyklus.[36] Dies äußert sich in der Praxis dergestalt, dass ein Bauteil, obwohl es seine eigentliche Funktionstüchtigkeit noch nicht verloren hat, beispielsweise aufgrund funktionaler, sozialer oder ästhetisch/visueller Veralterung ausgetauscht wird.

Tabelle 8 fasst die unterschiedlichen Einflussfaktoren auf die technische Lebensdauer von Gebäudeelementen nochmals tabellarisch zusammen.

34 Vgl. Schub/Stark, Life Cycle Cost, S. 92 und LBB, Instandhaltung, S. 15.

35 Vgl. im Folgenden Krug, Instandhaltung, S. 35.

36 Vgl. Schub/Stark, Life Cycle Cost, S. 92.

<table>
<tr><th colspan="2">Einflussfaktoren auf die technische Lebensdauer von Bauteilen[37]</th></tr>
<tr><td>Objektspezifische Faktoren</td><td>
<ul>
<li>Planungsbezogen
<ul>
<li>Auswahl und Kombination von Materialien</li>
<li>Dimensionierung</li>
<li>Konstruktion (Form, Raumgliederung, Lasten, Bemessungen)</li>
</ul></li>
<li>Ausführungsbezogen
<ul>
<li>Qualität Materialien und Ausführung (Qualifikation der Ausführenden)</li>
<li>Bautechnik</li>
<li>Überwachung</li>
</ul></li>
<li>Bauteillage
<ul>
<li>Exponierung gegenüber Witterungseinflüssen</li>
<li>Schutz gegen Witterungseinflüsse</li>
</ul></li>
<li>Zugänglichkeit instand zu haltender Elemente</li>
</ul>
</td></tr>
<tr><td>Umwelt- und umfeldspezifische Faktoren</td><td>
<ul>
<li>Standort
<ul>
<li>Immissionen</li>
<li>Erschütterungen (Bahn- und Lastverkehr)</li>
<li>Grundwasser</li>
<li>Bodenbeschaffenheit (Setzungen, Senkungen, Auslaugungen)</li>
</ul></li>
<li>Physikalisch/chemisch
<ul>
<li>Hohe Temperaturen, stark wechselnde Temperaturen, Tauwechsel</li>
<li>Eisdruck</li>
<li>Feuchtigkeitsbelastung (Nebel, Tau, Luftfeuchtigkeit)</li>
<li>Sauerstoff/Ozon</li>
<li>Wind</li>
<li>UV-/Lichteinstrahlung</li>
</ul></li>
<li>Biologisch
<ul>
<li>Befall durch Mikroben, Durchwurzelung, Pilze, Insekten</li>
</ul></li>
</ul>
</td></tr>
<tr><td>Nutzungsspezifische Faktoren</td><td>
<ul>
<li>Widmung</li>
<li>Sozialstruktur</li>
<li>Nutzungsintensität
<ul>
<li>Frequenz</li>
<li>Dauer</li>
</ul></li>
<li>Missbräuchliche Nutzung</li>
<li>Instandhaltungsintensität
<ul>
<li>Intervalle und Häufigkeiten von Wartungen und Inspektionen</li>
<li>Analysemethoden im Rahmen von Inspektionen</li>
<li>Qualifikation des Inspektionspersonals</li>
<li>Ausführungsqualität von Wartungen und Inspektionen</li>
</ul></li>
</ul>
</td></tr>
</table>

Einflussfaktoren auf die technische Lebensdauer von Bauteilen[37]	

Sonstige Einflussfaktoren	▪ Höhere Gewalt
	  ▪ Feuer, Wasser, Sturm
	  ▪ Erdbeben
	  ▪ Explosion
	▪ Vorsätzliche Beschädigung oder Zerstörung
	  ▪ Graffiti
	  ▪ Zerkratzen von Eloxalfassaden
	  ▪ Terroranschläge

Tab. 8: Einflussfaktoren auf die technische Lebensdauer von Bauteilen

Die bisher angestellte Betrachtung der Gesamtlebensdauer von Gebäudeelementen bezieht sich sowohl auf Neubauten als auch auf den Austausch eines Bauteils. Darüber hinaus ist es notwendig, dass Bestandsbauten in die folgende systematische Gestaltung der Gebäudeinstandhaltung einbezogen werden. In diesem Fall tritt an die Stelle der Gesamtlebensdauer die Restlebenserwartung, die eine Funktion des Abnutzungsverlaufs ist. Da bisher über den Verlauf der Abnutzung von Bauteilen keine einheitlichen Aussagen getroffen werden können, wird häufig ein linearer Verlauf der Abnutzung unterstellt. Für die Ermittlung der Restlebensdauer ist es notwendig, durch Inspektionen zunächst den Abnutzungsgrad des Elements zu bestimmen. Durch die Unterstellung des linearen Verlaufs der Abnutzung ergibt sich somit, wie in Abbildung 10 dargestellt, dass der Grad der Abnutzung dem Elementealter bzw. das Restabnutzungspotenzial der Restlebenserwartung entspricht.[38]

[37] In Anlehnung an Schild/Rogier, Flachdächer, S. 19; Krug, Instandhaltung, S. 35 und Jehle, Modell, S. 11; vgl. hierzu auch Hutcheson, Life Cycle Economics, S. 311 und Khalid, Obsolescence, S. 72.

[38] Vgl. LBB, Instandhaltung, S. 16 f.

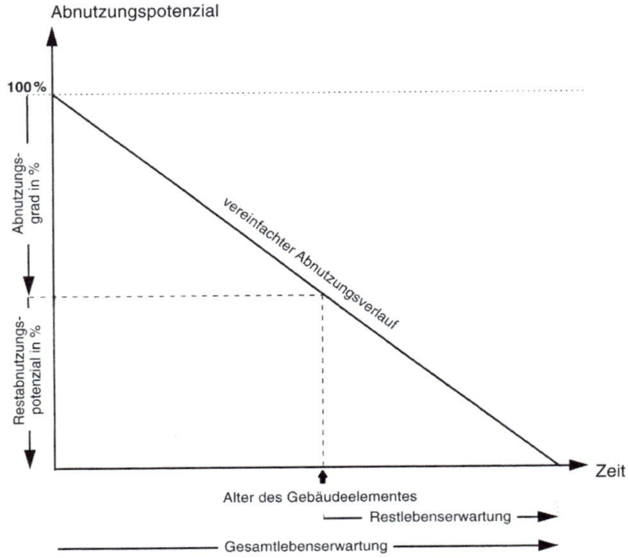

Abb. 10: Bestimmung der Restlebenserwartung von Bauteilen[39]

11.6.3 Strategien der Gebäudeinstandhaltung

Grundlage für die Planung und Durchführung der Gebäudeinstandhaltung bildet die von der Eigentümergemeinschaft verfolgte Instandhaltungsstrategie. Es kann zwischen den folgenden drei grundlegenden Instandhaltungsstrategien unterschieden werden:[40]

- Präventivstrategie: Instandsetzungen erfolgen vor dem Ausfall-/Schadenereignis, falls der wahrscheinliche Zeitpunkt des Ausfalls/Schadens bekannt ist.
- Inspektionsstrategie: Anhand von Inspektionsergebnissen werden Instandsetzungsmaßnahmen im Bedarfsfall – kurz vor Ausfall – geplant.
- Ausfallstrategie/Korrektivstrategie/Feuerwehrstrategie: Instandsetzungsmaßnahmen setzen bei Erreichen der Ausfallgrenze, also im Schadensfall, ein.

[39] In Anlehnung an LBB, Instandhaltung, S. 17.

[40] Vgl. Kraus, Organisation, S. 367; Krug, Instandhaltung, S. 27; Baumann, Anlagen-Controlling, S. 320 ff.

Die Entscheidung, welche der drei strategischen Grundausrichtungen der Gebäudeinstandhaltung eingeschlagen werden soll, ist von verschiedenen Kriterien abhängig. Präventiv- und Inspektionsstrategien haben zunächst einmal vorbeugenden Charakter und zielen darauf ab, dass die Summe der auf ein Gebäudeelement bezogenen Kosten präventiver Instandhaltungsmaßnahmen (KPi) über die Nutzungsdauer des Elements geringer sind als die Summe der Kosten ausfallbedingter Instandsetzungsmaßnahmen (KAj). In diesem Fall gilt:[41]

$$\frac{\sum_{i=1}^{n} K_{Pi}}{\sum_{J=1}^{m} K_{Aj}} < 1$$

Grundsätzlich ist festzulegen, ob überhaupt vorbeugend instand gehalten werden soll (und kann) oder ob keine vorbeugende Instandhaltung erfolgt. In letzterem Fall wird die sogenannte Ausfall-, Korrektiv- oder Feuerwehrstrategie verfolgt werden. Soll hingegen eine vorbeugende Instandhaltung erfolgen, stellt sich als Erstes die grundsätzliche Frage nach der Verfügbarkeit von Daten oder Erfahrungswerten über das Abnutzungsverhalten von Gebäudeelementen. Ist diese nicht gegeben, kann eine vorbeugende Instandhaltung nur auf Basis von Inspektionen durchgeführt werden. Liegen jedoch Daten oder Erfahrungswerte über das Abnutzungsverhalten vor bzw. lassen sich diese durch statistische Verfahren ermitteln, folgt daraus, dass der Zustand der Gebäudeelemente ständig und ohne weitere Maßnahmen der Informationsgewinnung bekannt ist; somit kann eine Präventivstrategie verfolgt werden.[42]

In diesem Zusammenhang gilt es zu beachten, dass die Aufgabe der Gebäudeinstandhaltung sich nicht auf ein einzelnes Instandhaltungsobjekt bezieht, sondern auf verschiedene Gewerke. Diese sind insgesamt gesehen von unterschiedlicher Bedeutung in Bezug auf die durch sie verursachten Kosten und Schadenfolgekosten. Die Verfolgung einer einzigen Instandhaltungsstrategie (Globalstrategie) ist aus diesem Grund nicht notwendig und unter Umständen sogar unwirtschaftlich. Daher ist es in Abhängigkeit von den instand zu haltenden Gewerken erforderlich, das aufgezeigte Strategiespektrum differenziert anzuwenden. Grundsätzlich kann jedoch davon ausgegangen werden, dass bestimmte Gewerke aufgrund ihrer Kostenwirksamkeit, Bedeutung oder auch Sensibilität (Sicherheitseinrichtungen oder besonders wichtige Elemente der TGA) Gegenstand vorbeugender Instand-

41 Vgl. Mertens, Instandhaltungstheorie, S. 808.

42 Vgl. Krug, Instandhaltung, S. 28.

haltungsmaßnahmen sind, wohingegen wenig bedeutsame Gebäudeelemente der korrektiven Instandhaltung unterliegen.

Tabelle 9 fasst die wesentlichen Vor- und Nachteile der drei strategischen Grundausrichtungen der Gebäudeinstandhaltung zusammen.

	Korrektivstrategie	Präventivstrategie	Inspektionsstrategie
Vorteile	Optimale Ausnutzung der technischen Lebensdauer Geringer Planungsaufwand Scheinbare Kostenminderung	Planung und Abstimmung der Maßnahmen möglich Konkrete Kriterien für Outsourcing-Entscheidung Garantierte Flächenverfügbarkeit möglich Senkung der Ausfallkosten	Geringerer Genauigkeitsgrad bezüglich Abnutzungsverhalten erforderlich Optimale Ausnutzung der technischen Lebensdauer möglich Gute Planbarkeit der Maßnahmen Hohes Maß an Flächenverfügbarkeit erreichbar
Nachteile	Hohe Schadenfolgekosten Verkürzung der Lebensdauer betroffener Gebäudeelemente Hoher zeitlicher Druck bei der Schadensbehebung mit negativer Beeinträchtigung der Ausführungsqualität Mögliche Engpässe und höhere Preise bei der Ersatzteilbeschaffung Ungleichmäßige Auslastung von Instandhaltungskapazitäten Eingeschränkte Outsourcing-Möglichkeiten Keine hohe Flächenverfügbarkeit	Hoher Planungsaufwand (Datengenerierung und Datenpflege) Uneinheitliche Aussagen über Verschleißverhalten von Gebäudeelementen Technische Lebensdauer wird nicht optimal ausgenutzt Höhere Anzahl an Maßnahmen erhöht Fehlerwahrscheinlichkeit	Mögliche Kostennachteile durch zusätzliche Inspektionen und erforderliche Qualifikation des Personals (handwerkliche Fähigkeiten und detaillierte Kenntnisse der technischen Diagnostik)

Tab. 9: Vor- und Nachteile strategischer Grundausrichtungen in der Gebäudeinstandhaltung

11.6.4 Planung der Gebäudeinstandhaltung

Ausgangspunkt für die Planung der Gebäudeinstandhaltung ist die Ausformulierung der im vorstehenden Kapitel aufgeführten Ziele der Instandhaltung in kurz-, mittel- und langfristiger Sicht sowie der zu verfolgenden Instandhaltungsstrategie. Des Weiteren bedarf es einer Informationsgrundlage über[43]

- das Gebäude an sich (technische Stammdaten),[44]
- den Zustand des Gebäudes (Zustandsdaten),[45]
- die in der Planung zu berücksichtigenden Gebäudeelemente,
- die theoretische technische Lebensdauer und das Verschleißverhalten der Gebäudeelemente,
- die Plankosten der Maßnahmen, unterteilt in Inspektion, Wartung und Instandsetzung,
- die Folgeschäden und Folgekosten unterlassener bzw. aufgeschobener Instandsetzung,
- die unterschiedlichen Ausführungsalternativen der Instandsetzung.

Diese Informationen bilden die Basis für die Planung sowohl der Maßnahmen in inhaltlicher und zeitlicher Hinsicht als auch der damit verbundenen Kosten der Gebäudeinstandhaltung. Bei diesem Vorgehen wird eine rein objekt- bzw. gewerkebezogene Perspektive eingenommen, deren grundsätzliche Ausrichtung durch die gewählte Instandhaltungsstrategie bestimmt wird.

Neben diesen instandhaltungsbezogenen Aspekten können kurzfristig wirkende unternehmensexterne und -interne Kontextfaktoren eine Änderung der Planungsprämissen bewirken, wodurch ein Abweichen von den Ergebnissen des bisherigen Planungsprozesses notwendig wird. In diesem Zusammenhang stellt — in Ergänzung zur Maßnahmen- und Kostenplanung — die Planung eines Instandhaltungsbudgets ein geeignetes Instrument dar, alternierende Rahmenbedingungen der Instandhaltung zu berücksichtigen.

43 Vgl. im Folgenden insbesondere Catt, Buildings, S. 18; Piani/Saetre, Building Maintenance, S. 22; Krug, Instandhaltung, S. 26.

44 Analog zur Instandhaltung von Produktionsanlagen ist ein Objektkatalog die wichtigste informatorische Grundlage des Instandhaltungsmanagements; vgl. Meier, Instandhaltung, S. 45.

45 Zustandsdaten von Gebäuden werden mittels Objektbegehungen und Begehungsprotokollen erhoben. Zum allgemeinen Vorgehen vgl. insbesondere Robertson, Maintenance Audit, S. 81 f.; Cotts/Lee, Handbook, S. 208 ff.; Kaiser, Reference, S. 157 ff.

Abbildung 11 stellt den vorstehend umrissenen Planungsprozess der Gebäudeinstandhaltung und die darin enthaltenen Elemente schematisch dar. Im Folgenden werden die aufgezeigten Bereiche der Instandhaltungsplanung und -budgetierung näher untersucht.

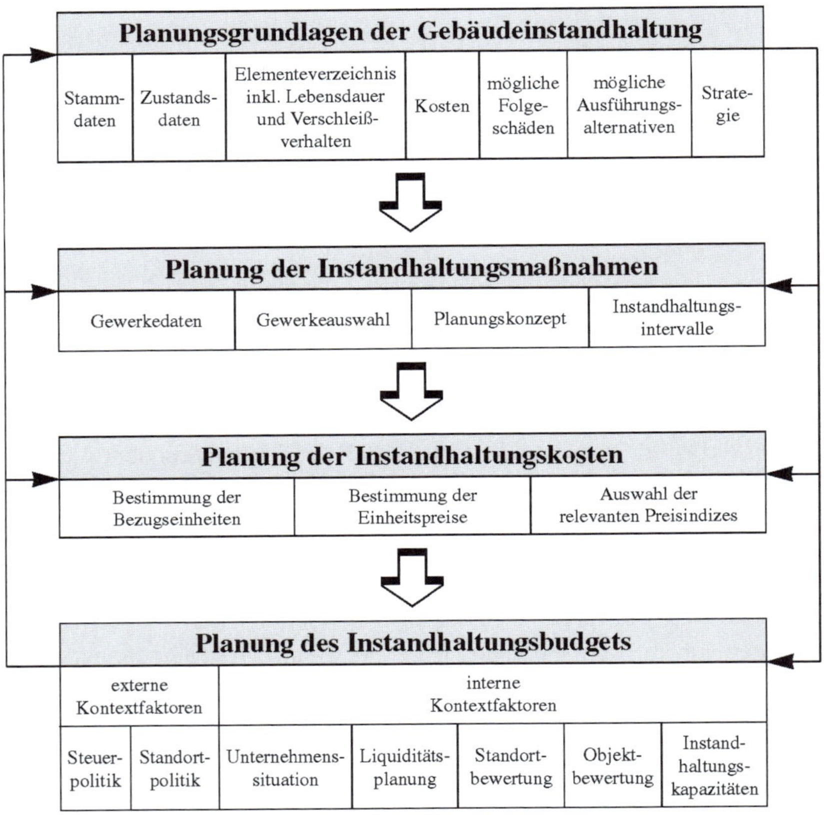

Abb. 11: Planungsprozess und -elemente der Gebäudeinstandhaltung

11.6.4.1 Objekt- und Gewerkeorientierung der Gebäudeinstandhaltung

Die Planung der Instandhaltungsmaßnahmen umfasst die inhaltliche und zeitliche Ausgestaltung bezüglich der Instandhaltungstermine, der anzuwendenden Verfahren im Rahmen von Inspektion, Wartung und Instandsetzung sowie die Ablaufplanung der Maßnahmen.[46]

Wie schon wiederholt aufgezeigt, besteht die Grundvoraussetzung für das weitere Vorgehen darin, dass Bestandsdaten über die instand zu haltenden Gebäude existieren. Die Heterogenität und Individualität[47] von Immobilien erfordert eine objektorientierte Planung der Instandhaltung. Für jedes Gebäude müssen daher die elementaren technischen Stammdaten vorliegen, zum Beispiel Alter/Erstellungsdatum des Objekts, verwendete Materialien und Technologien, letzte Modernisierung, Standort (damit verbundene Einwirkung von Immissionen) oder auch die Größe des Objekts.

In diesem Zusammenhang spielt das Alter der Immobilie zum Planungszeitpunkt eine erhebliche Rolle. Es bestimmt, unabhängig vom technischen Instandhaltungsgrad des Gebäudes, in einem hohen Maß den zukünftigen Aufwand für die Instandhaltung. Die Eintrittswahrscheinlichkeit für planungs- und ausführungsbedingte Bauschäden ist in der Regel in den ersten Jahren der Nutzung sehr hoch, sinkt im weiteren Zeitablauf ab,[48] um mit zunehmendem Gebäudealter wieder zuzunehmen. Diesen Sachverhalt der sogenannten Badewannen-Funktion[49] der Schadenswahrscheinlichkeit verdeutlicht Abbildung 12.

46 Vgl. Baumann, Anlagen-Controlling, S. 334.

47 Heterogenität und Individualität von Immobilien spiegeln sich in Bezug auf die Gebäudeinstandhaltung darin wider, dass Gebäude in einem hohen Maß unterschiedliche Konstruktionsmerkmale aufweisen und verschiedenste Baustoffe verarbeitet werden. Diese sind wiederum verschiedenen Abnutzungsbedingungen ausgesetzt und weisen individuelle Abnutzungsverläufe auf.

48 Auf das Gesamtgebäude bezogen erreicht die Schadenswahrscheinlichkeit im Alter von etwa sieben bis acht Jahren ein Minimum; vgl. hierzu Simons/Sager, Berechnungsmethoden, S. 33 und Schub/Stark, Life Cycle Cost, S. 14.

49 Vgl. Simons/Sager, Berechnungsmethoden, S. 33.

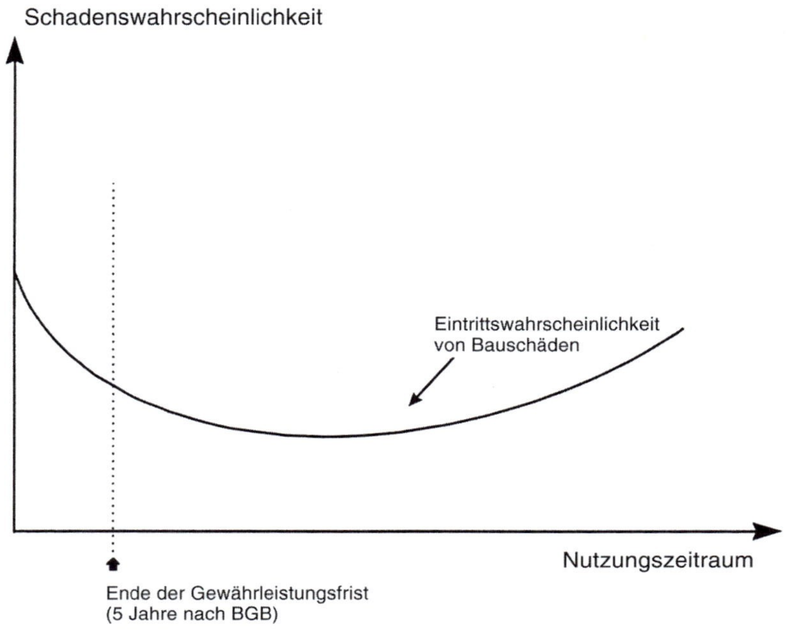

Abb. 12: Eintrittswahrscheinlichkeit von Bauschäden im Zeitablauf[50]

Diese Erkenntnis sollte bei der Maßnahmenplanung insofern berücksichtigt werden, als die angesetzte Lebensdauer um diese Zeitspanne relativiert werden muss. Die Tatsache, dass die Bauschäden eventuell in die Gewährleistungsfrist und somit nicht in die eigentliche Instandhaltung fallen, ist zwar richtig. De facto entstehen aber ein Instandsetzungsbedarf und die Notwendigkeit der Beseitigung unabhängig davon, in wessen Verantwortungsbereich der Schaden liegt. Trotz Schadenseintritts in der Gewährleistungsfrist muss die Schadensbeseitigung durch den Eigentümer erfolgen (um die Nutzbarkeit der Fläche zu gewährleisten), wenn das bauausführende Unternehmen die Verantwortung für den Schaden unter Umständen ablehnt und der Sachverhalt erst durch einen Rechtsstreit (Beweissicherungsverfahren, Gutachtenerstellung, Gerichtsverfahren) geklärt wird.

Darüber hinaus ist beispielsweise für ein Gebäude mit einem funktionierenden, jedoch technisch veralteten Aufzug im Bereich der Aufzugskosten mit höheren Wartungs- und Instandsetzungskosten zu rechnen als für eine Immobilie mit zeit-

50 In Anlehnung an Haase, Anlagenerhaltung, S. 39 und Jehle, Modell, S. 39.

gemäßer Aufzugausrüstung. Dies ist darauf zurückzuführen, dass bei veralteten Anlagen höhere Beschaffungskosten für Ersatzteile anfallen, die Wartungsintervalle kürzer sind und zugleich der Zeitpunkt einer Totalsanierung näher liegt. Darüber hinaus besteht die Gefahr, dass Aufzugswartungsfirmen nicht bereit sind, sogenannte Vollunterhaltsverträge abzuschließen, wodurch die Instandhaltungskosten auf einem höheren Niveau liegen werden als bei modernen Anlagen. Auf andere Gewerke der technischen Gebäudeausstattung, zum Beispiel Klima- oder Heizungsanlage, treffen diese Aussagen ebenfalls zu.

Mit der Objektorientierung der Gebäudeinstandhaltung geht die Gewerke- bzw. Gebäudeelementeorientierung eines solchen Planungssystems einher. Instandhaltungsmaßnahmen beziehen sich nicht auf das Gesamtobjekt als solches, sondern auf die einzelnen Gewerke[51] bzw. Elemente des Bauwerks. Wie zuvor müssen auch hier die technischen Stammdaten wie das Alter oder auch die Vorgaben von Gesetzgeber, Herstellern oder TÜV bezüglich der Inspektions-/Wartungsintervalle berücksichtigt werden. Wie schon dargelegt, zeichnen sich die einzelnen Gewerke zudem durch Unterschiede bei Lebensdauer und Verschleißverhalten aus. Daraus resultieren unterschiedliche Instandhaltungsintervalle und Instandhaltungstechnologien. Hierbei werden die Gewerke zunächst zwar einzeln betrachtet, jedoch müssen bei der Planung der Instandhaltungsmaßnahmen die bestehenden gegenseitigen Abhängigkeiten berücksichtigt werden. Hier sei als Beispiel die Instandhaltung eines Flachdaches genannt, auf dem sich zusätzlich Anlagen der Klima- oder Aufzugtechnik befinden. Eine nur kurz nach einer Dachsanierung anstehende Instandsetzung der technischen Anlagen erscheint wenig sinnvoll, da diese in der Regel das Dach beanspruchen oder in Mitleidenschaft ziehen und zudem Einrichtungen des Materialtransports — Lastenaufzug, Kran bis hin zum Helikopter — für beide Maßnahmen genutzt werden können (opportunistische Strategie).

Gewerkeauswahl

Gebäude setzen sich, sobald ihre Widmung über die reine Hüllenfunktion (zum Beispiel bei einer Lagerhalle einfachster Bauart) hinausgeht, aus einer Vielzahl von Gebäudeelementen zusammen, die im Verlauf der Gebäudenutzung instand zu halten sind. Für die Maßnahmenplanung ist es notwendig, eine Aufstellung dieser instandhaltungsrelevanten Gewerke anzufertigen, auf die sich im weiteren Verlauf die Instandhaltungsstrategien, -maßnahmen und -intervalle beziehen. Ziel die-

[51] In Ergänzung zur bisherigen Terminologie des Gebäudeelements bietet sich für die weitere Auseinandersetzung mit den eigentlichen Instandhaltungsmaßnahmen der in der Bauwirtschaft gebräuchliche Begriff des Gewerks an.

ses Vorgehens ist es, in einem Katalog all diejenigen Gewerke zu erfassen, die im Lauf des Gebäudelebenszyklus von Instandhaltungsmaßnahmen betroffen sind. Je nach Zeithorizont des Planenden, zum Beispiel der angenommene Zeitraum der Kapitalanlage in die Immobilie, wird sich dieser Elementekatalog entsprechend den Instandsetzungsintervallen mehr oder weniger umfangreich gestalten. Eine Ausgangsbasis für die Aufstellung eines solchen Elementekatalogs bietet die DIN 276 Teil 1 Kosten im Hochbau. Sie gliedert Kosten von Bauprojekten in sieben Kostengruppen. Vor dem Hintergrund der Aufgabenstellung sind hiervon folgende Gruppen bedeutsam:

- 3 „Bauwerk — Baukonstruktionen"
- 4 „Bauwerk — Technische Anlagen"
- 5 „Außenanlagen"

1. Ebene	2. Ebene
300 Bauwerk — Baukonstruktion	320 Gründung 330 Außenwände 340 Innenwände 350 Decken 360 Dächer 370 Baukonstruktive Einbauten
400 Bauwerk — Technische Anlagen	410 Abwasser-, Wasser-, Gasanlagen 420 Wärmeversorgungsanlagen 430 Lufttechnische Anlagen 440 Starkstromanlagen 450 Fernmelde- und informationstechnische Anlagen 460 Förderanlagen 470 Nutzungsspezifische Anlagen 480 Gebäudeautomation
500 Außenanlagen	530 Baukonstruktionen in Außenanlagen 540 Technische Anlagen in Außenanlagen

Tab. 10: Katalog instandhaltungsrelevanter Gebäudeelemente nach DIN 276 Teil 1 (Juni 1993)[52]

Aus den Kostengruppen wurden in einer Vorauswahl diejenigen Gebäudeelemente eliminiert, die über die voraussichtliche Nutzungsdauer eines Gebäudes keine nennenswerte Abnutzung erfahren,[53] zum Beispiel Flachgründungen, oder aber deren Abnutzung nicht mit einem vertretbaren Aufwand festzustellen ist, zum Beispiel

52 Vgl. Winkler, Hochbaukosten, S. 20–26.

53 Vgl. Krug, Instandhaltung, S. 69.

Dränagen. Es verbleibt jedoch ein umfangreicher Katalog an Gebäudeelementen.[54] Ziel der Instandhaltungsplanung kann es jedoch nicht sein, alle hierin aufgeführten Gewerke zu berücksichtigen, da andernfalls die Praktikabilität dieser Vorgehensweise nicht mehr gewährleistet ist. Somit ergibt sich ein Entscheidungsbedarf, welche Gewerke bzw. Gebäudeelemente explizit in das Planungsverfahren aufgenommen werden sollen. Als Auswahlkriterium bietet sich hier zunächst die kostenmäßige Relevanz des jeweiligen Gewerks in der Instandhaltung an. Bei der Betrachtung der kostenmäßigen Relevanz von Gewerken sind jedoch nicht allein die direkten Kosten (Kosten der Instandhaltung und Schadenkosten) zu betrachten, sondern auch mögliche Schadenfolgekosten.

Bei dem Kriterium der direkten Kosten werden nur solche Elemente erfasst, die normalerweise einer Instandsetzung und Wartung unterliegen[55] und die auf die Instandhaltungskosten den größten Einfluss haben. Zu diesem Zweck wird eine Konzentrationsanalyse (ABC-Analyse) durchgeführt, deren Kernaussage lautet, dass objektbezogen jeweils nur ein kleiner Teil der Gebäudeelemente und Gewerke[56] den größten Anteil der Instandsetzungskosten verursachen.

Untersuchungen an Wohngebäuden haben diese These bestätigt und kommen zu dem Ergebnis, dass circa ein Achtel der betrachteten Gebäudeelemente rund 55 % der Instandsetzungskosten verursacht.[57]

Diese Elemente werden im Rahmen der ABC-Analyse als besonders bedeutsam (Klasse A) eingestuft.

54 Oben stehende Tabelle gibt als erste Abgrenzung nur die Gebäudeelemente bis zur zweiten Gliederungstiefe wieder. Ein weiterer Abgrenzungsbedarf besteht in Bezug auf die dritte Gliederungstiefe der DIN 276 Teil 1.

55 Vgl. LBB, Instandhaltung, S. 11.

56 Als Gewerk wird in diesem Zusammenhang die Zusammenfassung von gleichartigen Tätigkeiten, zum Beispiel Maler- oder Putzarbeiten, verstanden, die an unterschiedlichen Gebäudeelementen anfallen können.

57 Hampe, 1979; Sonderausschuss Instandhaltungskosten, 1971; Krug, 1985. Die genannten Untersuchungen beziehen sich auf Wohngebäude. Fundierte und umfassende Aussagen dieser Art für Gewerbeimmobilien bestehen nicht. Abgesehen von Spezialimmobilien, kann jedoch von einem ähnlichen Kostenverhalten im Fall von Gewerbeimmobilien ausgegangen werden. Seit den aufgeführten Untersuchungen sind kaum neue Grunddaten ermittelt worden, weshalb ebenfalls von der grundsätzlichen Klassifizierung Krugs hinsichtlich der Bedeutsamkeit von Gebäudeelementen ausgegangen werden kann; vgl. Hirschberger/Schween/Schwarte, S. 3. Zu einer ähnlichen Einschätzung für Großbritannien kommt Bargh (Needs, S. 324), der fünf Gewerke für rund 75 % der Instandhaltungskosten verantwortlich macht.

Die in Tabelle 11 aufgeführten Gebäudeelemente bzw. Gewerke wurden von KRUG in Bezug auf ihre kostenmäßige Auswirkung als besonders bedeutsam ermittelt.[58]

Gebäudeelement/Gewerk	Anteil an den Instandsetzungskosten
Anstricharbeiten	20,5 %
Heizungs- und Brauchwassererwärmungsanlagen	18,5 %
Sanitäre Installation	15,0 %
Elektrische Kabel und Leitungsanlagen	12,0 %
Tischlerarbeiten	8,0 %
Bodenbelagsarbeiten	5,0 %
Putzarbeiten	4,5 %
Dachdeckungs- und -abdeckungsarbeiten	2,5 %

Tab. 11: Anteil von Gewerken an den Instandhaltungskosten (Wohngebäude)[59]

Hierbei gilt es jedoch unbedingt zu beachten, dass diese isolierte Betrachtung der Instandsetzungskosten zu Planungsfehlern führen kann, insbesondere wenn die Instandhaltungsplanung sich allein auf diese A-Teile bezieht. Denn Gebäudeelemente, die als bedeutsam (Klasse B) oder gar als wenig bedeutsam (Klasse C) eingestuft werden, können angesichts der durch sie verursachten Schadenfolgekosten eine weitaus höhere Bedeutung für den Gebrauchswert haben, als die tatsächlichen Instandsetzungskosten zum Ausdruck bringen. Sie haben somit eine größere Bedeutung für die Instandhaltung und sind daher ebenfalls zu identifizieren — indem bei der Klassifizierung neben den Instandsetzungskosten auch die Schadenfolgekosten aus unterlassener Instandsetzung berücksichtigt werden — und unbedingt in die Planung aufzunehmen.[60] Zu diesen Gewerken gehören beispielsweise:[61]

- Schornstein, Brandmauereinfassung
- Sockelputz (Zement)

58 Die genannten Werte beziehen sich nur auf Wohngebäude und sind nicht generell auf andere Immobilientypen übertragbar. So fallen beispielsweise die Instandsetzungskosten für Dächer hier nicht stark ins Gewicht, was auf die Tatsache zurückzuführen sein könnte, dass die untersuchten Gebäude vorwiegend geneigte Dächer haben. Diese Relation ändert sich grundlegend, wenn es sich um Flachdächer handelt, die höhere Instandsetzungskosten aufweisen als geneigte Dachkonstruktionen.

59 Vgl. Krug, Instandhaltung, S. 77.

60 Vgl. Krug, Instandhaltung, S. 78.

61 Vgl. Krug, Instandhaltung, Anlage 1.

- Außensteigleitern
- Rauchabzugsklappen
- Lichtkuppeln aus Kunststoff
- Heizölvorratsbehälter (sowohl ober- als auch unterirdisch)
- Wasseraufbereitungsanlagen und Druckerhöhungsanlagen
- Gasdurchlauferhitzer
- Notstromaggregate
- Aufzugsfahrkorb
- Blitzschutzanlagen
- Feuerlöscher

Anhand einiger in der Auflistung exemplarisch aufgeführter Elemente lässt sich dieser Sachverhalt recht deutlich erklären. So steht außer Frage, dass beispielsweise nicht ordnungsgemäß instand gehaltene Feuerlöscheinrichtungen (Feuerlöscher, Sprinkleranlage), Rauchmeldeeinrichtungen oder Selbstschließautomatiken von Feuerschutztüren im Brandfall ein erhebliches Potenzial für gravierende Schadenfolgekosten darstellen. Die durch sie verursachten Instandhaltungskosten fallen jedoch im Vergleich nur sehr niedrig aus. Gleiches gilt für die Blitzschutzanlage eines Gebäudes oder für Notstromaggregate, die bei einem Stromausfall sowohl den Betrieb der gebäudetechnischen Anlagen als auch die Aufrechterhaltung der Betriebs- bzw. Produktionsbereitschaft der in einem Gebäude angesiedelten Produktion von Gütern oder Dienstleitungen gewährleisten sollen.

Ein weiteres geeignetes Beispiel sind in diesem Zusammenhang Fugenabdichtungen (Bereich der Baukonstruktion). Auch in diesem Fall sind die Instandsetzungskosten vergleichsweise gering. Eine verspätete oder gar unterlassene Instandsetzung von Fugenabdichtungen führt jedoch zu hohen Schadenfolgekosten aufgrund von Durchfeuchtungen und der daraus resultierenden Schäden am Bauwerk.

Intervallplanung und Planungshorizont

Die Instandhaltungsintervalle werden durch das Verschleißverhalten und die technische Lebensdauer der Materialien und Komponenten der Gewerke determiniert. Grundsätzlich kommen zur Bestimmung der Intervalle neben Erfahrungswerten – beispielsweise aus anderen Objekten – Fachinformationen (Forschungsberichte) und das Spezialwissen von Bausachverständigen zur Anwendung. Das Heranziehen von Bausachverständigen ist sicherlich die seriöseste Vorgehensweise, obwohl auch dabei Schwankungen und schätzungsbedingte Fehler nicht ausgeschlossen werden können.[62] Die im Rahmen der Instandhaltungsplanung gewählten Intervalle sind jedes Jahr — oder spätestens alle zwei Jahre — im Sinne einer rollierenden Planung zu überprüfen.[63]

Der zu betrachtende Zeitraum für die Planung der Instandhaltungsmaßnahmen wird neben den schon genannten Lebensdauern der entsprechenden Gewerke insbesondere durch den Planungshorizont des Planenden (Eigentümergemeinschaft) bestimmt. Eine Orientierung an der theoretisch technisch möglichen Lebensdauer einer Immobilie ist unsinnig, da diese durch entsprechende Maßnahmen (Instandhaltung oder Konservierung) bis Ultimo ausgedehnt werden kann.[64] Die Entscheidung des Planenden besteht darin, den Planungszeitraum zu bestimmen. Sinnvoll erscheint es, diesen so festzulegen, dass in seinem Verlauf jedes wichtige Gewerk wenigstens einmal berücksichtigt wird. Eine Orientierungshilfe gibt das längste angenommene Instandhaltungsintervall. Zu beachten ist jedoch, dass bei übermäßig ausgedehnten Planungszeiträumen die der Planung zugrunde liegenden Annahmen immer unsicherer werden und der technische Fortschritt in Bezug auf das Bauen und neue Instandhaltungstechnologien nicht berücksichtigt werden kann.[65] Beispielhaft seien an dieser Stelle Bedachungen, Reparaturen von Rohrleitungen, Heizungstechniken oder auch Vorschriften und Techniken für die Gestaltung von Fassaden genannt. Ein Rückblick auf die letzten Jahrzehnte zeigt, dass die technische Weiterentwicklung auch im Baubereich so erheblich ist, dass die Vergleichbarkeit mit früheren Technologien aufgehoben wird. Damit verliert eine Planung ihren Sinn, da sie von bestehender Technologie und ihrer Reproduzierbarkeit ausgehen muss. Damit die genannten Faktoren berücksichtigt werden können, muss die Planung rollierend erfolgen.[66]

Wie zuvor schon aufgezeigt, bestehen für einzelne Gebäudeelemente Vorschriften des Gesetzgebers,[67] des Herstellers oder auch des TÜV, die Instandhaltungsintervalle vorgeben. Diese Instandhaltungsintervalle gelten im Fall der betroffenen Gebäudeelemente als feste Richtwertintervalle.[68] Tabelle 12 gibt einen beispielhaf-

62 Vgl. Hauff von/Homann, Ansatz, S. 545.

63 Die Ansicht, dass die Instandhaltung von Gebäuden auf einem System der rollierenden Planung beruhen soll, wird auch von Hutcheson (Life Cycle Economics, S. 310) vertreten, indem er anmerkt: „These diary entries should be summarised as five- and ten-year rolling strategic plans."

64 Vgl. Mulligan, Ökonomie, S. 94 und Hauff, v./Homann, Ansatz, S. 491.

65 Hutcheson (Life Cycle Economics, S. 310) empfiehlt beispielsweise einen Planungszeitraum von möglichst zehn Jahren. Als absolutes Minimum setzt er fünf Jahre an.

66 Vgl. Hauff, von/Homann, Ansatz, S. 545.

67 Hierbei handelt es sich um sogenannte überwachungspflichtige Gebäudeelemente. Die gesetzlichen Vorschriften können von Bundesland zu Bundesland variieren. Zu diesen Elementen gehören unter anderem Aufzüge, Feuerlöscher, Blitzschutzanlagen oder auch Heiz- und Druckölbehälter; vgl. Krug, Instandhaltung, S. 100.

68 Vgl. Krug, Instandhaltung, S. 102.

ten Überblick über die Inspektionsintervalle technischer Anlagen und Sicherheitseinrichtungen in Gebäuden und deren rechtliche Grundlagen.

Inspektions-intervall	Gebäude-/Anlagenelement	Rechtliche Grundlage
Wöchentlich	Aufzug	Aufzugsordnung, TÜV
Halbjährlich	Sprinkleranlage Feuerschutztüren, Feuerschutzklappen, selbstschließende Rauchtore	GarVO, BASchulR GhVO, KhBauVO, GastBauVO, HochhVO
Jährlich	Blitzschutzanlagen	VStättVO, GhVO (nach HochhVO und VbF alle drei Jahre)
	Brandlösch-/ Brandmeldeanlagen	VStättVO, GhVO, ArbStättVO
	CO_2-Warnanlage	GarVO
Jährlich	Rauchabzugseinrichtungen	VStättVO, GhVO
	Aufzüge (abwechselnd Haupt- und Zwischenprüfung)	AufzVO
	Feuerungsanlagen > 1 MW (feste Brennstoffe) und > 5 MW (flüssige Brennstoffe)	BImSchG, Genehmigungsauflagen
	Ober- und unterirdische Öllagertanks	VawS
Alle zwei Jahre	Druckbehälter	DruckbehV
	Elektrische Anlagen und Betriebsmittel	GarVO, VStättVO
	Flüssiggasanlagen	ZH 1/455
	Lüftungsanlagen	GarVO, VStättVO, GhVO, ArbStättVO AVOBauVO
	Notstromanlagen Hochhäuser	
Alle drei Jahre	Tankanlagen	VbF
Alle fünf Jahre	Wärmemengen- und Warmwasserzähler	Eichgesetz
Alle sechs Jahre	Kaltwasserzähler	Eichgesetz

Tab. 12: Inspektionsintervalle ausgesuchter technischer Anlagen und Sicherheitseinrichtungen in Gebäuden[69]

[69] In Anlehnung an Schierenbeck, Fristen, S. 33–38; vgl. hierzu auch Sailer/Langemaack, Kompendium, S. 239. Eine weitere Fristenaufstellung für gebäudetechnische Anlagen findet sich bei Cotts/Lee, Handbook, S. 333–335.

Einen weiteren zeitlichen Rahmen für die Durchführung von Instandhaltungsmaßnahmen stellen die Gewährleistungsfristen[70] dar. Die Absicherung von Gewährleistungsansprüchen gegenüber Dritten führt zu der Notwendigkeit einer Inspektion noch vor Ablauf der Gewährleistungsfrist, obwohl aus technischer Sicht die Inspektionsintervalle sehr viel weiter auseinander liegen können.[71] Dieser zusätzliche Zeitrahmen betrifft im Übrigen nicht nur Neubauten, sondern auch Instandsetzungs- und Modernisierungsmaßnahmen, die ebenfalls einer Gewährleistungsfrist unterliegen.

Planung der Instandhaltungskosten

Aufgrund unterschiedlicher Standorte, Konstruktionsweisen, Materialien und Einflussfaktoren auf die Abnutzung ist es nicht möglich, allgemeingültige Aussagen über die Höhe von Instandhaltungskosten von Gebäuden zu treffen[72] oder gar eindeutige Kennzahlen als Basis der Kostenplanung[73] zu ermitteln. Ansätze, welche die Instandhaltungskosten über einen Prozentsatz der historischen Herstellungskosten der Gewerke oder gar des gesamten Gebäudes quantifizieren, um die Instandhaltungsplanung und -steuerung praktikabel und objektbezogen zu gestalten, sind in der immobilienwirtschaftlichen Praxis durchaus an der Tagesordnung.[74]

Diese Vorgehensweisen beruhen in der Regel auf langjährigen Erfahrungswerten, sind jedoch weder auf andere Objekte oder Gebäudebestände übertragbar noch entsprechen sie dem tatsächlichen Instandhaltungsbedarf eines Objekts. Dieser wird, wie bereits verdeutlicht, von verschiedenen Faktoren beeinflusst, die nicht gleichermaßen auf unterschiedliche Gebäude zutreffen. Ein pauschalierter Ansatz der Instandhaltungskosten in Form eines Herstellungskostenanteils negiert diese Tatsache mit der Folge, dass aufgrund der fehlerhaften Kostenplanung die gesamte Instandhaltungsplanung nicht mehr dem tatsächlichen Instandhaltungsbedarf eines Gebäudes entspricht. Gleichzeitig konterkariert ein solches Vorgehen die Implementierung einer geplanten bzw. präventiven Instandhaltungsstrategie, da diese auf einer objekt- bzw. gewerkeorientierten Methodik basiert, die sich

70 Die Gewährleistungsfrist für Bauwerke und Holzerkrankungen beträgt nach VOB/B § 13 Nr. 4 zwei Jahre und nach BGB § 638 (wenn vereinbart) für Bauwerke fünf Jahre.

71 Diese Sichtweise wird durch die in dem Kapitel „Einflussfaktoren auf die Lebensdauer von Gebäudeelementen" aufgezeigte hohe Eintrittswahrscheinlichkeit von Baumängeln in den ersten Nutzungsjahren von Gebäuden gestützt; vgl. Jehle, Modell, S. 113 und Krug, Instandhaltung, S. 101.

72 Vgl. Kautz, Revision, S. 108.

73 Vgl. Männel/Bloß, Planung, S. 510.

74 Vgl. Cotts/Lee, Handbook, S. 201 und Moohan, Profits, S. 366.

auch in einer differenzierten Kostenplanung je Objekt und Gewerk widerspiegeln muss. Hierbei werden gemäß den Eingangsdaten Gebäudeelement und Lebensdauer bzw. Restlebensdauer die jeweiligen Instandsetzungskosten für die betreffende Periode (Zeitpunkt der Maßnahme) ermittelt[75] und in den Plan eingestellt. Dabei müssen die individuellen Einflussgrößen und die Intervalle für Inspektion, Wartung und Instandsetzung berücksichtigt und die Bezugseinheiten (zum Beispiel Quadratmeter Außenfläche für Außenanstrich/Neuverputzung oder für Flachdachabdichtung, laufende Meter für Abdichtungen) und deren Multiplikation mit den relevanten Einheitspreisen[76] (siehe hierzu auch Tabelle 13) festgelegt werden. Ähnliches gilt für die Tätigkeiten im Rahmen von Inspektion und Wartung.

		Kosten in Euro/Einheit	
Gewerk	**Bezugseinheit**	**Bandbreite**	**Mittelwert**
Erneuerung einzelner Steine im Bruchsteinmauerwerk	m^2 Wandfläche	k. A.	155
Anstrich auf Außenputz	m^2 Wandbekleidung außen	8–15	12
Ausbesserung, Reinigung, Verfugung und Imprägnierung von Verblendmauerwerk	m^2 Wandbekleidung außen	27–67	47
Anstrich Holzaußentüren	m^2 Türfläche	41–85	63
Anstrich Holzinnentüren	m^2 Türfläche	14–23	19
Anstrich/Reparatur Holzaußenfenster (Kastenfenster)	m^2 Fensterfläche	52–104	77
Bodenbelag Textil auf vorhandenen Unterboden	m^2 Bodenbelag	16–24	19

Tab. 13: Kostenbeispiele für Instandhaltungsleistungen[77]

Des Weiteren ist zu beachten, dass Instandhaltungsleistungen einer Preissteigerung unterliegen, die es im Rahmen der Kostenplanung von zukünftigen Maßnah-

[75] Vgl. zu diesem Vorgehen auch Derth/Damen, Forecasting, S. 346 und BMI, Occupancy Cost, S. 14.

[76] Einheitspreise für die einzelnen Gewerke können auf konkreten Angeboten beruhen oder aber Baukostensammlungen, zum Beispiel der BKB Baukostenberatung der Architektenkammer Baden-Württemberg (BKB, Gebäudekosten), entnommen werden. Das Zugrundelegen von Erfahrungswerten der Instandhaltung ist in diesem Zusammenhang aufgrund mangelnder Übertragbarkeit kritisch zu bewerten und sollte nur als Orientierungshilfe gesehen werden.

[77] Vgl. LBB, Kostenplanung, S. 175 ff.

men zu berücksichtigen gilt. Geeignete Indizes zur Berücksichtigung der Preissteigerung sind die „Messzahlen für Bauleistungspreise und Preisindizes für Bauwerke" des Statistischen Bundesamtes, die Werte der Preissteigerung, zum Beispiel für Fenster, Fassadenbekleidung, Dachbeläge für geneigte Dächer oder Flachdächer, enthalten. Mittels statistischer Methoden (Zeitreihenanalyse) können für die Planung zukünftiger Instandhaltungsmaßnahmen diese Preissteigerungsraten prognostiziert werden und in die Kostenplanung einfließen.

Ergebnis des bisherigen Vorgehens ist ein objekt- und gewerkeorientierter Instandhaltungsplan, unterteilt in Instandhaltungsmaßnahmen und Instandhaltungskosten. Hieran schließt sich die Planung der Finanzierung der Instandhaltung als weitere originäre Aufgabe der WEG-Verwaltung an. Wie zuvor dargelegt, verlangt der Gesetzgeber in diesem Kontext den Aufbau einer angemessenen Rückstellung. Bei der Tatsache, dass hierbei die Definition der Angemessenheit unterblieben ist, handelt es sich jedoch nicht um ein Versäumnis. Vielmehr kommt hierin die vorstehend hinreichend erläuterte Individualität und Komplexität der Immobilieninstandhaltung zum Ausdruck, die grundsätzlich zunächst eine pauschalisierte Planung der Instandhaltungskosten und deren Finanzierung nicht zulässt.

In der Praxis der WEG-Verwaltung erweisen sich die Themen Instandhaltung von Immobilien sowie die Festlegung der Höhe der regelmäßigen Zuweisung zu einer entsprechenden Rückstellung häufig als kritische Diskussionspunkte zwischen den Eigentümern, aber auch zwischen der Eigentümergemeinschaft und dem Verwalter. Die Gründe hierfür liegen in

- den unterschiedlichen Interessen der Beteiligten,
- den bisher unzureichenden Methoden zur Ermittlung der Höhe der Zuweisung und den daraus folgenden Diskrepanzen zwischen dem bei der Planung angenommenen und dem tatsächlichen Liquiditätsbedarf zum Zeitpunkt des Anfalls der Instandhaltungsmaßnahme.

Auf Grundlage der diskutierten technischen und ökonomischen Rahmenbedingungen der Immobilieninstandhaltung werden nachfolgend die Rahmenbedingungen der Rückstellungsbildung beleuchtet, traditionelle Methoden ihrer Berechnung diskutiert und ein innovatives EDV-gestütztes Instrument zur individuellen Planung der Instandhaltungsrückstellung vorgestellt.

11.6.5 Die Bildung einer Rückstellung zur Finanzierung der Instandhaltung des gemeinschaftlichen Eigentums

Intention der Instandhaltungsrückstellung

Trotz bestehender Ansätze zur Ermittlung der Höhe der jährlichen Zuweisung zur Instandhaltungsrückstellung in der wohnungswirtschaftlichen Literatur ist eine Definition der mit ihr verfolgten Zielsetzungen bisher nicht vorgenommen worden. Grundsätzlich dient die Instandhaltungsrückstellung der Finanzierung notwendiger Instandhaltungsmaßnahmen. Ob damit alle Komponenten der Instandhaltung (Wartung, Inspektion und Instandsetzung) abgedeckt werden sollen, bleibt jedoch unklar. Eine begriffliche Verwirrung entsteht überdies, da der Gesetzgeber in § 16 WEG von Instandhaltungs- und Instandsetzungsmaßnahmen spricht und somit keine WEG-rechtliche Trennungslinie zwischen Wartung und Instandsetzung gezogen wird.

Mit dem Begriff der Angemessenheit stellt sich jedoch nicht nur die Frage nach der Höhe der Instandhaltungsrückstellung bzw. der jährlichen Zuweisung zur Rückstellung. Vielmehr beinhaltet der Begriff der Angemessenheit auch eine zeitliche Perspektive, also die Frage, ob der aus Instandhaltungsmaßnahmen resultierende Finanzbedarf zu jedem Zeitpunkt durch die Instandhaltungsrückstellung gedeckt sein soll.

Beide Fragestellungen werden nicht ohne Weiteres klar oder pauschal zu beantworten sein. Ausschlaggebend sind vielmehr die individuelle Risikoeinschätzung der Eigentümergemeinschaft, ihr Planungshorizont sowie die individuellen Interessen der einzelnen Eigentümer. In diesem Zusammenhang bezieht sich die Risikoeinstellung der Eigentümergemeinschaft auf das Ausfallrisiko von Gebäudeelementen (angenommener Instandhaltungsbedarf) und auf das Risiko des Ausfalls einzelner Mitglieder der Eigentümergemeinschaft bei einem akuten Finanzbedarf.

Im Hinblick auf die Interessenlage der einzelnen Eigentümer kann grundsätzlich zwischen Kapitalanlegerinteressen und Eigennutzerinteressen unterschieden werden. Kapitalanleger sehen das Wohnungseigentum in der Regel unter (kurzfristigen) Renditegesichtspunkten und sind häufig weniger bereit, einer höheren Rückstellungsbildung zuzustimmen, da dadurch Kapital gebunden wird und somit für alternative Investitionen nicht mehr zur Verfügung steht. Zudem ist unter Umständen ein hoher Periodenaufwand (Sonderumlage) für den Kapitalanleger interessant, da dieser in der jeweiligen Periode steuermindernd wirkt. Demgegenüber hat die jährliche Zuweisung zur Instandhaltungsrückstellung keine positive steuerliche

Wirkung. Vielmehr muss der Eigentümer die auf seinen Anteil (MEA) entfallenden Zinseinkünfte aus der Instandhaltungsrückstellung versteuern. Erst zum Zeitpunkt des tatsächlichen Anfalls ist es ihm möglich, den auf seinen Anteil entfallenden Aufwand steuerlich geltend zu machen.

Darüber hinaus ist die Instandhaltungsrückstellung Bestandteil des gemeinschaftlichen Eigentums nach § 1 Abs. 5 WEG und unterliegt somit den Regelungen des § 11 WEG (Unauflöslichkeit der Gemeinschaft). Bei einer Veräußerung des Wohneigentums verbleibt die anteilige Zuweisung zur Instandhaltungsrückstellung im gemeinschaftlichen Eigentum, mit der Folge, dass im Fall des Eigentumsübergangs zwischen den beiden Vertragsparteien eine vertragliche Regelung über eine Berücksichtigung des Anteils an der Instandhaltungsrückstellung getroffen werden muss.[78] Da die Kaufpreisfindung jedoch marktlichen Regeln unterliegt, besteht für den Veräußerer somit in dieser Frage ein beträchtliches Maß an Unsicherheit beziehungsweise ein Risiko.

Selbstnutzende Eigentümer hingegen identifizieren sich oft langfristig mit der Anlage und ihrem Wohnbereich. Ihr besonderes Interesse liegt in der Vorsorge für zukünftige größere Sanierungen und sie wollen sicherstellen, dass alle Mitglieder der Eigentümergemeinschaft dazu beitragen (Minimierung des Beitreibungsrisikos).[79] Sie sind aus diesem Grund in der Regel bereit, dem durch eine entsprechende Zuweisung zur Instandhaltungsrückstellung Rechnung zu tragen.

Vor diesem Hintergrund kann bezüglich der Instandhaltungsrückstellung folgendes Ziel formuliert werden:

- Durch die Instandhaltungsrückstellung soll die Deckung eines aus Maßnahmen der geplanten Immobilieninstandhaltung resultierenden Finanzbedarfs in einer durch die Eigentümergemeinschaft bestimmten Höhe gewährleistet werden.
- In Abhängigkeit von der Risikoeinstellung soll darüber hinaus eine entsprechende Mindestrückstellung zur Deckung unvorhersehbarer und akuter Instandhaltungsbedarfe vorgehalten werden.
- Die Höhe der regelmäßigen Zuweisung zur Instandhaltungsrückstellung muss der wirtschaftlichen Leistungsfähigkeit der einzelnen Eigentümer entsprechen und dient dem kontinuierlichen Aufbau der Rückstellung.

78 Vgl. Weitnauer, Wohnungseigentumsgesetz, S. 64 4c, S. 69–70 4p.

79 Der grundsätzlichen Bereitschaft aller Eigentümer, bei überraschenden Kostenzwängen durch Sonderzahlungen Fehlbeträge auszugleichen, steht die gesetzliche Situation des WEG entgegen, nach der alle Eigentümer gesamtschuldnerisch für Gemeinschaftsbelange haften. Als Folge stehen die zahlungskräftigen Eigentümer immer im Risiko, für die wirtschaftlich schwächeren Eigentümer eintreten zu müssen.

Aus dieser Zielformulierung ergeben sich die folgenden Aufgabenstellungen:

- Bestimmung der Gewerke, deren Instandhaltung durch die Instandhaltungsrückstellung finanziert werden soll
- Bestimmung der Instandhaltungsintervalle
- Bestimmung der Rückstellungshöhe zu definierten Zeitpunkten
- Bestimmung der Höhe der jährlichen Zuweisung zur Instandhaltungsrückstellung

Die geplante objekt- bzw. gewerkeorientierte Immobilieninstandhaltung widmet sich in diesem Zusammenhang den ersten drei Aufgaben. Somit stellt sich nun die Frage der entsprechenden Berechnung der Höhe der jährlichen Zuweisung zur Instandhaltungsrückstellung.

Methoden zur Berechnung der Instandhaltungsrückstellung

Die Bildung der Instandhaltungsrückstellung ist üblicherweise in den Gemeinschaftsordnungen vorgesehen. Die Zuweisung zur Rückstellung wird mit den Wohngeldpauschalen erhoben. Hierbei gilt der Grundsatz des „sparsamen Wirtschaftens", die Höhe soll also so bemessen sein, dass sowohl eine zu hohe Zuweisung als auch eine Inanspruchnahme außerhalb der Wohngeldpauschalen vermieden wird.[80]

In der Praxis der WEG-Verwaltung wird zur Berechnung der Höhe der jährlichen Zuweisung zur Instandhaltungsrückstellung entweder auf Praktikermethoden zurückgegriffen oder auf die „Instandhaltungspauschalen im öffentlich geförderten Wohnungsbau". Letztere sind in § 28 Abs. 2 der jeweils novellierten Fassung der Zweiten Berechnungsverordnung festgelegt. Seit dem 1.1.2002 gilt:

1. Für Wohnungen, die bis zum 31.12.1970 bezugsfertig geworden sind, höchstens 11,50 Euro je m^2/a
2. Für Wohnungen, die in der Zeit vom 1.1.1971 bis zum 31.12.1980 bezugsfertig geworden sind, höchstens 9 Euro je m^2/a
3. Für Wohnungen, die in der Zeit vom 1.1.1981 bis zum 31.12.2001 bezugsfertig geworden sind, höchstens 7,10 Euro je m^2/a

80 Vgl. Deckert, Rechte, S. 5/62d.

Mit den oben genannten Beträgen erkennt der Gesetzgeber zwar an, dass mit zunehmendem Alter des Gebäudes der Bedarf an Mitteln zur Instandhaltung steigt. Die Staffelung der Beträge ist jedoch rein statisch. Eine etwaige Kostensteigerung findet hier keine Berücksichtigung. Ebenso wenig trägt sie der Individualität von Gebäuden und deren Auswirkung auf den Instandhaltungsbedarf Rechnung. Das Heranziehen der oben genannten Sätze ist daher aus ökonomischer Sicht unbefriedigend.

In der WEG-Praxis existieren drei von Praktikern (Peters, Stein und von Hauff) entwickelte mathematische Verfahren zur Ermittlung der jährlichen Zuweisung zur Instandhaltungsrückstellung. Peters stellt in seinem Verfahren einen Zusammenhang her zwischen Herstellungskosten, Nutzungsdauer und dem Teil der Immobilie, der zum gemeinschaftlichen Eigentum zu rechnen ist und damit der Instandhaltungsverantwortung der Gemeinschaft unterliegt.[81]

Seine Formel zur Berechnung der Zuweisung zur Instandhaltungsrückstellung (IR) lautet:

$$IR = \frac{\text{Herstellungskosten/m}^2 \cdot 1{,}5 \cdot 0{,}65}{ND}$$

Der Faktor 0,65 (dieser Faktor ist frei wählbar — Peters geht ursprünglich von 0,75 oder 0,8 aus) reduziert den Instandhaltungsaufwand um den für das Sondereigentum angenommenen Betrag, weil unterstellt wird, dass der Sondereigentümer hierfür (nach Peters sind dies Schönheitsreparaturen) selbst aufkommt.

In seiner Formel legt Peters eine Nutzungs-/Lebensdauer (ND) von 80 Jahren für die Immobilie zugrunde. Hieraus errechnen sich derzeit je nach Baukosten Werte für Wohnflächen zwischen 20 und 50 Euro je m²/a an Zuweisung zur Instandhaltungsrückstellung. Tatsächlich weisen in der Praxis Gemeinschaften zwischen 2,55 und 7,50 Euro je m²/a der Instandhaltungsrückstellung zu. Bei Anwendung der Peters'schen Formel würde sich somit eine signifikante Mehrbelastung ergeben.

Peters weist in seinem Verfahren weder die Baukostensteigerung direkt aus, noch findet die Tatsache Berücksichtigung, dass in der Regel Rückstellungen der Eigentümergemeinschaft in Form von fest verzinslichen Anlagen vorliegen. Daraus resultierende Zinserträge werden in aller Regel zur Aufstockung der Instandhaltungs-

81 Vgl. Peters, Fachverwalter, S. 193.

rückstellung verwendet. Eine Baukostensteigerung wird dadurch berücksichtigt, dass als Basis vom 1,5-Fachen der ursprünglichen Herstellungskosten ausgegangen wird. Die daraus errechnete Zuweisung zur Instandhaltungsrückstellung ist zu Beginn des Planungshorizonts wesentlich höher als die erwartete tatsächliche Inanspruchnahme. Durch diese höhere Zuweisung sollen sowohl die technisch höheren Anforderungen als auch die Kostensteigerungen bei den Wiederherstellungs-, Sanierungs- und Instandhaltungskosten aufgefangen werden.

In einem vereinfachten Rechenbeispiel soll die tatsächliche Entwicklung einer auf der Basis der Peters'schen Formel entwickelten Instandhaltungsrückstellung im Zeitablauf dargestellt werden (Tabelle 14). Dem Rechenbeispiel liegen die folgenden Prämissen zugrunde:

- Historische Herstellungskosten/ m^2 von 2.000 Euro (1970)
- Konstante, jährliche, nachschüssige Zahlung der Zuweisung zur Instandhaltungsrückstellung von 24,37 Euro/m^2
- Verzinsung der Instandhaltungsrückstellung zu 3 % pro Jahr; erste Zinszahlung in t_2
- Jährliche Entnahme aus der Instandhaltungsrückstellung; Basis sind zwölf Euro/ m^2 (1970); erstmalige Entnahme am Ende von t_6; in der Zeit von t_1 bis t_5 wird von einer Gewährleistung nach BGB ausgegangen; jährliche Entnahme wird gemäß der Steigerung der Baukosten angepasst (angenommener Durchschnitt von 6 % pro Jahr)

Periode	**Jährliche Entnahme in Euro/m^2**	**Kumulierte Instandhaltungsrückstellung (inklusive Zins) in Euro/m^2**
t_1 (1970)	0,00	24,37
t_5 (1974)	0,00	129,41
t_6 (1975)	16,06	141,61
t_{10} (1979)	20,27	183,64
t_{14} (1983)	25,59	210,55
t_{16} (1986)	30,48	216,52
t_{20} (1989)	36,31	206,08
t_{24} (1993)	45,84	158,21
t_{25} (1994)	48,59	138,74
t_{26} (1995)	51,50	115,77

Periode	Jährliche Entnahme in Euro/m²	Kumulierte Instandhaltungsrückstellung (inklusive Zins) in Euro/m²
t_{27} (1996)	54,59	89,03
t_{28} (1997)	57,87	58,21
t_{29} (1998)	61,34	22,99
t_{30} (1999)	65,02	-16,97

Tab. 14: Berechnung der Instandhaltungsrückstellung nach Peters

Das vorstehende Beispiel wurde vereinfacht, es wird hier von einer konstanten jährlichen Entnahme ausgegangen. Eine Simulation der tatsächlichen Zahlungsströme, also des Bedarfs an größeren Summen zum Zeitpunkt von Instandsetzungsmaßnahmen, würde die angesparte Summe erheblich reduzieren und somit die Instandhaltungsrückstellung zu einem sehr viel früheren Zeitpunkt negativ werden lassen.

Aus Tabelle 14 wird ersichtlich, dass zwar zu Beginn eine relativ hohe Zuweisung zur Instandhaltungsrückstellung erfolgt. Hierdurch werden die Eigentümer jedoch zu einem Zeitpunkt, zu dem die persönliche Belastung (Investition, Kapitaldienst, Einrichtung der Wohnung, Umzugskosten etc.) besonders hoch ist, in überproportionaler Weise finanziell gefordert. Und es wird ebenfalls deutlich, dass im Rahmen dieser statischen Betrachtung ein noch so großer Anfangsschub nicht ausreicht, um die Inflation auszugleichen und dem tatsächlichen Finanzbedarf gerecht zu werden.

In t_{14} wird die jährliche Entnahme aus der Instandhaltungsrückstellung erstmals größer als die jährliche Zuweisung. In t_{17} ist die Instandhaltungsrückstellung maximal und nimmt dann mit steigenden Zuwachsraten ab. In t_{24} entspricht die jährliche Zuweisung zur Instandhaltungsrückstellung nur noch 50 % des tatsächlichen Bedarfs. In t_{30}, also in diesem Beispiel 1999, wird die Instandhaltungsrückstellung negativ. An dieser Stelle endet das mathematische Modell. In der Praxis müssen spätestens ab diesem Zeitpunkt die Zuweisungen zur Instandhaltungsrückstellung angepasst und der Liquiditätsbedarf durch Sonderumlagen abgedeckt werden.

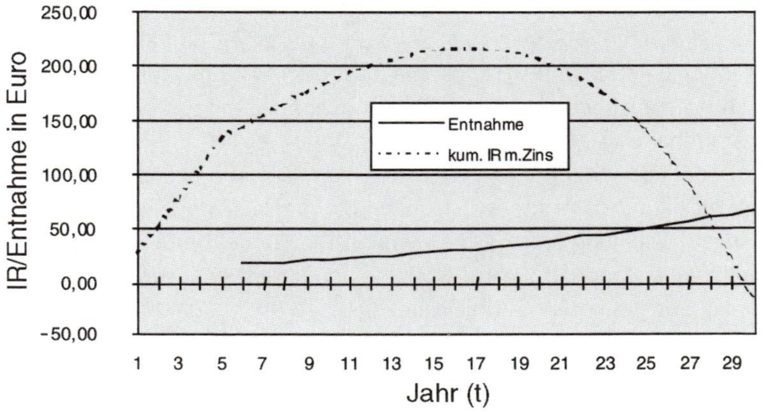

Abb. 13: Verlauf von Rückstellung und Rückstellungsbedarf nach PETERS zwischen t_1 und t_{30}

Neben der mangelhaften Berücksichtigung der Kostensteigerung und der Vernachlässigung der Verzinsung des Kapitals ist weiterhin noch kritisch anzumerken, dass ein etwaiger Instandhaltungsstau sowie eine schon bestehende Instandhaltungsrückstellung durch die Formel nicht erfasst werden können. Aufgrund der aufgezeigten Defizite ist die Verwendung der Peters'schen Formel in der Praxis abzulehnen.

Stein entwickelte die Peters'sche Formel für die Praxis weiter und kommt auf eine Faustformel, die besagt, dass circa 0,8 bis 1 % der Herstellungskosten pro Jahr als Zuweisung zur Instandhaltungsrückstellung anzusetzen seien. Dieser Betrachtung haften die gleichen Mängel an, wie sie schon in der Diskussion des Verfahrens nach Peters aufgezeigt wurden.

Von Hauff entwickelte in den 1980er-Jahren eine Formel zur Berechnung der jährlichen Zuweisung zur Instandhaltungsrückstellung (IRZ), die nicht von den Herstellungskosten, sondern vom aktuellen Marktpreis ausgeht. Sie lautet:

$$IRZ = \frac{\text{Marktpreis/m}^2 \cdot 0{,}25}{50}$$

Dabei wird unterstellt, dass das Gemeinschaftseigentum etwa ein Viertel des Kaufpreises ausmacht. Der Planungshorizont wird auf 50 Jahre festgelegt, in denen die zu betrachtenden/instand zu haltenden Gewerke des gemeinschaftlichen Eigentums mindestens einmal von einer Instandhaltungsmaßnahme betroffen sind (zum Beispiel Dach oder Außenfassade). Eine scheinbare Dynamisierung erfährt die Formel durch das Heranziehen des Marktpreises je Quadratmeter in der jeweiligen Planungsperiode und die Annahme, dass der Marktpreis für verkaufte Wohnungen sich entsprechend dem Preis für Handwerksleistungen der Instandsetzung und Instandhaltung entwickelt. Diese Annahme negiert jedoch den Marktmechanismus, der über Angebot und Nachfrage den Kaufpreis bestimmt, mit der Folge, dass bei rückläufigen Marktentwicklungen die regelmäßige Zuweisung zur Instandhaltungsrückstellung sogar sinken würde. Die Formel berücksichtigt auch eine vorhandene Instandhaltungsrückstellung und deren Verzinsung nicht. Sie ist damit zu wenig auf das konkrete Objekt bezogen, zu ungenau/reduktionistisch und damit ebenfalls unbrauchbar für praktische Entscheidungen.

Zusammenfassend können somit folgende Anforderungen an die Planung der Instandhaltungsrückstellung gestellt werden:

- Fundierung durch eine objekt- bzw. gewerkeorientierte Immobilieninstandhaltung
- Betrachtung von Zahlungsströmen (keine statischen Zuweisungen, Berücksichtigung von Entnahmen und Kapitalverzinsung)
- Objektivierung und Nachvollziehbarkeit des Planungsprozesses
- Transparenz der Planungsprämissen

Ausblick: die individuelle Instandhaltungsrückstellungsplanung (IIRP)

Vor dem Hintergrund der diskutierten Defizite erwächst die Notwendigkeit zur Entwicklung eines innovativen Planungsinstruments. Dieses soll sowohl die Grundelemente einer objekt- bzw. gewerkeorientierten Immobilieninstandhaltungsplanung beinhalten als auch die durch die Immobilieninstandhaltung induzierten Zahlungsströme abbilden und auf Basis finanzmathematischer Verfahren eine exakte Berechnung der jährlichen Zuweisung zur Instandhaltungsrückstellung vornehmen. Die individuelle Instandhaltungsrückstellungsplanung (IIRP) aus dem Hause der Treubau Verwaltung GmbH, Mannheim ist ein solches Planungsinstrument. In der Systematik der IIRP finden folgende Parameter Berücksichtigung:

- **Alter der Immobilie zum Planungszeitpunkt:** Das Alter der Immobilie zum Planungszeitpunkt bestimmt, unabhängig vom technischen Instandhaltungsgrad, in hohem Maß den Investitionsbedarf. Objekte mit einer funktionsfähigen, jedoch veralteten technischen Gebäudeausstattung verursachen tendenziell in diesem Bereich höhere Wartungs- und Instandsetzungskosten als Objekte mit einer zeitgemäßen technischen Gebäudeausstattung. Bei veralteten Anlagen sind die Beschaffungskosten für Ersatzteile höher, die Wartungsintervalle kürzer und der Zeitpunkt einer Totalsanierung liegt näher.

- **Der technische Instandhaltungsgrad und der Instandhaltungsbedarf zum Planungszeitpunkt:** Die Gewerkeorientierung der Planung der Instandhaltungsrückstellung auf Basis der IIRP erfordert die individuelle Erfassung der technischen Zustände der einzelnen Gewerke und die Bestimmung ihrer Instandhaltungsbedarfe. Zu diesem Zweck sind der Instandhaltungsgrad und der Instandhaltungsbedarf eines Objekts im Rahmen einer Objektbegehung durch einen Fachmann unter Zuhilfenahme eines standardisierten Erfassungsbogens zu bestimmen.
- **Ein umfangreicher und individuell erweiterbarer Gewerkekatalog:** Die IIRP enthält einen umfangreichen Gewerkekatalog. Dieser ist in ausreichender Weise erweiterbar, um der Individualität von Gebäuden Rechnung tragen zu können.
- **Wiederherstellungskosten der einzelnen Gewerke zum Planungszeitpunkt:** Zur Ermittlung der Wiederherstellungskosten zum Betrachtungszeitpunkt können neben konkreten Angeboten Erfahrungs- und Vergleichswerte sowie die Expertise von Sachverständigen herangezogen werden.
- **Individuelle Instandhaltungsintervalle:** Die Instandhaltungsintervalle werden durch das Verschleißverhalten und die technische Lebensdauer der Materialien und Komponenten der Gewerke bestimmt. Zur Festlegung der Intervalle kommen neben Erfahrungswerten — beispielsweise aus anderen Objekten — Fachinformationen (Forschungsberichte) und das Spezialwissen von Bausachverständigen infrage. Um Sicherheit über die jeweiligen Zeitintervalle zu gewinnen, empfiehlt es sich, mittels einer Szenario-Analyse unterschiedliche Planungsverläufe zu erstellen und gemäß der Einstellung der Eigentümergemeinschaft eine entsprechende Variante (optimistisch, pessimistisch, durchschnittlich) zu wählen. Die im Rahmen der Instandhaltungsplanung gewählten Intervalle sind jedes Jahr — oder spätestens alle zwei Jahre — zu überprüfen. Somit handelt es sich im Fall der IIRP um eine rollierende Planung.
- **Eine auf 30 Jahre ausgerichtete rollierende Planung:** Bezüglich des Planungszeitraums existieren für Immobilien die unterschiedlichsten Annahmen. Steuerrechtlich ist dieser Zeitraum durch die Gewinnerzielungsabsicht definiert und kann beispielsweise 50 oder 100 Jahre umfassen. In der immobilienwirtschaftlichen Praxis variieren die Planungszeiträume beträchtlich, eine pauschal geltende Aussage ist somit nicht zu treffen. Der zu planende Zeitraum hat zunächst einmal nichts mit der tatsächlichen Lebensdauer einer Immobilie zu tun, da diese theoretisch durch entsprechende Instandhaltung oder Konservierung erheblich verlängert werden kann. Auch auf eine im Mittelalter gebaute Wehrburg, deren weitere Lebensdauer in Jahrhunderten angenommen werden kann, lässt sich die IIRP anwenden.

- Die Entscheidung des Planenden besteht darin, den Planungszeitraum zu bestimmen. Sinnvoll erscheint es, ihn auf 30 Jahre festzulegen. Dies entspricht dem normalen Lebensarbeitszyklus. Wie vorstehend angeführt, erfolgt die Planung zudem rollierend, sodass eine Änderung der Planungsprämissen Berücksichtigung findet.
- Gegen einen kürzer zu planenden Zeitraum sprechen rein pragmatische Überlegungen:
  - Jedes wichtige Gewerk sollte im Planungszeitraum bezüglich der Sanierung wenigstens einmal berücksichtigt werden, um Überraschungen am Ende des Planungshorizonts auszuschließen.
  - Je kürzer der Planungszeitraum veranschlagt wird, desto weniger finanzielle Erholungszeiten stehen zur Verfügung bzw. desto größer ist die Gefahr, durch Nichteintritt von großen Sanierungsschritten zu wenig zu finanzieren. Beide gegenläufige Planungsfehler können bei kurzen Planungszeiträumen eintreten.
- Gegen längere Planungszeiträume als 30 Jahre spricht noch mehr:
  - Je länger der Zeitraum der Planung ist, desto unsicherer werden die ihr zugrunde liegenden Annahmen. Ein zu langer Zeitraum lässt sogar Fundamentalannahmen fragwürdig werden. Annahmen über Zinshöhe und Inflationsgeschwindigkeit sind selbst über zehn Jahre schon problematisch.
  - Auch wird bei sehr langer Planungsdauer der technische Fortschritt in Bezug auf das Bauen und neue Instandhaltungstechnologien nicht berücksichtigt. Beispielhaft seien an dieser Stelle Bedachungen, Reparaturen von Rohrleitungen, Heizungstechniken sowie Vorschriften und Techniken für die Gestaltung von Fassaden genannt. Ein Rückblick über die letzten 30 Jahre zeigt, dass die technische Weiterentwicklung auch im Baubereich so erheblich ist, dass die Vergleichbarkeit mit früheren Technologien aufgehoben wird. Damit verliert eine Planung, die von bestehender Technologie und ihrer Reproduzierbarkeit ausgehen muss, ihren Sinn.
- **Mindesthöhe der Instandhaltungsrückstellung gemäß der Risikoeinstellung der Eigentümer:** Es ist ersichtlich, dass die periodische Zuweisung maßgeblich von der Höhe der vorhandenen Instandhaltungsrückstellung beeinflusst wird. Die Höhe der vorhandenen Instandhaltungsrückstellung darf aber nicht isoliert von einem eventuell vorhandenen Instandhaltungsstau gesehen werden. In der geplanten Mindesthöhe der Instandhaltungsrückstellung drückt sich keine technische Erwartung aus, sondern die Risikoeinstellung der Eigentümer. In ihr kommen die jeweilige Strategie zur Berücksichtigung der Unsicherheit und darüber hinaus das Misstrauen der Eigentümer untereinander zum Ausdruck. Denn nur die tatsächlich aufgebaute Rückstellung steht bei einer überraschenden Inanspruchnahme wirklich zur Verfügung. Der grundsätzlichen Bereitschaft aller Eigentümer, im Fall überraschender Kostenzwänge durch Sonderzahlungen

Fehlbeträge auszugleichen, steht die gesetzliche Situation des WEG entgegen, nach der alle Eigentümer gesamtschuldnerisch für Gemeinschaftsbelange haften. Als Folge stehen die zahlungskräftigen Eigentümer immer im Risiko, für die wirtschaftlich schwächeren Eigentümer eintreten zu müssen. Es ist Teil der Fürsorgeaufgabe eines guten Treuhänders und WEG-Verwalters, den Eigentümern zu verdeutlichen, dass derjenige, der kleine, regelmäßige Beiträge zum Aufbau der Instandhaltungsrückstellung nur schwer aufbringen kann, sich im Fall einer erheblichen Sonderumlagenzahlung ungleich schwerer tun wird und es deshalb auch in seinem Interesse liegen muss, die Zuweisung zur Instandhaltungsrückstellung in der gemeinsam festgelegten Höhe aufzubringen. Für die zahlungskräftigeren Eigentümer stellen diese regelmäßigen und planbaren Beiträge eine tatsächliche Absicherung gegenüber den „schwächeren" Mitgliedern der Gemeinschaft dar.

- **Ausgleichszahlungen zur Berücksichtigung von Instandhaltungsstaus:** Der Beginn der Rückstellungsplanung muss nicht zwingend mit dem Erstellungsdatum der Immobilie identisch sein. Ob die Immobilie bereits seit 100 Jahren besteht oder soeben erst fertiggestellt wurde, ist für die Anwendung des Berechnungssystems ohne Bedeutung. Der Planende muss jedoch, wenn er eine individuelle Rückstellungsplanung betreibt, der Planung den tatsächlichen Zustand der Immobilie zugrunde legen. Das bedeutet, dass der Erhaltungszustand der Immobilie mit eventuellen Sanierungsstaus und der aktuellen Höhe der angesammelten Instandhaltungsrückstellung in die Planung eingeht. Wenn der Zustand der Immobilie bereits zu Planungsbeginn umfangreiche Sanierungen erfordert und die angesammelte Rückstellung nicht ausreicht, so sind zu Beginn des Planungszeitraums zusätzliche Zahlungen anzunehmen und durch Sonderumlagen zu berücksichtigen.
- **Verzinsung der Instandhaltungsrückstellung:** Bei der Verabschiedung von Wirtschaftsplänen in Eigentümergemeinschaften spielt erfahrungsgemäß das Erzielen von Zinseinkünften eine nicht unerhebliche Rolle. Oft entsteht der Eindruck, als ginge es weniger um die Ansammlung eines Liquiditätspolsters zur Vermeidung großer Sonderzahlungen im Bedarfsfall als vielmehr um möglichst hohe Nebeneinnahmen für die Gemeinschaft. Verwalter dagegen neigen dazu, die Bedeutung von Zinsen für angelegte Gelder aus dem Bereich der Rückstellungen unter dem Hinweis herunterzuspielen, dass der erlangte Zins einen Ausgleich für die Geldentwertung darstelle. Die Instandhaltungsrückstellung der Eigentümergemeinschaft liegt in der Regel als festverzinsliche Anlage vor. Es ist deshalb richtig, für die zu planende Laufzeit einen Habenzins anzunehmen, selbst wenn dieser sich im weiteren Verlauf des Planungszeitraums unvorhergesehen entwickeln wird. Da die Planung „rollierend" erfolgt, wird der Fehler, der durch nicht vorhersehbare Zinsentwicklungen verursacht wird, laufend ausgeglichen.

- **Die explizite Berücksichtigung der Baukostensteigerung:** Instandhaltungsleistungen unterliegen ebenso wie Lebenshaltungs- oder Baukosten einer Steigerung. Die Kostensteigerung beeinflusst entscheidend die tatsächlich zu erbringenden Zuweisungen. Der Planende muss sich bei der Berücksichtigung der Kostenentwicklung zwischen zwei Übeln entscheiden. Die vom Statistischen Bundesamt herausgegebenen Lebenshaltungskostenindizes sind bezogen auf die Steigerung der Baukosten in aller Regel zu niedrig. Während in den letzten drei Jahrzehnten die allgemeine statistische Geldentwertung im Durchschnitt 3,5 % betrug, liegt die Steigerung der Baukostenpreise bei circa 5 bis 6 %. Nimmt nun der Planende lediglich die niedrigeren allgemeinen Steigerungsraten an, so entsteht auf Dauer eine erhebliche Unterdeckung. Nimmt er dagegen die höheren Steigerungsraten an, so wird einem jeden Eigentümer klar, dass im weiterem Zeitablauf immer größere Teile des eigenen Einkommens für die Unterhaltung des Gebäudes gebraucht werden, der Widerstand gegen die Planungsmethode kann dann groß sein kann.

Auf Basis der durch die Eigentümergemeinschaft vorgegebenen/verabschiedeten Planungsprämissen wird mittels der IIRP die jährliche Zuweisung zur Instandhaltungsrückstellung berechnet, indem die jeweiligen, monetär quantifizierten Instandhaltungsbedarfe je Gewerk — unter Berücksichtigung der vorhandenen Rückstellung — auf den Betrachtungszeitpunkt abdiskontiert werden.

Ergebnis der IIRP ist die jährlich durch die Eigentümergemeinschaft zu entrichtende Zuweisung zur Instandhaltungsrückstellung für das zu betrachtende Objekt. Gemäß den Miteigentumsanteilen am gemeinschaftlichen Eigentum wird diese Größe schließlich quotenmäßig aufgeteilt und stellt die periodische Belastung des Wohnungseigentümers dar.

Alles in allem stellen der vorgestellte Ansatz der Instandhaltung des gemeinschaftlichen Eigentums der Eigentümergemeinschaft nach WEG sowie die Instandhaltungsrückstellung auf Basis der IIRP einen grundlegenden Wandel von einer in der Praxis vorherrschenden reaktiven Instandhaltungspraxis hin zu einer proaktiven und antizipativen Instandhaltung von Gebäuden dar. Leitidee ist dabei die Wahrung der legitimen Interessen der Eigentümergemeinschaft und ihrer einzelnen Mitglieder (insbesondere der Vermögenserhalt) als Kernaufgabe einer qualifizierten WEG-Verwaltung.

12 Diese Versicherungen sollte der Verwalter kennen

von Reiner Wittemann,

ab 3. Auflage Stefanie Mewes

12.1 Einleitung

An Versicherungsverträgen, die das Eigentum und das Risiko von Wohnungseigentümergemeinschaften absichern, sind verschiedene Parteien mit unterschiedlichen Sichtweisen beteiligt. Der Verwalter unterscheidet zwischen dem gemeinschaftlichen Eigentum, für das er die Verantwortung trägt, und dem Sondereigentum, während der Versicherer Schäden am Gebäude und Schäden am Gebäudeinhalt trennt. Daneben sind die durchaus unterschiedlichen Interessenlagen der Eigentümergemeinschaft insgesamt, der einzelnen Eigentümer, der Mieter und der Handwerksfirmen, die mit einer eventuellen Schadensbehebung beauftragt sind, zu berücksichtigen.

Die Tätigkeit des Verwalters wird durch die große Zahl an Versicherungsangeboten erschwert, die sich hinsichtlich der Leistungen und Prämien stark unterscheiden. Der Verwalter muss daher beurteilen können, ob der Vertrag den Interessen der Eigentümergemeinschaft entspricht, um alle relevanten Risiken zu einer adäquaten Prämie zu versichern. Dabei sind insbesondere die zu versichernden Risiken, die Versicherungssummen und der Selbstbehalt im Schadensfall zu berücksichtigen.

Es gilt zu beachten, dass der Eigentümer oder der Verwalter zum Abschluss bestimmter Versicherungen verpflichtet ist. Insbesondere dem Verwalter sind im Wohnungseigentumsgesetz ganz konkrete Pflichten auferlegt.

Ferner kann der Verwalter im Rahmen des Verwaltervertrags zum Abschluss weiterer Versicherungen verpflichtet werden. Der Abschluss zusätzlicher Versicherungen liegt im Ermessen der Eigentümer. Der Verwalter sollte jedoch in der Lage sein, die Risiken zu erkennen, und auf die Möglichkeit einer Versicherung hinweisen.

Das folgende Kapitel soll nach einigen allgemeinen Hinweisen einen Überblick über die für eine Wohnungseigentümergemeinschaft als notwendig erachteten Versicherungen geben. Die Betrachtung der einzelnen Versicherungszweige erfolgt auf Basis der aktuellen allgemeinen Versicherungsbedingungen, die vom Gesamtverband der Deutschen Versicherungswirtschaft e. V. (GDV) herausgegeben werden. Sie sind unverbindliche Empfehlungen, an denen sich die Mehrzahl der Unternehmen orientiert. Das individuelle Angebot eines Versicherers kann jedoch davon abweichen, sodass der Versicherungsschutz gegenüber den vorgestellten Musterbedingungen erweitert oder eingeschränkt ist. Das bedeutet, dass die nachstehenden Ausführungen lediglich einen allgemeinen Überblick geben können. Rechtlich wirksam sind ausschließlich die Bestimmungen des konkreten einzelnen Versicherungsvertrags.

12.2 Abschluss und Kündigung eines Versicherungsvertrags – Aufgaben des Verwalters

Der Verwalter einer Wohnungseigentümergemeinschaft ist nach den Bestimmungen des Gesetzes über die Wohnungseigentümergemeinschaft zum Abschluss einer Feuerversicherung des gemeinschaftlichen Eigentums zum gleitenden Neuwert sowie einer angemessenen Versicherung der Wohnungseigentümer gegen Haus- und Grundbesitzerhaftpflichtansprüche verpflichtet (§ 21 Abs. 5 WEG).

Vor allem durch Teilungserklärungen der jeweiligen Wohnungseigentümergemeinschaft und durch den Verwaltervertrag kann diese Pflicht ausgedehnt werden. In den meisten Fällen geschieht das für die Leitungswasser- und Sturmversicherung und ggf. für die Gewässerschadenhaftpflichtversicherung (bei Vorhandensein eines Öltanks und/oder einer Ölheizungsanlage).

Obwohl dem allgemeinen Rechtsempfinden nach derjenige, der einen Vertrag schließt, auch berechtigt ist, diesen wieder zu kündigen, sieht die einschlägige Rechtsprechung das anders. Daher sollte in den Verwalterverträgen folgender Satz sinngemäß enthalten sein: „ist der Verwalter zur Einrichtung und zur Kündigung von Versicherungsverträgen berechtigt“

Damit werden Schwierigkeiten im Außenverhältnis zwischen dem Verwalter als Vertreter der WEG und dem Versicherer vermieden. Unberührt davon bleibt, inwieweit sich der Verwalter im Innenverhältnis mit der Eigentümergemeinschaft abstimmen muss oder Genehmigung benötigt.

12.2.1 Abschluss von Versicherungsverträgen

Um seiner Sorgfaltspflicht gegenüber den Wohnungseigentümern Genüge zu tun, sollte der Verwalter vor dem Abschluss eines Versicherungsvertrags Vergleichsangebote einholen und auf Basis der in diesem Kapitel aufgezeigten Hintergründe prüfen. Das Ergebnis dieser Prüfung sollte er dann in die Tat umsetzen bzw. mit den Eigentümern/Beiräten besprechen.

Sofern der Verwalter zur Einrichtung der Verträge berechtigt ist, bedarf es bei der Beantragung des Versicherungsschutzes nur seiner Unterschrift unter dem Antrag. Berücksichtigt werden müssen hier natürlich — vor allem in größeren Verwaltungsfirmen — die internen Regelungen, zum Beispiel wer zur Unterschriftsleistung bei solchen Verträgen berechtigt ist (Firmeninhaber, Geschäftsführung, Prokurist etc.).

Bei der Beantragung der Versicherung sollte der Verwalter darauf achten, dass möglichst auch eine vorläufige Deckung mit beantragt wird. Damit besteht Versicherungsschutz ab dem Antragsdatum bzw. einem im Antrag festgelegten Datum.

In § 37 Versicherungsvertragsgesetz (VVG) ist geregelt, dass der Versicherer berechtigt ist, vom Vertrag zurückzutreten, wenn die **Erstprämie** vom Versicherungsnehmer nicht rechtzeitig bezahlt wird. Außerdem ist der Versicherer von der Leistung frei, wenn zum Zeitpunkt des Eintritts eines Versicherungsfalls die Prämie noch nicht gezahlt ist und der Versicherer den Versicherungsnehmer durch gesonderte Mitteilung auf die Rechtsfolgen hingewiesen hat. In diesem Fall erlischt auch die vorläufige Deckung rückwirkend.

Nach § 121 BGB bedeutet rechtzeitig „ohne schuldhaftes Zögern". Die genaue Festsetzung der **Frist** richtet sich nach dem konkreten Umstand des Einzelfalls. Für die Zahlung der Erstprämie werden beispielsweise **fünf Werktage** angenommen. Der Verwalter sollte unbedingt darauf achten, dass diese Frist eingehalten wird, um den Versicherungsschutz nicht zu gefährden.

Gerade bei neu gebildeten WEGs kann dies zu Problemen führen, wenn die Wohngeldkonten zum Zeitpunkt des Beginns der Versicherungen über keine ausreichende Deckung verfügen. Hier besteht die Möglichkeit der halb- oder vierteljährlichen Zahlungsweise. Es kann auch eine monatliche Zahlungsweise vereinbart werden.

12.2.2 Kündigung von Versicherungsverträgen

Entsprechend dem Versicherungsvertragsgesetz und den allgemeinen Versicherungsbedingungen der einzelnen Versicherungsarten gibt es verschiedene Möglichkeiten der Vertragsbeendigung. Dies sind zum Beispiel:

- Kündigung zum Vertragsablauf
- Kündigung nach einem Eigentümerwechsel
- Kündigung im Schadensfall
- Vertragsaufhebung durch Wegfall des versicherten Risikos
- Kündigung nach Prämienerhöhung

Kündigung zum Vertragsablauf

Jeder Versicherungsvertrag ist zum Ablauf der vertraglich vereinbarten Versicherungsdauer von beiden Seiten kündbar.

Im Regelfall ist eine Verlängerungsklausel vereinbart, sodass sich der Vertrag stillschweigend um ein weiteres Jahr verlängert, wenn nicht unter Einhaltung einer im Vertrag vereinbarten Frist zum Ablauf der Vertragszeit gekündigt wird. Der Vertrag kann dann zum Ablauf der jeweils laufenden Versicherungsperiode gekündigt werden.

Die **Kündigungsfrist** nach § 11 VVG muss für beide Seiten gleich sein und darf nicht weniger als einen Monat und nicht mehr als drei Monate betragen.

Die Vertragslaufzeit beträgt in der Regel drei bis fünf Jahre (ausgenommen sind Lebens-, Renten- und Krankenversicherungen sowie Unfallversicherungen mit Prämienrückgewähransprüchen). Verträge, die mit einer Laufzeit von mehr als drei Jahren abgeschlossen wurden, sind erstmals zum Ablauf des dritten Versicherungsjahres und dann jeweils zum Ablauf des folgenden Jahres mit einer Frist von drei Monaten vor Ablauf des Versicherungsjahres kündbar.

Die **Kündigung bedarf der Schriftform**. Um die fristgerechte Kündigung belegen zu können, ist die eingeschriebene Form (Übergabe-Einschreiben mit Rückschein) empfehlenswert. Um Verzögerungen zu vermeiden, sollte die Berechtigung zur Kündigung dem Kündigungsschreiben beigelegt werden. Dies kann entweder durch Kopie des Verwaltervertrags geschehen oder durch eine Kopie des Protokolls, aus dem der mehrheitliche Beschluss der Eigentümerversammlung zur Kündigung des Vertrags hervorgeht.

Der Versicherer hat nach Eingang der Kündigung die Pflicht, die Rechtmäßigkeit des Anspruchs zu prüfen und eine eventuelle Kündigungszurückweisung mit entsprechender Begründung unverzüglich, das heißt ohne schuldhaftes Zögern, an den Versicherungsnehmer zu schicken. Nach ständiger Rechtsprechung bedeutet „unverzüglich“ nicht „sofort“. Es ist vielmehr eine Überlegungs- und Besprechungsfrist von sieben bis 14 Tagen angemessen.

Kündigung nach einem Eigentümerwechsel

Die Kündigungsmöglichkeiten nach einem Eigentümerwechsel sind in den §§ 95 bis 99 VVG geregelt. Diese Kündigungsmöglichkeiten beziehen sich innerhalb des Tätigkeitsbereichs des Wohnungsverwalters insbesondere auf die Sachversicherungen. Haftpflichtversicherungen sind nicht aufgrund eines Eigentümerwechsels kündbar.

Um einen übergangslosen Versicherungsschutz zu gewährleisten, geht dieser beim Eigentümerwechsel zunächst auf den Erwerber über. Die Veräußerung muss dem Versicherer unverzüglich angezeigt werden. Nach der Kenntnisnahme der Veräußerung ist der Versicherer berechtigt, dem Erwerber das Versicherungsverhältnis unter Einhaltung einer Frist von einem Monat zu kündigen. Dieses Recht erlischt, wenn der Versicherer davon nicht innerhalb eines Monats nach Kenntniserhalt Gebrauch macht (§ 96 Abs. 1 VVG).

Wurde die Veräußerung dem Versicherer nicht unverzüglich gemeldet, ist dieser von der Verpflichtung zu Leistung frei, soweit der Schadensfall später als einen Monat nach dem Zeitpunkt eingetreten ist, zu welchem dem Versicherer die Mitteilung über die Veräußerung hätte zugehen müssen, und er den mit dem Veräußerer bestehenden Vertrag mit dem Erwerber nicht geschlossen hätte.

Der Erwerber ist berechtigt, innerhalb eines Monats nach Erwerb zu kündigen. Hat er von dem bestehenden Versicherungsverhältnis keine Kenntnis, bleibt das Kündigungsrecht bis einen Monat nach Kenntniserhalt bestehen.

Der Erwerber kann die Kündigung mit sofortiger Wirkung oder zum Ende der laufenden Versicherungsperiode aussprechen. Der Verkäufer hat keinen Anspruch auf Erstattung der Prämie durch den Erwerber.

Da sich in der Rechtsprechung immer stärker die Meinung durchsetzt, dass selbst der Wechsel eines Sondereigentümers innerhalb der WEG einen Eigentümerwechsel gemäß §§ 95 bis 99 VVG darstellt, ist diese Kündigungsmöglichkeit beim Eigentümerwechsel für den WEG-Verwalter von großer Bedeutung. Die sich ergebende Möglichkeit des Versicherungswechsels sollte im Bedarfsfall genutzt werden.

Kündigung im Schadensfall

Nach einem versicherten Schadensfall hat sowohl der Versicherer (bezüglich aller Versicherungen, die im Tätigkeitsbereich des Verwalters vorkommen) als auch der Versicherungsnehmer die Möglichkeit, das Versicherungsverhältnis zu kündigen. Die schriftliche Kündigung muss bis spätestens einen Monat nach erfolgter Schadensregulierung beim Versicherer eingehen.

Die Kündigung des Versicherers wird einen Monat nach Eingang beim Versicherungsnehmer wirksam. Noch vorhandene Prämienanteile sind dem Versicherungsnehmer zu erstatten.

Der Versicherungsnehmer kann sich entscheiden, ob die Kündigung mit sofortiger Wirkung oder zum Ablauf der laufenden Versicherungsperiode wirksam werden soll. Allerdings steht dem Versicherer auf jeden Fall die Prämie für die laufende Versicherungsperiode zu. Daher ist eine Kündigung mit sofortiger Wirkung nicht zu empfehlen.

Vertragsaufhebung nach Risikowegfall

Versicherungsverträge werden bei Risikowegfall aufgehoben. Über den Risikowegfall hat der Versicherungsnehmer den Versicherer unverzüglich zu informieren. Bei der Vertragsaufhebung wegen Risikowegfalls wird der Vertrag abgerechnet und eine eventuell noch verbliebene Prämie oder ein Prämienanteil dem Versicherungsnehmer erstattet. Ein Risikowegfall ist in folgenden Bereichen möglich.

- **Haus- und Grundbesitzerhaftpflichtversicherung**: Der Risikowegfall tritt mit der Veräußerung der versicherten Sache (des Gebäudes) ein. Anders als in der Sachversicherung, bei der die Sache versichert ist, ist hier die Haftung des Eigentümers/der Eigentümergemeinschaft versichert. Veräußert der Eigentümer das Gebäude, trägt er dafür kein Risiko mehr. Daher erlischt der Vertrag ab dem Zeitpunkt der Veräußerung (§ 9 Allgemeine Versicherungsbedingungen für die Haftpflichtversicherung [AHB]).
- **Gewässerschadenhaftpflichtversicherung**: Der Risikowegfall tritt hier zum Beispiel ein, wenn die Heizungsanlage von Öl- auf Gasheizung umgestellt wird.

Der Vertrag erlischt zu dem Zeitpunkt, zu dem die Risiken endgültig beseitigt sind. Notwendig ist auch hier die unverzügliche Mitteilung an den Versicherer.

- **Wohngebäudeversicherung**: Hier kann der Risikowegfall zum Beispiel dadurch eintreten, dass das Gebäude nach einem Brandschaden abgerissen, aber nicht wieder neu errichtet wird.

Kündigung nach Prämienerhöhung

In den für den Verwalter relevanten Versicherungen erfolgen — abgesehen von zusätzlichen Einschlüssen — zumeist jährliche Anpassungen der Versicherungssummen und damit auch der Prämien. Wenn der Versicherer die Prämie aber aufgrund einer Anpassungsklausel ändert, ohne dass sich der Umfang der Versicherungssumme ändert, kann der Versicherungsnehmer den Vertrag kündigen (§ 40 VVG). Dies kann mit sofortiger Wirkung, frühestens jedoch zu dem Zeitpunkt, zu dem die Prämienerhöhung in Kraft tritt, geschehen.

Keine zur Kündigung berechtigende Prämienerhöhung liegt zum Beispiel vor, wenn aufgrund der Änderung des gleitenden Neuwertfaktors eine Prämienanpassung in der Wohngebäudeversicherung erfolgt, da über den Baupreisfaktor auch der Versicherungswert des Gebäudes angepasst wird.

Vertragsaufhebung wegen Doppelversicherung

Üblicherweise besteht für ein Risiko — zum Beispiel die Gebäudeversicherung — nur ein Versicherungsvertrag. Es können aber auch zwei Verträge nebeneinander existieren. Das kann zum Beispiel dann der Fall sein, wenn sich nach einem erfolgten Ausbau des Gebäudes die Versicherungssumme erhöht hat und für diesen Teil ein neuer Vertrag bei einer anderen Gesellschaft eingerichtet wurde. Diese Vertragsaufteilung wird als Nebenversicherung bezeichnet. Im Schadensfall teilen die Versicherer den Schaden im Verhältnis ihrer Versicherungssummen, wobei die Versicherungsleistung jedoch auf den Betrag des Versicherungswertes der versicherten Sache begrenzt bleibt.

Wenn ein zweiter Vertrag ohne Kenntnis vom ersten Vertrag abgeschlossen wurde, besteht eine Doppelversicherung, deren Aufhebung im § 79 VVG geregelt ist. Der Versicherungsnehmer kann hier verlangen, dass die Versicherungssumme entsprechend verringert wird (bei gleichzeitiger Verringerung der Prämie) oder ein Vertrag aufgehoben wird. Die Aufhebung oder Herabsetzung der Versicherungssumme und Prämie betrifft immer den zuletzt abgeschlossenen Vertrag.

Hat der Versicherungsnehmer eine Doppelversicherung in der Absicht abgeschlossen, sich dadurch einen rechtswidrigen Vermögensvorteil zu verschaffen, so ist jeder in dieser Absicht geschlossene Versicherungsvertrag nichtig. Dem Versicherer steht die Prämie bis zu dem Zeitpunkt zu, zu dem er von den die Nichtigkeit begründenden Umständen Kenntnis erlangt.

12.3 Der Versicherungsfall

12.3.1 Leistungspflicht des Versicherers und Pflichten des Versicherungsnehmers

Unter einem Versicherungsfall versteht man das Ereignis, durch das die versicherte Gefahr verwirklicht wird. Es bezeichnet den Zeitpunkt, zu dem die Leistungspflicht des Versicherers begründet wird. Welche Ereignisse dies im Einzelnen sind, ist in den jeweiligen Versicherungsbedingungen beschrieben. Die Begründung der **Leistungspflicht des Versicherers** bedingt auch einen kausalen Zusammenhang zwischen versichertem Ereignis und eingetretenen Schäden. Die Leistungspflicht des Versicherers besteht nur, wenn

- der Schaden während der Vertragslaufzeit eintritt und
- kein Prämienrückstand besteht.

Nach den Bestimmungen des § 81 VVG ist der Versicherer von der Leistung im Versicherungsfall frei, wenn der Versicherungsnehmer den Schaden **vorsätzlich** herbeigeführt hat. Der Versicherungsnehmer darf weder durch aktives Handeln noch durch Unterlassen solche Bedingungen schaffen, die den Versicherungsfall unmittelbar herbeiführen.

Im Fall der grob fahrlässigen Herbeiführung des Versicherungsfalls ist der Versicherer berechtigt, seine Leistung in einem der Schwere des Verschuldens des Versicherungsnehmers entsprechenden Verhältnis zu kürzen.

Jeder Versicherungsfall ist dem Versicherer vom Versicherungsnehmer anzuzeigen. Dabei ist es ihm überlassen, ob dies mündlich, fernmündlich, per Telefax, E-Mail oder Brief erfolgt. In der Praxis ist es üblich, dass die Information bei kompliziert erscheinenden oder bei Großschäden vorab in mündlicher oder fernmündlicher Form erfolgt und anschließend eine schriftliche **Schadensmeldung** nachgereicht wird.

Nach den Festlegungen des § 31 VVG muss der Versicherungsnehmer dem Versicherer alle Auskünfte und Belege überbringen, die dem Versicherer die Möglichkeit geben, Entscheidungen über Ursache und Höhe des Schadens und über den Umfang der Entschädigung zu treffen.

Der Versicherungsnehmer muss den Versicherungsfall **unverzüglich anzeigen,** was nach § 121 BGB „ohne schuldhaftes Zögern" bedeutet. Dadurch soll der Versicherer befähigt werden, die notwendigen Festlegungen zur Beweissicherung, Schadensfeststellung und Schadensminderung zu treffen.

Nach dem Eintritt des Versicherungsfalls gemäß § 30 Abs. 1 VVG hat der Versicherungsnehmer alles zu tun, dass die Schadenstelle bis zur Freigabe durch den Versicherer unverändert bleibt (besonders wichtig zum Beispiel bei Brandschäden). Ausgenommen hiervon sind die Handlungen im Rahmen der Verkehrssicherungspflicht. Hierzu zählen zum Beispiel bestimmte Absperrmaßnahmen und Sicherungsmaßnahmen.

Der Versicherungsnehmer hat gegenüber dem Versicherer die Beweislast, dass ein versicherter Schaden eingetreten ist. Es genügt, wenn er die äußeren Umstände darlegt und diese bei Voraussetzung eines typischen Geschehensablaufs mit hoher Wahrscheinlichkeit auf den Eintritt des Schadens schließen lassen. Diese Erleichterung entfällt, wenn der Versicherer einen anderen als den geschilderten Schadensablauf vermutet (zum Beispiel bei Verdacht auf einen fingierten Schadensfall) und dies dem Versicherungsnehmer gegenüber begründet. Der Versicherungsnehmer muss dann den vollen Beweis für den Schadenseintritt erbringen.

Demgegenüber trägt der Versicherer die Beweislast, wenn es zu beweisen gilt, dass ein Ereignis nicht unter den Versicherungsschutz fällt.

12.3.2 Versicherungsleistungen

Die **Versicherungsleistung** nach einem Schadensfall kann durch verschiedene Leistungsarten erfüllt werden.

- **Geldersatz:** Dies ist in der Schadenversicherung der Regelfall. Die Geldleistungen werden gemäß § 14 VVG nach Beendigung der Feststellung des Schadensfalls und von dessen Umfang fällig. Bei Schäden, deren Behebung sich über eine längere Zeit hinzieht, hat der Versicherungsnehmer gemäß § 14 VVG nach Ablauf eines Monats seit Anzeige des Schadensfalls Anspruch auf eine Abschlagszahlung. Es kann der Betrag verlangt werden, den der Versicherer entsprechend den bisherigen Feststellungen mindestens zu zahlen hat. Die Monatsfrist kann dadurch gehemmt sein, dass der Versicherer eventuelle Erhebungen hinsichtlich eines Verschuldens des Versicherungsnehmers führt. Ist die Entschädigungszahlung ganz oder teilweise davon abhängig, dass sie zur Wiederherstellung oder Wiederbeschaffung zerstörter oder entwendeter Sachen verwendet wird, hat der Versicherungsnehmer erst Anspruch auf die Versicherungsleistung, wenn dieser Sachverhalt zu seinen Gunsten geklärt ist. In der Neuwertversicherung gibt es zum Teil auch die Regelung, dass bis zum Erbringen des Belegs über die Wiederherstellung nur Anspruch auf Ersatz des Zeitwertes besteht.

- **Naturalersatz:** Dabei handelt es sich um die Wiederherstellung des früheren Zustands durch den Versicherer auf dessen Kosten.
- **Befreiung von der Haftung** und Gewährung von Rechtsschutz im Bereich der Haftpflichtversicherungen.

Bei den für den Verwalter relevanten **Schadenversicherungen** wird vom Versicherer nur der konkret eingetretene Schaden ersetzt. Dieser kann sich auch auf einen Teilschaden an der versicherten Sache beschränken. Dies ist zum Beispiel typisch für die **Wohngebäudeversicherung**. Hier wird bei einem Leitungswasserschaden in einer Wohnung nur der tatsächlich entstandene Schaden an dieser Wohnung ersetzt und nicht die komplette Versicherungssumme ausbezahlt.

Die tatsächlich zu erbringende Entschädigung — eventuell abzüglich festgestellter Unterversicherungen — muss von Fall zu Fall ermittelt werden. Dies kann über folgende Wege geschehen:

- Der Versicherer stellt die zu erbringende Entschädigung anhand der vom Versicherungsnehmer eingereichten Unterlagen und Belege fest.
- Die Feststellung der vom Versicherer zu zahlenden Entschädigung erfolgt vor Ort durch einen Regulierungsbeauftragten des Versicherers. Dieser darf nicht mit einem Gutachter verwechselt werden. Letzterer ist Sachverständiger, um in komplizierten oder nicht eindeutigen Fällen eine schnelle Lösung für alle Seiten zu finden.

In diesen beiden Fällen legt der Versicherer dem Versicherungsnehmer seine Entscheidung über den Betrag, den er zu zahlen bereit ist, schriftlich dar. Stimmt der Versicherungsnehmer diesem Ergebnis zu, kann er es später kaum anfechten.

Die Feststellung der Schadenshöhe erfolgt oft durch Hinzuziehung eines Sachverständigen. Sofern dies notwendig erscheint, wird zumeist der Versicherer die Kosten hierfür tragen.

Die Feststellung der Entschädigungshöhe erfolgt bei unterschiedlicher Auffassung durch das Sachverständigenverfahren. Hierbei ziehen beide Seiten (Versicherer und Versicherungsnehmer) einen eigenen Sachverständigen hinzu. Sollten die erreichten Ergebnisse nicht für beide Seiten befriedigend sein, kann unter Umständen ein Dritter als Obmann hinzugezogen werden. Diese Verfahren bilden sicher die Ausnahme und werden nur angewendet, wenn erhebliche Differenzen zwischen beiden Seiten bestehen. Jede Seite trägt die Kosten des eigenen Sachverständigen. Die Kosten des Obmannes tragen beide Seiten jeweils zur Hälfte.

12.4 Sachversicherungen

12.4.1 Gebäudeversicherung

Die Wohngebäudeversicherung wird zumeist als verbundene Versicherung angeboten, das heißt, die Gefahren können sowohl einzeln als auch in einer Police versichert werden. Daraus ergibt sich die Möglichkeit einer individuellen Absicherung beispielsweise hinsichtlich des Deckungsumfangs und der Laufzeit. Die Wohngebäudeversicherung ist nicht auf reine Wohngebäude beschränkt. Versicherbar sind auch **Wohn- und Geschäftsgebäude**, wobei der maximal zulässige Anteil an Gewerbeeinheiten im Vergleich zu den Wohnungen differiert (10 bis 50 %). Bei darüber hinausgehenden Anteilen an Gewerbeeinheiten kommen in der Regel leicht modifizierte Versicherungsbedingungen zur Anwendung, die den besonderen Risiken der vorhandenen Gewerbe Rechnung tragen. Die Wohngebäudeversicherung deckt folgende Gefahren:

- Brand, Blitzschlag, Explosion
- Leitungswasser
- Rohrbruch, Frost
- Sturm, Hagel

Einige Gesellschaften bieten zusätzlich Versicherungsschutz gegen Elementargefahren an. Ein solches Angebot kann bestimmte Regionen oder Gefahren ausschließen oder mit einem hohen Eigenbehalt verbunden sein.

Die Versicherung von Wohngebäuden erfolgt in der Regel zum gleitenden Neuwert. Das heißt, dass der Versicherer den Versicherungsschutz entsprechend der Baukostenentwicklung anpasst. Damit ist eine eventuelle Unterversicherung im Schadensfall ausgeschlossen – soweit keine nachträglichen wertsteigernden An- oder Umbauten durchgeführt wurden.

Neben der Versicherung zum gleitenden Neuwert ist eine Absicherung zum Neuwert oder zum Zeitwert möglich. In beiden Fällen ist die Versicherungssumme statisch und kann ohne regelmäßige Anpassung zu einer Unterversicherung führen.

Versicherte Sachen

Versichert sind die in dem Versicherungsvertrag aufgeführten Gebäude. Das der Instandhaltung eines versicherten Gebäudes oder dessen Nutzung zu Wohnzwecken dienende Zubehör ist mitversichert, soweit es sich in dem Gebäude befindet oder außen an dem Gebäude angebracht ist. Des Weiteren sind individuell für das Gebäude gefertigte Einbaumöbel/-küchen sowie auf dem im Versicherungsschein angegebenen Grundstück befindliche Klingel- und Briefkastenanlagen, Müllboxen und Terrassen mitversichert.

Soweit ein Mieter oder Wohnungseigentümer nachträglich auf eigene Kosten Sachen einfügt oder übernimmt, sind diese grundsätzlich nicht versichert. Das gilt auch für Sachen, für die er nach Vereinbarung mit der Wohnungseigentümergemeinschaft das Risiko trägt. Ein Einschluss in den Vertrag kann jedoch vereinbart werden.

In die Wohngebäudeversicherung können auch sonstige Grundstücksbestandteile eingeschlossen werden. Dies kann bis zu ihrem vollen Wert erfolgen, ist in der Regel jedoch auf einen konkreten Betrag oder einen bestimmten Anteil an der Versicherungssumme des Gebäudes begrenzt. Solche sonstigen Grundstücksbestandteile sind zum Beispiel:

- Einfriedungen, Hof- und Gehsteigbefestigungen
- Elektrische Freileitungen, Ständer, Masten
- Hundezwinger, Überdachungen, Pergolen und Carports
- Antennen auf dem Grundstück, Beleuchtungsanlagen

Versicherte Kosten

Versichert sind die infolge eines Versicherungsfalls notwendigen Kosten, die

1. für das Aufräumen und den Abbruch von Sachen anfallen, die durch den vorliegenden Vertrag versichert sind, für das Abfahren von Schutt und sonstigen Resten dieser Sachen zum nächsten Ablagerungsplatz und für das Ablagern oder Vernichten (**Aufräumungs- oder Abbruchkosten**).
2. dadurch entstehen, dass zum Zweck der Wiederherstellung oder Wiederbeschaffung von Sachen, die durch den vorliegenden Vertrag versichert sind, andere Sachen bewegt, verändert oder geschützt werden müssen (**Bewegungs- oder Schutzkosten**), sofern dies schadensbedingt notwendig ist. Diese Kosten werden nur für den Zeitraum getragen, der ohne schuldhafte Verzögerung zwingend notwendig ist.
3. für Maßnahmen erforderlich sind, auch erfolglose, die der Versicherungsnehmer zur Abwendung oder Minderung des Schadens für geboten halten durfte (**Schadenabwendungs- und Schadenminderungskosten**).

Des Weiteren sind Mehrkosten infolge von Preissteigerungen zwischen dem Eintritt des Versicherungsfalls und der Wiederherstellung versichert. Diese sind bei einer Verzögerung der Wiederherstellung nur in dem Umfang zu ersetzen, wie sie bei unverzüglichem Wiederaufbau entstanden wären. Außerdem werden die Mehrkosten infolge behördlicher Auflagen ersetzt, wenn diese auf vor dem Eintritt des Versicherungsfalls erlassenen Gesetzen und Verordnungen basieren.

Kosten, die für Leistungen der Feuerwehr oder anderer im öffentlichen Interesse zur Hilfeleistung verpflichteten Institutionen entstehen, sind nicht mitversichert, wenn die Leistungen im öffentlichen Interesse erbracht wurden.

Durch den Einschluss von Klauseln ist eine individuelle Erweiterung des Versicherungsschutzes hinsichtlich der versicherten Kosten möglich. So kann beispielsweise der Ersatz von Kosten, die aufgrund einer Beschädigung durch Dritte mit Diebstahlsabsicht an Mehrfamilienhäusern entstehen, in den Vertrag eingeschlossen werden. Versichert sind alle Gebäudebestandteile, die dem allgemeinen Gebrauch dienen und keiner einzelnen Wohnung zugeordnet sind. Eine Erweiterung des Versicherungsschutzes um die Kosten infolge von Graffitischäden ist ebenso möglich wie der Einschluss von Aufwendungen für die Beseitigung umgestürzter Bäume.

Die Entschädigung für versicherte Kosten ist in der Regel auf einen vereinbarten Prozentsatz der Versicherungssumme oder einen festen Betrag beschränkt.

12.4.2 Versicherter Mietausfall

Der Versicherer ersetzt

1. den Mietausfall einschließlich etwaiger fortlaufender Mietnebenkosten, wenn Mieter von Wohnräumen infolge eines Versicherungsfalls berechtigt sind, die Zahlung der Miete ganz oder teilweise zu verweigern.
2. den örtlichen Mietwert von Wohnräumen, die der Versicherungsnehmer selbst bewohnt und die infolge eines Versicherungsfalls unbenutzbar geworden sind, falls dem Versicherungsnehmer die Beschränkung auf einen etwa benutzbar gebliebenen Teil der Wohnung nicht zugemutet werden kann.

Der Ersatz des Mietausfalls und des Mietwertes erfolgt nur für den Zeitraum, für den die betroffene Wohnung schadensbedingt und ohne schuldhafte Verzögerung nicht oder nur teilweise nutzbar war. Oftmals ist eine zusätzliche zeitliche Beschränkung Vertragsbestandteil (in den meisten Fällen zwölf Monate nach Schadenseintritt).

Die Versicherung des Mietausfalls oder des ortsüblichen Mietwertes für gewerblich genutzte Räume bedarf in vielen Fällen einer besonderen Vereinbarung.

Versicherte Gefahren und Schäden

Entschädigt werden versicherte Sachen, die durch

1. Brand, Blitzschlag, Explosion, Aufprall eines Luftfahrzeugs, seiner Teile oder Ladung,
2. Leitungswasser,
3. Sturm, Hagel

zerstört oder beschädigt werden oder infolge eines solchen Ereignisses abhandenkommen. Entschädigung geleistet wird außerdem für Bruchschäden an Rohren der Wasserversorgung und Frostschäden an sonstigen Leitungswasser führenden Einrichtungen. Diese Versicherungsleistung umfasst sowohl Einwirkungs- als auch Folgeschäden.

Nachfolgend werden die versicherten Gefahren etwas ausführlicher erläutert.

Brand, Blitzschlag, Explosion, Aufprall eines Luftfahrzeugs, seiner Teile oder Ladung[1]

Ein **Brand** ist ein Feuer, das ohne einen bestimmungsgemäßen Herd entstanden ist oder ihn verlassen hat und das sich aus eigener Kraft auszubreiten vermag.

Als **Blitzschlag** wird das unmittelbare Auftreffen eines Blitzes auf Sachen bezeichnet. Unabhängig davon, ob der Blitz in die versicherte Sache — zum Beispiel das Gebäude — oder in nicht versicherte Sachen — zum Beispiel in einen Baum — eingeschlagen hat, werden die infolge des Blitzes beschädigten oder zerstörten versicherten Sachen reguliert. Für Überspannungsschäden gilt dies nur dann, wenn sie mitversichert sind.

Eine **Explosion** ist eine auf dem Ausdehnungsbestreben von Gasen oder Dämpfen beruhende, plötzlich verlaufende Kraftäußerung.

Der Versicherungsschutz gegen Brand, Explosion und Implosion schließt durch **Nutzwärme** entstandene Brandschäden an versicherten Sachen aus. **Sengschäden** gelten nur dann als versichert, wenn sie durch Brand, Blitzschlag, Explosion oder Implosion entstanden sind.

Leitungswasser

Als Leitungswasser gilt Wasser, das bestimmungswidrig ausgetreten ist aus

- Zu- oder Ableitungsrohren der Wasserversorgung oder den damit verbundenen Schläuchen,
- mit den Zu- und Ableitungsrohren der Wasserversorgung verbundenen Einrichtungen,
- Einrichtungen der Warmwasser- oder Dampfheizung sowie aus Klima-, Wärmepumpen- oder Solarheizungsanlagen,
- Sprinkler- oder Berieselungsanlagen,
- Aquarien oder Wasserbetten.

Wasserdampf und wärmetragende Flüssigkeiten (zum Beispiel Sole, Öle, Kühlmittel, Kältemittel) sind dem Wasser gleichgestellt.

[1] Vgl. Gesamtverband der Deutschen Versicherungswirtschaft e. V., Allgemeine Wohngebäude-Versicherungsbedingungen (VGB 2010), § 2.

Der Versicherungsschutz kann beispielsweise dahingehend erweitert werden, dass auch Wasser aus im Gebäude verlaufenden Regenfallrohren als Leitungswasser gilt.

Versichert sind Schäden, die durch die Einwirkung des bestimmungswidrig ausgetretenen Leitungswassers an den versicherten Sachen entstehen. Nicht versichert sind also Schäden, die zwar durch ein bestimmungswidriges Austreten von Wasser gekennzeichnet sind, aber nicht durch das Leitungswasser selbst verursacht wurden. Darunter fallen zum Beispiel Schäden am Heizofen oder der Heizungsanlage eines Gebäudes, die durch Ausglühen eintreten, weil es infolge eines Rohrbruchs in der Heizungsanlage an Wasser fehlt.

Es ist irrelevant, wo das Leitungswasser ausgetreten ist (dies kann auch außerhalb des versicherten Grundstücks geschehen); versichert sind nur die Schäden, die das Leitungswasser an den versicherten Sachen am Versicherungsort verursacht.

Als mit dem Wassersystem verbundene Einrichtungen gelten alle Anlagen, in denen Wasser fließt, gebraucht oder verbraucht oder zu sonstigen Zwecken aufgenommen wird. Dazu zählen auch sanitäre Einrichtungen, zum Beispiel Duschkabinen, Badewannen, Spültische und Schwimmbecken sowie Wasch- und Geschirrspülmaschinen.

Die Bedingung der **Bestimmungswidrigkeit** gilt als erfüllt, wenn das Leitungswasser entgegen dem technisch geplanten Ablauf und damit gegen den Willen des Versicherungsnehmers oder eines sonstigen berechtigten Benutzers ausgetreten ist. Das Vorliegen eines technischen Defekts ist nicht zwingend erforderlich. Damit sind zum Beispiel auch Schäden versichert, die aufgrund menschlichen Fehlverhaltens eingetreten sind.

Ist Wasser aus anderen als den aufgeführten Vorrichtungen bestimmungswidrig ausgetreten, so haftet der Wohngebäudeversicherer nicht. So sind Schäden durch Wasser, das beispielsweise aus freistehenden Eimern, Waschzubern, Flaschen, Blumenvasen oder Töpfen austritt, vom Versicherungsschutz ausgeschlossen.

Der Versicherungsschutz gegen Leitungswasser erstreckt sich **nicht** auf Schäden, die durch folgende Ursachen entstanden sind:

- Plansch- und Reinigungswasser;
- Grundwasser, stehendes oder fließendes Gewässer, Überschwemmung, Hochwasser oder Witterungsniederschläge (bei Leitungsrohren, die sowohl der Dachentwässerung als auch der Ableitung häuslicher Abwässer dienen, ist die genaue Austrittsstelle entscheidend) oder einen durch diese Ursachen hervor-

gerufenen **Rückstau**, es sei denn, es handelt sich um Leitungswasserschäden durch einen hierdurch verursachten Rohrbruch
- Öffnen der **Sprinkler** oder Bedienen der Berieselungsdüsen wegen eines Brandes, durch Druckproben oder durch Umbauten oder Reparaturarbeiten an dem versicherten Gebäude oder an der Sprinkler- oder Berieselungsanlage
- **Erdfall** oder **Erdrutsch**, es sei denn der Erdfall oder der Erdrutsch wurde durch Leitungswasser verursacht
- Schwamm
- Leitungswasser an versicherten Sachen, soweit das Gebäude nicht bezugsfertig oder wegen Umbauarbeiten für seinen Zweck nicht nutzbar war

Rohrbruch und Frost

Innerhalb versicherter Gebäude sind **frostbedingte** und **sonstige Bruchschäden** an Rohren

- der Wasserversorgung (Zu- und Ableitungen),
- der Warmwasser- oder Dampfheizung,
- von Sprinkler- und Berieselungsanlagen,
- von Klima-, Wärmepumpen- oder Solarheizungsanlagen

versichert, wobei der Bereich zwischen den Fundamenten als innerhalb des Gebäudes gilt.

Darüber hinaus versichert sind **innerhalb** versicherter Gebäude **Frostschäden** an folgenden Einrichtungen:

- Badeeinrichtungen, Waschbecken, Spülklosetts, Armaturen (zum Beispiel Wasser- und Absperrhähne, Ventile, Geruchsverschlüsse, Wassermesser) oder ähnlichen Installationen
- Heizkörpern, Heizkesseln, Boilern oder an vergleichbaren Teilen von Warmwasserheizungs-, Dampfheizungs-, Klima-, Wärmepumpen- oder Solarheizungsanlagen
- Sprinkler- und Berieselungsanlagen

Außerhalb versicherter Gebäude sind Frost- und sonstige Bruchschäden an Zuleitungsrohren der Wasserversorgung und an den Rohren der Warmwasserheizungs-, Dampfheizungs-, Klima-, Wärmepumpen- oder Solarheizungsanlagen versichert, soweit diese Rohre der Versorgung versicherter Gebäude oder Anlagen dienen und sich auf dem versicherten Grundstück befinden. Die Ableitungsrohre der Wasserversorgung auf dem versicherten Grundstück können ebenso wie die außerhalb des versicherten Grundstücks liegenden Zu- und Ableitungsrohre durch besondere Vereinbarungen mit versichert werden.

Durch die Rohrbruchversicherung sind nur die Reparatur bzw. die Auswechslung des bereits gebrochenen Rohrteils zur Wiederherstellung eines gebrauchsfähigen Zustands versichert. Das hat dann Bedeutung, wenn sich bei einer **Notreparatur** an einem defekten Rohrstück herausstellt, dass der Rohrstrang über eine größere Strecke sanierungsbedürftig ist. Selbst wenn im Zuge der Schadensbehebung der Rohrstrang komplett erneuert wird, übernimmt der Versicherer nur die Kosten, die für die eigentliche Reparatur angefallen wären.

Rohrleitungen im Sinne der Wohngebäudeversicherung sind feste Hohlkörper von zumeist rundem Querschnitt. Sie sind zur Leitung von Flüssigkeiten bestimmt, müssen aus einem festen Material bestehen und fest verlegt sein. Zum Rohr zählen:

- Rohrstücke
- Rohrknie und -bögen
- Rohrverschraubungen
- Flansche und Muffen

Alle übrigen Einrichtungen der Wasserversorgung zählen nicht als Rohrleitungen im Sinne der Versicherungsbedingungen. Dies können zum Beispiel sein:

- Wasseruhren und Wasserzähler
- Druckminderer, Kompensatoren (Dehnungsausgleicher)
- Wasserhähne
- Eckventile, Absperrschieber und -hähne
- Siphons (Geruchsverschlüsse)

Die Rohrbruchversicherung ist eine sehr weit gehende Deckung, das heißt, es sind Bruchschäden jeder Art gedeckt. Dies können neben dem tatsächlichen Rohrbruch, bei dem das Rohr im eigentlichen Sinne des Wortes bricht, auch Haarrisse, Löcher durch Lochfraß (unabhängig, ob von außen oder von innen), undichte Verschraubungen oder undichte Schweißnähte sein. Während die Rohrleitungen der Wasserversorgung sowohl gegen Rohrbruch als auch gegen Frost versichert sind, sind alle anderen Einrichtungen der Wasserversorgung nur gegen Bruchschäden infolge von Frost versichert. Daher sind diese Teile in den meisten Schadensfällen nicht versichert. Das begründet sich in dem Verschleiß, dem diese Einrichtungen zwangsläufig unterliegen. Der Eigentümer trägt die Verantwortung für die vorsorgliche Instandsetzung bzw. Erneuerung der Sache. Unterbleibt dies, kann dafür nicht der Versicherer haften.

Im Rahmen der Rohrbruch- und Frostversicherung sind auch die sogenannten **Suchkosten** versichert. Da die Rohrleitungen in der Regel unter Putz oder in Vorwandinstallationen liegen, sind Rohrbruchschäden meist versteckt. Der Schaden wird daher zuerst anhand der Symptome festgestellt: durchfeuchtete Decken oder Wände, aus Wandöffnungen austretendes Wasser oder erheblicher Wasserverlust, zum Beispiel aus dem geschlossenen Heizungssystem. Die Suche nach der tatsächlichen Ursache für diese Symptome verursacht sehr oft erhebliche Kosten, da es oft notwendig ist, Wände — inklusive der dazugehörigen Fliesen — zu öffnen.

Neben den Suchkosten sind auch die **Wiederherstellungskosten** versichert, wenn sich ein versicherter Rohrbruch oder Frostschaden als Ursache herausgestellt hat. Der Versicherer ist auch hier nur zum Ersatz der notwendigen Kosten verpflichtet.

Im Rahmen der Schadenabwendungs- und Schadenminderungskosten sind auch die **Auftaukosten** mitversichert. Dabei ist es nicht von Belang, ob der Rohrbruch infolge des Einfrierens der Wasserleitung bereits eingetreten ist. Wenn der Eintritt des Rohrbruchs als unmittelbar bevorstehend angesehen werden kann, sind die Kosten für das Auftauen auch dann zu ersetzen, wenn es nicht zum Rohrbruch kommt. Nicht ersetzt werden jedoch die Kosten, die nur zur Wiederherstellung der Wasserversorgung dienen. Auch die Kosten zum Auftauen einer nicht versicherten Rohrleitung werden vom Versicherer nicht übernommen.

Vom Versicherungsschutz ausgeschlossen sind **Undichtigkeiten**, beispielsweise infolge von porösen Dichtungen. Hier können weder die Suchkosten noch die Kosten für die Wiederherstellung der im Zusammenhang mit der Suche entstandenen Beschädigungen geltend gemacht werden. Es besteht auch kein Anspruch auf Schadenminderungskosten. Des Weiteren besteht kein Versicherungsschutz, wenn das Gebäude noch nicht bezugsfertig oder wegen Umbauarbeiten für seinen Zweck nicht nutzbar ist. Schäden durch einen Erdrutsch oder Erdfall sind ebenso ausgeschlossen, es sei denn der Erdrutsch oder der Erdfall wurden durch Leitungswasser verursacht.

Um Ihnen als Verwalter eine möglichst verständliche Information an die Hand zu geben, haben wir in Tabelle 15 mögliche Schadensursachen innerhalb der versicherten Gebäude (dabei dürfte es sich um die häufigsten Schäden handeln) aufgelistet und aufgeführt, welche Kosten (Suchkosten, Kosten für die Beseitigung der Schadensursache, Wiederherstellungskosten und Folgeschäden) versichert sind und welche nicht. Hierbei ist auch die Einhaltung von Sicherheitsvorschriften zu berücksichtigen.

Nr.	Schadensursache 1)	Schaden-suche 2)	Installation 3)	Folge-arbeiten 4)	Nässe-schäden 5)
01	Rohrbruch innerhalb Gebäude (nur Rohre des Zu- und Ableitungssystems beschädigt)	Versichert	Versichert	Versichert	Versichert
02	Rohrbruch, bei dem neben der Beseitigung eines Rohrbruchs auch Armaturen (Eckventile, Absperrhähne etc.) vorsorglich ausgetauscht werden	Versichert	Versichert (abzüglich der Armaturen und der dazugehörigen Arbeitszeit)	Versichert (abzüglich der Kosten, die in Zusammenhang mit der Armatur stehen)	Versichert
03	Bruchschäden an Teilen, die keine Rohrleitungen sind (Armaturen, WC, Siphons etc. und dazu notwendige Anschlussteile)	Nicht versichert	Nicht versichert	Nicht versichert	Versichert
04	Frostschäden an Teilen, die keine Rohrleitungen sind (Armaturen, WC, Siphons etc. und dazu notwendige Anschlussteile)	Versichert	Versichert	Versichert	Versichert
05	Schäden an Rohren der Fußbodenheizungen (trifft nur zu, wenn die Fußbodenheizung bei Antragstellung dem Versicherer bekannt gegeben wurde!)	Versichert	Versichert	Versichert	Versichert
06	Rohrbrüche an Heizleitungen	Versichert	Versichert	Versichert	Versichert
07	Bruchschäden an Heizkörpern	Nicht versichert	Nicht versichert	Nicht versichert	Versichert
08	Frostschäden an Heizkörpern	Versichert	Versichert	Versichert	Versichert
09	Schäden aufgrund undichter Fliesenverfugungen am Boden und an den Wänden	Nicht versichert	Nicht versichert	Nicht versichert	Nicht versichert
10	Schäden aufgrund undichter Fugen an der Badewanne	Nicht versichert	Nicht versichert	Nicht versichert	Versichert
11	Schäden aufgrund undichter Verfugungen innerhalb geschlossener Duschkabinen	Nicht versichert	Nicht versichert	Nicht versichert	Versichert
12	Rohrverstopfung	Nicht versichert	Verstopfungsbeseitigung nicht versichert	Nicht versichert	Versichert

Nr.	Schadensursache 1)	Schaden-suche 2)	Installation 3)	Folge-arbeiten 4)	Nässe-schäden 5)
13	Rohrverstopfung, deren Nässeschaden auf ausgetretenen Witterungsniederschlägen beruht	Nicht versichert	Nicht versichert	Nicht versichert	Nicht versichert
14	Rückstau infolge starker Witterungsniederschläge	Nicht versichert	Nicht versichert	Nicht versichert	Nicht versichert
15	Schäden infolge von starken Niederschlägen (sichtbar zum Beispiel durch Nässeflecken)	Nicht versichert	Nicht versichert	Nicht versichert	Nicht versichert
16	Schäden aufgrund defekter Dächer oder undichter Dachentwässerungen	Nicht versichert	Nicht versichert	Nicht versichert	Nicht versichert
17	Schäden, bei denen keine Ursache in Form eines Wasserrohrbruchs oder eines anderen defekten Teils des Systems der Wasserversorgung gefunden werden kann (außer Schäden laut Nr. 1)	Nicht versichert	Nicht versichert	Nicht versichert	Nicht versichert

1) Schadensursache: Ursache, die unmittelbar zum Schaden geführt hat.
2) Schadensuche: Ermittlung der genauen Schadensursache und des genauen Schadensortes. Die Kosten hierfür können zum Beispiel bei Schäden an Fußbodenheizungen oder bei Rohrbrüchen erheblich sein.
3) Installation: Kosten, die bei der Beseitigung der Schadensursache entstanden sind. Hierbei wird jeweils die kostengünstigste Variante — im Extremfall das Setzen einer Rohrbruchschelle — von der Versicherung übernommen. Eventuelle Mehrfachanfahrten, die nicht durch den eigentlichen Schaden, sondern durch das Verhalten der betroffenen Bewohner oder durch Abstimmungsprobleme entstanden sind, sowie Kosten für Notdienstpauschalen, Sonntagszuschläge etc. sind bedingungsgemäß nicht versichert. In der Regel reicht hier das Abstellen des Leitungswassers durch einen Hausmeister bzw. einen Bewohner. Eventuelle zeitweilige Einschränkungen für die betroffenen Bewohner sind nicht Gegenstand der Gebäudeversicherung.
4) Folgearbeiten: Sie fallen zum Beispiel beim Wiederverschließen der Wände an, nachdem bei der Suche des Rohrbruchs die Wand an einer oder an mehreren Stellen geöffnet werden musste.
5) Nässeschäden: sind die Schäden, die aufgrund von bestimmungswidrig ausgetretenem Leitungswasser an Gebäudebestandteilen entstanden sind. Ein Sonderfall sind Nässeschäden aufgrund undichter Verfugungen innerhalb von geschlossenen Duschkabinen. Hier ist ausschlaggebend, ob die jeweilige Versicherungsgesellschaft die Duschkabine als integralen Bestandteil des Leitungswassersystems anerkennt.

Tab. 15: Schadensursachen und Versicherungsschutz in der Wohngebäudeversicherung

Sturm und Hagel

Unter einem **Sturm** ist eine wetterbedingte Luftbewegung mit mindestens Windstärke 8 (Windgeschwindigkeit mindestens 63 Kilometer pro Stunde) zu verstehen. Ist diese Windstärke für das Versicherungsgrundstück nicht feststellbar, so wird ein versichertes Sturmereignis unterstellt, wenn der Versicherungsnehmer nachweist, dass

- die Luftbewegung in der Umgebung Schäden an Gebäuden in einwandfreiem Zustand oder an ebenso widerstandsfähigen anderen Sachen angerichtet hat oder
- der Schaden wegen des einwandfreien Zustands des versicherten Gebäudes nur durch Sturm entstanden sein kann.

Versichert sind nur Schäden, die durch folgende Einflüsse entstehen:

- Unmittelbare Einwirkung von Sturm oder Hagel auf versicherte Sachen
- Sturm oder Hagel wirf Gebäudeteile, Bäume oder andere Gegenstände auf versicherte Sachen
- Sturmschaden oder Hagelschaden gemäß den genannten Punkten an versicherten Sachen oder an baulich verbundenen Gebäuden

Im Fall eines Sturm- oder Hagelschadens sind von allen Betroffenen (Eigentümer, Verwalter und auch Mieter) in kürzester Zeit Maßnahmen zur Abwendung weiterer Schäden zu unternehmen. Dies sind zum Beispiel Sicherungsmaßnahmen an beschädigten Dächern, um das Eindringen von Witterungsniederschlägen zu vermeiden bzw. zu begrenzen. Die dabei entstehenden Kosten sind über die **Schadenminderungskosten** im Rahmen der Sturm- und Hagelversicherung mitversichert. Andernfalls kann der Versicherer die Übernahme der wegen nicht erfolgter Sicherheitsmaßnahmen entstandenen Mehrkosten ablehnen.

Auch außen am Gebäude angebrachte Sachen sind versichert, soweit sie zum Gebäude gehören. Das kann zum Beispiel die Gemeinschaftsantennenanlage sein. Nicht versichert sind Sachen, die von den Mietern selbst eingebracht bzw. außen angebracht werden, zum Beispiel eine private Satellitenempfangsanlage. Dies kann nur über die Hausratversicherung versichert werden.

Bei der Beseitigung der Schäden gilt auch hier, dass nur die Reparatur/Auswechslung der tatsächlich beschädigten Teile versichert ist. In Bezug auf die möglichen Schäden durch einen Sturm oder Hagelschlag bedeutet dies, dass zum Beispiel an den Dächern nur die beschädigten Dachziegel erneuert werden.

Ausschlüsse, Gefahrerhöhungen, Versicherungssumme

- **Ausschlüsse:** Generell ausgeschlossen sind alle Schäden, die auf Kriegsereignisse jeder Art, innere Unruhen, Erdbeben oder Kernenergie zurückzuführen sind. Des Weiteren besteht kein Versicherungsschutz, wenn der Schaden auf Vorsatz des Versicherungsnehmers oder seines Repräsentanten zurückzuführen ist. Dies entspricht auch dem § 81 VVG. Der Ausschluss beinhaltet zum einen den Vorsatz in Form eines aktiven Handelns und zum anderen den Vorsatz aufgrund eines Unterlassens. Der Ausschluss kommt hingegen nicht zum Tragen, wenn durch das Verhalten Dritter, die nicht Repräsentant sind, ein Schaden am Gebäude eintritt. Verursacht zum Beispiel ein Mieter oder ein Handwerker einen versicherten Schaden am Gebäude, so besteht Versicherungsschutz. Der Anspruch auf Schadensersatz gegenüber dem Verursacher geht in diesem Fall vom Versicherungsnehmer auf den Versicherer über.
- **Gefahrerhöhung:** Eine Gefahrerhöhung liegt vor, wenn die tatsächlich vorhandenen Umstände so verändert werden, dass der Eintritt des Versicherungsfalls oder eine Vergrößerung des Schadens oder die ungerechtfertigte Inanspruchnahme des Versicherers wahrscheinlich werden.
- Der Versicherungsnehmer hat vom Zeitpunkt der Antragstellung an die Pflicht, den Versicherer über **gefahrerhöhende Umstände** unverzüglich zu informieren. Dies muss unabhängig davon geschehen, ob dadurch eventuell Prämienerhöhungen oder geänderte Deckungskonzepte zum Tragen kommen. Im Bereich der Feuer- und Leitungswasserversicherung sind dies zum Beispiel der Leerstand des Gebäudes oder von Teilen des Gebäudes.

  Verletzt der Versicherungsnehmer die Informationspflicht, hat der Versicherer das Recht, das Versicherungsverhältnis zu kündigen, und kann außerdem von der Leistung frei sein, wenn der Versicherungsfall nach der Erhöhung der Gefahr eingetreten ist.

  Hieraus ergeben sich für den Verwalter konkrete Aufgaben. Zum einen obliegt es ihm, den Versicherer über gefahrerhöhende Umstände, die ihm bekannt geworden sind, zu informieren. Zum anderen sollte er es nicht versäumen, die Eigentümer, für die er die Verwaltung übernommen hat, entsprechend zu informieren und ggf. in regelmäßigen Abständen diese Problematik in Erinnerung zu bringen.

  Eine Gefahrerhöhung kann insbesondere in folgenden Fällen vorliegen:
  - Es ändert sich ein Umstand, nach dem im Antrag gefragt wurde.
  - Ein Gebäude oder überwiegender Teil eines Gebäudes wird nicht genutzt.
  - An einem Gebäude werden Baumaßnahmen durchgeführt, die zum Beispiel das Gebäude überwiegend unbenutzbar machen.
  - In dem versicherten Gebäude wird ein Gewerbebetrieb aufgenommen oder verändert.

- **Anpassung der Versicherungssummen:** Beim Abschluss von Wohngebäudeversicherungen wird dem Vertrag eine **Versicherungssumme** zugrunde gelegt. Diese stellt den Neubauwert des Gebäudes dar. Folgende Kosten und Werte sind darin nicht enthalten:
  - Grundstückskosten
  - Erschließungskosten
  - Spekulationskosten

  Gerade der letzte Punkt führt häufig zu Diskussionen bei Eigentümern, da diese oftmals den Kaufpreis ihres Gebäudes bzw. ihrer Wohnung mit der Versicherungssumme gleichsetzen. In den Kaufpreis fließen aber Faktoren wie die Lage des Grundstücks, in der Nachbarschaft angesiedelte Gewerke, die Infrastruktur der Umgebung etc. mit ein. Versichert sind — zum Beispiel beim Totalschaden des Gebäudes — nur die reinen Baukosten (zuzüglich zum Beispiel der Kosten für die Deponierung der Reste des alten Gebäudes etc.). Die Versicherung des Gebäudes kann sowohl in Euro für das laufende Versicherungsjahr oder auf der Basis des Wertes für das Jahr 1914 (folgend Versicherungssumme 1914 genannt) — das letzte Jahr mit einer stabilen Goldmark — angegeben werden. Üblich ist die Angabe der Versicherungssumme 1914. Mithilfe der Bausumme und des gleitenden Neuwertfaktors des jeweiligen Jahres der Errichtung eines Gebäudes kann der Wert der Versicherungssumme 1914 ermittelt werden. Der Baupreisfaktor wird jedes Jahr durch das Statistische Bundesamt ermittelt. In diesen fließen zum Beispiel Preissteigerungen im Baugewerbe für Lohn- und Materialkosten mit ein. Da es sich bei der Wohngebäudeversicherung zumeist um eine Versicherung zum **gleitenden Neuwert** handelt (ausgenommen sind zum Beispiel Altbauten in extrem schlechtem Erhaltungszustand oder leer stehende Gebäude die, wenn überhaupt, nur zum Zeitwert versichert sind), wird, ausgehend von der Versicherungssumme 1914, jedes Jahr der versicherte Wert des Gebäudes an die tatsächlichen Neubaukosten angepasst. Da Um- und Anbauten in der Regel **werterhöhende Maßnahmen** darstellen, hat der Versicherungsnehmer die Pflicht, den Versicherer entsprechend zu informieren. Notwendige Angaben sind die Art der ausgeführten Maßnahmen, die Baukosten und das Jahr der werterhöhenden Maßnahmen. Der Versicherer wird die Versicherungssumme 1914 in dem Vertrag entsprechend anpassen.

Abwicklung des Versicherungsfalls in der Gebäudeversicherung

Im Fall eines drohenden Schadens oder eines Schadenseintritts hat der Verwalter die Pflicht, unverzüglich alle erforderlichen Maßnahmen zu treffen, die für die Instandhaltung oder Instandsetzung erforderlich sind (sogenannte Notgeschäftsführung).

Gemäß § 27 Abs. 1 Ziff. 3 WEG gilt dies nur für das gemeinschaftliche Eigentum.

In der Praxis des Wohnungsverwalters wird es aber fast immer so sein, dass er auch in die Schadensbeseitigung innerhalb des Sondereigentums mit einbezogen wird. Inwieweit diese zusätzlichen Leistungen vom Verwalter — zum Beispiel durch konkreten Auftrag des Eigentümers — rechtlich gedeckt sind und ob er sich diese zusätzlichen Leistungen auch zusätzlich vergüten lässt, ist Gegenstand individueller Vereinbarungen.

Praktisch bedeutet dies für den Verwalter, dass er bei Feststellung eines Schadens (zum Beispiel telefonische Information durch einen Mieter) die notwendigen Schritte zur Schadenbegrenzung einleiten darf. Bezogen auf die Obliegenheitspflichten als Versicherungsnehmer ist er hierzu sogar verpflichtet, um den Versicherungsschutz nicht zu gefährden. Die Notgeschäftsführung erstreckt sich aber nur auf die Beseitigung der unmittelbaren Gefahr. Bei einem Leitungswasserschaden könnte die Beseitigung der unmittelbaren Gefahr beispielsweise darin bestehen, den Haupthahn abzudrehen.

Das nachstehende Beispiel soll den prinzipiellen Ablauf der Abwicklung eines Schadensfalls darstellen.

▶ **BEISPIEL**

1. Der Verwalter wird vom Eigentümer, Mieter oder Hausmeister über den Schaden informiert. In den meisten Fällen erfolgt dies telefonisch. Dabei sollten im Gespräch Sofortmaßnahmen festgelegt werden (Wasserhaupthahn abstellen, Feuerwehr informieren etc.).
2. Der Verwalter erstellt während des Gesprächs eine Schadensmeldung. Dazu ist es zweckmäßig, wenn der Verwalter zum Beispiel von der/den Versicherungen, bei denen Verträge bestehen, bereits Schadenformulare zur Hand hat. Das unmittelbare Ausfüllen der Schadensmeldung hat den Vorteil, dass dort alle für die Versicherung wichtigen Daten abgefragt und so unter anderem Mehrfachtelefonate vermieden werden können.
   - Bei Leitungswasserschäden: Der Verwalter beauftragt eine Installationsfirma mit der Schadensuche und Behebung der unmittelbaren Schadensursache.
   - Bei Brandschäden ist unbedingt erforderlich, dass die erstellte Schadensmeldung unverzüglich, möglichst per Telefax, an den Versicherer geschickt wird. Es dürfen hier keine Reparaturarbeiten ohne Zustimmung des Versicherers in die Wege geleitet werden mit Ausnahme von Ver-

kehrssicherungspflichten. Sofern der Versicherer nicht selbst vor Ort ist, muss bei Brandschäden auf jeden Fall die Feuerwehr informiert werden.

3. Nach der Behebung der unmittelbaren Schadensursache müssen die entstandenen Folgeschäden beseitigt werden. Bei gemeinschaftlichem Eigentum wird hierzu der Auftrag vom Verwalter erteilt. Beim Sondereigentum ist dafür der jeweilige Sondereigentümer zuständig. Zumindest bei sich abzeichnenden Großschäden ist es zweckmäßig, vor der Ausführung der Arbeiten Kostenvoranschläge einzuholen und diese mit dem Versicherer abzustimmen.
4. Die von den Reparaturfirmen eingehenden Reparaturkostenrechnungen werden vom Verwalter bearbeitet und an den Versicherer weitergeleitet. Bis vor wenigen Jahren war es im WEG-Bereich üblich, dass diese Rechnungen vom Gemeinschaftskonto bezahlt und danach an den Versicherer zur Bearbeitung weitergeleitet wurden. Im privaten oder im Mietverwaltungsbereich ist dies durchaus noch übliche Praxis.
   Nach gängiger Rechtsprechung ist der Verwalter aber nicht berechtigt, Kosten, die den Sondereigentümer betreffen – auch wenn es nur vorübergehend ist –, vom Gemeinschaftskonto vorzustrecken. Dies kann rechtliche Konsequenzen für den Verwalter haben, da dies streng genommen einer Unterschlagung gleichkommt. Daher ist es zweckmäßig, mit den Versicherern zu vereinbaren, dass die versicherten Leistungen aus den Reparaturkostenrechnungen vom Versicherer direkt gezahlt werden.
5. Der Versicherer prüft die eingereichten Belege und Rechnungen und stellt daraus den Umfang der Schadensersatzleistungen fest.
6. Der Verwalter erhält vom Versicherer die Information über die erfolgte Regulierung. Wie oben ausgeführt können das Informationen über Zahlungen an die Reparaturfirmen sein oder aber auch Zahlungen an Bewohner, die geldwerte Eigenleistungen erbracht haben (Tapezieren und Streichen der betroffenen Bereiche).
7. Sofern nicht alle Positionen der eingereichten Rechnungen vom Versicherer übernommen werden (zum Beispiel enthaltene Armaturen in den Rechnungen, die – je nach Versicherungsvertrag – ausgeschlossen sind), hat der Verwalter die Aufgabe zu prüfen, wer für diese Positionen aufkommen muss. Je nach Vereinbarung innerhalb der verwalteten WEG (Teilungserklärungen, Beschlüsse der Eigentümerversammlung etc.) werden diese entweder vom Gemeinschaftskonto (die Ursache lag zum Beispiel im Gemeinschaftseigentum, etwa an der Heizungsanlage) oder vom jeweiligen Sondereigentümer zu bezahlen sein. Gegebenenfalls muss eine Aufteilung auf einzelne Sondereigentümer erfolgen.

Gerade die unter Punkt 7 aufgeführte Tätigkeit kann für den Verwalter immer wieder Probleme bringen. Hier zeigt sich, wie konkret die Absprachen zu Beginn der Schadensbehebung (siehe Punkte 1 bis 3) gewesen sind und welche Absprachen zwischen den Eigentümern und dem Verwalter im Vorfeld des Schadens getroffen wurden. Dazu gehören auch Informationen über mögliche Abwicklungen von Versicherungsschäden, unter anderem der Hinweis, dass es nicht versicherte Schäden geben kann. So vorbereitet werden die Eigentümer sicher leichter verstehen, warum sie bestimmte Kosten tragen müssen.

12.4.3 Glasversicherung

Glasversicherungen spielen bei der Tätigkeit des Wohnungsverwalters zumeist nur eine untergeordnete Rolle. In den meisten Fällen kann davon ausgegangen werden, dass für die Verglasung der Fenster der Wohnungen und Gewerbeeinheiten der jeweilige Nutzer die Verantwortung für die Instandhaltung und ggf. Instandsetzung trägt. Die Versicherung erfolgt dabei über die private Haushaltglasversicherung. Neben den Verglasungen des Inventars des Bewohners ist in dieser Versicherung die Verglasung der zur Wohnung gehörenden Fenster mitversichert. Die Versicherung der **gesamten Wohngebäudeverglasung** eines Mehrfamilienhauses ist nur im Einzelfall sinnvoll, da sie zu einer Doppelversicherung führen kann. Im Rahmen seiner Servicefunktion sollte der Verwalter die Eigentümer darüber informieren, dass die Fenster der Wohnungen über die private Haushaltglasversicherungen der Bewohner versichert werden sollten.

Somit ist nur noch der Bereich der sogenannten **allgemein zugänglichen Verglasungen** abzudecken. Dabei handelt es sich zum Beispiel um die Verglasungen des Treppenhauses, des Eingangsbereichs und die Fenster von gemeinsam genutzten Räumen wie etwa Trockenräumen, Fahrradkellern etc.

Auch wenn die Glasversicherung keine Forderung des WEG-Gesetzes und in den meisten Verwalterverträgen nicht enthalten ist, sollte der Verwalter dieses Risiko für die Eigentümer einschätzen und ihnen ggf. den Abschluss einer solchen Glasversicherung vorschlagen.

12.4.4 Technische Versicherung

Die technischen Versicherungen haben im Rahmen der Tätigkeit des Wohnungsverwalters bisher eine eher untergeordnete Rolle gespielt. Ihre Bedeutung wächst aber — nicht nur in diesem Bereich. Ursache dafür ist die zunehmende Verbreitung elektronischer Anlagen und Einrichtungen. So haben beispielsweise immer mehr Gebäude auch bei nur zwei Obergeschossen einen Fahrstuhl. In Tiefgaragen gibt es elektrische und elektronische Systeme zur Garagentorsteuerung und zur Betätigung der Doppelparker.

Im Gegensatz zu anderen Sachversicherungen decken technische Versicherungen nicht nur die Risiken Feuer, Leitungswasser, Sturm und Hagel ab, sondern unter anderem auch die Risiken Einbruchdiebstahl, Fahrlässigkeit, unsachgemäße Handhabung, den Vorsatz Dritter oder höhere Gewalt. Am Markt existieren aber sehr unterschiedliche Angebote mit unterschiedlichen Deckungsumfängen.

Die technischen Versicherungen können im Wesentlichen in zwei große Bereiche unterteilt werden:

- Versicherung von elektronischen Anlagen (Schwachstromversicherung oder auch Elektronikversicherung)
- Versicherung von Maschinen und maschinellen Einrichtungen

Elektronikversicherung

Der Versicherungsschutz der Elektronikversicherung bezieht sich auf Schäden, die durch ein unvorhergesehenes Ereignis und/oder aufgrund einer Entwendung der versicherten Sache (Substanzbeeinträchtigung oder Verlust) eingetreten sind. Man bezeichnet diese Form der Versicherung als Allgefahrendeckung.

Versicherte Sachen

In der Elektronikversicherung versichert sind die im Vertrag bezeichneten

- Geräte der Informations-, Kommunikations- und Medientechnik
- sonstigen elektrotechnischen oder elektronischen Anlagen und Geräte
- nicht auswechselbaren Datenspeicher
- für die Grundfunktion der versicherten Sache notwendigen Daten

In der Elektronikversicherung kann eine sehr umfangreiche Palette von Sachen versichert werden. Dabei ist im Einzelfall zu prüfen, welcher Versicherer welche Sachen tatsächlich versichert. Folgende Sachen können in der Elektronikversicherung versichert werden:

- Büromaschinen
- Datenverarbeitungsanlagen, elektroakustische Anlagen
- Fernmelde- und Nachrichtentechnik, Fernsprechtechnik
- Geldausgabeautomaten
- Mess-, Prüf- und Regeltechnik, Signaltechnik
- Uhren und Zeiterfassungsanlagen

Die Sachen müssen betriebsbereit sein. Als betriebsbereit gelten die aufgeführten Sachen, wenn sie nach beendeter Erprobung und — soweit dies vorgesehen war — nach beendetem Probebetrieb zur Arbeitsaufnahme bereit sind und sich in Betrieb befinden. Waren die Sachen einmal betriebsbereit, so bleiben sie auch für die Dauer einer Wartung, Lagerung, Überholung oder Wiederinstandsetzung versichert. Das Gleiche gilt für den Zeitraum, in dem die Sachen de- oder remontiert, probeweise betrieben oder auf dem Betriebsgrundstück transportiert werden.

Der Ausweis der versicherten Sachen kann im Rahmen einer **Einzeldeklaration** erfolgen. Es gelten dann die Sachen als versichert, die im Versicherungsschein im Einzelnen ausgewiesen sind. Diese werden in einem Anlagenverzeichnis aufgeführt, das detaillierte Angaben zu den zu versichernden Anlagen (Hersteller, Typ, Fabriknummer, Baujahr) enthält. Es dient neben der Feststellung des Umfangs der versicherten Substanz im Schadensfall zur Identifikation der versicherten Anlagen. Diese Art der Deklaration der versicherten Sachen ist für den Versicherungsnehmer mit einem erheblichen Aufwand verbunden, da beim Austausch einer alten durch eine neue Einrichtung darauf geachtet werden muss, dass das Anlagenverzeichnis entsprechend aktualisiert wird.

Aus diesem Grund bieten heute einige Versicherer Versicherungen mit einer sogenannten **Pauschaldeklaration** an. Bei dieser Vertragsform gibt es kein Anlagenverzeichnis. Der Versicherungsnehmer gibt bei der Antragstellung den Neuwert der zu versichernden Sachen in Euro als Gesamtsumme an. Für den Wohnungsverwalter hat dies zum Beispiel den Vorteil, dass er beim bloßen Austausch einer versicherten Sache keine Meldung an den Versicherer erstatten muss. Es muss lediglich eine eventuelle Erhöhung der Versicherungssumme mitgeteilt werden.

Versicherte Gefahren und Schäden

Entsprechend den Allgemeinen Bedingungen für die Elektronikversicherung sind Schäden aufgrund von folgenden Ursachen versichert:

- Fahrlässigkeit, unsachgemäße Handhabung, Vorsatz Dritter
- Kurzschluss, Überspannung, Induktion
- Brand, Blitzschlag, Explosion oder Implosion, Löschen, Niederreißen, Ausräumen oder Abhandenkommen bei diesen Ereignissen
- Wasser, Feuchtigkeit, Überschwemmungen
- Einbruchdiebstahl, Diebstahl, Raub, Plünderung, Sabotage, Vandalismus
- Höhere Gewalt
- Konstruktions-, Material- oder Ausführungsfehler

Diese Beispiele machen deutlich, dass weitere Sachversicherungen für die über eine Elektronikversicherung versicherten Anlagen nicht erforderlich sind, denn diese erfasst alle versicherbaren Gefahren.

TIPP

Es ist ratsam, die in der Elektronik-Police versicherten Sachen in allen anderen Verträgen, beispielsweise der Gebäudeversicherung, auszuschließen, um eine Doppelversicherung zu vermeiden. Dies kann durch den Zusatz: „soweit sie durch eine Spezialversicherung versichert sind“ erfolgen.

Im Allgemeinen sind über die Elektronikversicherung auch die Schäden gedeckt, die von den Mitbenutzern (zum Beispiel den Mietern) verursacht bzw. schuldhaft herbeigeführt werden. Allerdings besteht in einigen Fällen für den Versicherer die Möglichkeit, bei dem Verursacher Regress zu nehmen. Einige Gesellschaften beschränken die Regressnahme gegen Mitbenutzer oder deren Personal auf vorsätzlich oder grob fahrlässig herbeigeführte Schäden. Im Gegensatz dazu ist das grob fahrlässige Verhalten des Versicherungsnehmers mitversichert.

Für die versicherten Sachen werden Entschädigungen geleistet, wenn sie zerstört, beschädigt oder entwendet worden sind, und es werden die Schadenabwendungs- und Schadenminderungskosten ersetzt. Dabei ist es unerheblich, ob bei Beschädigung der versicherten Sachen ein Totalschaden oder nur eine teilweise Beschädigung vorliegt.

Die **Ersatzleistung** kann entweder in Form von Naturalleistungen oder in **Geld** erbracht werden. Entscheidet sich der Versicherer für **Naturalersatz**, hat er seine Leistungen durch Wiederinstandsetzung oder durch Wiederbeschaffung (zum Neuwert) der zerstörten, beschädigten oder entwendeten Sachen zu erbringen. Ausgewechselte Sachen gehen dabei in das Eigentum des Versicherers über. Die **Leistung in Geld** stellt die heute übliche Form der Regulierung im Schadensfall dar. Der Versicherer hat dabei die erforderlichen Kosten einer Wiederinstandsetzung oder Wiederbeschaffung zu zahlen. Dabei ist es unerheblich, ob der Versicherungsnehmer die Kosten tatsächlich aufwendet oder nicht. Im Gegensatz zur Naturalersatzleistung kann hier der Schaden also zum Beispiel auf Grundlage eines Kostenvoranschlags abgerechnet werden.

Der **Ersatz zum Neuwert** steht dem Versicherungsnehmer dann zu, wenn er die beschädigten Sachen wiederbeschafft oder wieder instandsetzt. Andernfalls hat er Anspruch auf den Ersatz bis zur Höhe des **Zeitwertes** der beschädigten Sachen. Soweit es keine serienmäßig hergestellten Ersatzteile mehr gibt, gilt ebenfalls der Zeitwert als obere Entschädigungsgrenze.

Wenn die zur Wiederherstellung beschädigter Sachen notwendigen Arbeiten vom Versicherungsnehmer selbst oder durch eigenes Fachpersonal ausgeführt werden, kann das in der Elektronikversicherung mit eingeschlossen werden. Vergütet werden dann die aufgewendeten Arbeitsstunden, die in den meisten Verträgen auf einen festen Betrag begrenzt sind.

Bei der Elektronikversicherung sind **folgende Kosten ausgeschlossen**:

- Kosten, die auch dann entstanden wären, wenn der Schaden nicht eingetreten wäre (zum Beispiel für Wartung)
- Zusätzliche Kosten, die dadurch entstehen, dass anlässlich eines Versicherungsfalls die versicherte Sache geändert oder verbessert wird
- Sachen oder Kosten (der Höhe nach), die in der Versicherungssumme nicht enthalten sind
- Vorläufige Instandsetzungskosten, soweit diese nicht bereits Teil der endgültigen Wiederinstandsetzung sind (entschädigt wird insgesamt nur so viel, wie ohne vorläufige Instandsetzungskosten für die Wiederinstandsetzung aufgebracht worden wäre)
- Vermögensschäden

Auf besondere Vereinbarung können folgende Kosten mit eingeschlossen werden:

- Aufräumungs-, Dekontaminations- und Entsorgungskosten für Erdreich
- Bewegungs- und Schutzkosten
- Erd- und Pflasterarbeiten
- Gerüststellung, Bergungsarbeiten, Luftfracht
- Bereitstellung eines Provisoriums

In der Elektronikversicherung ist eine klare Abgrenzung zu den Leistungen eines Wartungsvertrags notwendig. So sind Aufwendungen vom Versicherungsschutz ausgeschlossen, die üblicherweise im Rahmen einer Wartung erbracht worden wären. Dies kann zum Beispiel der Austausch von Bauteilen oder Baugruppen sein, die beschädigt wurden, ohne dass eine Einwirkung von außen nachzuweisen ist. Hierzu gehören auch Sicherheitskontrollen, vorbeugende Instandhaltung sowie die Behebung von Störungen durch Alterung und von Störungen bzw. Schäden, die durch den normalen Betrieb verursacht wurden.

Ausschlüsse, Versicherungssumme

- **Ausschlüsse:** Auch in der Elektronikversicherung sind Schäden durch vorsätzliches Handeln des Versicherungsnehmers ausgeschlossen. Ebenso sind Schäden durch **Abnutzung** in der Versicherung nicht versichert, denn es handelt sich dabei nicht um ein unvorhergesehenes Ereignis. Das Gleiche gilt für Schäden, die auf Kriegsereignisse jeder Art, innere Unruhen, Erdbeben oder Kernenergie zurückzuführen sind. Generell nicht versichert sind Betriebsstoffe, Verbrauchsmaterialien und Arbeitsmittel der versicherten Anlagen. Außerdem sind Lichtquellen ausgeschlossen, wenn der Schaden nicht im Zusammenhang mit einem entschädigungspflichtigen Schaden an anderen Teilen derselben versicherten Sache entstanden ist.
- **Versicherungssumme:** Um eine Unterversicherung zu vermeiden, ist in den meisten Verträgen eine sogenannte **Vorsorgeversicherung** enthalten. Diese beinhaltet, dass Wertsteigerungen bzw. Anpassungen der Versicherungssumme — beschränkt auf einen Teil der Versicherungssumme — innerhalb eines laufenden Versicherungsjahres bis zur nächsten Prämienfälligkeit mitversichert sind. Der Versicherungsnehmer kann mithilfe eines zugesendeten Fragebogens die Anpassung der Versicherungssumme vornehmen.

Maschinenversicherung und Maschinen- und Kaskoversicherung

Wie bei der Elektronikversicherung handelt es sich bei der Maschinenversicherung um eine Allgefahrendeckung. Grundsätzlich sind also alle Gefahren versichert, die nicht ausdrücklich ausgeschlossen sind. Die Gefahren müssen hier aber zu Schäden an den versicherten Sachen geführt haben. Das bloße Abhandenkommen der Sachen ist somit nicht gedeckt.

Versicherte Sachen

In der Maschinenversicherung (AMB) kann eine Vielzahl technischer Einrichtungen versichert werden, zum Beispiel:

- Anlagen der Energieerzeugung und -versorgung
- Büro- und haustechnische Anlagen
- Transporteinrichtungen
- Müllentsorgungsanlagen
- Sportanlagen

In der Maschinen- und Kaskoversicherung (ABMG) können zum Beispiel versichert werden:

- Baugeräte mit Zusatzgeräten
- Sonstige fahrbare und transportable Sachen mit wechselndem Einsatzort

Die versicherten Sachen sind dabei jeweils mit ihrer Grundausstattung versichert. Darüber hinaus können Zusatzeinrichtungen in die Versicherung mit eingeschlossen werden. Dies könnten zum Beispiel Fundamente oder auch Ölfüllungen von elektrischen Einrichtungen sein, zum Beispiel Ölfüllungen von Trafos, Kondensatoren oder Wandler.

Nicht versichert sind:

- Das Öl in der Hydraulik von Aufzügen
- **Verschleißteile** (Werkzeuge aller Art, Schläuche, Filter, Gurte oder Bereifung; Versicherungsschutz nur, wenn sie infolge eines versicherten Ereignisses Schaden nehmen)

Da die in einem Versicherungsfall entstehenden Reparaturkosten nicht davon beeinflusst werden, wie günstig der Versicherungsnehmer die versicherte Sache gekauft hat bzw. diese eventuell wieder beschaffen kann, bezieht sich der **Versicherungswert** grundsätzlich auf den **Listenpreis** der zu versichernden Sache bzw. einen entsprechenden Preis (ohne Berücksichtigung von Rabatten) — obwohl die Maschinenversicherung als Reparaturkostenversicherung (mit dem Zeitwert als Bemessungsgröße der Entschädigungsleistung) konzipiert ist.

Die **Anpassung der Versicherungswerte** erfolgt automatisch, um zum einen gestiegene Reparaturkosten auszugleichen und zum anderen die Versicherungssumme stets auf einem aktuellen Wert zu halten. Die Versicherungssumme wird dabei auf Basis der Preise der Investitionsgüterindustrie vom März 1971 angegeben.

Versicherte Gefahren und Schäden

Versichert sind Schäden, die unvorhergesehen und plötzlich an den versicherten Sachen entstehen.

Auch im Bereich der Maschinenversicherung existieren vielfältige Deckungskonzepte am Markt. Folgende Gefahren sind beispielsweise in der Maschinenversicherung (AMB) für stationäre Geräte versichert:

- Bedienungsfehler, Ungeschicklichkeit, Fahrlässigkeit, Böswilligkeit
- Konstruktions-, Material- oder Ausführungsfehler
- Über- oder Unterdruck
- Kurzschluss, Überstrom, Überspannung mit oder ohne Feuererscheinung an elektrischen Einrichtungen, aber nicht als Folge von Brand, Blitzschlag oder Explosion
- Versagen von Mess-, Regel- oder Sicherheitseinrichtungen
- Sturm, Frost, Eisgang
- Nutzfeuer, Sengschäden

In der Maschinen- und Kaskoversicherung von fahrbaren und transportablen Geräten (ABMG 92) können zusätzlich Schäden mitversichert werden, die

- während der Dauer von Transporten (nicht Seetransporten),
- während einer Montage oder Demontage,
- während eines Verladevorgangs,
- bei Brand, Blitzschlag, Explosion, Erdbeben, Überschwemmung, Hochwasser,
- bei Diebstahl, soweit nicht rechtswidrig mit einem Dritten vereinbart,
- entstanden sind

Vom Versicherungsschutz **ausgeschlossen sind** unter anderem:

- **Höhere Gewalt:** Darunter fallen Folgen von Erdbeben, Erdsenkung, Hochwasser oder sonstigen Ereignissen höherer Gewalt mit Ausnahme der oben angeführten Risiken Sturm, Frost und Eisgang
- **Feuer:** Schäden durch die in der Feuerversicherung versicherbaren Gefahren Brand, Blitzschlag, Explosion und Absturz bemannter Flugkörper und deren Folgen. Hierdurch erfolgt eine klare Abgrenzung der Maschinenversicherung zur Feuerversicherung. Schäden, die durch die Feuerversicherung gedeckt werden können, sind nach den AMB ausgeschlossen. Hier besteht jedoch Versicherungsschutz für die in der Feuerversicherung ausgeschlossenen Gefahren durch Kurzschluss, Überstrom und Überspannung

- **Vorsatz** verantwortlicher Personen
- **Diebstahl**
- **Gewährleistungsansprüche:** Schäden, für die ein Dritter als Lieferant, Werkunternehmer oder aus einem Reparaturauftrag heraus einzutreten hat. Diese Schäden sind auch nicht versichert, wenn der Dritte zahlungsunfähig sein sollte

Versicherte Schäden treten dann ein, wenn an der versicherten Sache durch eine versicherte Gefahr eine **Substanzbeeinträchtigung** eingetreten ist. Diese kann sich als Zerstörung oder Beschädigung darstellen.

Die Maschinenversicherung und die Maschinen- und Kaskoversicherung als **Reparaturkostenversicherung** orientiert sich im Fall der Entschädigung am Wiederherstellungsaufwand. Je nach dessen Höhe unterscheidet man nach Teil- und Totalschaden. Ein Teilschaden liegt dann vor, wenn die versicherte Sache nur beschädigt oder nur teilweise zerstört ist. Außerdem muss bei einem Teilschaden die Wiederherstellung des betriebsfähigen Zustands einschließlich aller Kosten (Fracht- und Montagekosten) kleiner sein als der Wert der versicherten Sache unmittelbar vor dem Eintritt des Versicherungsfalls (Zeitwert). Versichert sind die zur Wiederherstellung **„notwendigen" Kosten**. Der Versicherungsnehmer muss also dafür sorgen, dass die preisgünstigste Lösung zur Anwendung kommt.

Ein **Totalschaden** liegt dann vor, wenn die Wiederherstellungskosten den Zeitwert der versicherten Sache übersteigen würden. Ersetzt wird der Zeitwert abzüglich des Restwertes der beschädigten Sache.

Die Übernahme folgender Kosten ist ausgeschlossen:

- Aufräumungs- und Entsorgungskosten
- Bergungskosten (per Klausel einschließbar)
- Kosten, die auch ohne Eintritt des Versicherungsfalls entstanden wären (zum Beispiel Wartungsarbeiten)
- Mehrkosten, die dadurch entstehen, dass im Rahmen der Schadensbeseitigung zusätzliche Änderungen oder Verbesserungen vorgenommen werden
- Kosten für nicht beschädigte Teile bzw. für nicht notwendige Erneuerung
- Kosten, die dadurch entstehen, dass erkennbar reparaturbedürftige Sachen weiter verwendet werden
- Dekontaminationskosten, Entsorgung von Erdreich, Bewegungs- und Schutzkosten, Luftfracht (per Klausel einschließbar)

Beim Vorhandensein von Maschinenversicherungen im Gebäudebereich (zum Beispiel für die Versicherung von Fahrstuhlanlagen) muss der WEG-Verwalter bei der Beauftragung von Reparaturarbeiten darauf achten, dass die Erstattung von **Mehrkosten für Überstunden sowie für Sonntags-, Feiertags- und Nachtarbeiten** — insbesondere bei älteren Verträgen — ausgeschlossen sein kann.

12.5 Haftpflichtversicherungen

12.5.1 Rechtliche Grundlagen

„Wer vorsätzlich oder fahrlässig das Leben, den Körper, die Gesundheit, die Freiheit, das Eigentum oder ein sonstiges Recht eines anderen widerrechtlich verletzt, ist dem anderen zum Ersatze des daraus entstandenen Schadens verpflichtet.“[2]

Die sich aus dem BGB ergebenden Ansprüche können für den Versicherungsnehmer weitgehende Konsequenzen bis hin zum persönlichen Ruin haben. Bei Personenschäden, bei denen ein Geschädigter zeit seines Lebens invalide und damit erwerbsunfähig wird, erreichen die Schadensersatzansprüche meist Millionenbeträge, für die der Verursacher in voller Höhe aufkommen muss. Aber auch im Sachschadenbereich sind solche Beträge — zum Beispiel bei der fahrlässigen Verursachung eines Brandes in einem Mehrfamilienhaus — schnell erreicht.

Um zumindest gegen einen Teil solcher Ansprüche geschützt zu sein, gibt es Haftpflichtversicherungen. Die Haftpflichtversicherung befriedigt gerechtfertigte Ansprüche Dritter gegenüber dem Versicherungsnehmer aufgrund **fahrlässig herbeigeführter Schäden**. Ungerechtfertigte Ansprüche an den Versicherungsnehmer wehrt sie in ihrer Funktion als passiver Rechtsschutz ab. Von der Ersatzpflicht des Versicherers sind Schäden ausgeschlossen, die vorsätzlich herbeigeführt wurden.

In den allgemeinen Versicherungsbedingungen für die Haftpflichtversicherung heißt es dazu:

[2] Vgl. BGB, § 823 (1).

1. Gegenstand der Versicherung, Versicherungsfall

1.1 Versicherungsschutz besteht im Rahmen des versicherten Risikos für den Fall, dass der Versicherungsnehmer wegen eines während der Wirksamkeit der Versicherung eingetretenen Schadenereignisses (Versicherungsfall), das einen Personen-, Sach- oder sich daraus ergebenden Vermögensschaden zur Folge hatte, aufgrund gesetzlicher Haftpflichtbestimmungen privatrechtlichen Inhalts von einem Dritten auf Schadensersatz in Anspruch genommen wird. Schadenereignis ist das Ereignis, als dessen Folge die Schädigung des Dritten unmittelbar entstanden ist. Auf den Zeitpunkt der Schadenverursachung, die zum Schadenereignis geführt hat, kommt es nicht an.

1.2 Kein Versicherungsschutz besteht für Ansprüche, auch wenn es sich um gesetzliche Ansprüche handelt,
(1) auf Erfüllung von Verträgen, Nacherfüllung, aus Selbstvornahme, Rücktritt, Minderung, auf Schadensersatz statt der Leistung;
(2) wegen Schäden, die verursacht werden, um die Nacherfüllung durchführen zu können;
(3) wegen des Ausfalls der Nutzung des Vertragsgegenstands oder wegen des Ausbleibens des mit der Vertragsleistung geschuldeten Erfolgs;
(4) auf Ersatz vergeblicher Aufwendungen im Vertrauen auf ordnungsgemäße Vertragserfüllung;
(5) auf Ersatz von Vermögensschäden wegen Verzögerung der Leistung;
(6) wegen anderer an die Stelle der Erfüllung tretender Ersatzleistungen.

2. Vermögensschaden, Abhandenkommen von Sachen

Dieser Versicherungsschutz kann durch besondere Vereinbarung erweitert werden auf die gesetzliche Haftpflicht privatrechtlichen Inhalts des Versicherungsnehmers wegen
2.1 Vermögensschäden, die weder durch Personen- noch durch Sachschäden entstanden sind;
2.2 Schäden durch Abhandenkommen von Sachen; hierauf finden dann die Bestimmungen über Sachschäden Anwendung.

3. Versichertes Risiko

3.1 Der Versicherungsschutz umfasst die gesetzliche Haftpflicht
(1) aus den im Versicherungsschein und seinen Nachträgen angegebenen Risiken des Versicherungsnehmers,
(2) aus Erhöhungen oder Erweiterungen der im Versicherungsschein und seinen Nachträgen angegebenen Risiken. Dies gilt nicht für Risiken aus dem Halten oder Gebrauch von versicherungspflichtigen Kraft-, Luft- oder Wasserfahrzeugen sowie für sonstige Risiken, die der Versicherungs- oder Deckungsvorsorgepflicht unterliegen,
(3) aus Risiken, die für den Versicherungsnehmer nach Abschluss der Versicherung neu entstehen (Vorsorgeversicherung) und die in Ziffer 4 näher geregelt sind.

3.2 Der Versicherungsschutz erstreckt sich auch auf Erhöhungen des versicherten Risikos durch Änderung bestehender oder Erlass neuer Rechtsvorschriften. Der Versicherer kann den Vertrag jedoch unter den Voraussetzungen von Ziffer 2.1 kündigen.

4. Vorsorgeversicherung

Für die Vorsorgeversicherung gelten neben den sonstigen Vertragsbestimmungen folgende besondere Bedingungen:

4.1 Risiken, die nach Abschluss des Versicherungsvertrags neu entstehen, sind im Rahmen des bestehenden Vertrags sofort versichert.
   (1) Der Versicherungsnehmer ist verpflichtet, nach Aufforderung des Versicherers jedes neue Risiko innerhalb eines Monats anzuzeigen. Die Aufforderung kann auch mit der Beitragsrechnung erfolgen. Unterlässt der Versicherungsnehmer die rechtzeitige Anzeige, entfällt der Versicherungsschutz für das neue Risiko rückwirkend ab dessen Entstehung.
   Tritt der Versicherungsfall ein, bevor das neue Risiko angezeigt wurde, so hat der Versicherungsnehmer zu beweisen, dass das neue Risiko erst nach Abschluss der Versicherung und zu einem Zeitpunkt hinzugekommen ist, zu dem die Anzeigefrist noch nicht verstrichen war.
   (2) Der Versicherer ist berechtigt, für das neue Risiko einen angemessenen Beitrag zu verlangen. Kommt eine Einigung über die Höhe des Beitrags innerhalb einer Frist von einem Monat nach Eingang der Anzeige nicht zustande, entfällt der Versicherungsschutz für das neue Risiko rückwirkend ab dessen Entstehung.

4.2 Der Versicherungsschutz für neue Risiken ist von ihrer Entstehung bis zur Einigung im Sinne von Ziff. 4.1 (2) auf [...] [bestimmte Beträge für Personen-, Sach- und Vermögensschäden [...] begrenzt, sofern nicht im Versicherungsschein geringere Versicherungssummen festgesetzt sind.

4.3 Die Regelung der Vorsorgeversicherung gilt nicht für Risiken
   (1) aus dem Eigentum, Besitz, Halten oder Führen eines Kraft-, Luft- oder Wasserfahrzeugs, soweit diese Fahrzeuge der Zulassungs-, Führerschein- oder Versicherungspflicht unterliegen;
   (2) aus dem Eigentum, Besitz, Betrieb oder Führen von Bahnen;
   (3) die der Versicherungs- oder Deckungsvorsorgepflicht unterliegen;
   (4) die kürzer als ein Jahr bestehen werden und deshalb im Rahmen von kurzfristigen Versicherungsverträgen zu versichern sind.

Wichtig ist, dass die Haftpflichtversicherung generell nur Versicherungsschutz bietet, wenn die Schadensersatzforderung des Geschädigten auf **gesetzlichen Ansprüchen privatrechtlichen Inhalts** beruht. Dabei handelt es sich um alle Gesetzesnormen, welche die Rechtsbeziehungen von Privatpersonen — und auch privaten Gesellschaften — untereinander regeln.

Ansprüche, die sich aus dem **öffentlichen Recht** ergeben, sind nicht Gegenstand der Haftpflichtversicherung. Dabei handelt es sich um die Vorschriften und Gesetze, welche die Beziehung zwischen Bürger und Staat regeln (zum Beispiel Strafrecht, Polizeirecht, Steuerrecht).

12.5.2 Funktion der Haftpflichtversicherung

In der Haftpflichtversicherung wird der Versicherungsnehmer vor der Belastung seines Vermögens durch Schadensersatzansprüche geschützt. Diese entstehen, wenn der Versicherungsnehmer einem Dritten einen Schaden zufügt, für den er aufgrund privatrechtlicher Gesetze zur Wiedergutmachung verpflichtet ist. Dabei werden die **Verschuldenshaftung** und die verschuldensunabhängige Haftung unterschieden. Im Gegensatz zu den Sachversicherungen gibt es nicht nur ein Verhältnis zwischen Versicherungsnehmer und Versicherer, sondern es existieren mindestens drei Beteiligte:

1. der Anspruchsteller (Geschädigter),
2. der Verursacher (Versicherungsnehmer) und
3. der Versicherer.

Stellt ein tatsächlich oder vermeintlicher Geschädigter gegenüber dem Versicherungsnehmer einen Haftungsanspruch, führt der Versicherer eine juristische Prüfung des Haftungsanspruchs durch.

Die **Verschuldenshaftung** ist der Regelfall. Diese besagt, dass nur der zum Schadensersatz verpflichtet ist, der einen Schaden schuldhaft verursacht hat. Im Schadensfall trägt grundsätzlich der Anspruchsteller die Beweislast dafür, dass den Verursacher ein Verschulden trifft.

Im Rahmen der **Gefährdungshaftung** hingegen sieht das Gesetz eine Haftung unabhängig vom Verschulden des Verursachers vor. Das betrifft vor allem den Besitz und Einsatz von Anlagen oder Geräten, die durch ihr bloßes Vorhandensein eine Gefährdung darstellen. Der Eigentümer muss für Schäden, die aus diesen Gefahren entstehen, eintreten, ohne dass ihm der Geschädigte ein Verschulden nachweisen muss. Ausgeschlossen sind nur die Schäden, die auf höhere Gewalt zurückzuführen sind. Die sich aus der Gefährdungshaftung ergebende Ersatzpflicht ist in den meisten Fällen der Höhe nach beschränkt, um den Verursacher nicht übermäßig zu belasten. Schadensersatz über diese Grenze hinaus kann der Geschädigte nur dann erlangen, wenn er dem Verursacher gleichzeitig ein konkretes Verschulden nachweisen kann. In ein und demselben Vorgang können also Gefährdungs- und Verschuldenshaftung gleichzeitig vorliegen. Typische **Anwendungsgebiete der Gefährdungshaftung** sind der Betrieb eines Fahrzeugs oder eines Öltanks.

Kommt der Versicherer zu dem Ergebnis, dass der **Anspruch gerechtfertigt** ist, dann befriedigt er — im Rahmen der vereinbarten Versicherungssumme — den Anspruch des Geschädigten durch Zahlung und stellt somit den Versicherungsnehmer von der Haftung frei.

Ergibt die Prüfung des Vorgangs jedoch, dass der **Anspruch nicht gerechtfertigt** ist, so lehnt die Versicherung den Schaden ab und der Geschädigte muss seine Ansprüche eventuell gerichtlich geltend machen.

Bei der Abwicklung des Haftpflichtfalls kann es zu **Interessenkonflikten** zwischen dem Versicherungsnehmer und dem Versicherer kommen. Dies ist zum Beispiel bei persönlichen Beziehungen zwischen Versicherungsnehmer und Geschädigtem der Fall oder wenn geschäftliche Interessen des Versicherungsnehmers eine Rolle spielen.

Außerdem besteht die Möglichkeit, dass der Versicherungsnehmer an der Abwehr der erhobenen Ansprüche interessiert ist, obwohl der Versicherer bei der Prüfung des Vorgangs zu der Entscheidung gekommen ist, dass der Fall zu entschädigen sei. Dann kann die **Widerstandsklausel** zum Tragen kommen. Diese hat jedoch zur Folge, dass der Versicherer für eventuell entstehende Mehrkosten, die zum Beispiel durch einen Prozessverlust entstehen, nicht aufzukommen hat. Diese muss der Versicherungsnehmer selbst tragen.

Die Haftpflichtversicherung ist **keine Eigenschadendeckung**. Schäden, die der Versicherungsnehmer an seinen eigenen Sachen oder an seinem Vermögen erleidet, sind von der Haftpflichtversicherung nicht gedeckt. Eine Ausnahme ist die Gewässerschadenhaftpflichtversicherung. Hier ist in den Bedingungen auch die Deckung von Schäden an unbeweglichen Sachen des Versicherungsnehmers eingeschlossen, und zwar auch dann, wenn noch kein Gewässerschaden eingetreten ist.

12.5.3 Versicherte Schäden

Die Haftpflichtversicherung umfasst gesetzliche Ansprüche wegen Personen- und Sachschäden.

Der Begriff des **Personenschadens** ist in den allgemeinen Haftpflichtversicherungsbedingungen (AHB) in § 1 Ziff. 1 eindeutig festgelegt: Das Schadenereignis muss den Tod, die Verletzung oder Gesundheitsbeschädigung von Menschen zur Folge haben. Hierbei sind Schadensersatzansprüche vor allem wegen Beerdigungskosten, Unterhaltsansprüchen Hinterbliebener, Heilkosten, Rehabilitationsmaßnahmen, Schmerzensgeld und anderem denkbar. Die Haftpflicht (und damit der Versicherungsschutz) erstreckt sich auch auf Vermögensfolgeschäden, die sich aus dem erlittenen Personenschaden ergeben, denn gemäß § 842 BGB umfasst die Verpflichtung zum Schadensersatz auch auf die Nachteile, die für den Erwerb oder das Fortkommen des Verletzten bestehen.

Unter einem **Sachschaden** im Sinne des § 1 Ziff. 1 AHB ist jede Änderung der das Wesen der Sache bedingenden Eigenschaften durch Einwirkung auf ihre Substanz zu verstehen, welche die Substanz verletzt oder die Brauchbarkeit der Sache für ihren gewöhnlichen oder den vom Verfügungsberechtigten bestimmten Zweck beeinträchtigt oder sonst zu einer wesentlichen Minderung ihres wirtschaftlichen Wertes führt. Vereinfacht ausgedrückt geht bei einem Sachschaden etwas kaputt oder wird unbrauchbar.

Der Versicherungsschutz kann auf reine **Vermögensschäden** ausgedehnt werden. Dabei handelt es sich um Schäden, die weder durch Personen- noch durch Sachschäden entstanden sind. Allerdings ist der Deckungsumfang für Vermögensschäden im Rahmen der allgemeinen Haftpflichtversicherungsbedingungen oftmals sehr stark eingeschränkt. Zur Absicherung solcher Schäden kann es zweckmäßiger sein, eine reine **Vermögensschadenhaftpflichtversicherung** abzuschließen.

Die für die Wohnungseigentümergemeinschaft und den Wohnungsverwalter bedeutsamen Haftpflichtversicherungen werden in den folgenden Ausführungen näher erläutert.

12.5.4 Haus- und Grundbesitzerhaftpflichtversicherung

Hierbei handelt es sich neben der Feuerversicherung um die Versicherung, die im WEG-Gesetz für Wohnungseigentümergemeinschaften als zwingend erforderlich vorgeschrieben ist. Aber auch für alle anderen Haus- und Grundbesitzer ist diese Versicherung eine wichtige Voraussetzung dafür, dass sie bei eventuellen Ansprüchen Dritter nicht vor dem finanziellen Ruin stehen.

Grundlagen für diese Versicherung sind:

- Die allgemeinen Versicherungsbedingungen für die Haftpflichtversicherung (AHB)
- Die besonderen Bedingungen und Risikobeschreibungen für die Haus- und Grundbesitzerhaftpflichtversicherung

Auf die Umstände, die sich aus den AHB ergeben, ist bereits eingegangen worden. Daher sollen hier vor allem die besonderen Bedingungen erläutert werden, die für Haus- und Grundbesitzer zum Tragen kommen.

Versicherte Gefahren und Schäden

Versichert ist die gesetzliche Haftpflicht des Versicherungsnehmers als Haus- und/oder Grundstücksbesitzer (zum Beispiel als Eigentümer, Nießbraucher, Pächter, Mieter) des im Versicherungsschein und seinen Nachträgen beschriebenen Hauses/Grundstücks. Versichert sind die Ansprüche aus Verstößen gegen die aus den genannten Eigenschaften erwachsenden Pflichten. Mitversichert ist die gesetzliche Haftpflicht

- des Versicherungsnehmers als Bauherr oder Unternehmer von Bauarbeiten (Neubauten, Umbauten, Reparaturen, Abbruch-, Grabarbeiten) bis zu einer im Vertrag festgelegten veranschlagten Bausumme je Bauvorhaben. Wenn dieser Betrag überschritten wird, entfällt die Mitversicherung. Es gelten dann die Bestimmungen über die Vorsorgeversicherung.
- des Versicherungsnehmers als früherer Besitzer, wenn die Versicherung bis zum Besitzerwechsel bestand. Dies kann dann von Bedeutung sein, wenn erst nach einem erfolgten Besitzerwechsel ein Anspruch geltend gemacht wird, der seinen Ursprung noch in der Zeit hatte, als der Versicherungsnehmer Eigentümer des Gebäudes/Grundstücks war.
- der durch Arbeitsvertrag mit der Verwaltung, Reinigung, Beleuchtung und sonstigen Betreuung der Grundstücke beauftragten Personen für Ansprüche, die gegen sie aus Anlass der Ausführung dieser Verrichtungen erhoben werden. Es sind also auch Ansprüche von Dritten gegen den Wohnungsverwalter oder Hausmeister aufgrund von im Rahmen seiner Tätigkeit entstandenen Schäden versichert. Ausgeschlossen sind Haftpflichtansprüche aus Personenschäden, bei denen es sich um Arbeitsunfälle im Betrieb des Versicherungsnehmers gemäß dem Sozialgesetzbuch VII handelt.
- der Zwangs- oder Konkursverwalter in dieser Eigenschaft.
- wegen Sachschäden durch häusliche Abwässer, die im Gebäude selbst anfallen, und Haftpflichtansprüchen wegen Sachschäden, die durch Abwässer aus dem Rückstau des Straßenkanals auftreten.

Bei **Wohnungseigentümergemeinschaften** im Rahmen des Gesetzes vom 15.3.1951 ist die Gemeinschaft der Wohnungseigentümer (vertreten durch den bestellten Verwalter) Versicherungsnehmer. Versichert ist die gesetzliche Haftpflicht der Gemeinschaft der Wohnungseigentümer aus dem gemeinschaftlichen Eigentum gegenüber Ansprüchen Dritter.

Mitversichert ist im Rahmen der Haftpflichtversicherung für Haus- und Grundbesitzer die persönliche gesetzliche Haftpflicht des Verwalters und der Wohnungseigentümer bei Tätigkeiten im Interesse und für Zwecke der Gemeinschaft.

Eingeschlossen sind (abweichend von den AHB):

- Ansprüche eines einzelnen Wohnungseigentümers gegen den Verwalter
- Ansprüche eines einzelnen Wohnungseigentümers gegen die Gemeinschaft der Wohnungseigentümer
- Gegenseitige Ansprüche von Wohnungseigentümern bei Tätigkeiten im Interesse und für Zwecke der Gemeinschaft

Ausgeschlossen bleiben Schäden am Gemeinschafts-, Sonder- und Teileigentum.

In der Haus- und Grundbesitzerhaftpflichtversicherung kann auch das Halten und Führen von **nicht zulassungs- und nicht versicherungspflichtigen Kraftfahrzeugen** mitversichert werden (Kfz mit nicht mehr als sechs Kilometern pro Stunde selbst fahrende Arbeitsmaschinen mit nicht mehr als 20 Kilometern pro Stunde; Kfz und Anhänger, die nur auf nicht öffentlichen Wegen und Plätzen verkehren).

Im Rahmen der Haftpflichtversicherung für Haus- und Grundbesitzer sind unmittelbare oder mittelbare Sach- und Vermögensschäden mitversichert, die sich aus der Veränderung der physikalischen, chemischen oder biologischen Beschaffenheit eines Gewässers einschließlich des Grundwassers ergeben (Gewässerschäden). Ausgenommen ist die Haftpflicht als Inhaber von Anlagen zur Lagerung von gewässerschädlichen Stoffen und sich aus der Verwendung dieser Stoffe ergebende Ansprüche (hierfür wird Versicherungsschutz durch einen besonderen Vertrag gewährt).

Daher muss für Anlagen, die eventuell durch gewässerschädliche Betriebsstoffe Schäden verursachen, keine separate Gewässerschadenhaftpflichtversicherung abgeschlossen werden. Es besteht Versicherungsschutz über diesen Vertrag.

12.5.5 Gewässerschadenhaftpflichtversicherung

Die sich aus dem Besitz einer Anlage zur Lagerung von gewässerschädlichen Stoffen (zum Beispiel eines Öltanks) oder der Verwendung solcher gelagerten Stoffe ergebenden Haftpflichtansprüche versichert die Gewässerschadenhaftpflichtversicherung. In diesem Bereich umfasst die gesetzliche Haftpflicht — und damit auch der Versicherungsschutz — Ansprüche aufgrund eines Verschuldens des Versicherungsnehmers (Verschuldenshaftung) ebenso wie Ansprüche aufgrund des Besitzes der Anlage (Gefährdungshaftung).

Versicherte Gefahren und Schäden

Auf Grundlage der allgemeinen Versicherungsbedingungen für die Haftpflichtversicherung (AHB) sind Sach- und Personenschäden versichert. Ein Gewässerschaden ist aber in erster Linie ein reiner Vermögensschaden, denn die Veränderung von Grundwasser im Sinne des Wasserhaushaltsgesetzes (WHG) ist kein Sachschaden, weil gemäß § 90 BGB Wasser nicht als Sache angesehen wird (Wasser in Leitungen oder Behältnissen jedoch ist eine Sache, da es jemandem gehört).

Daher umfasst die Gewässerschadenhaftpflichtversicherung die Haftpflicht des Versicherungsnehmers als Inhaber der im Versicherungsschein aufgeführten Anlagen zur Lagerung von gewässerschädlichen Stoffen und aus der Verwendung dieser gelagerten Stoffe für unmittelbare und mittelbare Folgen (Personen-, Sach- und Vermögensschäden) von Veränderungen der physikalischen, chemischen oder biologischen Beschaffenheit eines Gewässers einschließlich des Grundwassers. Mitversichert

- sind die Personen, die der Versicherungsnehmer durch Arbeitsvertrag mit der Verwaltung, Reinigung, Beleuchtung und sonstigen Betreuung der Grundstücke beauftragt hat, für den Fall, dass sie aus Anlass dieser Verrichtung in Anspruch genommen werden.
- ist die Haftpflicht aus Gewässerschäden, die dadurch entstehen, dass aus den versicherten Anlagen Stoffe ins Abwasser und mit diesen in Gewässer gelangen.

Die Gewässerschadenhaftpflichtversicherung unterscheidet nach dem Anlagen-, dem Einwirkungs- und dem Regressrisiko, wobei im Bereich der Haus- und Grundbesitzer vor allem das Anlagenrisiko von Belang ist.

- **Anlagenrisiko:** Bei Anlagen handelt es sich um Einrichtungen, die bestimmt sind, Stoffe herzustellen, zu verarbeiten, zu lagern, abzulagern, zu befördern oder wegzuleiten. Dazu zählen nicht nur die oft zitierten Öltanks. Auch Jauchegruben, Müllhalden etc. gehören zu diesen Anlagen im Sinne des WHG. Demgegenüber gehören Kraftfahrzeuge grundsätzlich nicht zu den Anlagen, sofern sie nur die Betriebsstoffe zum eigenen Antrieb mitführen. Die Gewässerschadenhaftpflichtversicherung deckt die Haftung des Versicherungsnehmers als Inhaber der im Versicherungsschein angeführten Anlage, soweit diese der **Lagerung und Verwendung** der gelagerten Stoffe dient. Versicherungsschutz für das Anlagenrisiko besteht nur, wenn Stoffe ohne zielgerichtete Handlung aus der Anlage in ein Gewässer gelangen. Zu der Anlage gehören der Heizöltank und die eigentliche Heizung (Brenner) sowie die Leitungen, die der Weiterleitung der gewässerschädlichen Stoffe dienen. Das Anlagenrisiko umfasst als Besonderheit der Gewässerschadenhaftpflichtversicherung **Eigenschäden**. Das beinhaltet Schäden an unbeweglichen Sachen des Versicherungsnehmers durch einen bestimmungswidrigen Austritt gewässerschädlicher Stoffe, ohne dass ein Gewässerschaden eingetreten ist. Dies gilt auch für die **allmähliche Schädigung** (Allmählichkeitsschaden). Ausgeschlossen bleiben Schäden an der Anlage selbst.

- **Einwirkungsrisiko:** Im Gegensatz zum Anlagenrisiko sind Schäden als Einwirkungsrisiko definiert, die durch ein zielgerichtetes Einleiten von schädlichen Stoffen in ein Gewässer und der damit verbundenen Veränderung der physikalischen, chemischen oder biologischen Beschaffenheit des Gewässers entstehen. Das Einwirkungsrisiko kann bislang nur als Zusatzrisiko in Betriebs- und Berufshaftpflichtversicherungen versichert werden.
- **Regressrisiko:** Das Regressrisiko betrifft vor allem Unternehmen, die gewässergefährliche Anlagen herstellen, liefern, montieren, instand halten oder warten. Verursacht ein Unternehmen schuldhaft einen Gewässerschaden, zieht das Schadensersatzforderungen aufgrund der Gefährdungshaftung, die aus dem Besitz der Anlage entsteht, nach sich. Der Anlagenbetreiber kann bei Vorliegen einer Vertragsverletzung oder einer unerlaubten Handlung Regress bei dem Verursacher nehmen. Selbstverständlich kann es auch zu einem direkten Anspruch des Geschädigten gegen den Verursacher aus unerlaubter Handlung kommen. Das Schadenereignis gilt dann als eingetreten, wenn zum ersten Mal gewässerschädliche Stoffe in ein Gewässer gelangt sind.

Üblich ist in den meisten Verträgen eine Maximierung der vom Versicherer zu zahlenden **Höchstentschädigung** auf das Doppelte der vereinbarten Versicherungssumme. Um die Prämie reduzieren zu können, besteht heute bei vielen Versicherern die Möglichkeit, **Selbstbehalte** je Schadensfall zu vereinbaren. Allerdings sind vereinbarte Selbstbehalte in Wohnungseigentümergemeinschaften oftmals problematisch. Vor allem die Aufteilung des Selbstbehalts auf die einzelnen Eigentümer wird sicher häufig Schwierigkeiten bereiten.

Rettungskosten

Unter Rettungskosten versteht man Aufwendungen, auch erfolglose, die der Versicherungsnehmer im Schadensfall zur Abwendung oder Minderung des Schadens für geboten halten durfte. Außerdem zählen hierzu außergerichtliche Gutachterkosten. Diese werden vom Versicherer übernommen, sofern sie zusammen mit der Entschädigungsleistung die vertraglich vereinbarte Versicherungssumme nicht übersteigen.

Rettungskosten und außergerichtliche Gutachterkosten sind auch über die Versicherungssumme hinaus vom Versicherer zu tragen, wenn sie auf Weisung des Versicherers veranlasst wurden.

Entsprechend § 82 Abs. 1 und 2 sowie § 89 Abs. 1 VVG werden Rettungskosten gewöhnlich erst dann übernommen, wenn der Versicherungsfall – hier ein Gewässerschaden – eintritt. In der Gewässerschadenhaftpflichtversicherung spricht man daher von sogenannten **vorgezogenen Rettungskosten**. Die Rettungskosten entstehen bereits dann, wenn das Schadenereignis unmittelbar bevorsteht. Auch wenn sich beim Anschein eines unmittelbar drohenden Gewässerschadens im Nachhinein herausstellt, dass der Schaden objektiv gar nicht hätte eintreten können, hat der Versicherer diese – nur subjektiv notwendigen – Rettungskosten zu tragen. Für die Erstattung ist es unerheblich, ob der Versicherungsnehmer aus privatrechtlichen oder aus öffentlich-rechtlichen Gründen zur Zahlung dieser Kosten verpflichtet ist.

Ausschlüsse

Wie in den AHB festgelegt, sind Schäden, die vom Versicherungsnehmer vorsätzlich verursacht wurden, vom Versicherungsschutz ausgeschlossen. In der Gewässerschadenhaftpflichtversicherung greift darüber hinaus die **erweiterte Vorsatzklausel**. Demnach sind auch die Schäden vom Versicherungsschutz ausgeschlossen, die dadurch entstanden sind, dass der Versicherungsnehmer vorsätzlich von den dem Gewässerschutz dienenden Bestimmungen, Anordnungen oder Gesetzen abgewichen ist, wobei die behördlichen Anordnungen oder Verfügungen in Form einer Allgemein- oder Einzelverfügung an den Versicherungsnehmer gerichtet worden sein müssen.

Dabei reicht es zum Versagen des Versicherungsschutzes bereits aus, wenn sich der Vorsatz nur auf die Verletzung des Gesetzes oder Ähnliches bezieht. Es ist nicht notwendig, dass der Gewässerschaden bereits eingetreten ist.

Ausgeschlossen bleiben Schäden, die vor Inkrafttreten des Versicherungsvertrags eingetreten sind. Bei Bodenverunreinigungen, die zu einer Gewässerverunreinigung führen können, muss nachgewiesen werden, dass sie nach Inkrafttreten des Versicherungsvertrags verursacht wurden.

12.5.6 Haftpflichtversicherungen für den WEG-Verwalter

Vermögensschadenhaftpflichtversicherung

Die Vermögensschadenhaftpflichtversicherung bietet Schutz gegen Schadensersatzansprüche, die sich aus der gesetzlichen Haftpflicht privatrechtlichen Inhalts aufgrund eines Vermögensschadens ergeben. Das beinhaltet auch den sogenannten reinen Vermögensschaden, der nicht infolge eines Sach- oder Personenschadens, sondern getrennt auftritt. Das Risiko der Verursachung eines reinen Vermögensschadens tritt in einigen Berufen gehäuft auf, so im Bereich der Rechtsberatung, der Steuerberatung oder auch der Verwaltung.

Es besteht Schutz vor den finanziellen Folgen aus Berufsversehen, wenn zum Beispiel durch das Versäumen einer Frist durch den Verwalter dem Wohnungseigentümer finanzielle Nachteile entstehen. Versichert werden können die Personen, die eine beratende, verwaltende oder gutachterliche Tätigkeit ausüben. Sie kann um Sachschäden an anvertrauten Unterlagen (zum Beispiel Mandantenunterlagen) ergänzt werden. Daher ist die Vermögensschadenhaftpflichtversicherung auch für den Verwalter von Belang. Für die Wohnungseigentümer hat sie keine Bedeutung.

Nicht versichert sind im Rahmen der Vermögensschadenhaftpflichtversicherung:

- Kaufmännisch-unternehmerische Risiken
- Spekulationsrisiken
- Veruntreuungsschäden durch eigene Angestellte
- Schäden durch wissentliche Pflichtverletzung

Versicherungsschutz besteht für berufliche Versehen (Verstöße), die während der Vertragslaufzeit unterlaufen. Maßgebend ist also nicht der Zeitpunkt des Schadenseintritts oder der Geltendmachung von Ersatzansprüchen, sondern der Zeitpunkt des Verstoßes. Auch Vermögensschäden, die erst nach Jahren (in einigen Fällen besteht eine Begrenzung der Ablaufdeckung) zutage treten, werden nach Vertragsablauf ersetzt, wenn sie Folge eines während der Vertragszeit unterlaufenen Fehlers sind.

Der Versicherungsschutz beginnt im Allgemeinen zu einem in der Zukunft liegenden vereinbarten Zeitpunkt. Möglich ist aber auch eine rückwirkende Versicherung (**Rückwärtsversicherung**), zum Beispiel zum Zeitpunkt des Beginns der Verwaltertätigkeit. Der Versicherungsschutz erstreckt sich dann auch auf alle unbekannten Verstöße aus der Vergangenheit.

Der **Beitrag** für die Vermögensschadenhaftpflichtversicherung richtet sich je nach Risiko

- entweder nach der Zahl der Mitarbeiter und deren beruflicher Qualifikation oder
- nach dem Umsatz.

Die **Jahreshöchstentschädigung** beträgt üblicherweise das Zweifache der Versicherungssumme. Oftmals wird ein Selbstbehalt im Schadensfall vereinbart. Dieser kann risiko- und berufsspezifisch unterschiedlich sein.

Für **Haus-, Grundstücks- und Wohnungsverwalter** gibt es eine **spezielle Risikobeschreibung,** in der abweichend von den allgemeinen Versicherungsbedingungen zur Haftpflichtversicherung für Vermögensschäden besondere Bedingungen festgelegt sind. Diese tragen den speziellen Anforderungen dieses Gewerbes Rechnung. Insbesondere ist es möglich, die Jahreshöchstentschädigungssumme auf ein Mehrfaches der vereinbarten Versicherungssumme festzusetzen. Außerdem besteht die Möglichkeit, den Selbstbehalt je Schadensfall zu ändern.

Vertrauensschadenversicherung

Die Vertrauensschadenversicherung umfasst Vermögensschäden des Unternehmers durch ungetreue Mitarbeiter. Sie ist für den Verwalter von Interesse, wenn er Mitarbeiter beschäftigt. Bei den Wohnungseigentümern besteht kein Bedarf an einer Vertrauensschadenversicherung.

Der Abschluss einer Vertrauensschadenversicherung ist für jedes Unternehmen möglich, das Mitarbeiter beschäftigt. Durch die Vertrauensschadenversicherung sind vorsätzliche Handlungen ungetreuer Mitarbeiter versichert, für die entsprechend den gesetzlichen Bestimmungen eine Schadensersatzpflicht besteht. Es handelt sich dabei insbesondere um Unterschlagung, Diebstahl, Fälschung oder Betrug.

Nicht versichert sind in der Vertrauensschadenversicherung Schäden,

- die durch Mitarbeiter verursacht werden, von denen der Versicherungsnehmer vor ihrem Einschluss in die Versicherung wusste, dass sie bereits eine vorsätzliche Handlung begangen haben.
- die dem Versicherer später als zwei Jahre nach ihrer Verursachung gemeldet werden.
- die durch entgangenen Gewinn oder nur mittelbar entstehen.

- die durch Aufwendungen für einen Personenschaden entstehen.
- deren anderweitige Versicherung durch den Versicherungsnehmer üblich und möglich ist (zum Beispiel Feuerversicherung).

In der Vertrauensschadenversicherung sind zwei Versicherungsformen möglich: die **Pauschal- und die Einzelversicherung**.

In der **Pauschalversicherung** sind alle Mitarbeiter eines Unternehmens oder ggf. auch eines einzelnen Unternehmensbereichs versichert. Die Pauschalversicherung ist die gebräuchliche Form.

Über die **Einzelversicherung** besteht die Möglichkeit, einzelne Mitarbeiter, zum Beispiel besondere Vertrauenspersonen, zu versichern. Dabei sind die Personen im Antrag namentlich aufzuführen und Änderungen dem Versicherer bekannt zu machen.

Der Beitrag richtet sich nach der Zahl der versicherten Mitarbeiter und der Höhe der Versicherungssumme. Ändert sich die Anzahl der zu versichernden Mitarbeiter im Lauf des Versicherungsjahres, sind neu hinzugekommene Mitarbeiter automatisch in den Versicherungsschutz mit einbezogen. Die Änderung der Mitarbeiterzahl wird mit der Prämienrechnung vom Versicherer abgefragt, ggf. erfolgt eine Beitragsanpassung.

Die **Versicherungssumme** kann vom Versicherungsnehmer frei gewählt werden. Die Versicherungssumme gilt für den gesamten Vertrag. Die Entschädigung ist also auf diese Versicherungssumme begrenzt — gleichgültig, wie viele Mitarbeiter wie viele Schäden verursachen. Eine Selbstbeteiligung ist nicht üblich.

Als **Voraussetzung für eine Entschädigung** muss der Name des schadenverursachenden Mitarbeiters bekannt sein. Die Versicherung deckt nur Schäden, die ihren Ursprung innerhalb der Bundesrepublik Deutschland haben.

Der Versicherungsnehmer ist verpflichtet, alle Vertrauenspersonen bei der Einstellung auf ihre Vertrauenswürdigkeit zu prüfen. Hierzu dienen ein lückenloser Tätigkeitsnachweis der letzten drei Jahre sowie die Zeugnisse für diesen Zeitraum.

Schadensfälle sind dem Versicherer unverzüglich schriftlich anzuzeigen. Dem Versicherer sind mitzuteilen:

- Die Höhe des Schadens
- Der Name des Schadenverursachers

Weiterhin müssen der Vorsatz nachgewiesen und die Regressansprüche an den Versicherer abgetreten werden.

Neben der Vertrauensschadenversicherung besteht die Möglichkeit einer **Computerschadenversicherung**. Diese beinhaltet Schäden, die von den Mitarbeitern vorsätzlich an der EDV-Einrichtung des Unternehmens verursacht wurden (Löschen von Dateien und vieles mehr). Bei einigen Gesellschaften ist auch eine Kombination beider Versicherungen möglich.

12.5.7 Abwicklung des Versicherungsfalls in der Haftpflichtversicherung

Die Abwicklung von Haftpflichtschäden gestaltet sich in der Regel sehr einfach. Der normale Ablauf ist folgendermaßen:

1. Ein Dritter macht beim Eigentümer oder Verwalter einen Schadensersatzanspruch geltend. Sofern dies nur in mündlicher Form erfolgt, sollte der Anspruchsteller gebeten werden, den Anspruch in schriftlicher Form einzureichen und zu begründen, worin er ein Verschulden des Versicherungsnehmers sieht. Dies kann die Abwicklung des Versicherungsfalls zum Teil erheblich beschleunigen.
2. Der Verwalter nimmt das Anspruchsschreiben des Geschädigten entgegen und teilt diesem mit, dass der Vorgang an die Haftpflichtversicherung weitergeleitet wird und diese sich mit ihm zur weiteren Abwicklung des Vorgangs in Verbindung setzen wird.
3. Der Verwalter leitet den Haftungsanspruch – ggf. mit einer ausgefüllten schriftlichen Schadensmeldung – an den Versicherer weiter.
4. Der Versicherer prüft das Vorhandensein der Deckung. Ist das der Fall, werden sowohl der Versicherungsnehmer als auch der Anspruchsteller über die Aufnahme der Schadenbearbeitung informiert.
5. Der Versicherer prüft, ob der Haftungsanspruch gerechtfertigt ist. Gegebenenfalls wird der Versicherer den Versicherungsnehmer auffordern, weitere Belege zu beschaffen und zu den Haftungsansprüchen Stellung zu nehmen.
6. Wenn der Anspruch gerechtfertigt ist, wird der Versicherer den Schaden regulieren.
7. Wenn der Anspruch nicht oder nur teilweise gerechtfertigt ist, wird der Versicherer diese Ablehnung sowohl dem Versicherungsnehmer als auch dem Geschädigten gegenüber in schriftlicher Form begründen und ggf. eine teilweise Entschädigung des Anspruchs vornehmen.

! **ACHTUNG**

Es darf auf keinen Fall ohne vorherige Zustimmung des Versicherers ein Schuldanerkenntnis (Anerkennung des Anspruchs) geäußert werden. Dies darf weder in mündlicher noch in schriftlicher Form geschehen. Entsprechend § 5.5 AHB ist der Versicherer bei Verletzung dieser Obliegenheitspflicht von der Leistung frei.

Die Beachtung dieses Grundsatzes gehört zu den wichtigsten Dingen, die der Verwalter bei der Abwicklung des Versicherungsfalls in der Haftpflichtversicherung beachten muss. Es reicht aus, wenn dem Geschädigten, ggf. unter Angabe der Versicherungsgesellschaft und der Versicherungsnummer, mitgeteilt wird, dass der Vorgang an die zuständige Versicherung übergeben und diese sich mit ihm in Verbindung setzen wird.

Zu den Obliegenheitspflichten des Versicherungsnehmers im Schadensfall gehört es, den Schaden zu mindern oder abzuwenden, sofern er dazu die Möglichkeit hat. Er muss alles tun, was zur Klarstellung des Schadensfalls beiträgt, insbesondere ausführliche und wahrheitsgemäße Schadensberichte erstellen.

Die weitere Tätigkeit des Verwalters beschränkt sich — neben der Beantwortung der Anfragen des Versicherers zu diesem Vorgang — im Wesentlichen darauf, eventuelle Schreiben, Forderungen etc. des Geschädigten oder dessen Vertreters an den Versicherer weiterzuleiten und eventuell vorhandene Fristen zu wahren. Dabei kann es sich um ergangene Mahnbescheide oder behördliche Verfügungen handeln. Gegen diese muss der Versicherungsnehmer fristgerecht Einspruch einlegen und sie dem Versicherer überlassen.

Im Versicherungsfall gilt der Versicherer als **bevollmächtigt**, alle zur Beilegung oder Abwehr des Anspruchs zweckmäßig erscheinenden Erklärungen im Namen des Versicherungsnehmers abzugeben.

Sofern der Geschädigte mit der teilweisen oder vollständigen Abwehr seines Anspruchs durch den Versicherer nicht einverstanden ist, hat der Versicherungsnehmer dem Versicherer die Führung dieses Prozesses zu überlassen und dem Anwalt, der vom Versicherer bestellt wird, die entsprechenden Vollmachten zu geben.

12.6 Informationsquellen

Allgemeine Bedingungen für die Elektronikversicherung (ABE)
Allgemeine Bedingungen für die Glasversicherung (AGlB 2006)
Allgemeine Versicherungsbedingungen für die Haftpflichtversicherungen (AHB)
Allgemeine Bedingungen für die Hausratversicherung (VHB)
Allgemeine Maschinenversicherungsbedingungen (AMB)
Allgemeine Bedingungen und Klauseln für die Wohngebäudeversicherungen (VGB)
Besondere Versicherungsbedingungen für die Haftpflicht aus Gewässerschäden
Besondere Versicherungsbedingungen für die Haus- und Grundbesitzerhaftpflicht
Besondere Versicherungsbedingungen für die Vermögensschadenshaftpflicht
Besondere Versicherungsbedingungen für die Vertrauensschadenshaftpflicht
Bürgerliches Gesetzbuch
Versicherungsvertragsgesetz

Diverse Veröffentlichungen im Internet, zum Beispiel zu folgenden Stichworten:

- Wohngebäudeversicherung
- Glasversicherung
- Vertrauensschadenversicherung
- Haftpflichtversicherung
- Technikversicherung

13 Der Verwalter im Multimedia-zeitalter

von Ulrich Löhlein

13.1 Multimedia – eine Herausforderung für Eigentümer und Verwalter

Die technische Entwicklung immer neuer Empfangs- und Übertragungswege für Rundfunk, Fernsehen, Telefon und Internet eröffnet fantastische Möglichkeiten der Informationsverbreitung. Neue Märkte im E-Business entwickeln sich. Alte Monopole im Versorgungsbereich lösen sich auf und eine verwirrende Vielzahl von neuen Angeboten entsteht. Diese neuen Möglichkeiten wecken Wünsche, insbesondere der Wohnungsnutzer, an diesen Entwicklungen und deren Nutzung teilzuhaben. Hier sind Eigentümer und Verwalter gefragt, die Wohnungen entsprechend den Wünschen der Nutzer mit zeitgemäßer Medieninfrastruktur zu versehen. Die Anpassung des Wohnungsbestands an die Übertragungstechnik der nächsten Jahrzehnte stellt eine Herausforderung für den Verwalter dar, gilt es doch, die technisch beste, preisgünstigste und zukunftssicherste Technik entsprechend nachzurüsten. War es früher der Ausfall der Gemeinschaftsantenne, der den Hausverwalter rund um die Uhr zur sofortigen Präsenz verpflichtete, so sind heute zahlreiche weitere Übertragungswege relevant geworden. Gleichzeitig ermöglichen die neuen Techniken (zum Beispiel UMTS) und die deregulierten Märkte für Strom, Telefon, Gas etc. neue Geschäftsfelder für den Verwalter.

Mit der Einführung des Kabelfernsehens in den 1980er-Jahren eröffnete sich eine damals ungeahnte Programmvielfalt, mit ihr entstanden neue Ansprüche und Gewohnheiten der Wohnungsnutzer. Bald schon waren Wohnungen mit Kabel-TV gefragt und Kabel-TV fand Eingang in die Mietkalkulation, Mietspiegel und Wohnungsanzeigen. Die Wohnungswirtschaft rüstete nach, übernahm die Kostenumlage, änderte die Mietverträge, schulte die Mitarbeiter, informierte die Mieter und Eigentümer und wurde von der technischen Entwicklung überrollt.

Ende der 1980er-Jahre wurde es möglich, eine riesige Vielfalt exotischster Sendeangebote von den ins All geschossenen Fernsehsatelliten individuell zu empfangen. Eigentlich dazu gedacht, die zentralen Programmeinspeisepunkte der Kabelnetzbetreiber, insbesondere der staatlichen Monopolgesellschaft (Post), mit Programmen zu versorgen, ermöglichte die Satellitentechnik plötzlich jedermann ein immenses, weit über das Kabelangebot hinausgehendes Programmangebot. Durch die Entwicklung immer kleinerer Parabolantennen und immer billigerer Empfangsgeräte bekam das Kabelfernsehen plötzlich Konkurrenz — insbesondere bei ausländischen Programmen. Die Angebote aus der fernen Heimat ließen sich plötzlich preiswert ins Wohnzimmer holen. Nach Schätzungen der Satellitenbetreiber konnten in Deutschland Mitte 1996 über zehn Millionen Haushalte Programme direkt von Satelliten empfangen. Die negativen Auswirkungen dieser Entwicklung können Sie heute beim aufmerksamen Gang durch die Wohnquartiere erkennen. Die Anzahl der Parabolspiegel und vor allem Art und Form ihrer Anbringung an den Südfassaden ist ein wichtiger Faktor bei der Wertbestimmung von Mietshäusern geworden. Die leichte Verfügbarkeit der technischen Gerätschaften und eine lange Zeit uneinheitliche Rechtsprechung zu diesem Thema haben zu einer deutlichen Veränderung der Wohnungslandschaft geführt.

Es wurden und werden erbitterte Kämpfe um die Versorgung der Wohnungen mit Rundfunk- und Fernsehempfang ausgetragen. Mit der Deregulierung des Telefonmarktes und vieler Versorgungsmärkte, dem Wachsen des Internets, der Entwicklung digitaler Fernsehprogrammangebote und nicht zuletzt dem Aufbau von UMTS ist die nächste Runde im Kampf um die multimediale Zukunft eröffnet.

Dem WEG-Verwalter dabei eine praktische Hilfe zu geben, ist das Anliegen dieses Kapitels.

13.2 Technische Voraussetzungen des Gemeinschaftsfernsehempfangs

Vor jeder Veränderung der bestehenden Fernsehversorgung gilt es zunächst, die vorhandene häusliche Verteilung zu analysieren und zu bewerten. Hier, in der auch als Netzebene 4 des Kabelnetzes bezeichneten Hausverteilung, liegen in der Regel die größten Hemmnisse einer multimedialen Wohnungsversorgung. Anders als in der örtlichen Verteilung von Haus zu Haus (Netzebene 3) und der Versorgung der örtlichen einspeisenden Kopfstelle liegt der Ausbau des Hausverteilnetzes voll in der Verantwortung des Verwalters. Die Einspeisung von mehreren Hundert Kanälen ist heute zwar möglich, stellt jedoch hohe Ansprüche an die hausinterne Weiterleitung. Eine Verteilstruktur, die vor mehreren Jahrzehnten konzipiert wurde, um drei bis fünf Programme von der Dachantenne bis zur Wohnung zu leiten, kann die Weiterleitung der rund 33 Programme aus dem Breitbandkabel nicht ohne Qualitätseinbußen bewältigen. Digitales Fernsehen oder Multimedia mit Rückkanalfähigkeit können von diesem Netz nicht erwartet werden. Gleichzeitig verursachen alte, unzureichend abgeschirmte oder gar beschädigte Kabel unerwünschte Störstrahlung und Elektrosmog.

13.2.1 Übliche Hausverteilnetze

In der Netzebene 4 wird zwischen Baumnetz und Sternnetz unterschieden.

Baumnetze

Baumnetze versorgen die einzelnen Wohnungen (wie ein Baum) mit einem Strang von Signalübergabepunkten (Antenne, Kabelanschluss) jeweils von einer Wohnung zur anderen.

Diese einfache Technik birgt eine Vielzahl von organisatorischen und rechtlichen Problemen. Im Baumnetz können Wohnungen nicht individuell angeschlossen werden. Es müssen alle Wohnungen einen Anschluss erhalten und durch Manipulation oder Defekt kann ein Einzelner alle hinter ihm liegenden Wohnungen blockieren. Es ist nicht möglich, einzelne Nutzer, die das zusätzliche Angebot nicht wünschen oder ihren Kostenanteil nicht zahlen, von der Nutzung auszuschließen. Der Einbau sogenannter Filtersperrdosen verursacht zusätzliche Kosten für die Gemeinschaft und erfordert ein Betreten der Wohnung. Nur durch solche Sperrdosen kann jedoch im Baumnetz der Empfang der Zusatzprogramme zum Nulltarif und auf Kosten der übrigen Nutzer verhindert werden.

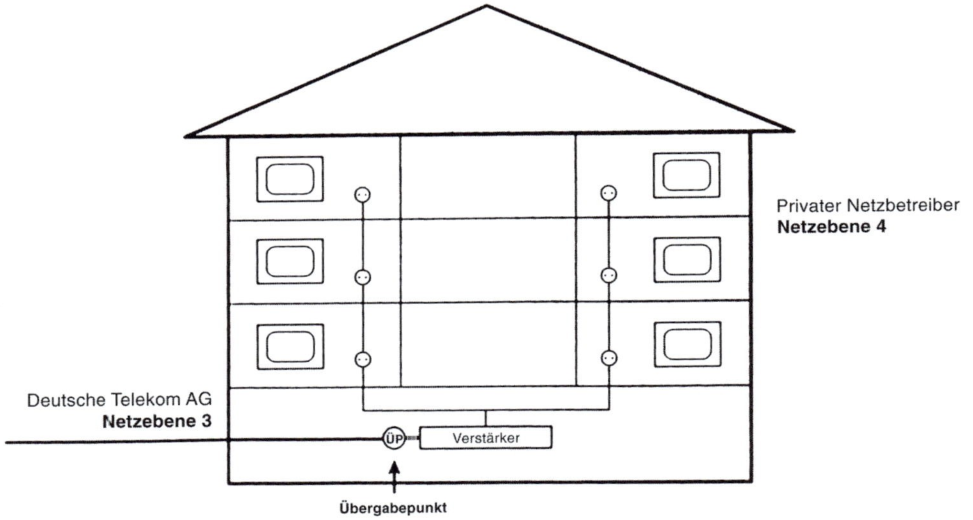

Abb. 14: Baumstruktur

Sternnetze

Zukunftssicher und daher zu empfehlen ist allein das Sternnetz. In ihm greift jede Fernsehdose auf den zentralen Netzübergabepunkt zu. Die gesamte Bandbreite des angelieferten Signals ist nutzbar und individuelle Rückkanäle können eingerichtet werden.

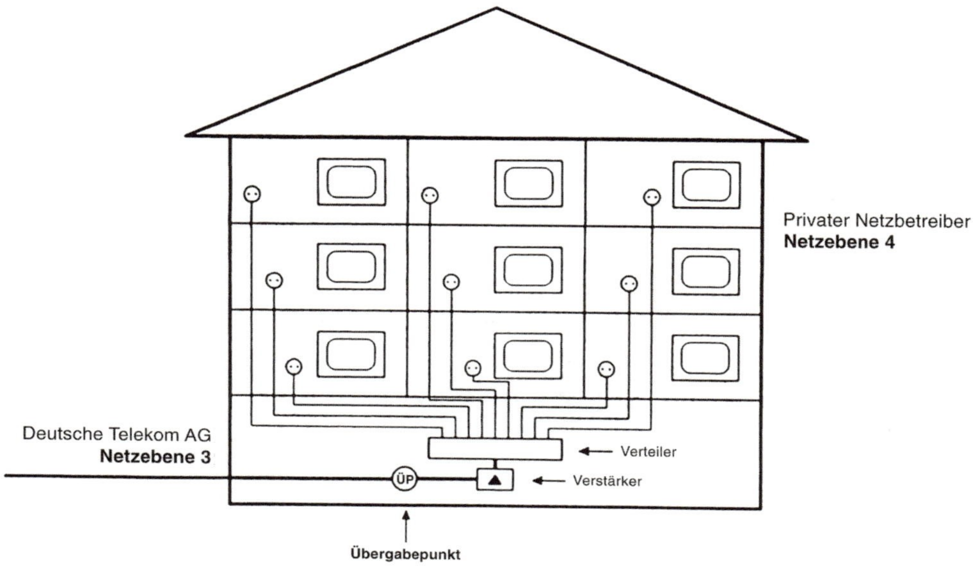

Abb. 15: Vollstern

Ein Sternnetz bietet die beste Gewähr, auch auf zukünftige Anwendungen abstimmbar zu sein. Aufgrund dieser Zukunftssicherheit, zusammen mit dem im folgenden Kapitel diskutierten Problem der Abschirmung, wird das Sternnetz bei der Modernisierung bestehender Hausnetze empfohlen. Zwar lässt sich beim nachträglichen Einbau eine Belastung durch Staub und Schmutz bei der Installation nicht vermeiden. Schaut man jedoch auf die unten noch zu behandelnden technischen Probleme, wie zum Beispiel die Abschirmung der Hausnetze, so wird klar, dass früher oder später eine Instandsetzung jedes Hausnetzes ansteht.

13.2.2 Zukunftssicherheit: Abschirmung und technische Anforderungen an die Hausverteilnetze

Über die Auswahl und die Installation des Hausverteilnetzes entscheidet die Wohnungseigentümergemeinschaft. Die Modernisierung des Hausverteilnetzes ist eine erhebliche Investition und muss daher zukunftssicher sein. Dabei müssen zwei Parameter zwingend beachtet werden: die obere Grenzfrequenz des Verteilnetzes und das Schirmungsmaß der Anschlüsse und Kabel.

Obere Grenzfrequenzen bei Kabeleinspeisung

Bei der Nutzung des Kabel-TV-Angebots lag die obere für Fernsehsignale genutzte Frequenz (sogenannte Grenzfrequenz) lange bei 450 MHz.[1] Diese reichte jedoch 1997 schon nicht mehr aus. Eine Erweiterung des verteilten Programmangebots ist nur möglich, wenn eine hinreichende Zahl von Frequenzplätzen (Kanälen) zur Verfügung steht, das heißt, wenn das Hausverteilnetz technisch in der Lage ist, diese Frequenzen auch weiterzuleiten. Zukunftssicher dürfte der Ausbau sein, wenn eine Auslegung für den Frequenzbereich bis 860 MHz getroffen wird.[2] Eine Ausrüstung in dieser Bandbreite ermöglicht, bis zur Nutzung der Frequenzen durch zusätzliche Kabel-TV-Angebote, die individuelle Anreicherung des Hausangebots mit regionalen Antennenprogrammen und zusätzlichen Satellitenprogrammen sowie insbesondere fremdsprachigen Programmpaketen. Heute schon erfolgt die Einspeisung digitaler und analoger Fernsehprogramme in neu erschlossenen Frequenzen, die als **Hyperband** bezeichnet werden. Mit dieser Hyperbandeinspeisung werden zu den bisher circa 33 analogen Kabelprogrammen bis zu 130 digitale Programme zusätzlich über Kabel-TV herangeführt. Im Gegensatz zur Satellitenversorgung bietet Kabel-TV auch die lokalen terrestrischen Sender.

Frequenzen bei Satelliteneinspeisung

Soll das Haus durch eine gemeinschaftliche Satellitenempfangsanlage versorgt werden, ist zunächst zwischen einer **Sat-ZF-Anlage** oder einer **kanalselektiven Aufbereitung** in einer Kopfstelle zu entscheiden.

Sat-ZF-Anlage

Die von Fernsehsatelliten abgestrahlten Signale werden, wie die herkömmlich über Antenne zu empfangenden Signale, als elektromagnetische Wellen verschickt. Dabei nutzen die Satelliten einen wesentlich höheren Frequenzbereich als erdgebundene Funkdienste. Jede Frequenz wird aus Effektivitätsgründen zur Sendung von zwei Programmen genutzt. Erreicht wird dies durch Ausstrahlung in zwei Schwingungsrichtungen, den horizontalen und vertikalen Polarisationsebenen.

1 Medienbericht der Bundesregierung 1994, BT-Ds. 12/8587, S. 215.

2 Bundesministerium für Post und Telekommunikation, Erlass 321-1/BK-Netze vom 8.4.1997, S. 3.

Damit sie im Fernsehgerät sichtbar werden, ist eine zweistufige Umwandlung der Satellitensignale notwendig. Um in ein Antennenkabel eingespeist werden zu können, müssen die Satellitensignale zunächst auf eine niedrigere Frequenz umgesetzt werden. Diese wird als **Sat**elliten**z**wischen**f**requenz bezeichnet (Sat-ZF). Ort der Umwandlung ist der im Brennpunkt der Parabolantenne montierte Konverter (LNB = Low Noise Block Converter). Er setzt die empfangenen Signale in die Sat-ZF von bis zu 2.150 MHz (2,15 Gigahertz) um. Diese Frequenzen können sodann über Kabel weitergeleitet werden. In einem zweiten Schritt werden diese Frequenzen durch sogenannte Receiver (Empfänger) in für den Fernseher darstellbare Frequenzen remoduliert.

Erfolgt der Einsatz des Receivers am einzelnen Fernseher in der Wohnung, spricht man von einer Sat-ZF-Anlage. Ein großer Nachteil dieser Technik ist, dass jede Anschlussdose nur einen Fernseher versorgen kann. Vom Receiver wird nur ein Programm bereitgestellt, das heißt, eine Unterverteilung in andere Zimmer leitet immer nur den am Wohnungsanschluss gewählten Kanal weiter.

Wird kanalselektiv in einer zentralen Kopfstelle aufbereitet, werden in den Wohnungen keine Receiver benötigt. Die durch eine Kopfstelle auf Frequenzen zwischen 47 und 862 MHz modulierten Signale lassen sich durch ein für Kabel-TV optimiertes Hausverteilnetz weiterleiteten. Dabei ergeben sich jedoch erhebliche urheberrechtliche Probleme, auf die unter „Problematik des Urheberrechts" eingegangen wird. Gleichzeitig sind erhebliche Investitionen in die Aufbereitungstechnik erforderlich. Eine Umlage an die Mieter ist nur beschränkt möglich.

Für eine Sat-ZF-Anlage muss das Hausverteilnetz auf Frequenzen von bis zu 2,15 GHz ausgelegt werden. Die europäische Normung sieht teilweise 3 GHz vor. Problematisch in diesem Frequenzbereich ist die merkliche Kabeldämpfung. Das heißt, je länger das Kabel, desto schwächer wird das verteilte Signal. Bei rund 2 GHz ist auf 100 Meter Kabellänge mit einer Dämpfung von circa 35 Dezibel (dB) zu rechnen. Vergleichsweise beträgt bei 950 MHz die Dämpfung auf 100 Meter nur rund 12 dB.[3] Verstärker würden zwar die Signalstärke erhöhen, zugleich aber unvermeidliche Rauschsignale hinzufügen. Eine Sat-ZF-Anlage ist technisch daher nur für etwa 100 Anschlussdosen möglich.[4]

---

3 Handbuch zur Installation von digitaltauglichen Empfangs- und Verteilanlagen, Eschborn (ASTRA) 1995, S. 11.

4 Lepper/Heier, Sat-Tech Satellitenempfang und Kommunikation, 1991, S. 217 f.

Neben den Kosten für die Netzaufrüstung auf die Sat-ZF-Frequenzen ist zu bedenken, dass in absehbarer Zeit keine individuelle Rückkanalfähigkeit über die Satellitentechnologie zu erwarten ist.

Schirmungsmaße und Elektrosmog

Neben der Frequenzauslegung des Hausnetzes gilt es, eine ausreichende Abschirmung des Hauskabelnetzes zu erreichen. Jeder blanke Draht, durch den Elektrizität geleitet wird, sendet elektromagnetische Wellen in der Frequenz des durchfließenden Stroms aus. So „sendet" das Haushaltsstromnetz mit einer Frequenz von 50 Hz. Gleichfalls gibt ein unzureichend abgeschirmtes Antennenkabel seine Sendeinhalte an die Umwelt ab. Somit führt eine mangelnde Abschirmung zu **Elektrosmog**. Unter Elektrosmog wird die Beeinträchtigung der menschlichen Gesundheit durch ein übermäßiges Einwirken elektromagnetischer Felder verstanden. Ob und wenn ja, welche Auswirkungen die verschiedenen elektrischen Wellen auf den menschlichen Körper haben, ist wissenschaftlich höchst umstritten. Derzeit kann davon ausgegangen werden, dass die gültigen technischen Regeln eine Gesundheitsbeeinträchtigung wirksam ausschließen. Im Zuge der Diskussion um Elektrosmog gilt es zu beachten, dass die neuen Dienste mit sehr geringen Sendeleistungen auskommen und insgesamt die elektromagnetischen Belastungen nicht steigen. Dies gilt jedoch nur, wenn Altanlagen konsequent saniert werden.

Weiterhin kann eine mangelnde Abschirmung **Störungen wichtiger Funkdienste** verursachen. Wegen der hohen Nachfrage nach elektronischen Medien wurden einige Frequenzen mehrfach vergeben. Die Frequenzen des Fernseh- und Rundfunkbreitbandkabels werden zugleich von einer Reihe wichtiger anderer Funkdienste genutzt. Hierunter finden sich die Funkkommunikationskanäle der Sicherheitsbehörden (Polizei, Feuerwehr und Rettungsdienst), aber auch der Flug- und Taxifunk. Diese Dienste haben gegenüber dem Fernsehempfang absolute Priorität. Kommt es durch Abschirmungsmängel im Hausverteilnetz zu Störungen dieser Dienste, so ist die Bundesanstalt für Post und Telekommunikation (BAPT) berechtigt und verpflichtet, Abhilfe zu verlangen, Zwangsgelder zu verhängen oder sogar das Kabelnetz stillzulegen.

Ein altes oder beschädigtes Hausnetz sollte vom Verwalter nicht auf die leichte Schulter genommen werden. Die Einschränkung des Fernsehkonsums wegen „unvorhersehbarer" Abstrahlungen des Hauskabels und einer daraus resultierenden Stilllegung wird kein Hausbewohner widerspruchslos dulden.

Gleichzeitig nimmt jeder nicht abgeschirmte elektrische Leiter wie eine Antenne **Störstrahlung** auf, die natürlich den Fernsehempfang stört. Strahlt zum Beispiel das Stromnetz ein, so entsteht eine typische Brumm-Modulation. Aber auch die Störung des Fernsehbildes durch die oben erwähnten Funkdienste ist möglich.

Eine ausreichende Dimensionierung der Abschirmung aller Bauteile beugt diesen Nebenwirkungen vor. Besonderes Augenmerk ist auf sorgfältige Arbeit an den Anschlussstellen zu legen. Eine Abschirmung mit 75 dB ist erforderlich, jedoch ist bei der zu erwartenden stärkeren Nutzungsdichte aller Funkdienste ein erforderliches Schirmungsmaß von 85 dB im Gespräch und eine Erhöhung des Wertes in den Regelwerken absehbar.

Sinnvolle Ausbauerweiterungen

Um den Herausforderungen der nächsten Jahre gerecht zu werden, sollte der Ausbau des Hausverteilnetzes sorgfältig geplant werden. Es empfiehlt sich dringend, bei allen Modernisierungen des Hausverteilnetzes mehr als eine Anschlussdose pro Wohnung vorzusehen. Dies verhindert, dass Wohnungsnutzer in Eigenregie und mit unzureichendem Material Wohnungsunterverteilnetze errichten, die dann Probleme im Hauptverteilnetz schaffen. Kommt es zum Beispiel durch ein vom Wohnzimmer in die Küche verlegtes Kabel zu Störungen im Gesamtnetz, gestaltet sich die Fehlersuche aufwendig und damit teuer.

Gleichzeitig mit der Installation der Antennendose sollte eine Telefonleitung verlegt werden, um für die zukünftigen Möglichkeiten des interaktiven, also des durch den Zuschauer direkt beeinflussbaren Fernsehens gewappnet zu sein. Schon heute gibt es die Möglichkeit des Videos auf Bestellung (Video on Demand), doch wird zur Nutzung dieser Dienste noch ein Telefonanschluss benötigt. Bis zur Bereitstellung von Rückkanälen im Kabelnetz verfügen daher alle digitalen Fernsehempfänger (Set-Top-Box) über ein Telefonmodem. Wenn der zu erwartenden Nachfrage gleich Rechnung getragen wird, können spätere teurere Nachrüstungen vermieden werden.

Technische Bestimmungen

Die Einhaltung der jeweils aktuellen technischen Bestimmungen sollte sich der Verwalter vom Baubetrieb garantieren lassen. Dabei ist auf die Formulierung „nach dem Stand der Technik“ und die ausdrückliche Garantie der Übereinstimmung der ausgeführten Arbeiten mit den einschlägigen Bestimmungen zu achten. Da diese schnell wechseln und für den Verwalter nicht überschaubar sind, sollte auf eine solche Garantieerklärung nie verzichtet werden.

Betreibergesellschaften

Alle technischen Auslegungsfragen und die Investitionen kann der Eigentümer auch durch eine Kabelnetzbetriebsgesellschaft klären lassen. Die Versorgung ist damit zukunftssicher; einige Anbieter (zum Beispiel Tele Columbus) garantieren sogar die laufende Anpassung an technische und rechtliche Veränderungen! Eine Kabelnetzbetriebsgesellschaft bietet folgende Vorteile:

- Hochwertiges Hausnetz
- Wartungs- und Reparaturservice
- Attraktives Programmangebot
- Keine oder nur wenige Parabolantennen
- Zukünftige Multimediaanwendungen sind problemlos möglich
- Fremdsprachige Nutzer werden individuell beraten und versorgt

Der Kabelnetzbetreiber refinanziert seine Investitionskosten über ein auszuhandelndes, in der Regel monatliches Entgelt.

13.3 Neue Chancen und Geschäftsfelder durch Deregulierung

Neben immer neuen technischen Entwicklungen kommen auf den Verwalter zahlreiche neue Geschäftsfelder zu, die den Berufsstand nachhaltig beeinflussen werden.

13.3.1 Ausbau der Hauskabelanlage

Durch den Ausbau der Hauskabelanlage mit Rückkanalfähigkeit ergeben sich auch für die Verwaltung zahlreiche neue Nutzungsmöglichkeiten. So lassen sich viele Elemente des Facility-Managements über eine moderne Anlage abwickeln. Die Heizungswartung über Fernleitung ist bereits Stand der Technik. Die Auslesung von Verbrauchswerten für Heizkosten oder Wasserverbrauch lassen sich längst ohne

Betreten der Wohnung und vom Verwalterschreibtisch aus taggenau vornehmen. Mit der Internetfähigkeit des Hauskabelnetzes werden Fernsehen und Internet rasch verschmelzen. Neue Dienste wie die Einspeisung von Überwachungs- und Türkameras werden die Sicherheit im Haus erhöhen. Die Kommunikation zwischen Verwaltung und Nutzer wird sich intensivieren. Neben ersten Mieterfernsehsendern gibt es bereits erste Abrechnungs- und Verwaltungsprogramme, die dem Nutzer online den Einblick in den aktuellen Stand seiner Abrechnung ermöglichen. Die kommende Vielfalt ist noch nicht absehbar.

13.3.2 Neue Geschäftsfelder für Eigentümer

Im Zusammenhang mit dem Ausbau der Mobiltelefonnetze besteht ein weiter wachsender Bedarf an Dachstandorten für Sende- und Empfangsanlagen. Für die Bereitstellung entsprechender Flächen zahlen die Betreiber, je nach Standort unterschiedlich, beachtliche Mieten. Den Hauseigentümern eröffnen sich dadurch zusätzliche Renditechancen. Die Antenne kann als neue Mieteinheit angesehen werden.

Die Deregulierung der Energiemärkte verlangt vom Verwalter eine umfassende Marktanalyse und die Ermittlung des günstigsten Angebots. Auf mittelfristige Sicht lassen sich die Bewirtschaftungskosten dadurch zunächst senken. Ein Preisverfall wie in der Telefonie ist wohl nicht zu erwarten.

13.3.3 Neue Geschäftsfelder für Verwalter

Mit der Umstrukturierung der in einer Wohnung möglichen Nutzungen können sich für den Verwalter einträgliche Veränderungen bei zukünftigen Nutzerwechseln ergeben. Nur der Verwalter kennt die Angebotspalette in der konkreten Immobilie. Er kann dem neuen Nutzer die Zusatznutzungen direkt anbieten. Dies erfordert eine Umstellung auf den Verkauf im Verwaltungsunternehmen. Dann ist es problemlos möglich, neuen Wohnungsnutzern neben einem günstigen Stromvertrag Telefon, Kabelfernsehvertrag, Pay-TV und anderes anzubieten und neben einem Mehr an Service ein neues Geschäftsfeld zu besetzen.

13.4 Rechtliche Aspekte der Medienversorgung von Wohnhäusern

13.4.1 Umlage der Modernisierungskosten

Gemäß § 559 BGB hat der Eigentümer die Möglichkeit, die Miete um 11 % der Modernisierungskosten zu erhöhen. Für die Errichtung eines Kabelanschlusses ist die vom Gesetz geforderte Gebrauchswerterhöhung der Wohnung gegeben. Einer Mieterhöhung steht allerdings ein kompliziertes Verfahren entgegen: Die Erhöhung ist schriftlich anzukündigen, die Kosten — abzüglich eventueller Instandsetzungsanteile — sind anzugeben und auf die Wohnungen zu verteilen. Dazu erhält der Mieter ein Sonderkündigungsrecht.

In der Modernisierungsankündigung und der Erhöhungserklärung sollten die zu erwartenden Kabelgebühren als umzulegende Betriebskosten mit berücksichtigt werden.

13.4.2 Umlage der Betriebskosten

Betriebskosten können nur umgelegt werden, soweit sie im Mietvertrag vereinbart wurden. Schuldet der Mieter die Betriebskosten für eine Gemeinschaftsantennenanlage, können die Kosten eines Kabelanschlusses nicht umgelegt werden. Werden Betriebskosten unter Verweis auf die Anlage zu § 27 der Zweiten Berechnungsverordnung geschuldet, so ist die Umstellung problemlos. Zentral durch die Verwaltung kassierte Beträge für Kabel-TV können voll umgelegt werden.

13.4.3 Besonderheiten im WEG

Sowohl die Veränderung der Hausverteilung als auch die Umstellung auf Satellitenempfang stellen eine bauliche Veränderung gemäß § 22 WEG dar.[5] Die Errichtung eines neuen Hausverteilnetzes ist mit Eingriffen in die Gebäudesubstanz verbunden und eine Parabolantenne löst unvermeidlich eine optische Beeinträchtigung aus. In der Eigentümergemeinschaft ist daher ein allstimmiger Umbaubeschluss erforderlich. Soweit der Umbaubeschluss nur mehrheitlich erfolgt, ist er gerichtlich anfechtbar.

5 OLG Oldenburg, Urteil v. 18.1.1989, MDR 1989, S. 823.

Für die Veränderung des Hausinstallationsnetzes können die von der Rechtsprechung entwickelten Regeln für die sogenannte modernisierende Instandsetzung angewendet werden. Nach diesen Regeln gilt ein modernisierender Umbau dann nicht als bauliche Veränderung, wenn die vorhandene Einrichtung nur einen gestörten Empfang zulässt oder den technischen Anforderungen nicht mehr entspricht. Letzteres ist von der Mehrzahl der Hausverteilernetze — insbesondere hinsichtlich der Abschirmung — anzunehmen. In einem solchen Fall kann die Instandsetzung der Anlage, die zugleich eine modernere und höherwertige Ausstattung mit sich bringt, durch Mehrheitsbeschluss vorgenommen werden.[6] Von Vorteil bei der modernisierenden Instandsetzung sind die Finanzierung der Maßnahme aus der Instandhaltungsrückstellung und die Möglichkeit der Kostenverteilung auf alle Wohneinheiten.

Gelingt es nicht, eine modernisierende Instandsetzung durchzusetzen, verbleibt die Möglichkeit, gemäß § 22 Abs. 1 Ssatz 2 WEG die Kosten und Lasten der Umbaumaßnahme nur von den „Umbauwilligen“ tragen zu lassen. Nicht Umbauwillige sind von den Kosten — aber auch von der Nutzung — ausgeschlossen. Hier zeigt sich deutlich die Schwäche eines alten Baumnetzes, das den Ausschluss einzelner Nutzer nur schwer ermöglicht.

13.4.4 Interessenkonflikte beim Satellitenindividualempfang

Heftige Auseinandersetzungen wurden und werden um individuell angebrachte Satellitenschüsseln geführt. Dies nicht ohne Grund, werden doch durch laienhaft installierte Parabolspiegel erhebliche physische und optische Schäden am Gebäude verursacht. Die Bedeutsamkeit der Kontroversen lässt sich auch in der Rechtsprechung nachvollziehen. Die Zahl der instanzgerichtlichen Entscheidungen ist unüberschaubar und auch die Zahl der sich widersprechenden Entscheidungen ist groß. Für den Praktiker wird die Übersicht noch dadurch erschwert, dass viele instanzgerichtliche Urteile aufgrund der Rechtsentscheide des OLG Frankfurt[7] und des OLG Karlsruhe[8] nicht mehr der Rechtslage entsprechen. Gemäß § 541 ZPO entfalten Rechtsentscheide[9] Bindungswirkung für die nachfolgende Rechtsprechung. Ein Abweichen ist nur nach Vorlage zu einem Obergericht möglich. Auch die Urteile

6 AG Augsburg, Urteil v. 9.11.1990, DWE 1991, S. 25; OLG Celle, Urteil v. 11.1.1988, DWE 1988, S. 66.

7 Urteil v. 22.7.1992, NJW 1992, S. 2490 bestätigt durch BVerfG, NJW 1993, S. 1252.

8 Urteil v. 24.8.1993, NJW 1993, S. 2815, bestätigt durch BVerfGE 90, 27.

9 Rechtsentscheide seit ZPO-Reform abgeschafft, entfallen seit 1.1.2002, § 26 Nr. 6 EG ZPO gemäß ZivilprozessreformG v 27.1.2001.

des BundesVerfassungsgerichts binden gemäß § 31 BVerfGG die unteren Instanzen bei ihren Entscheidungen. Viele Gerichte haben daher ihre bisherige Rechtsprechung aufgegeben.

Die Rechtsprechung bewegt sich zwischen zwei Interessenlagen: Auf der einen Seite steht das durch Art. 5 Abs. 1 S. 1 Grundgesetz (GG) geschützte Interesse des Nutzers auf Informationsfreiheit, das auf der anderen Seite durch das Grundrecht des Eigentümers aus Art. 14 Abs. 1 S. 1 GG auf technisch und optisch ungeschmälerte Erhaltung des Gebäudes beschränkt wird. Deshalb müssen die Gerichte im Einzelfall immer zwischen den grundrechtlich geschützten Interessen der Parteien abwägen.

Anspruch auf individuellen Satellitenempfang

Anspruch auf individuellen Satellitenempfang ist in den folgenden Fällen gegeben:

- **Kein Kabelanschluss vorhanden:** Wenn im Haus kein Kabelanschluss besteht, hat der Nutzer in der Regel einen Anspruch auf Installationsgewährung einer Sat-Empfangsanlage.[10]
- **Kabelanschluss vorhanden:** Es ist inzwischen anerkannt, dass deutschsprachige Nutzer keinen Anspruch auf Errichtung einer Sat-Anlage haben, wenn das Haus mit Kabelanschluss versorgt ist.[11] Dadurch werde zwar die Informationsfreiheit des deutschsprachigen Nutzers eingeschränkt, weil durch eine Sat-Anlage zusätzliche Programme empfangen werden könnten, doch genüge das im Kabel nutzbare Programmangebot zur weitgehenden Realisierung des Nutzerinteresses.[12]
- **Kabelanschluss vorhanden — nur ein fremdsprachiges Programm:** Für fremdsprachige Nutzer gilt, dass die Einspeisung eines einzigen Programms in der Heimatsprache nicht genügt, um den Anspruch auf Errichtung einer Sat-Anlage zu Fall zu bringen.[13] Das BVerfG hat sich leider nicht festgelegt, wie viele fremdsprachige Programme dazu erforderlich sind. Sobald jedoch mehrere fremdsprachige Programme über Kabel zu empfangen sind — eine Entwicklung die sich abzeichnet —, wird auch der Kreis der fremdsprachigen Wohnungsnutzer, die sich per Sat-Empfang versorgen dürfen, kleiner werden.

10 Mehrings, NJW 1997, S. 2274.

11 BverfGE 90, 27 (36) = NJW 1994, S. 1147 (1148).

12 OLG Frankfurt, NJW 1992, 2490 (2491).

13 BVerfGE v. 30.6.1994, NJW-RR 1994, S. 1232.

Obige Rechtsprechung folgt aus den §§ 535, 536, 242 BGB in Verbindung mit Art. 5 Abs. 1 S. 1 GG, dem unter Berücksichtigung des Grundrechts der Informationsfreiheit ausgelegten Mietrecht. Das Grundrecht aus Art. 5 Abs. 1 S. 1 GG ist zwar in erster Linie als Abwehrrecht des Einzelnen gegen staatliche Eingriffe ausgelegt, es entfaltet jedoch seine Schutzwirkung über die gesamte Rechtsordnung. So müssen die Gerichte bei Auslegung und Anwendung anderer Gesetze, etwa des Miet- oder WEG-Rechts, die Grundrechte beachten.[14]

Art. 5 Abs. 1 S. 1 GG lautet:

Jeder hat das Recht, [...] sich aus allgemein zugänglichen Quellen ungehindert zu unterrichten.

In den Schutzbereich des Grundrechts auf Informationsfreiheit fallen die von Satelliten abgestrahlten Programme in Verbindung mit der Errichtung von für den Empfang erforderlichen Parabolantennen.

Begrenzung des Grundrechts der Informationsfreiheit

Trotz des grundrechtlichen Anspruchs auf eine individuelle Satellitenversorgung kann der Hauseigentümer die Errichtung einer Parabolantenne untersagen, wenn er durch diese in seinem Eigentumsrecht (Art. 14 Abs. 1 S. 1 GG) zu stark eingeschränkt wird. Eine über das Maß hinausgehende Einschränkung des Eigentums wurde in Rechtsentscheiden des OLG Frankfurt und des OLG Karlsruhe unter den folgenden Voraussetzungen angenommen:

- **Zustimmung zur Installation wird eingeholt:** Nach oben genannter Entscheidungen ist der Eigentümer berechtigt, den Ort der Antenneninstallation zu bestimmen. Dies kann er nur, wenn er vor der Errichtung gefragt wird. In Nacht und Nebel angebrachte Parabolspiegel können daher untersagt werden. Voraussetzung ist allein ein rasches Handeln des Verwalters, um einem Verlust des Rechtsschutzbedürfnisses durch längere unwidersprochene Duldung zu begegnen.[15]
- **Installation durch einen Fachmann:** Der Hauseigentümer kann und sollte darauf bestehen, dass die Installation der Parabolantenne durch einen Fachmann vorgenommen wird. Eventuelle Schäden durch unsachgemäße Montage, zum

14 Ständige Rechtsprechung des BverfGE 7,198, Lüth.

15 Mehrings, NJW 1997, S. 2276.

Beispiel an der Wärmedämmung, sind dem Eigentümer nicht zuzumuten und durch Fachinstallation von vornherein möglichst auszuschließen.

- **Freistellung des Eigentümers von Kosten, Gebühren und Haftung:** Natürlich hat der mit dem vorhandenen Angebot unzufriedene Nutzer die Kosten für die Befriedigung seiner Interessen selbst zu tragen. Dabei muss neben den Errichtungskosten auch an die von der Parabolantenne ausgehenden Gefahren gedacht werden. Zahlt die Hausrathaftpflicht für von der Schüssel verursachte Drittschäden (zum Beispiel Sturz auf Pkw)? Wer zahlt, wenn durch die vom Sturm umgerissene Parabolantenne die Dachhaut oder die Wand beschädigt wird?

Weitere Rechte des Eigentümers bezüglich der Anbringung von Parabolantennen

- **Hinterlegung einer Kaution für die Beseitigung:** Vor der Installation hat der Nutzer dem Eigentümer einen angemessenen Betrag für die Beseitigung der Anlage zu hinterlegen. Der Eigentümer braucht sich dabei nicht auf die gerichtliche Durchsetzbarkeit seines Beseitigungsanspruchs nach Mietende verweisen zu lassen (OLG Karlsruhe).
- **Bestimmung des Aufstellungsortes:** Der vom Eigentümer zu wählende Ort der Installation muss zum Empfang von Satellitensignalen geeignet sein. Da sich die Signale quasioptisch (sichtgleich) ausbreiten, muss es vom Aufstellungsort aus möglich sein, frei in die Himmelsposition des Satelliten zu blicken. Dazu ist eine südliche Ausrichtung nötig. Unter Beachtung dieser technischen Voraussetzung kann der Eigentümer den Aufstellungsort frei bestimmen. Dabei ist die optische Erscheinung des Hauses – nach dem ästhetischen Empfinden des Eigentümers – so wenig wie möglich zu beeinträchtigen. Durch geeignete Einfärbung der Schüssel lässt sich die optische Störung weiter mindern.

Parabolantennen und Wohnungseigentum

Parabolspiegel sind nach § 22 WEG als bauliche Veränderung zu werten. Eine Parabolantenne bringt in der Regel zumindest eine optische Beeinträchtigung des Gemeinschaftseigentums mit sich.

Hinsichtlich des Anspruchs auf Errichtung einer individuellen Sat-Anlage orientieren sich die Gerichte an den oben aufgezeigten im Mietrecht entwickelten Grundsätzen.[16]

16 BVerfG v. 13.3.1995, NJW 1995, S. 1665.

Die Zustimmung zur Errichtung und insbesondere die Bestimmung des Aufstellungsortes sind von der Eigentümerversammlung mehrheitlich vorzunehmen. Die Errichtung der Anlage erfolgt gemäß § 22 Abs. 1 S. 2 WEG bei Kostentragung durch den oder die Nutzer.

13.4.5 Problematik des Urheberrechts

Eine zurzeit unkalkulierbare Kostenkomponente bei der Errichtung von Satellitengemeinschaftsantennen stellt das Urheberrecht dar. Insbesondere die 1998 geänderten §§ 20, 20b Urhebergesetz (UrhG) schaffen eine beträchtliche Unsicherheit.

Grundsätzlich sind die private Nutzung von Rundfunk und Fernsehen und auch der individuelle Satellitenempfang urheberrechtlich nicht entgeltpflichtig. Der Künstler verkauft die Senderechte für sein Werk an eine Sendeanstalt. Diese erhält das Recht, das Werk an die Haushalte im Sendebereich auszustrahlen. Dadurch verdienen der Urheber und der Sender. Der private Nutzer ermöglicht dem Sender die Realisierung von Werbeeinnahmen oder Gebühren. Was aber geschieht unter den Gesichtspunkten des Urheberrechts, wenn ein Dritter (zum Beispiel eine Wohnungsgesellschaft) das Programm empfängt, in ein Kabel einleitet und an mehrere Nutzer weiterleitet? Bis zur Novelle des Urheberrechts wurden die Programmangebote weitestgehend frei von Abgaben an den Urheber weitergegeben. Der damit eingetretene Zustand widerspricht dem Grundgedanken des Urheberschutzes, denn es schöpfen Dritte Wert, ohne den Urheber am wirtschaftlichen Erfolg teilhaben zu lassen.

Norbert Röttgen, damals Bundestagsabgeordneter, hat es auf den Punkt gebracht: „Sie alle kennen die ‚Feuerzangenbowle', einen Roman, der mehrfach verwertet worden ist. [ ] Es ist ein Roman, der außergewöhnlich erfolgreich war, der mehrfach verfilmt worden ist, der Millionen, vielleicht Hunderte Millionen DM eingebracht hat. Der Autor des Romans hat für 5000 Reichsmark alle Filmrechte auf einen Schlag verkauft. Damit hat er am wirtschaftlichen Erfolg seines Werkes nicht teilhaben können."[17]

Entsprechend bestimmt das neue Urheberrecht, dass an den Urheber bei jeder Weiterverbreitung durch ein Kabelunternehmen eine Vergütung zu entrichten ist, selbst wenn der Urheber das Weiterverbreitungsrecht beispielsweise einem Filmhersteller eingeräumt hat. Auf diese Vergütung kann der Urheber nicht verzichten. Die Wahrnehmung der Urheberrechte erfolgt einzig durch eine Verwertungsgesellschaft.

[17] Protokoll des Deutschen Bundestages, 13. Wahlperiode, 219. Sitzung, 12.2.1998, S. 2046.

Diese im Interesse des Urhebers zu begrüßende Regelung wirft in der praktischen Anwendung jedoch viele Fragen auf. Besonders strittig ist die Frage, was nach dem Gesetz unter einem **Kabelsystem** und einem **Kabelunternehmen** zu verstehen ist. Die Standpunkte in der Literatur gehen bei der Definition von Kabelunternehmen weit auseinander. In Dänemark wird per Gesetz eine Urheberrechtsabgabe bei mehr als zwei angeschlossenen Haushalten verlangt.[18] Nach Ansicht des GdW[19] sollten diejenigen Kabelnetze freigestellt werden, die in nachbarschaftlichem Zusammenhang betrieben werden. Dadurch soll der Eigenbetrieb von Empfangsanlagen für die Wohnungswirtschaft urheberrechtsfrei möglich werden. Durch urheberrechtsfreien Empfang würde die Wohnungswirtschaft einen nennenswerten Wettbewerbsvorteil gegenüber anderen Vermietern erlangen, weil sie ein umfassendes Medienangebot zu einem günstigeren Preis anbieten könnte.

Andere Lösungsansätze, die sich aus der urheberrechtlichen Rechtsprechung des BGH herleiten, scheinen die Überhand zu gewinnen. So sprach der BGH 1993[20] von Entgeltpflicht, wenn „der Betreiber der Anlage … besondere Anstrengungen (unternimmt), um die von ihm weiter übertragenen Rundfunksendungen in einem bestimmten Bereich zugänglich zu machen". Nordemann[21] unterscheidet daher die urheberrechtsfreien Gemeinschaftsantennen von den urheberrechtsrelevanten Verteilanlagen durch das Kriterium des Einsatzes von Verstärkern. Schmittmann[22] hingegen möchte Sat-ZF-Empfang (technisch bis 100 Wohneinheiten möglich) urheberrechtsfrei gestalten und nur die kanalselektive Aufbereitung einer Urheberrechtsabgabe unterwerfen. Ein Ende des juristischen Ringens um die Grenzziehung ist nicht absehbar. Die Errichtung von Gemeinschaftssatellitenanlagen birgt bis zur Klärung ein unkalkulierbares Kostenrisiko. Insbesondere das Vorgehen der Verwertungsgesellschaften ist nicht abzusehen. Im schlimmsten Fall drohen erhebliche Nachforderungen aus dem Betrieb einer gemeinschaftlichen Satellitenanlage. Vollkommen unabsehbar sind die aus der Einspeisung von fremdsprachigen Programmen entstehenden urheberrechtlichen Entgeltforderungen.

Probleme urheberrechtlicher Art lassen sich am besten durch die Einschaltung einer Kabelbetriebsgesellschaft vermeiden. Diese führen die erforderlichen Abgaben auch für die angebotenen fremdsprachigen Programme ab und halten die Nutzer von Nachforderungen frei.

---

18 Schmittmann, ZUM 1999, S. 119.

19 „Wohnungswirtschaftliche Kabelnetze und Urheberrecht", GdW-Informationen 70, Juli 1998.

20 BGH, NJW 1993, S. 2871 f.

21 Nordemann, in Fromm/Nordemann, Urheberrecht, 9. Auflage 1998, § 20 Rn. 3.

22 ZUM 1999, S. 113, S. 119 f.

Abkürzungsverzeichnis

AG	Amtsgericht
AHG	Altschuldenhilfe-Gesetz
BayObLG	Bayrisches Oberstes Landesgericht, München
BGB	Bürgerliches Gesetzbuch
BGH	Bundesgerichtshof
bzw.	beziehungsweise
DWE	Der Wohnungseigentümer (Zeitschrift)
EEG	Erneuerbare-Energien-Gesetz
EnEV	Energieeinsparverordnung
EStG	Einkommensteuergesetz
GG	Grundgesetz
ggf.	gegebenenfalls
GKG	Gerichtskostengesetz
KostenO	Kostenordnung
HGB	Handelsgesetzbuch
LG	Landgericht
KG	Kammergericht
m2	Quadratmeter
NJW	Neue Juristische Wochenschrift (Zeitschrift)
NZM	Neue Zeitschrift für Miet- und Wohnrecht
OLG	Oberlandesgericht
UrhG	Urhebergesetz
vgl.	vergleiche
VVG	Versicherungsvertragsgesetz
WE	Wohnungseigentum (Zeitschrift)
WEG	Wohnungseigentumsgesetz
WHG	Wasserhaushaltsgesetz
WM	Wohnungswirtschaft und Mietrecht (Zeitschrift)

ZPO	Zivilprozessordnung
ZMR	Zeitschrift für Miet- und Raumrecht (Zeitschrift)
ZWE	Zeitschrift für das Wohnungseigentum

Stichwortverzeichnis

A

Ablagesystem eines Verwaltungsbetriebs 121
Abschirmung 412
Abschluss eines Versicherungsvertrags 355
Abstimmung
- durch Heben der Hand 232
- geheime 232
- namentliche 232
- per Akklamation 232
- schriftliche 232
- vereinfachte 232

Abstimmungsprinzip
- nach Einheiten 232

Abstimmungsprinzip nach MEAT 231
AEIOU-Regel zur Beschlussformulierung 237
Altschuldenhilfe-Gesetz (AHG) 24
Änderung einer Vereinbarung 239
Anlagenrisiko 396
Antennenanlagen 298
Aufbewahrungsfristen 130
Auflösung 144
Auflösung des Verwaltervertrags 251
Aufzüge 300
Ausgaben des Verwaltungsbetriebs 111
Ausschreibung 271
Außenanlagen, Pflege und Instandhaltung 301
Außenbauteile 283
Auszählung bei geheimer Abstimmung 232

B

Bauliche Veränderungen 104
Baumnetz 407
Begrünung einer Tiefgarage 299
Belichtung von Wohnräumen 301
Benachrichtigung
- unverzügliche 103

Bericht des Verwalters 223
Berufsausbildung 28
Beschluss
- allstimmig 239
- Verkündung 241
- zur ordnungsgemäßen Verwaltung 234, 239

Beschlusskompetenz 97
Beschlussprotokoll 229
Beschluss-Sammlung 98
- Muster 99

Besondere Gewerke 301
Beton 290
Bewohnergemeinschaft
- sozialer Rahmen 264

Buchführung
- doppelte 131
- Grundsätze 126
- ordnungsgemäße 126

Buchführung der WEG 129
Bundesverband deutscher Wohnungsunternehmen 31
Bundesverband Freier Immobilien- und Wohnungsunternehmen 30
Bundesverband Wohnungsverwalter 30

C

Computerschadenversicherung 402

D

Dach 279
Dachverband Deutscher Immobilienverwalter 31
Dauerbeschluss 234
Demographischer Wandel 22
Der Beschluss ohne Beschluss (BOB) 237
Deregulierung der Energiemärkte 415

Dienstleistung
- Zuordnung 180

Diskussionsleitung in der EV 229
Durchfeuchtungen 283, 292

E

Eigentum 19
Eigentümerversammlung
- Aufstellung der Tagesordnung 216
- Durchführung 221
- Einladung 217
- Ende 243
- Nachbereitung 244
- persönliche Vorbereitung 215
- Vorbereitungen 214

Einladungsfrist 97
Einnahmen-Ausgaben-Abrechnung 139
Einnahmen-Ausgaben-Rechnung 131
Einnahmen des Verwaltungsbetriebs 110
Eintragung, unverzügliche 102
Einwirkungsrisiko 397
Einzelabrechnung 165
Einzelversicherung 401
Elektronikversicherung 380
Elektronische Eigentümerportale 102
E-Mail 42, 43, 360
Energieausweis 197
- Bedarfsberechnung 198
- rechtliche Auswirkungen 201
- Verbrauchsberechnung 199

Entziehung 177
Ersatzvereinbarung 240
Erweiterte Beschlusskompetenz 95

F

Fahrradräume 301
Fassade 282
Fenster 285
Fernwärme 134
Formulierungshilfe
- bei komplexen Beschlüssen 234
- Beispiele 234

Formulierung von Beschlüssen 233

G

Garten, Pflege und Instandhaltung 301
Gebäudeinstandhaltungsstrategien 324
Gebäudeversicherung 363
Gemeinschaftsräume 301
Genehmigung der Jahresabrechnung 224
Generalübernehmer 26
Gerichtliche Zuständigkeit 105
Geringfügige Beschäftigung 255
Geschäftsordnungsbeschlüsse 228
Gewährleistungsfrist 270
Gewässerschadenhaftpflichtversicherung 395
Gewerbeimmobilie 25
Gewerkeauswahl 331
Glasversicherungen 379
Gleitender Neuwert 376
Grobe Fahrlässigkeit 375, 398

H

Haftpflichtversicherung
- Funktion der 391
- für Haus- und Grundbesitzer 393

Hagelschäden 374
Handwerkerangebot 271
Hausbesorgungskräfte
- Arbeitsvertrag 258

Hausgeld 138
Haushaltsnahe Dienstleistungen (HHD) 179
Hausmeister der Eigentümergemeinschaft 248
Hausmeisterseminare 260
Hausmeister- und Reinigungsservice (Fremdvergabe) 249
Hausordnung 261
- Thema in der EV 225

Heizungsanlagen 288

Hochwasser 368
Hyperband 410

I
Immobilienhändler 26
Immobilienverwaltung
wirtschaftliche Bedeutung 26
Individuelle Instandhaltungsrückstellungsplanung (IIRP) 348
Indizes 340
Inspektion 310
Inspektionsintervalle 337
Installationsschäden 298
Instandhaltung 43, 273, 310
Begriffsdefinition 310
Problemfelder bei 315
rechtliche Bedingungen 317
technische Bedingungen 319
vorbeugende 325
Ziele und Aufgaben 313
Instandhaltungskosten
Planung 338
Instandhaltungsrücklage 270
Jahresabrechnung 158
Instandhaltungsrückstellung
Intention 341
Methoden zur Berechnung 343
Instandsetzung 273
Begriffsdefinition 310
Internet 45
Intervallplanung 335

J
Jahresabrechnung 148
Inhalt 154
Positionen 156
Prüfung durch den Verwaltungsbeirat 159
Vorschriften 155
Jahreseinzelabrechnung 165
bei Eigentümerwechsel 167

K
Kabelanschlüsse 298
Kabelfernsehen 405
Kabelnetzbetriebsgesellschaft 414
Kalkulation des Verwaltungsbetrieb 109
Kalkulation einer WEG 113
Kontenplan 133
Kontrollgänge 271
Korrosion 299
Kosten
für Wiederherstellung 371
variabel, fix, sprungvariabel 113
Kosten für haupt- und nebenberufliche Kräfte 249
Kostenstellenrechnung 112
Kostenträgerrechnung 112
Kündigung
nach Eigentümerwechsel 357
nach Prämienerhöhung 359
nach Schadensfall 358
Versicherungsvertrag 356
Kündigungsfrist 356

L
Lebensdauer von Gebäudeelementen 319
Leistungskatalog für Hausmeister 258
Leistungspflicht des Versicherers 360
Leitungswasser 367
Loggien 292

M
Mahnschreiben 175
Mahnwesen der WEG 173
Maschinen-Versicherung 384
Maßnahme über die ordnungsgemäße Verwaltung hinaus (MÜOV) 239
Mietausfall 366
Miet- und Nebenkostenzahlungen 146
Mietverwaltung, Trennung von WEG-Verwaltung 146

Mietwert 366
Modernisierung 310
Modernisierungskosten
  Umlage bei Kabelanschluss 416
Multimedia 45, 405, 407
Muster
  Beschluss-Sammlung 99

N

Nebenkostenzahlungen 146
Notreparatur 370
Novellierung des WEG 95

O

Ordnungsgemäße Buchführung 126
Organisation des Verwaltungsbetriebs 107
Organisationsbeschluss 234

P

Parabolantenne 406
Passivformulierungen bei Beschlüssen 237
Pauschalversicherung 401
Personalbuchhaltung der WEG 172
Personalkosten 111
Personen- und Sachschäden 392
Planung der Gebäudeinstandhaltung 327
Planung der Instandhaltungskosten 338
Planung der Instandhaltungsmaßnahmen 329
Planungshorizont 336
Psychologie im Verwaltungsberuf 43

R

Rechnungsprüfungsbericht 224
Redezeit in der Eigentümerversammlung 228
Regressrisiko 397
Reinigungskräfte 28
Reparatur 43
Rettungskosten 397
Risikowegfall 358
Rohrbruch und Frost 369
Rohrleitungen 370
Rostbildung 290
Rückkanalfähigkeit 414
Rücklage 312
Rückstellung 312

S

Sachkosten 111
Satellitenempfang
  Anspruch auf 68, 418
Satellitenfernsehen 406
Sat-ZF-Anlage 410
Schadenabwicklung 403
  Haftpflichtversicherung 402
Schadenereignis 397
Schadenfolgekosten 314
  aus unterlassener Instandsetzung 334
Schadenminderungskosten 374
Schadensminderung 274
Schadensverhinderung 274
Schadenversicherung 362
Software 203
Sommerfest 263
Sonderfachleute 269
Sondergebühren 96
Sowieso-Kosten 272
Soziale Aspekte der Bewohnergemeinschaft 264
Sprechanlagen 298
Standardbeschluss 234
Standsicherheitsfrage 292, 299
Standsicherheitsprobleme 282
Störstrahlung 413
Suchkosten 371

T

Tagesordnung der Eigentümerversammlung 216
Tauwasserbildung 302
Technikversicherung 379
Tiefgarage 299

U

Übernahme, technische einer Gemeinschaft 269
UMTS 406
Umweltbewusstsein 42

V

Veranlassung von Baumaßnahmen 273
Vereinbarungswidrige Beschlüsse 110
Verglasung 292
Verhandlungstaktik in der EV 243
Verlaufsprotokoll 228
Vermögensschadenhaftpflichtversicherung 399
Vermögensübersicht 157
Versammlungsleitung 229
Versicherungsfall
- rechtliche Grundlagen 360

Versicherungsleistung 361
Versicherungsschutz bei Standard-schadensfällen 371
Versporung 302
Vertrauensschadenversicherung 400
Verwaltung, ordnungsgemäße 273
Verwaltungsbeirat 225
- Aufgaben 245
- Bericht 223
- Prüfung der Jahresabrechnung 159
- Zusammenarbeit 247
- Zusammensetzung 246

Verwaltungsgebühren 116
Verwaltungsprogramm
- Auswahl eines 203

Vorgezogene Rettungskosten 398
Vorsorgeversicherung 384

W

Wachpersonal der Eigentümergemeinschaft 248
Wartung 310
Wasserdampfdiffusion 302
Wasserrohrbrüche 298
WEG-Buchführung 129
WEG-Novelle 90
Weiterbildung 29
Wenzel-Entscheidung 241
Werterhöhende Maßnahmen 376
Wiederherstellungskosten 371
Wiederwahl des Verwalters 225
Wirtschaftsplan 169
- Beschlussfassung 171
- Rechtswirksamkeit 171

Witterungsniederschläge 368
Wohngebäudeversicherung 363
Wohngeld 138
- Beitreibung 173

Wohnungswechselgebühr 266

Z

Zwangsversteigerung 176
Zwangsverwaltung 176
Zwangsvollstreckungsmaßnahme 176
Zweite Berechnungsverordnung 155
Zweite Berechnungsverordnung (II. BV) 146
Zwischenabrechnung 152